AF900964

IFCT163PO

INTELIGENCIA ARTIFICIAL APLICADA A LA EMPRESA

IFCT163PO

INTELIGENCIA ARTIFICIAL APLICADA A LA EMPRESA

Wilmar Alonso Ramírez Gil

Carlos Mario Ramírez Gil

Ra-Ma®

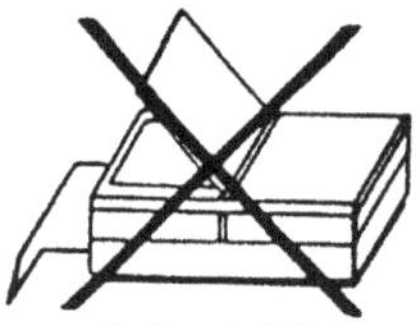

La ley prohíbe
fotocopiar este libro

IFCT163PO - INTELIGENCIA ARTIFICIAL APLICADA A LA EMPRESA

Editado por:
RA-MA Editorial
Calle Jarama, 3A, Polígono Industrial Igarsa
28860 PARACUELLOS DE JARAMA, Madrid
Teléfono: 91 658 42 80
Fax: 91 662 81 39
Correo electrónico: *editorial@ra-ma.com*
Internet: *www.ra-ma.es* y *www.ra-ma.com*
ISBN: 978-84-19857-32-3
Depósito legal: M-16421-2023
Maquetación: Antonio García Tomé
Diseño de portada: Antonio García Tomé
Filmación e impresión: Safekat
Impreso en España en mayo de 2023

A mí esposa Adriana, a mis hijos Laura y Andrés
A mí hermano Wilmar Alonso, coautor de este libro
A Mariela Castro Botero con cariño y afecto.

ÍNDICE

PREFACIO

Conoces muy bien a través de las noticias y las redes sociales que la inteligencia artificial se ha convertido en una de las tecnologías más emocionantes de nuestro tiempo. Las grandes empresas, como Google, Facebook, Apple, Amazon e IBM, invierten mucho en investigación y aplicaciones de inteligencia artificial por una buena razón. Si bien puede parecer que la inteligencia artificial se ha convertido en la palabra de moda de nuestro tiempo, ciertamente no es solo exageración. Este apasionante campo abre el camino a nuevas posibilidades y se ha vuelto indispensable en nuestra vida diaria. Piense en hablar con el asistente de voz en nuestros teléfonos inteligentes, recomendar el producto adecuado para nuestros clientes, prevenir el fraude con tarjetas de crédito, filtrar el correo no deseado de nuestras bandejas de entrada de correo electrónico y detectar y diagnosticar enfermedades médicas; la lista sigue y sigue.

Si desea convertirse en un profesional de la inteligencia artificial o en un mejor solucionador de problemas, o tal vez incluso esté considerando una carrera en la investigación de inteligencia artificial, ¡entonces este libro es para usted! Para alguien nuevo en el campo, los conceptos teóricos detrás de la inteligencia artificial pueden ser bastante abrumadores, pero los numerosos libros prácticos que se han publicado en los últimos años lo ayudarán a iniciarse en la inteligencia artificial mediante la implementación de potentes algoritmos.

Estar expuesto a casos prácticos de código y trabajar con aplicaciones de ejemplo de inteligencia artificial son excelentes maneras de sumergirse en este campo. Además, los ejemplos concretos ayudan a ilustrar los conceptos más amplios al poner el material aprendido directamente en acción. Además de ofrecer experiencia práctica con la inteligencia artificial utilizando el lenguaje de programación Python y las bibliotecas de aprendizaje automático basadas en Python, este libro presenta los conceptos esenciales detrás de los algoritmos de inteligencia artificial, que son claves para usar la inteligencia artificial con éxito. Así, este libro es un libro que analiza los detalles necesarios con respecto a los conceptos de inteligencia artificial y ofrece explicaciones intuitivas pero informativas sobre cómo funcionan los algoritmos.

El libro cubre los siguientes capítulos: 1) Introducción a la inteligencia artificial, 2) Herramientas de desarrollo de inteligencia artificial, 3) Aprendizaje automático (Machine learning), 4) Aprendizaje profundo (Deep learning), 5) Clasificación de imágenes, 6) Detección de rostros y reconocimiento facial, 7) Procesamiento de lenguaje natural, 8) Análisis de datos.

AUTORES

Wilmar Alonso Ramírez Gil, Ingeniero Electricista Universidad de Antioquia, Medellín Colombia. Desarrollador en lenguajes de programación JavaScript, Python, Solidity y el lenguaje de etiquetas Html5 para páginas Web, experiencia en el diseño de aplicaciones fundamentadas en la programación orientada a objetos en el contexto educativo; Magister Enseñanza de las Ciencias Exactas y Naturales Universidad Nacional de Colombia Seccional Medellín. Correo electrónico: williannoso@gmail.com.

Carlos Mario Ramírez Gil, Ingeniero Administrador Universidad Nacional de Colombia Seccional Medellín; Especialista en Gerencia de Sistemas Informáticos, Universidad Nacional de Colombia Seccional Medellín; Especialista en Finanzas Corporativas, Escuela de Ingeniería de Antioquia; Magister Ingeniería Administrativa Universidad Nacional de Colombia Seccional Medellín. Docente Postgrado área financiera en diversas universidades de Colombia. Amplia experiencia como ejecutivo en empresas del sector real en cargos administrativos y financieros y consultor empresarial. Desarrollador en el lenguaje de programación Python. Investigador en Blockchain (DeFi – Finanzas Descentralizadas) e inteligencia artificial aplicada a las Finanzas. Correo electrónico: cramirez1@hotmail.com.

1

INTRODUCCIÓN A LA INTELIGENCIA ARTIFICIAL

Este capítulo proporcionará una visión general del campo de la inteligencia artificial (IA), incluyendo su historia, estado actual y perspectivas futuras. Exploraremos los diferentes tipos de IA, incluyendo IA edge e IA cloud, y examinaremos momentos clave en el desarrollo de la tecnología de IA. También discutiremos los desafíos y el revuelo que rodea a la IA y su impacto en la sociedad. Además, proporcionaremos recursos para un aprendizaje adicional y concluiremos con un resumen y preguntas de revisión.

1.1 ¿QUÉ ES INTELIGENCIA ARTIFICIAL?

La inteligencia artificial (IA) es sin duda una de las palabras de moda en este momento. Está en las noticias todo el tiempo. Entonces, ¿qué es la IA y por qué es importante? Cuando se habla de IA, la imagen que probablemente le venga a la cabeza a la mayoría de las personas es la de un robot con apariencia humana que puede hacer cosas complicadas e inteligentes, como se muestra en la Figura 1.1. La IA es en realidad más que eso.

La IA es un área de la informática que tiene como objetivo hacer que las máquinas hagan cosas inteligentes, es decir, aprendan y resuelvan problemas, de forma similar a la inteligencia natural de los humanos y los animales. En IA, un agente inteligente recibe información del entorno, realiza cálculos para decidir qué acción tomar para lograr el objetivo y toma acciones de forma autónoma. La IA puede mejorar su rendimiento con el aprendizaje.

Figura 1.1. La percepción común de la IA
(Fuente: https://upload.wikimedia.org/wikipedia/commons/8/81/Artificial_Intelligence_%26_AI_%26_Machine_Learning_-_30212411048.jpg)

Es posible que no sepa que la IA ya se ha utilizado ampliamente en muchos aspectos de nuestras vidas. Los asistentes personales como Alexa de Amazon, Siri de iPhone, Cortana de Microsoft y el Asistente de Google confían en la inteligencia artificial para comprender lo que ha dicho y seguir las instrucciones para realizar las tareas en consecuencia.

Los servicios de entretenimiento en línea, como Spotify y Netflix, también se basan en la IA para descubrir qué te puede gustar y recomendarte canciones y películas. Otros servicios como Google, Facebook, Amazon y eBay analizan sus actividades en línea para ofrecer anuncios dirigidos. Un amigo una vez buscó placas Arduino en el trabajo durante el día, y por la noche, después de llegar a su casa, sin importar qué sitios web visitara, ¡aparecían anuncios de placas Arduino!

¿Alguna vez ha usado el programa SwiftKey en su teléfono o Grammarly en su ordenador? También son IA.

La IA también se ha utilizado en atención médica, manufactura, automóviles sin conductor, finanzas, agricultura y más. En un estudio reciente, investigadores de Google Health e Imperial College London desarrollaron un algoritmo que superó a seis radiólogos humanos en la lectura de mamografías para la detección del cáncer de mama. El Grupo Renault está colaborando con Google Cloud para combinar sus capacidades de inteligencia artificial y aprendizaje automático con la experiencia en la industria automotriz para aumentar la eficiencia, mejorar la calidad de la producción y reducir la huella de carbono. Los automóviles sin conductor usan IA para identificar las carreteras, los peatones y las señales de tráfico. La industria financiera utiliza IA para detectar fraudes y predecir el crecimiento futuro. La agricultura también está recurriendo a la IA para obtener cultivos más saludables, control de plagas, monitoreo del suelo y las condiciones de cultivo, etc.

La IA puede afectar nuestros trabajos. Según la BBC, el 35 por ciento de los trabajos actuales desaparecerán en los próximos 20 años. Puede utilizar el siguiente sitio web de la BBC para averiguar qué tan seguro es su trabajo:

https://www.bbc.com/news/technology-34066941

1.2 HISTORIA DE LA INTELIGENCIA ARTIFICIAL

La IA se remonta a la década de 1940, durante la Segunda Guerra Mundial, cuando Alan Turing, un matemático y científico informático británico, desarrolló una máquina de descifrado de códigos llamada "bombe" en Bletchley Park, Reino Unido, que descifraba los mensajes cifrados con la "Enigma" alemana (consulte la Figura 1.2). La película de Hollywood The Imitation Game (2014) ha capturado vívidamente este período de la historia. El trabajo de Turing ayudó a los aliados a derrotar a los nazis y se estima que acortó la guerra en más de dos años y salvó más de 14 millones de vidas.

Figura 1.2. La máquina bombe (izquierda) y la máquina Enigma (derecha) (Fuente: https://en.wikipedia.org/wiki/Cryptanalysis_of_the_Enigma)

En octubre de 1950, mientras trabajaba en la Universidad de Manchester, Turing publicó un artículo titulado "Computing Machinery and Intelligence" en la revista Mind (Oxford University Press). En este artículo, propuso un experimento que se conoció como la famosa prueba de Turing. La prueba de Turing a menudo se describe como un juego de tres personas llamado juego de imitación, como se ilustra en la figura 1.3, en el que el jugador C, el interrogador, trata de determinar qué jugador, A o B, es un ordenador y cuál es un ser humano. El interrogador se limita a utilizar las respuestas a las preguntas escritas para tomar la determinación. Desde entonces, la prueba de Turing se ha utilizado para probar la inteligencia de una máquina para ver si es equivalente a un humano. Hasta la fecha, ningún ordenador ha superado la prueba de Turing.

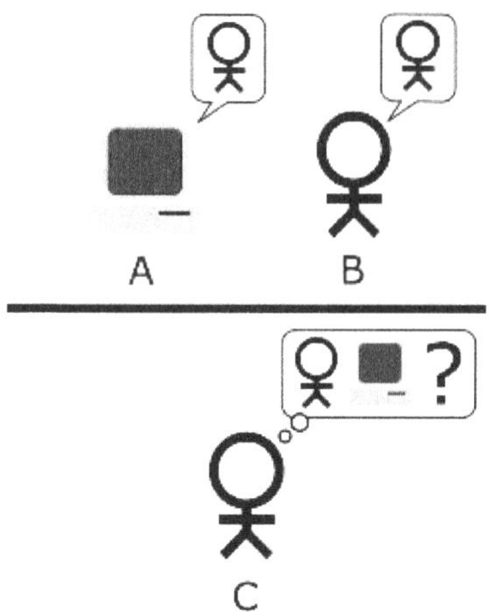

Figura 1.3. El famoso test de Turing, también llamado juego de imitación. El jugador C, el interrogador, está tratando de determinar qué jugador, A o B, es un ordenador y cuál es un ser humano. (Fuente: https://commons.wikimedia.org/w/index.php?curid=3777581).

La IA como disciplina de investigación se estableció en un taller en Dartmouth College en 1956, organizado por John McCarthy, un joven profesor asistente de matemáticas en la universidad (http://raysolomonoff.com/dartmouth/). El taller duró entre seis y ocho semanas, y fue esencialmente una sesión extendida de lluvia de ideas. Asistieron alrededor de 11 matemáticos como Marvin Minsky, Allen Newell, Arthur Samuel y Herbert Simon. Fueron ampliamente reconocidos como los padres fundadores de la IA. John McCarthy eligió el término inteligencia artificial para el nuevo campo de investigación.

La historia de la IA se puede dividir en tres etapas, como se ilustra en la Figura 1.4.

- **Décadas de 1950 a 1970, redes neuronales (Neural Network - NN)**: durante este período, se desarrollaron redes neuronales, también llamadas redes neuronales artificiales (ANN), basadas en cerebros humanos que imitan las redes neuronales biológicas humanas. Una NN generalmente tiene tres capas: una capa de entrada, una capa oculta y una capa de salida. Para usar un NN, debe entrenar el NN con una gran cantidad de datos dados. Después del entrenamiento, el NN se puede usar para predecir resultados para datos no vistos. Los NN atrajeron mucha atención durante este período. Después de la década de 1970, cuando las NN no cumplieron sus promesas, lo que se conoce como exageración de la IA, las actividades de financiación e investigación se redujeron drásticamente. A esto se le llamó invierno de IA.

- **Décadas de 1980 a 2010, aprendizaje automático (Machine Learning -ML)**: este es el período en el que floreció el aprendizaje automático. ML es un subconjunto de IA y consiste en un conjunto de algoritmos matemáticos que pueden analizar datos automáticamente. El aprendizaje automático clásico se puede dividir en aprendizaje supervisado y aprendizaje no supervisado. Los ejemplos de aprendizaje supervisado incluyen el reconocimiento de voz y el reconocimiento de imágenes. Los ejemplos de aprendizaje no supervisado incluyen la segmentación de clientes, la detección de defectos y la detección de fraudes. Los algoritmos clásicos de ML son la máquina de soporte vectorial (SVM), el agrupamiento en clústeres de K-means, el árbol de decisiones, el bayesiano ingenuo, etc.

- **2010s-presente, aprendizaje profundo (Deep Learning - DL)**: este es el período en el que se desarrolló el aprendizaje profundo (DL). DL es un tipo especial de red neuronal que tiene más de una capa oculta. Esto solo es posible con el aumento de la potencia informática, especialmente las unidades de procesamiento gráfico (GPU) y algoritmos mejorados. DL es un subconjunto de ML. DL ha superado hasta ahora a muchos otros algoritmos en un gran conjunto de datos. ¿Pero es DL una exageración o una realidad? Eso aún está por verse.

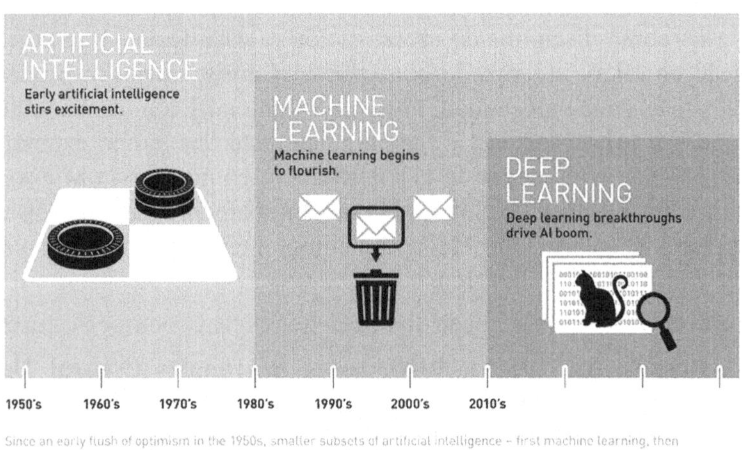

Figura 1.4. La historia de la IA en el sitio web de NVidia
(Fuente: https://developer.nvidia.com/deep-learning)

La IA a menudo se confunde con la ciencia de datos, los macrodatos y la minería de datos. La Figura 1.5 muestra las relaciones entre la IA, el aprendizaje automático, el aprendizaje profundo, la ciencia de datos y las matemáticas. Tanto las matemáticas como la ciencia de datos están relacionadas con la IA, pero son diferentes de la IA. La ciencia de datos se centra principalmente en los datos, que incluyen big data y minería de datos. La ciencia de datos puede utilizar el aprendizaje automático y el aprendizaje profundo al procesar los datos.

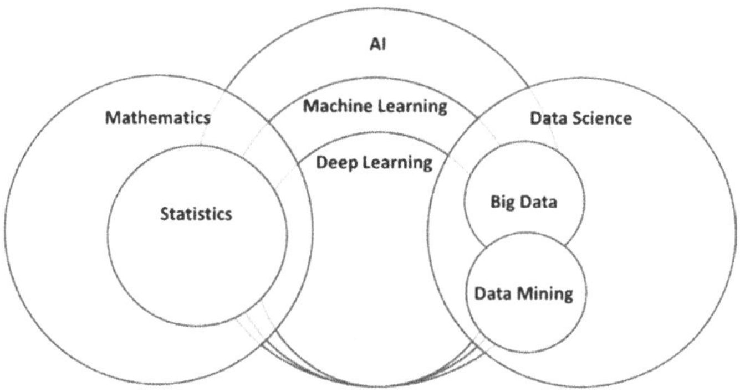

Figura 1.5. Las relaciones entre la IA, el aprendizaje automático, el aprendizaje profundo, la ciencia de datos y las matemáticas

La figura 1.6 muestra un sitio web interesante que explica el ciclo de vida de la ciencia de datos. Incluye comprensión empresarial, minería de datos, limpieza de datos, exploración de datos, ingeniería de funciones, modelado predictivo y visualización de datos.

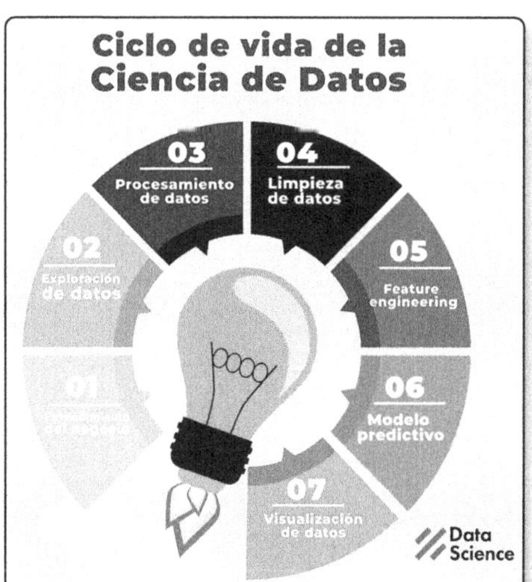

Figura 1.6. El ciclo de vida de la ciencia de datos

En resumen:

- IA significa permitir que una máquina haga cosas inteligentes para imitar a los humanos. Los dos aspectos importantes de la IA son el aprendizaje automático y el aprendizaje profundo.
- El aprendizaje automático es un subconjunto de la IA y consta de algoritmos que pueden automatizar el análisis de datos.
- El aprendizaje profundo es un subconjunto del aprendizaje automático. Es una red neuronal con más de una capa oculta.

1.3 LOS APOGEOS Y LOS DECLIVES DE LA INTELIGENCIA ARTIFICIAL

Como muchas otras tecnologías, la IA ha tenido apogeos y declives, como se muestra en la Figura 1.7. El apogeo de la IA se puede dividir en varias etapas. En la primera etapa (décadas de 1950 a 1970), denominada Auge Tecnológico, la IA se desarrolló rápidamente, con mayor financiación, actividades de investigación, entusiasmo, optimismo y grandes expectativas. En la segunda etapa (década de 1970), la IA alcanzó el pico, llamado el Pico de las Expectativas Infladas. Después del pico, en la tercera etapa (décadas de 1970 y 1980), cuando la IA no cumplió sus promesas, la IA tocó fondo, lo que se conoce como la depresión de la desilusión. Este es el punto en el que se produjo un declive de la IA. Después de la depresión, la IA se recuperó lentamente; esta es la cuarta etapa (desde la década de 1980 hasta el presente), en la que nos encontramos ahora, llamada la Pendiente de la Iluminación. Finalmente, la IA llegará a la quinta etapa, la meseta de la productividad, donde el desarrollo de la IA se vuelve más estable.

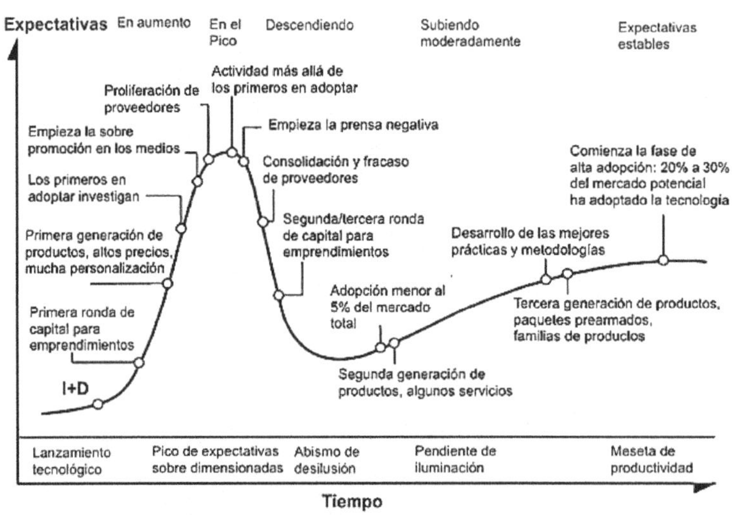

Figura 1.7. El ciclo de sobreexpectación de Gartner se compone de cinco fases:
(Fuente: https://upload.wikimedia.org/wikipedia/commons/7/75/Ciclo_de_sobreexpectacion_de_Gartner.png)

El declive de inteligencia artificial se refiere a un período de tiempo durante el cual el interés público y las actividades de investigación en inteligencia artificial se reducen significativamente. Ha habido dos declives de la IA en la historia, uno a fines de la década de 1970 y otro a fines de la década de 1980.

Desde la década de 1950 hasta la de 1970, las redes neuronales artificiales atrajeron mucha atención. Pero desde fines de la década de 1960, después de muchas decepciones y críticas, la financiación y las actividades de investigación se redujeron significativamente; este fue el primer invierno de IA. Un caso famoso fue el fracaso de la traducción automática en 1966. Después de gastar $20 millones para financiar un proyecto de investigación, el Consejo Nacional de Investigación (NRC) concluyó que la traducción automática era más costosa, menos precisa y más lenta que la traducción humana, por lo que el NRC terminó todo el apoyo. Las carreras de muchas personas fueron destruidas y la investigación terminó.

En 1973, el parlamento británico encargó al profesor Sir James Lighthill que evaluara el estado de la investigación en IA en el Reino Unido. Su informe, el famoso Informe Lighthill, criticó el fracaso total de la IA y concluyó que nada de lo que se hace en IA no se puede hacer en otras ciencias. El informe también señaló que muchos de los algoritmos más exitosos de AI no funcionarían en problemas del mundo real. El informe se impugnó en un debate que se emitió en la serie Controversy de la BBC en 1973, enfrentando a Lighthill contra el equipo de Donald Michie, John McCarthy y Richard Gregory. El informe Lighthill condujo virtualmente al desmantelamiento de la investigación de IA en Inglaterra en la década de 1970.

En la década de 1980, una forma de programa de inteligencia artificial llamada sistema experto se hizo popular en todo el mundo. El primer sistema experto comercial se desarrolló en Carnegie Mellon para Digital Equipment Corporation. Fue un enorme éxito y le ahorró a la empresa millones de dólares. Empresas de todo el mundo comenzaron a desarrollar e implementar sus propios sistemas expertos. Sin embargo, a principios de la década de 1990, la mayoría de las empresas comerciales de sistemas expertos habían fracasado.

Otro ejemplo es el proyecto Quinta Generación. En 1981, el Ministerio de Industria y Comercio Internacional de Japón invirtió 850 millones de dólares en el proyecto informático de quinta generación para construir máquinas que pudieran mantener conversaciones, traducir idiomas, interpretar imágenes y razonar como humanos. Para 1991, el proyecto se suspendió porque no se habían cumplido las metas trazadas en 1981. Este es un ejemplo clásico de expectativas mucho más altas de lo que un proyecto de IA era realmente capaz de lograr.

Al momento de escribir este libro, en 2022, el aprendizaje profundo se está desarrollando a gran velocidad, atrayendo muchas actividades y financiamiento, con avances emocionantes todos los días. ¿Es el aprendizaje profundo una exageración? ¿Cuándo alcanzará su punto máximo el aprendizaje profundo y habrá un declive del aprendizaje profundo? Esas son preguntas de miles de millones de dólares.

1.4 LOS TIPOS DE INTELIGENCIA ARTIFICIAL

Según muchos recursos, la IA se puede dividir en tres categorías.

Artificial Narrow Intelligence (ANI), también llamada IA débil o inteligencia artificial estrecha (ANI), se refiere a la IA que se utiliza para resolver un problema específico. Casi todas las aplicaciones de IA que tenemos hoy en día son de este tipo. Por ejemplo, clasificación de imágenes, detección de objetos, reconocimiento de voz (como Alexa de Amazon, Siri de iPhone, Cortana de Microsoft y Google Assistant), traducción, procesamiento de lenguaje natural, pronóstico del tiempo, anuncios dirigidos, predicciones de ventas, detección de correo no deseado, detección de fraude, el reconocimiento facial y la visión por ordenador.

La IA general, también llamada IA fuerte o inteligencia artificial general (IAG), se refiere a la IA que sirve para resolver problemas generales. Es más, como un ser humano, que es capaz de aprender, pensar, inventar y resolver problemas más complicados. La singularidad, también llamada singularidad tecnológica, es cuando la IA supera a la inteligencia humana, como se ilustra en la Figura 1.8. Según Ray Kurzweil de Google, un autor, inventor y futurista estadounidense, la IA pasará la prueba de Turing en 2029 y alcanzará el punto de singularidad en 2045. Lo que hemos logrado hasta ahora es la IA estrecha, y la IA general es lo que esperamos en el futuro.

Super IA, también llamada superinteligencia, se refiere a la IA después del punto de singularidad. Nadie sabe qué pasará con la súper IA. Una visión es la integración de humanos y máquinas a través de una interfaz de chip cerebral. En agosto de 2020, Elon Musk, el emprendedor innovador estadounidense más famoso, ya hizo una demostración de un cerdo con un chip en el cerebro. Mientras que algunas personas son más pesimistas sobre el futuro de la IA, otras son más optimistas. No podemos predecir el futuro, pero podemos prepararnos para él.

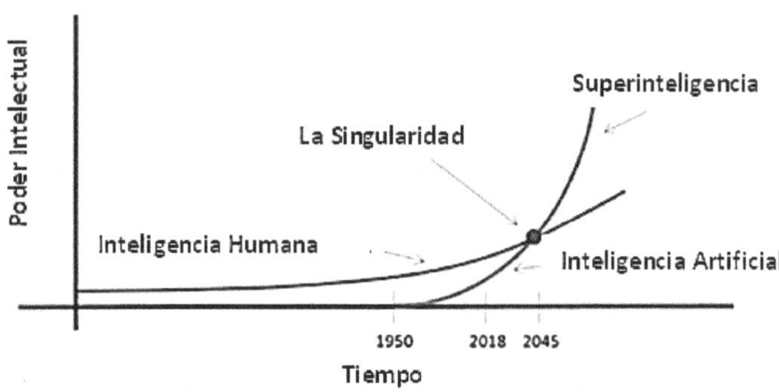

Figura 1.8. La inteligencia humana y la singularidad tecnológica

Este libro cubrirá principalmente los aspectos de aprendizaje automático y aprendizaje profundo de la IA, que pertenecen a la IA limitada o la IA débil.

1.5 INTELIGENCIA ARTIFICIAL EDGE/CLOUD

Las aplicaciones de IA se pueden ejecutar en los grandes servidores remotos, llamados IA Cloud (IA en la nube), o en las máquinas locales, denominadas IA Edge. Las ventajas de la IA Cloud son que no necesita comprar hardware costoso; puede cargar grandes conjuntos de datos de entrenamiento y aprovechar al máximo la gran potencia informática proporcionada por la nube. Las desventajas son que podría requerir más ancho de banda y tener una mayor latencia y problemas de seguridad. Los tres principales proveedores de servicios de IA en la nube son los siguientes:

- **Amazon AWS Machine Learning**. AWS tiene la mayor participación de mercado y la historia más larga y brinda más servicios en la nube que nadie. Pero también es el más caro. https://aws.amazon.com/machine-learning/
- **Microsoft Azure**. Azure tiene la segunda cuota de mercado más grande y también ofrece muchos servicios. Azure se puede integrar fácilmente con Windows y muchas otras aplicaciones de software, como .NET. https://azure.microsoft.com/
- **Google Cloud Platform**. Google es relativamente nuevo y tiene menos servicios y características diferentes que AWS y Azure. Pero Google Cloud Platform tiene precios atractivos y "amigables para el cliente" y se está expandiendo rápidamente. https://cloud.google.com/

Otros proveedores de servicios de IA en la nube incluyen los siguientes: IBM Cloud (https://www.ibm.com/cloud), Alibaba Cloud(https://www.alibabacloud.com), Baidu Cloud (https://cloud.baidu.com).

La Figura 1.9 es un sitio web interesante que compara AWS y Azure y Google Cloud y muestra el cuadrante mágico de las plataformas en la nube.

Figura 1.9. El cuadrante mágico de las plataformas en la nube.
(Fuente: https://www.datamation.com/cloud/aws-vs-azure-vs-google-cloud/)

Las ventajas de Edge AI son la baja latencia, que puede funcionar sin conexión a Internet y que es en tiempo real y seguro. Las desventajas de Edge AI son que necesita comprar su propio hardware y tiene un poder de cómputo limitado. Los dispositivos Edge pueden tener una restricción de consumo de energía, ya que generalmente funcionan con baterías. Los siguientes son los dispositivos de inteligencia artificial edge más populares:

- Microcontroller-based AI: https://www.arduino.cc/en/Guide/NANO33BLESense
- Raspberry Pi–based AI: https://magpi.raspberrypi.org/articles/learn-artificial-intelligence-with-raspberry-pi
- Google Edge TPU TensorFlow Processing Unit: https://cloud.google.com .com/edge-tpu
- NVidia Jetson GPU–based AI: https://developer.nvidia.com/embedded-computing
- Intel and Xilinx–based AI: https://www.intel.com/content/www/us/en/products/docs/storage/programmable/applications/machine-learning.html and https://www.xilinx.com/applications/industrial/analytics-machine-learning.html
- BeagleBone AI: https://beagleboard.org/ai
- 96Boards AI: https://www.96boards.ai/
- Baidu Edgeboard: https://ai.baidu.com/tech/hardware/deepkit

1.6 MOMENTOS CLAVES DE LA INTELIGENCIA ARTIFICIAL

Desde que Alan Turing introdujo la famosa prueba de Turing, o el juego de imitación, ha habido varios momentos clave en el desarrollo de la IA. Aquí hay una lista de algunos de ellos:

- Alan Turing propuso el juego de la imitación (1950).
- Dartmouth realizó un taller de IA (1956).
- Frank Rosenblatt construyó el Perceptrón (1957).
- El primer invierno de IA (década de 1970).
- El segundo invierno AI (1987).
- Deep Blue de IBM vence a Kasparov (1997).
- Geoffrey Hinton desató redes de aprendizaje profundo (2012).
- AlphaGo derrotó a un campeón humano de Go (2016).
- OpenAI lanzó GPT-3 (2020).
- AlphaFold pronosticó el plegamiento de proteínas (2020).

Como se indica, en 1997, el ordenador IBM Deep Blue venció al campeón mundial de ajedrez, Garry Kasparov, en un thriller de seis juegos. El partido duró varios días, con dos victorias para IBM, una para Garry Kasparov y tres empates. El partido recibió una cobertura mediática masiva en todo el mundo. Aunque calificado como "inteligencia artificial", IBM Deep Blue en realidad jugó a través de la "fuerza bruta", es decir, calculando todos los movimientos posibles. Deep Blue, con su capacidad de evaluar 200 millones de posiciones por segundo, fue el primero y más rápido ordenador en enfrentarse a un campeón mundial de ajedrez (https://www.ibm.com/ibm/history/ibm100/us/en/icons/deepblue/).

En enero de 2011, IBM Watson compitió contra Ken Jennings y Brad Rutter, ¡dos de los concursantes más exitosos de Jeopardy!, un popular programa estadounidense. Un partido de práctica y los dos partidos oficiales se registraron del 13 al 15 de enero de 2011. Al final, IBM Watson ganó el primer premio de $ 1 millón, Jennings ganó el segundo lugar de $ 300 mil y Rutter ganó el tercer lugar de $ 200 mil. IBM donó el 50 por ciento de las ganancias a la organización benéfica World Vision y el 50 por ciento a la organización benéfica World Community Grid (https://en.wikipedia.org/wiki/IBM_Watson).

En septiembre de 2012, una red neuronal convolucional (CNN) llamada AlexNet, desarrollada por Alex Krizhevsky, Ilya Sutskever y Geoffrey Hinton, ganó el ImageNet Large Scale Visual Recognition Challenge. Esto inspiró un interés de investigación mundial en el aprendizaje profundo que aún es fuerte en la actualidad. El artículo de AlexNet se ha citado más de 70.000 veces.

En marzo de 2016, AlphaGo de Google DeepMind compitió contra Lee Sedol de Corea del Sur, el campeón mundial de Go. Sedol ha ganado 18 títulos mundiales y es ampliamente considerado el mejor jugador de esa época. AlphaGo derrotó a Sedol en una convincente victoria por 4-1 en Seúl, Corea del Sur. Los partidos se transmitieron en vivo y fueron vistos por más de 200 millones de personas en todo el mundo. Este hito de los logros de la IA se adelantó una década a sus predicciones.

Go es un popular juego de mesa que se originó en China hace más de 3000 años (ver Figura 1.10). En un juego de Go, dos jugadores se turnan para colocar sus piedras en un tablero, con un jugador usando piedras negras y el otro usando piedras blancas. El jugador con piedras negras siempre comienza el juego. El objetivo del juego es rodear y capturar las piedras del oponente y ocupar tantos territorios como sea posible. El jugador con el territorio más grande gana.

Figura 1.10. El tradicional juego de mesa Go. (Fuente: https://upload.wikimedia.org/wikipedia/commons/thumb/2/2a/FloorGoban.JPG/600px-FloorGoban.JPG)

El tablero Go tiene cuadrículas de 19×19, donde cada cuadrícula puede ser una piedra negra o blanca. Esto da 2^{261} (alrededor de 10 a la potencia de 170) posibilidades. Eso es enormemente complicado, comparado con sólo 10 elevado a 40 posibilidades en Ajedrez. El ordenador más rápido del mundo (Fujitsu en Fugaku, Japón) tardará más de 10 mil millones de años en calcular todas las posibilidades. ¡El universo tiene solo 13.800 millones de años! Claramente, no puedes enseñarle a una máquina a jugar Go por la fuerza bruta.

AlphaGo de Google DeepMind juega el juego Go a través de la IA, al combinar el análisis estadístico y el aprendizaje profundo. Los cálculos se realizan en 1920 unidades centrales de procesamiento (CPU), 280 unidades de procesamiento de gráficos (GPU) y, posiblemente, las unidades de procesamiento de tensor (TPU) de Google. ¡Eso es mucho poder de cómputo (https://www.deepmind.com/research/case-studies/alphago-the-storyso-far)!

En junio de 2020, GPT-3 de OpenAI llamó la atención del mundo. OpenAI es una empresa de investigación cofundada por Elon Musk, quien también fundó la famosa compañía de automóviles eléctricos Tesla Inc. GPT-3 significa Generative Pre-trained Transformer 3 y es un modelo de predicción de lenguaje, una forma de red neuronal de aprendizaje profundo. GPT-3 está entrenado en miles de millones de información de texto recopilada al rastrear Internet, incluido el texto de Wikipedia. GPT-3 tiene 96 capas y la friolera de 175 mil millones de parámetros; es el modelo de lenguaje más grande hasta la fecha. Según Google, cuesta alrededor de 1 dólar entrenar 1000 parámetros. Esto significa que podría costar decenas de millones entrenar a GPT-3. Una vez entrenado, GPT-3 puede hacer muchas cosas asombrosas, como generar nuevos textos, escribir ensayos, componer poemas, responder preguntas, traducir idiomas e incluso crear código de ordenador. Esto es aclamado como uno de los mayores avances en la investigación de IA y ha demostrado algunas aplicaciones potenciales alucinantes. OpenAI hizo que la interfaz de programación de aplicaciones (API) GPT-3 esté disponible en línea para desarrolladores seleccionados (https://gpt3examples.com/), y desde entonces han surgido muchos ejemplos de poesía, prosa, noticias, reportajes y ficción. En septiembre de 2020, OpenAI obtuvo la licencia exclusiva del modelo de lenguaje GPT-3 para Microsoft (https://openai.com/blog/openai-api/). En enero de 2021, OpenAI anunció DALL-E y CLIP, dos impresionantes modelos de redes neuronales basados en GPT-3. DALL-E es capaz de generar asombrosas imágenes de alta calidad basadas en texto (https://openai.com/blog/dall-e/), mientras que CLIP puede conectar texto a imágenes (https://openai.com/blog/ acortar/).

En noviembre de 2020, DeepMind de Google hizo un gran avance en el problema del plegamiento de proteínas con su sistema AlphaFold AI. Como todos sabemos, las proteínas son moléculas grandes y complejas formadas por cadenas de aminoácidos, y las proteínas son esenciales para nuestras vidas. Lo que una proteína puede hacer depende en gran medida de su estructura 3D única y de la forma en la que se plegará una proteína. Estas complicadas cadenas de aminoácidos pueden tener una gran cantidad de posibilidades y, sin embargo, en realidad, las proteínas solo se pliegan en formas muy específicas. Este ha sido un gran desafío en biología durante medio siglo. Hay alrededor de 180 millones de proteínas conocidas, y solo se han mapeado alrededor de 170,000 estructuras de proteínas. AlphaFold predijo con éxito dos estructuras de proteínas del virus SARS-CoV, que los investigadores identificaron por separado meses después. Este avance podría acelerar drásticamente el progreso en la comprensión de cómo funcionan las proteínas y el desarrollo de tratamientos para enfermedades (https://deepmind.com/research/case-studies/alphafold).

En enero de 2021, Google anunció el desarrollo de un nuevo modelo de lenguaje llamado Switch Transformer, que contiene 1,6 billones de parámetros. Ofrece aumentos de hasta 7 veces en las velocidades de preentrenamiento con los mismos recursos computacionales. Estas mejoras se extienden a entornos multilingües, en 101 idiomas. Para obtener más detalles, consulte lo siguiente:

https://arxiv.org/pdf/2101.03961v1.pdf

https://github.com/labmlai/annotated_deep_learning_paper_implementations

En junio de 2021, la Academia de Inteligencia Artificial de Beijing (BAAI) presentó un nuevo modelo de procesamiento de lenguaje natural (NLP), WuDao 2.0, que se entrenó con 1,75 billones de parámetros, el modelo más grande hasta la fecha. El modelo se desarrolló con la ayuda de más de 100 científicos de múltiples organizaciones. Para obtener más detalles, consulte lo siguiente: https://gpt3demo.com/apps/wu-dao-20

1.7 EL ESTADO DE LA IA

El desarrollo de la IA ha ido ganando velocidad en las últimas décadas. Uno de los mejores lugares para comprender lo que está sucediendo es un informe anual de investigación y desarrollo de IA, como el siguiente:

- Informe del índice AI, Stanford: https://aiindex.stanford.edu/report/
- Informe sobre el estado de la IA, Cambridge: https://www.stateof.ai

Estos informes anuales muestran las realidades de la inversión y el desarrollo de la IA y predicen las tendencias futuras para el próximo año. El Informe sobre el estado de la IA, elaborado por Nathan Benaich e Ian Hogarth, está organizado en cinco secciones principales: Investigación, Talento, Industria, Políticas y Predicciones.

Según el informe "Estado de la IA" de 2020, las nuevas empresas de procesamiento de lenguaje natural recaudaron más de 100 millones de dólares el año pasado. Las empresas de conducción autónoma recorrieron millones de millas en 2019. Tanto las grandes empresas farmacéuticas como las empresas emergentes, incluidas Glaxosmithkline, Merck y Novartis, han adoptado el aprendizaje automático para el descubrimiento de fármacos. Muchas universidades han introducido títulos de IA. Google reclamó la supremacía cuántica en octubre de 2019 y anunció TensorFlow Quantum, una biblioteca de código abierto para el aprendizaje automático cuántico, en marzo de 2020.

Para la investigación, solo el 15 por ciento de los artículos de IA han publicado su código. Algunas organizaciones, como OpenAI y DeepMind, nunca revelan su código. Los temas de investigación de IA más populares son la visión artificial y el procesamiento del lenguaje natural. La visión artificial incluye segmentación semántica, clasificación de imágenes, detección de objetos, generación de imágenes y estimación de poses. El procesamiento del lenguaje natural incluye la traducción automática, el modelado del lenguaje, la respuesta a preguntas, el análisis de sentimientos y la clasificación de textos. TensorFlow de Google es la plataforma de inteligencia artificial más popular, pero PyTorch de Facebook se está poniendo al día. Entrenar miles de millones de parámetros de modelos cuesta millones de dólares, pero los modelos más grandes necesitan menos datos que los modelos más pequeños para lograr el mismo rendimiento. Una nueva generación de modelos de lenguaje transformador, como GPT-3, T5 y BART, están desbloqueando nuevas aplicaciones, como traducir código C++ a Java o traducir Python a C++, o incluso depurar el código. Las publicaciones en el área de IA en biología han crecido más del 50 % año tras año desde 2017. Los documentos de IA publicados en 2019 y 2020 representan el 25 % de todas las publicaciones de IA desde 2000. Las redes neuronales gráficas (GNN) son un tipo de redes emergentes red neuronal de aprendizaje profundo diseñada para procesar datos 3D, como estructuras moleculares. Esto mejoró la predicción de las propiedades químicas y ayudó en el descubrimiento de nuevos fármacos.

Al analizar los síntomas de más de 4 millones de personas, la IA puede detectar nuevos síntomas de enfermedades antes que la comunidad de salud pública y puede informar el diagnóstico sin pruebas. En visión por ordenador, EfficientDet-D7 ha logrado lo último en detección de objetos con hasta 9 veces menos parámetros de modelo que el mejor de su clase y puede ejecutarse hasta 4 veces más rápido en GPU y hasta 11 veces más rápido en CPU que otros detectores de objetos.

En busca de talento, cada vez más profesores de IA se van de las universidades estadounidenses a empresas tecnológicas como Google, DeepMind, Amazon y Microsoft. Esto ha provocado una reducción del espíritu empresarial de los graduados en 69 universidades estadounidenses. Los graduados extranjeros de los programas de doctorado en IA de EE. UU. tienen más probabilidades de terminar en grandes empresas, mientras que los ciudadanos estadounidenses tienen más probabilidades de terminar en nuevas empresas o en la academia. La Universidad Tecnológica de Eindhoven (TUE) ha comprometido 100 millones de euros para crear un nuevo instituto de IA, y Abu Dhabi abrió la "primera universidad de IA del mundo". En el mercado laboral de IA, la cantidad de trabajos publicados en 2020 está disminuyendo debido a la pandemia de COVID-19. Pero la demanda general aún supera la oferta de talento de IA. Según los datos de EE. UU. de Indeed.com, hay casi tres veces más ofertas de trabajo que vistas de trabajo para roles relacionados con la IA. Las ofertas de trabajo también crecieron 12 veces más rápido que las visualizaciones de trabajos desde finales de 2016 hasta finales de 2018.

Para la industria, las principales compañías farmacéuticas han adoptado la IA para el descubrimiento de fármacos, y las nuevas empresas de descubrimiento de fármacos basadas en IA han recaudado millones de dólares. Las principales empresas de conducción autónoma han recaudado casi \$ 7 mil millones en inversiones desde julio de 2019. Graphcore, con sede en el Reino Unido, lanzó su procesador de unidad de procesamiento de inteligencia (IPU) Mk2. La IPU es un tipo de procesador relativamente nuevo en comparación con las CPU y GPU tradicionales. La IPU Mk2 empaqueta alrededor de 60 mil millones de transistores en una matriz de 800 mm^2 utilizando un proceso de 7 nm, el procesador más complejo jamás creado. La IPU tiene tiempos de entrenamiento 16 veces más rápidos para la clasificación de imágenes que la GPU de NVIDIA, pero es 12 veces más económica. Para las empresas, la IA continúa impulsando los ingresos en ventas y marketing al tiempo que reduce los costos en la gestión y fabricación de la cadena de suministro.

Para los formuladores de políticas, las cuestiones éticas de la IA se han convertido en una corriente principal. El reconocimiento facial se usa ampliamente en todo el mundo y sigue siendo la tecnología de IA más controvertida. Hubo varios ejemplos de alto perfil de arrestos injustificados debido al mal uso del reconocimiento facial. Ha aumentado la presión para regular las aplicaciones de IA. Dos de las principales conferencias de IA, NeurIPS e ICLR, han propuesto nuevos principios éticos. AI también ha promovido más nacionalismo con muchos gobiernos planeando cada vez más examinar las adquisiciones de empresas de AI.

Para la predicción, en el próximo año continúa la carrera para construir modelos de lenguaje más grandes, y pronto tendremos el primer modelo con 10 billones de parámetros. Habrá una inversión cada vez mayor en IA militar, y una ola de nuevas empresas de IA basadas en la defensa recaudarán colectivamente $ 100 millones. Una de las primeras empresas emergentes líderes en descubrimiento de fármacos de IA tendrá un valor de más de mil millones de dólares. DeepMind de Google hará otro gran avance en biología estructural y descubrimiento de fármacos más allá de AlphaFold. Facebook hará un gran avance en la realidad virtual y aumentada con la visión artificial en 3D.

1.8 RECURSOS DE IA

Si desea conocer más detalles técnicos de la IA o simplemente desea mantenerse al día con las últimas innovaciones y descubrimientos, los siguientes son algunos buenos recursos:

- **Google**
  - https://ai.googleblog.com/
  - https://research.google/pubs/?area=algorithms-andtheory&team=brain&team=ai-fundamentals-applications
- **DeepMind**
  - https://deepmind.com/blog?filters=%7B%22category%22:%5B%22Research %22%5D%7D
  - https://www.deepmind.com/research?filters=%7B%22collection%22:%5B%22Publications%22%5D%7D
- **Facebook AI**
  - https://ai.facebook.com/results/?view=list&content_types%5B0%5D=publication&sort_by=most_recent
  - https://ai.facebook.com/blog/
- **Microsoft**
  - https://www.microsoft.com/en-us/research/research-area/artificial-intelligence/?facet%5Btax%5D%5Bmsr-research-area%5D%5B0%5D=13556&sort_by=most-recent
- **MIT**
  - https://news.mit.edu/topic/artificial-intelligence2
  - https://www.technologyreview.com/topic/artificial-intelligence/
- **Stanford**
  - http://ai.stanford.edu/blog/

- **Berkeley**
  - https://bair.berkeley.edu/blog/
- **Conferencias líderes en IA**
  - NeurIPS: https://papers.nips.cc/
  - RecSys: https://recsys.acm.org/recsys20/ accepted-contributions/
  - KDD: https://www.kdd.org/kdd2020/accepted-papers
  - ICLR: https://iclr.cc/virtual_2020/papers.html?filter=keywords
- **Lo último en arXiv**
  - https://arxiv.org/search/advanced
- **Página de última generación de "Paper with Code"**

  En Paper with Code, puede explorar el estado de la IA en varias aplicaciones diferentes, como visión por ordenador, procesamiento de lenguaje natural, medicina, voz, series temporales, audio y mucho más. Como se muestra en la Figura 1.11, tiene 3.711 puntos de referencia; 1.942 tareas; 3234 conjuntos de datos; y 39.567 papeles con código.
- **Towards Data Science y Medium**

  Towards Data Science es una publicación de Medium para compartir conceptos, ideas y códigos. Towards Data Science Inc. es una corporación registrada en Canadá. Con Medium, proporciona una plataforma para que miles de personas intercambien ideas y amplíen su comprensión de la ciencia de datos. Es gratis leer una cantidad limitada de artículos por mes, pero debe registrarse y pagar si desea acceso ilimitado. Para más detalles, visite estos recursos:
  - https://towardsdatascience.com/
  - https://medium.com/

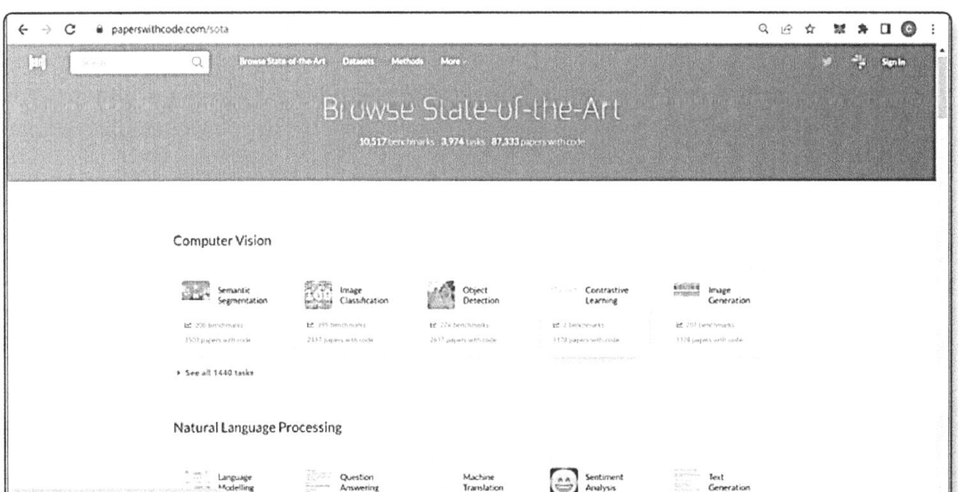

Figura 1.11. Página del estado del arte en Paper with Code (Fuente: https://paperswithcode.com/sota)

1.9 LA CONVERGENCIA TECNOLÓGICA EN EL CONTEXTO DE LA INTELIGENCIA ARTIFICIAL Y SU IMPACTO EN LOS NEGOCIOS

La convergencia tecnológica es un término que describe la unión de tecnologías previamente no relacionadas, a menudo en un solo dispositivo. Los teléfonos inteligentes podrían ser el mejor ejemplo posible de tal convergencia. Antes del uso generalizado de los teléfonos inteligentes, los consumidores generalmente se basaban en una colección de dispositivos de un solo propósito. Algunos de estos dispositivos incluían teléfonos, relojes de pulsera, cámaras digitales y navegadores GPS (Global Positioning System). Hoy en día, incluso los teléfonos inteligentes de gama baja combinan la funcionalidad de todos estos dispositivos separados, reemplazándolos fácilmente en un solo dispositivo.

Para las empresas, la convergencia tecnológica significa que pueden conectarse fácilmente con sus clientes y aprender más sobre los hábitos de compra que los caracterizan. En algunos casos, la convergencia tecnológica incluso hace posible que una empresa influya en las compras de un cliente. Algunos minoristas rastrean la ubicación de los teléfonos inteligentes de los consumidores. Si un cliente se encuentra en un área particular de la tienda durante cierto tiempo, el minorista podría enviarle un cupón por mensaje de texto o notificación emergente para el artículo que está mirando, por lo tanto, atrayendo aún más al cliente para realizar una compra.

1.9.1 La convergencia tecnológica

La convergencia tecnológica se puede lograr a través de la conexión de tecnologías de voz, datos, sonido e imágenes. Estas tecnologías convergentes son utilizadas en muchos ámbitos, como la educación, la salud, el comercio, la energía, la seguridad, entre otros. Una de las principales ventajas de la convergencia tecnológica es la capacidad de mejorar la experiencia del usuario, permitiendo que los usuarios accedan a información de forma más rápida y eficiente. Esto se logra a través del concurso de diversas tecnologías, entre ellas podemos mencionar algunas: blockchain, internet de las cosas (IoT) y cloud computing.

Blockchain se refiere a una base de datos distribuida que almacena datos de forma segura y transparente. Esta tecnología se utiliza para la creación de aplicaciones seguras y confiables, que pueden utilizarse para verificar la autenticidad de los datos. Esta tecnología también permite a los usuarios realizar transacciones de forma segura.

La tecnología de Internet de las cosas (IoT) se refiere al uso de dispositivos conectados a Internet para recopilar y compartir datos. Estos dispositivos están conectados entre sí y permiten a los usuarios acceder a información de forma remota, de tal manera que puedan controlar dispositivos como sensores, máquinas, sistemas de automatización y otros dispositivos conectados.

Cloud computing es el uso de recursos informáticos compartidos en línea para proporcionar computación en la nube, es decir, procesamiento de datos, almacenamiento, redes, software y otros servicios que se pueden acceder a través de Internet. Esta tecnología permite a los usuarios y empresas ahorrar tiempo, dinero y recursos al no necesitar comprar, instalar y administrar hardware y software de manera local.

La convergencia tecnológica también ofrece la posibilidad de desarrollar la inteligencia artificial. Esto se logra a través de la combinación de tecnologías como blockchain, IoT y cloud computing. Estas tecnologías se pueden utilizar para la creación de sistemas autónomos capaces de tomar decisiones inteligentes y predecir el comportamiento de los usuarios.

A medida que avanzamos en la era de la convergencia tecnológica, es importante asegurar que los sistemas creados sean seguros. Esto se puede lograr a través de la implementación de protocolos de seguridad, cifrado de datos, autenticación de usuarios y otros mecanismos de seguridad. Esto ayudará a asegurar que los datos compartidos se mantengan seguros y que los usuarios puedan acceder a la información de forma confiable.

1.9.2 Los modelos de automatización industrial y de negocio

En los últimos años, el desarrollo de la Inteligencia Artificial (IA) ha permitido el uso de modelos de automatización industrial y de negocio en todos los ámbitos de la industria. Esto ha creado una nueva forma de ver el mundo, en la que la tecnología es cada vez más importante para el éxito de una empresa. Esto significa que la evaluación de los modelos de automatización es más importante que nunca. A continuación, exploraremos algunas de las tendencias, estrategias y modelos relacionados con la automatización industrial y de negocio, que están siendo impulsados por el avance de la IA.

En primer lugar, se debe considerar el impacto de la IA en la estrategia de la empresa. La IA está cambiando la forma en que se toman las decisiones estratégicas. Esto significa que las empresas deben ser capaces de identificar y explotar nuevas oportunidades de automatización para mantenerse a la vanguardia de la industria. Las empresas deben tener en cuenta que no solo deben evaluar los modelos de automatización existentes, sino también buscar formas innovadoras de automatizar procesos.

Las empresas están aplicando varias estrategias corporativas para aprovechar al máximo el desarrollo de la inteligencia artificial. Una de ellas es la adopción de un enfoque de datos: la recopilación y análisis de grandes cantidades de datos para entender mejor los procesos y mejorar la toma de decisiones. Otra estrategia es la creación de alianzas estratégicas: buscar asociaciones con otras empresas o académicos especializados para establecer una base de conocimiento y desarrollo conjunto.

La IA también está cambiando la forma en que se diseñan los modelos de negocio. Ya no es suficiente tener un modelo de negocio estático; la automatización requiere que se desarrollen modelos de negocio dinámicos que sean capaces de adaptarse a los cambios del entorno. Esto significa que las empresas deben estar preparadas para evaluar la viabilidad de los modelos de negocio existentes y desarrollar otros que sean rentables y escalables. Las tendencias en los modelos de negocio implementados con la inteligencia artificial se centran en las áreas de automatización de procesos, análisis de datos (recopilación de información y el procesamiento de los datos) y optimización de recursos.

Por último, la automatización también está cambiando la forma en que se administran los activos y los recursos. Los modelos de automatización están cada vez más integrados con los sistemas de administración de activos y recursos, buscando altos niveles de eficiencia que contribuyan al incremento de la rentabilidad

1.10 RESUMEN

Este capítulo proporcionó una descripción general a vista de pájaro de la IA. La IA es un campo de investigación de ciencia y tecnología que tiene como objetivo hacer que las máquinas hagan cosas inteligentes, similares a la inteligencia natural que exhiben los humanos y los animales.

La IA se remonta a las décadas de 1940 y 1950, cuando el matemático británico Alan Turing propuso la famosa prueba de Turing, también conocida como el juego de imitación. La IA como disciplina de investigación se estableció en un taller en Dartmouth College en 1956. El desarrollo de la IA generalmente se puede dividir en tres períodos de la historia; 1950-1980, centrado en redes neuronales o redes neuronales artificiales; 1980-2010, centrado en el aprendizaje automático; y 2010-presente, centrado en el aprendizaje profundo. El aprendizaje profundo es actualmente el tema de investigación más candente en IA, donde las GPU se utilizan ampliamente.

Los inviernos de IA son los períodos en los que la financiación y las actividades de investigación se han reducido drásticamente. Hasta ahora, ha habido dos inviernos de IA, en las décadas de 1970 y 1980. La exageración de la IA es cuando la IA no logra lo que promete. La IA se puede dividir generalmente en tres tipos: IA estrecha, IA general y súper IA. La singularidad es el punto en el que la IA supera a la inteligencia humana.

La IA también se puede dividir en IA en el edge e IA en la nube.

Otro concepto que se menciona en el capítulo es el de la convergencia tecnológica, dicho concepto se refiere a la unión de tecnologías previamente no relacionadas, a menudo en un solo dispositivo. Esto permite a las empresas conectarse fácilmente con sus clientes y aprender más sobre sus hábitos de compra. El desarrollo de la

Inteligencia Artificial (IA) también está cambiando la forma en que se toman las decisiones estratégicas y se diseñan los modelos de negocio, así como la automatización de procesos, el análisis de datos y la optimización de recursos.

1.11 PREGUNTAS DE REVISIÓN DEL CAPÍTULO

- ✓ P1.1. ¿Qué es la IA? Muestre algunos ejemplos de aplicaciones de IA en su vida diaria.
- ✓ P1.2. ¿Qué es la prueba de Turing y qué es el juego de la imitación?
- ✓ P1.3. Explique, con un diagrama adecuado, las tres etapas del desarrollo de la IA en la historia.
- ✓ P1.4. Explicar las diferencias de las redes neuronales, el aprendizaje automático y el aprendizaje profundo.
- ✓ P1.5. ¿Qué son las exageraciones de la IA? Use un diagrama para explicar las diferentes etapas de una exageración de la IA. ¿Qué son los inviernos de IA?
- ✓ P1.6. ¿Cuáles son los tres tipos de IA? ¿Qué es la singularidad?
- ✓ P1.7. ¿Cuáles son las diferencias entre la IA en el edge y la IA en la nube?
- ✓ P1.8. Busque en Internet y enumere sus propios 10 momentos clave de la IA en la historia.
- ✓ P1.9. Busque en Internet y enumere su propio "estado actual de la IA" y proporcione sus propias predicciones para la IA.
- ✓ P1.10. ¿Eres optimista o pesimista sobre el futuro de la IA y por qué?
- ✓ P1.11. ¿Qué es la convergencia tecnológica?

2

HERRAMIENTAS DE DESARROLLO DE IA

2.1 HERRAMIENTAS DE HARDWARE DE IA

Como dice un viejo proverbio, "El que quiere hacer un buen trabajo primero debe afilar sus herramientas". También necesitará un conjunto de herramientas si desea desarrollar aplicaciones de IA. Esto incluye tanto el hardware como el software. Hardware significa principalmente el ordenador. Como la IA requiere una cierta cantidad de potencia de procesamiento, necesitará un ordenador portátil o de escritorio potente.

Ordenadores estándar. Para un principiante, un ordenador estándar actual es suficiente, normalmente incluye una CPU Intel o AMD con un reloj de 2 GHz, 8 GB de RAM, disco duro de 500 GB y un sistema operativo actual de Windows, Mac o Linux. Puede buscar fácilmente en Internet los ordenadores portátiles más vendidos o las ordenadores de escritorio más vendidos para encontrar su ordenador ideal.

Ordenadores con GPU. Para un usuario más avanzado, si desea entrenar más datos o construir modelos de IA más grandes y complicados, necesitará un ordenador más avanzado, es decir, un ordenador con una unidad de procesamiento gráfico (Graphic Processing Unit - GPU). Eso generalmente incluye una CPU con 8 núcleos, 32 GB de RAM, disco duro de 1 TB y, lo que es más importante, una GPU NVIDIA GeForce RTX 1080 (o 2080) Series de 8 GB. Las GPU, desarrolladas originalmente para videojuegos, se han utilizado cada vez más en el aprendizaje automático y el aprendizaje profundo. Las GPU pueden acelerar significativamente los cálculos, gracias a sus procesos paralelos masivos.

Los Ordenadores con FPGA (Field Programmable Gate Array). También se utilizan cada vez más en IA. Altera y Xilinx son los dos fabricantes de FPGA más conocidos. Al adquirir Altera en 2015, Intel ha desarrollado desde entonces muchas aplicaciones de IA basadas en FPGA. En 2018, por ejemplo, Intel logró un procesamiento de 3700 fotogRamas por segundo con su Arria 10 GX 1150 FPGA. Para obtener más detalles sobre Intel Arria FPGA, consulte estos recursos:

https://arxiv.org/ftp/arxiv/papers/1806/1806.11547.pdf

https://www.intel.co.uk/content/www/uk/en/products/details/fpga/arria/10/gx.html

Las IPU de Graphcore. Además de las GPU y las FPGA, existe otra nueva forma de hardware informático de IA: la unidad de procesamiento de inteligencia (IPU) masivamente paralela de Graphcore. Graphcore es una joven empresa británica con sede en Bristol y fue fundada en 2016 por Simon Knowles y Nigel Toon. En julio de 2020, Graphcore presentó su procesador de segunda generación que usa un proceso de 7 nm, que incluye alrededor de 60 mil millones de transistores en un circuito integrado de 800 milímetros cuadrados con 1472 núcleos de computación y 900 MB de memoria local. Las IPU pueden funcionar mucho más rápido que las GPU y cuestan mucho menos. Para obtener más detalles, visite este recurso: https://www.graphcore.ai/.

2.2 HERRAMIENTAS DE SOFTWARE DE IA

Las herramientas de software dependen principalmente de la elección de los lenguajes de programación, como C/C++, Java, C#, Python, Matlab, Ruby, R, Julia, Go, etc.

C y C++ son los lenguajes de programación de software más populares. El software escrito en C/C++ puede ejecutarse mucho más rápido que los escritos en muchos otros lenguajes de programación. Muchas librerías de IA, como OpenCV (https://opencv.org/) para visión artificial y YOLO (https://pjreddie.com/darknet/yolo/) para detección de objetos, están escritas en C/C++. Para usar C/C++ en el desarrollo de IA, puede usar varias librerías:

- Google TensorFlow (https://github.com/tensorflow/tensorflow)
- Caffe (https://github.com/intel/caffe)
- Kit de herramientas cognitivas de Microsoft (CNTK) (https://docs.microsoft.com/en-us/cognitive-toolkit/)
- Librería MLPACK (https://www.mlpack.org/)
- Librería SHARK (https://github.com/Shark-ML/Shark)
- OpenNN (https://www.opennn.net/)

Java es otro lenguaje popular. Todas las aplicaciones de los teléfonos Android están escritas en Java. Para usar Java en el desarrollo de IA, puede usar las siguientes librerías:

- Weka (https://www.cs.waikato.ac.nz/ml/weka/)
- Deeplearning4j (https://deeplearning4j.konduit.ai/)

C# es popular para desarrollar programas de interfaz gráfica de usuario (GUI) de escritorio de Windows. Con C#, puede usar las siguientes librerías:

- CV de Emgu (http://www.emgu.com/wiki/index.php/Main_Page)
- ML.NET (https://dotnet.microsoft.com/apps/machinelearning-ai/ml-dotnet

Python es probablemente el lenguaje de programación más utilizado en la actualidad. A diferencia de los lenguajes compilados como C/C++ y Java, Python es un lenguaje de programación interpretado. Esto significa que no necesita compilar el código de Python para ejecutarlo. El código de Python se ejecuta línea por línea. Entonces, incluso si hay un error en el código de Python, ejecutará las líneas antes del error y se detendrá solo en el punto donde se encuentra el error. Para usar Python en el desarrollo de IA, puede usar varias librerías como Numpy, Pandas, Matplotlib y NLTK. También puede utilizar una serie de frameworks de código abierto, como los siguientes:

- Scikit-Learn (https://scikit-learn.org/stable/).
- Keras (https://keras.io/).
- Google TensorFlow (https://github.com/tensorflow/tensorflow).
- PyTorch de Facebook (https://pytorch.org/).
- Paddle de Baidu (https://github.com/PaddlePaddle/Paddle)

MATLAB es popular entre los estudiantes ya que muchas universidades/colegios han elegido su licencia. Esto significa que es de uso gratuito para los estudiantes y profesores. Una de sus mejores características es su espacio de trabajo, que permite a los usuarios ver el contenido y rastrear las variables utilizadas. MATLAB es una herramienta realmente excelente para el aprendizaje y ofrece una serie de cajas de herramientas para el desarrollo de IA.

- Caja de herramientas de estadísticas y aprendizaje automátic. (https://uk.mathworks.com/products/statistics.html)
- Caja de herramientas de aprendizaje profundo. (https://uk.mathworks.com/products/deeplearning.html)
- Caja de herramientas de aprendizaje por refuerzo. (https://uk.mathworks.com/products/reinforcement-learning.html)
- Caja de herramientas de mantenimiento predictivo. (https://uk.mathworks.com/products/predictive-maintenance.html)
- Caja de herramientas de análisis de texto. (https://uk.mathworks.com/products/textanalytics.html)

MATLAB Online le permite utilizar MATLAB desde su navegador web. Esto es excelente para la enseñanza en línea y el aprendizaje remoto: https://matlab.mathworks.com/

MATLAB también brinda soporte para el uso de GPU y FPGA en el desarrollo de IA. Consulte esta interesante publicación sobre cómo realizar la clasificación de imágenes con solo 11 líneas de código MATLAB: https://blogs.mathworks.com/pick/2017/03/03/deep-learning-in-11-lines-of-matlab-code/

El lenguaje de programación R es relativamente nuevo y se usa ampliamente para análisis estadísticos y gráficos. R es un software gratuito y cuenta con el respaldo de la Fundación R para la computación estadística. Incluye algoritmos para aprendizaje automático, regresión lineal, series temporales e inferencia estadística. Para más detalles, visite este sitio: https://www.r-project.org/

El lenguaje de programación Julia también es relativamente nuevo y está diseñado para programación dinámica de alto nivel y rendimiento. Julia está bien preparada para el análisis numérico y la ciencia computacional. Para más detalles, visite este sitio: https://julialang.org/

El lenguaje de programación Go fue desarrollado en Google por Robert Griesemer, Rob Pike y Ken Thompson en 2007. Es similar al lenguaje de programación C y se diseñó para crear software simple, confiable y eficiente. Una de las principales atracciones del lenguaje de programación Go es que puedes crear fácilmente un archivo ejecutable con él. Para más detalles, visite este sitio: https://go.dev/

La Figura 2.1 muestra las tendencias interesantes en los diversos lenguajes de programación en los últimos años. Los tres lenguajes de programación tradicionalmente más comunes, C/C++, C# y Java, tienen un uso decreciente, pero siguen siendo prominentes, mientras que JavaScript y R están estancados, y Python crece rápidamente, comenzando a superar a C/C++, C# y Java. El uso de Julia y Go sigue siendo relativamente bajo (https://www.streamlit.io/).

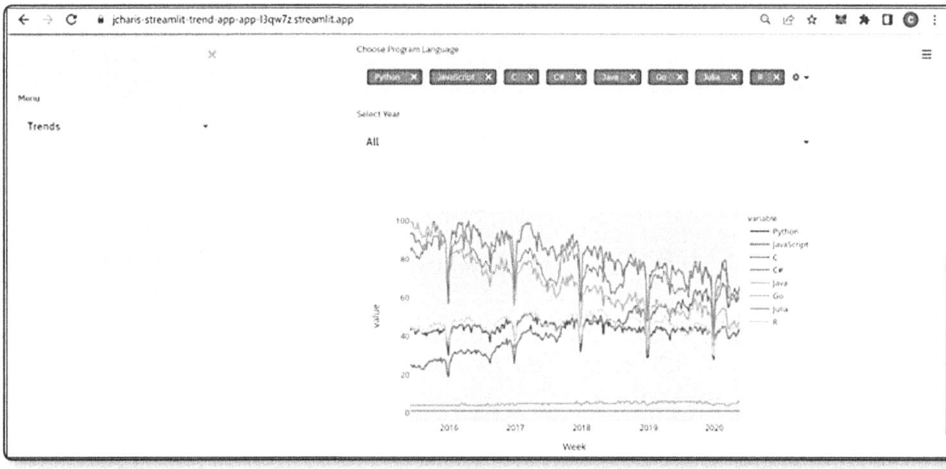

Figura 2.1. Las tendencias de popularidad de los diferentes lenguajes de programación. (Fuente: https://share.streamlit.io/jcharis/streamlit-trend-app/main/ app.py)

En este libro, nos centraremos solo en Python, simplemente porque es el lenguaje de programación más popular para el desarrollo de IA.

2.3 INTRODUCCIÓN A PYTHON

Python fue desarrollado por Guido van Rossum, un programador holandés, en Centrum Wiskunde & Informatica (CWI) en los Países Bajos a fines de la década de 1980. Python se creó como un lenguaje de programación de propósito general y se lanzó por primera vez al público en 1991. Van Rossum eligió el nombre Python en honor al famoso grupo de comedia británico Monty Python en la década de 1970. Al igual que MATLAB, Python es fácil de usar, no necesita definir variables ni preocuparse por los tipos de variables, y Python puede determinar automáticamente el tipo de variable más adecuado. Python es también un lenguaje de programación interpretado de alto nivel. Esto difiere de otros lenguajes de programación compilados, como C/C++, Fortran y Java, que requieren que compile su código fuente en código binario antes de que pueda ejecutarse. Con Python y MATLAB, su código se ejecuta línea por línea. Python es el lenguaje de programación más popular para el aprendizaje automático y el aprendizaje profundo.

Para usar Python, primero debe descargar e instalar Python en su ordenador. Hay dos versiones principales, la versión 2 y la versión 3. Recomendamos instalar la versión 3. La última versión es la 3.11.3, pero dado que muchos ejemplos en línea se basan en versiones anteriores, usaremos Python 3.6.8 en este libro. Nos basaremos en los sistemas operativos Windows. Para otros sistemas operativos, como Mac y Unix/Linux, adapte en consecuencia.

Para Windows, el instalador predeterminado python-3.6.8.exe es un instalador de 32 bits. A menos que esté utilizando un ordenador muy antiguo, debe seleccionar el instalador de 64 bits, python-3.6.8-amd64.exe. Vale la pena señalar que algunos frameworks de trabajo de IA populares como Tensorflow solo admiten Python de 64 bits.

https://www.python.org/downloads/

https://www.python.org/ftp/python/3.6.8/python-3.6.8-amd64.exe

De forma predeterminada, Python está instalado en el directorio de su cuenta personal. Si desea instalar Python en C:\ o C:\Program Files\ estándar, debe seleccionar Personalizar instalación en el primer cuadro de diálogo que aparece después de hacer doble clic en el instalador. La siguiente es una guía de instalación completa; Compruébelo si tiene alguna dificultad al instalar Python:

https://realpython.com/installing-python/

Después de instalar Python, puede usar el entorno de aprendizaje y desarrollo integrado (IDLE) de Python para editar, depurar y ejecutar el código de Python.

Consulte la Figura 2.2. A continuación, también deberá descargar e instalar las siguientes librerías:

- Numpy: para tratar con datos de matriz N-dimensional.
- Pandas: para leer archivos de datos y analizar datos.
- Matplotlib: para graficar datos.
- SciPy: para computación científica.
- ipython: para una consola interactiva mejorada.
- Jupyter: para un editor de Python basado en web.
- SymPy: para símbolos matemáticos y manipular y evaluar expresiones matemáticas.
- Nose: para facilitar las pruebas en una aplicación.

Consulte el sitio web de SciPy para obtener más detalles:

https://scipy.org/install/

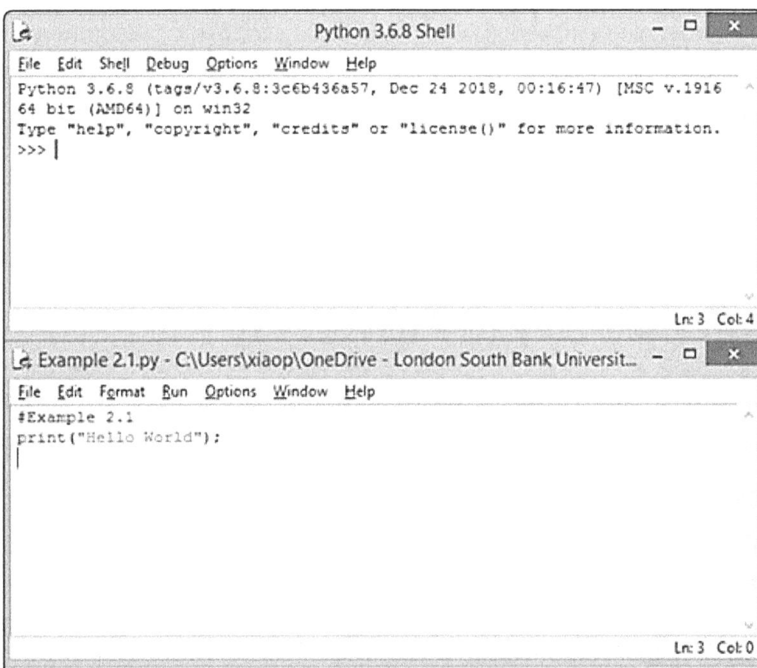

Figura 2.2. Shell IDLE (Python 3.6.8 de 64 bits) de Python (arriba) y editor (abajo)

El proceso de instalación comienza escribiendo los siguientes comandos en la ventana del símbolo del sistema de Windows:

```
python -m pip install numpy scipy matplotlib ipython jupyter pandas
sympy nose
```

o simplemente escribiendo lo siguiente:

```
pip install numpy scipy matplotlib ipython jupyter pandas sympy nose
```

A continuación, deberá instalar la biblioteca Scikit-Learn para el aprendizaje automático. Esto se puede hacer fácilmente escribiendo los siguientes comandos en la ventana de la consola:

```
pip install scikit-learn
```

Finalmente, deberá instalar las librerías Keras, TensorFlow y PyTorch para el aprendizaje profundo. Puede hacerlo escribiendo los siguientes comandos en la ventana de la consola:

```
pip install keras tensorflow torch torchvision opencv-python
```

Los comandos anteriores instalarán la última versión de las librerías. Si no desea la última versión, también puede especificar la versión que desea instalar. Aquí hay un ejemplo:

Puede enumerar qué librerías se han instalado escribiendo el siguiente comando en la ventana de la consola:

```
pip install keras==2.3.1
pip install tensorflow==2.0.0
```

```
pip list
```

También deberá instalar otras librerías de Python a medida que avance en este libro. Pero por ahora, esto es suficiente para comenzar con la programación de IA utilizando el lenguaje de programación Python. ¡Estás listo para empezar!

2.4 ENTORNOS DE DESARROLLO DE PYTHON

Aunque Python viene con su propio editor IDLE, muchos desarrolladores prefieren usar editores de texto y código de Python de terceros y entornos de desarrollo integrados (IDE) para incorporar funciones adicionales. Aquí está una lista corta:

- Notepad ++ es un editor de texto popular que admite muchos lenguajes de programación como Python.
  - https://notepad-plus-plus.org/downloads/
- TextPad es otro editor de texto similar. TextPad y Notepad++ son populares entre los usuarios de Windows.
  - https://www.textpad.com/home

- Sublime Text es un editor de texto genérico, lanzado por primera vez en 2007. Admite 44 lenguajes de programación principales, incluido Python. Es un editor de texto popular entre los usuarios de Mac y Linux.
  - http://www.sublimetext.com/
- Atom/Atom-IDE es un IDE de propósito general multiplataforma relativamente nuevo. Atom tiene características atractivas como resaltado de sintaxis, autocompletado y una interfaz totalmente personalizable.
  - https://atom.io/
- PyCharm es un IDE de Python para desarrolladores profesionales. Tiene características como resaltado de sintaxis, autocompletado y verificación de código en vivo.
  - https://www.jetbrains.com/pycharm/
- Spyder es un IDE de Python gratuito y multiplataforma, con funciones como resaltado de sintaxis y autocompletado. También integra muchas librerías como Matplotlib, Numpy, IPython y Scipy. Tiene un explorador de variables, similar al espacio de trabajo de MATLAB, que le permite ver los detalles de las variables.
  - https://github.com/spyder-ide/spyder
- Visual Studio Code, también llamado VS Code, es un IDE de software multiplataforma desarrollado por Microsoft. No debe confundirse con Visual Studio, VS Code es pequeño pero completo, y el software es de código abierto bajo la licencia MIT.
  - https://code.visualstudio.com/
- Jupyter es un IDE de Python basado en la web que le permite editar y ejecutar código de Python desde un navegador web. Jupyter es notablemente fácil de usar. Mucha gente cree que Jupyter es un cuaderno informático para científicos de datos. Para instalar Jupyter, simplemente escriba los siguientes comandos de instalación de pip en la ventana de su terminal:

```
pip install jupyter
```

  Para iniciar el cuaderno Jupyter en su navegador web, simplemente escriba el siguiente comando. Esto abrirá una página web (http://localhost:8888/) desde la cual puede crear, abrir y ejecutar cuadernos Jupyter.

```
Jupyter notebook
```

  Los archivos de programa de Python tienen la extensión .py, y los cuadernos de Jupyter tienen la extensión. ipynb. Permite que se pueda hacer doble clic en el archivo. ipynb (es decir, para que se pueda abrir con un doble clic) en Windows, instalando las siguientes dos librerías:

```
pip install nbopen
 python -m nbopen.install_win
```

Para obtener más detalles sobre Jupyter, visite este sitio:

- https://jupyter.org/

- Google Colaboratory, también llamado Google Colab, es un IDE de Python basado en web y en Jupyter, que le permite editar y ejecutar código de Python desde un navegador web. Necesita una cuenta de Google para iniciar sesión para usarla. Una vez que haya iniciado sesión, tiene todo lo que necesita y está listo para comenzar a programar en Python. No tiene que preocuparse por qué versión de Python instalar, qué librerías de Python instalar, etc. Una de las características de Google Colab más apreciable es la compatibilidad con la informática de CPU, GPU y TPU. Por lo tanto, puede ejecutar su código en GPU y TPU de forma gratuita.
  - https://colab.research.google.com/
- Kaggle Notebook es otro IDE de Python basado en la web, similar a Google Colab. Pero Kaggle también proporciona una gran cantidad de conjuntos de datos y ejecuta muchos desafíos de IA, lo que facilita el desarrollo de nuevos algoritmos y el entrenamiento de nuevos modelos. También hay toneladas de proyectos de otras personas que se pueden copiar y editar, y es un gran lugar para aprender. Kaggle también brinda soporte para computación de CPU y GPU, por lo que es ampliamente recomendado.
  - https://www.kaggle.com/
- AI Studio de Baidu es una plataforma de desarrollo en línea integral basada en PaddlePaddle, el framework de aprendizaje profundo patentado de Baidu. En AI Studio, hay conjuntos de datos, concursos, cursos y muchos proyectos para compartir. También puede crear sus propios proyectos en línea utilizando cuadernos Jupyter, similares a Colab y Kaggle.
  - https://aistudio.baidu.com/aistudio/index?lang=en
  - https://www.paddlepaddle.org.cn/

Aquí hay algunos editores de Python/Jupyter más en línea:

- Deepnote es una alternativa de Google Colab pero tiene algunas funciones interesantes, como la colaboración en tiempo real, sin interrupciones para tareas de ejecución prolongada y sin costo alguno.
  - https://beta.deepnote.com/
- Los cuadernos Binder y Gesis también son populares cuadernos en línea de Jupyter. Por ejemplo, en el sitio web de Scikit-Learn, puede ejecutar muchos códigos de muestra en línea usando Binder Notebooks.
  - https://notebooks.gesis.org/
  - https://mybinder.org/

- Paperspace Gradient es otro cuaderno en línea de Jupyter. En comparación con la alternativa de Google Colab, tiene una memoria más rápida, cuadernos persistentes, más tiempo de capacitación y un conjunto de datos más grande.
  - https://www.paperspace.com/console/gradient
- Cuando hablamos de entornos de desarrollo de Python, tenemos que hablar de Anaconda. Muchos principiantes se confunden, pero Anaconda es simplemente una plataforma informática científica para los lenguajes de programación Python y R. También tiene como objetivo simplificar la administración y la implementación de paquetes. Es multiplataforma y viene con un conjunto de librerías como Matplotlib, Numpy, IPython y Scipy, así como un conjunto de editores/IDE como Spyder, Jupyter, VS Code, etc. Anaconda es básicamente una ventanilla única; tiene todo lo que necesitas para el desarrollo de Python. Entonces, con muchos tutoriales de Python, lo primero que se le pedirá que haga es instalar Anaconda. Desde la interfaz gráfica de usuario de Anaconda, que se muestra en la Figura 2.3, puede iniciar todas las herramientas que necesita. Sin embargo, Anaconda es bastante grande y requiere mucho espacio en disco. Por lo tanto, es opcional para este libro.

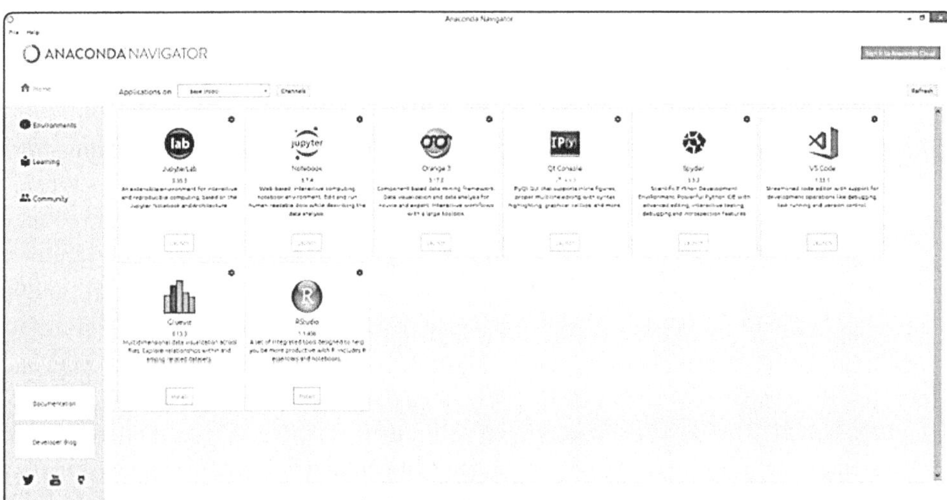

Figura 2.3 Interfaz anaconda.
(Fuente: https://en.wikipedia.org/wiki/Anaconda_(Python_distribution)#/media/File:Anaconda.Starting_page.png)

- Anaconda afirma ser la plataforma de distribución de Python más popular, con más de 20 millones de usuarios en todo el mundo.
  - https://www.anaconda.com/

También tenemos que hablar de los entornos virtuales de Python. Si está escribiendo programas simples de Python, no necesitaría esto. Pero si está escribiendo programas de Python más complicados y necesita usar software de terceros, encontrará que diferentes programas usan diferentes versiones de librerías y paquetes de Python. Por ejemplo, algunos códigos de software funcionan con Google TensorFlow versión 1 y otros códigos funcionan con Google TensorFlow versión 2. Pronto se encontrará con muchos conflictos de versiones. La solución a esto es usar un entorno virtual de Python, donde crea un entorno de Python aislado para cada proyecto para que su ordenador pueda ejecutar múltiples proyectos que requieren diferentes versiones de las librerías de Python. Puede crear un entorno virtual de Python utilizando Anaconda y Virtualenv. En comparación con Anaconda, Virtualenv es mucho más pequeño y fácil de usar. Para obtener más detalles sobre Virtualenv, visite este sitio: https://virtualenv.pypa.io/en/latest/

En este libro, utilizaremos principalmente Google Colaboratory y el IDLE de Python.

2.5 COMENZANDO CON PYTHON

Este libro no trata sobre la programación en Python, para la cual hay muchos buenos libros. No queremos reinventar la rueda. Pero en aras de la exhaustividad, aquí proporcionaremos una breve y sencilla introducción a Python.

Al igual que con el aprendizaje de cualquier otro lenguaje de programación, siempre comienza con un programa "Hello World". Un programa "Hello World" simplemente genera ¡Hello World! a la pantalla. En informática, la pantalla se conoce como salida estándar. El teclado se conoce como la entrada estándar. El aprendizaje de un nuevo lenguaje de programación siempre comienza con la entrada y la salida estándar y luego las variables, los bucles, las declaraciones if else, las funciones, etc.

El ejemplo 2.1 muestra un programa simple de Python "Hello World" que imprime Hello World! a la pantalla consta de una sola línea de código. Para ejecutar este código, inicie Python IDLE (como se muestra en la Figura 2.2 (arriba)), seleccione Nuevo archivo en el menú Archivo y aparecerá una nueva ventana del editor (como se muestra en la Figura 2.2 (abajo)). Luego escriba el código que se muestra en el Ejemplo 2.1 y seleccione Ejecutar módulo en el menú Ejecutar del editor, o presione la tecla F5 para ejecutar el código. Los resultados se mostrarán en el shell IDLE de Python.

#EJEMPLO 2.1: EL PROGRAMA HELLO1

```
print("Hello World!")
```

Python usa # para comentarios de una sola línea y un par de '" para comentarios de varias líneas. El ejemplo 2.2 muestra un caso:

#EJEMPLO 2.2: EL PROGRAMA HELLO2

```
'''
Esta es una línea de múltiples
comentarios.
'''
print("Hello World")
```

Una característica interesante de la impresión es que puede incrustar funciones matemáticas en su interior, modificar la declaración de impresión como se muestra a continuación y ver lo que obtiene:

Imprimir ("Hello World"*5)

Python admite varios tipos de variables, como MATLAB. No es necesario que declare las variables, no es necesario que especifique los tipos y simplemente puede usarlas directamente. Python no requiere un *;* al final de cada afirmación. El ejemplo 2.3 ilustra la situación:

#EJEMPLO 2.3: EL PROGRAMA HELLO3

```
a = 5
b = 7
c = a + b
print("c = " , c)
d = 'x'
e = 'y'
print(d + e)
f = "Hello"
g = "World"
l = f + " " + g
print(l)
```

Para estructuras más complejas, como bucles, selecciones o funciones, en lugar de usar { y } o Begin y End para agrupar la estructura como otros lenguajes de programación, Python usa : y sangría para distinguir diferentes estructuras. Esto obliga a los usuarios a escribir código con las sangrías adecuadas. De forma predeterminada, hay cuatro espacios para cada nivel de sangría. El ejemplo 2.4 muestra un ciclo for simple; puede ver el carácter : y probablemente pueda darse cuenta de que las dos declaraciones de impresión están en diferentes niveles estructurales. La primera declaración de impresión está dentro del ciclo for, mientras que la segunda declaración de impresión está fuera del ciclo.

#EJEMPLO 2.4: EL PROGRAMA LOOP

```
for i in range(5):
  print(i)
print("Finished")
```

#EJEMPLO 2.5: EL PROGRAMA LOOP2

```
for i in range(5):
   for j in range(5):
     x = i * j
     print(x)
   print("Inner Loop Finished")
print("Outer Loop Finished")
```

El ejemplo 2.5 muestra un ejemplo de bucle for anidado; de nuevo, las tres declaraciones de impresión están en diferentes niveles de estructura.

El ejemplo 2.6 muestra un caso de ciclo while, que continuará mientras se satisfaga la condición de prueba x < 5.

#EJEMPLO 2.6. EL PROGRAMA LOOP3

```
x = 0
while x < 5:
    x = x + 1
    print(x)
print("Finished")
```

El ejemplo 2.7 muestra un ejemplo de if else, que ejecutará diferentes líneas del código dependiendo del valor de x.

#EJEMPLO 2.7. EL PROGRAMA IFELSE

```
x = 60
if x >= 70:
  print("Excellent")
elif x >= 60:
      print("Good")
else:
      print("OK")
```

El ejemplo 2.8 muestra una función de Python, en la que se define una función, suma (x,y), y luego se llama a la función. La función comienza con la palabra clave def y tiene dos parámetros de entrada, x e y. La función suma x e y, pasa el valor a z y luego devuelve el valor z.

#EJEMPLO 2.8. EL PROGRAMA FUNCS

```
def add (x,y):
    z = x + y
    return z

t = add(30, 20)
print(t)
```

El ejemplo 2.9 muestra un ejemplo de Python para encontrar el valor máximo en una matriz, también llamada lista. Primero define una función, llamada maxarray (xs), que tiene un parámetro de entrada de tipo matriz llamado xs. La función usa un bucle for y una instrucción if para averiguar el valor máximo. Luego crea una matriz y llama a la función. Python usa [y] para referirse a arreglos y usa , para separar cada elemento del arreglo.

#EJEMPLO 2.9. EL PROGRAMA ARRAY

```
def maxarray (xs):
    m = xs[0]
    for x in xs:
        if m < x:
            m = x
    return m
data = [0,1,2,3,4,5]
t = maxarray(data)
print(t)
```

El ejemplo 2.10 muestra cómo leer texto desde el teclado. En la declaración de impresión, una comilla simple (') y una comilla doble (") son iguales.

#EJEMPLO 2.10. EL PROGRAMA INPUT

```
print('Cuál es su nombre? ')
x = input()
print('Hello ' + x + "!")
```

Esta es la salida del programa:

```
Cuál es su nombre?
Pedro
Hello Pedro!
```

El ejemplo 2.11 muestra cómo leer texto desde el teclado y luego usar la función int() para convertirlo en un número entero, realizar algunos cálculos y mostrar los resultados. También puede usar float() para convertir texto en flotantes, que son los números con puntos decimales, y usar la función str() para convertir los números en texto. En Python, +, −, * y / representan suma, resta, multiplicación y división, respectivamente. ** representa una potencia.

#EJEMPLO 2.11. EL PROGRAMA INPUT2

```
print('Entre un número: ')
x = input()
y = int(x)
y = y ** 2
print ' El cuadrado de ' + str(x) + " es " + str(y))
```

Esta es la salida del programa:

```
Entre un número:
4
El cuadrado de 4 es 16
```

El ejemplo 2.12 muestra cómo leer una lista de números desde el teclado. Primero lee los números como texto en una variable llamada s, luego usa la función split() para dividirlo en un número de partes y finalmente usa la función map para mapear cada parte en un número entero.

#EJEMPLO 2.12. EL PROGRAMA INPUTLIST

```
s = input("Input a list of numbers: ")
numbers = list(map(int, s.split()))
print(numbers)
```

Esta es la salida del programa:

```
Input a list of numbers: 1 2 3 4
[1, 2, 3, 4]
```

Python tiene una útil librería matemática denominada *math*. El ejemplo 2.13 muestra algunas funciones de la librería que se usan comúnmente. Primero debe usar import math para importar la librería y luego usar la notación de puntos, como math.pi y math.sqrt para llamar a las funciones.

#EJEMPLO 2.13. EL PROGRAMA MATH

```
import math
r =5
cir = 2 * math.pi * r
print('The circumference is ' + str(cir))

x = 5
y = math.sqrt(x)
print("The square root of " + str(x) +" is " + str(y))

x = 7
y = math.factorial(x)
print("The factorial of " + str(x) +" is " + str(y))

x = 16.4
y = math.floor(x)
print("The floor of " + str(x) +" is " + str(y))

x = 16.4
y = math.ceil(x)
print("The ceiling of " + str(x) +" is " + str(y))
```

Esta es la salida del programa:

```
The circumference is 31.41592653589793
The square root of 5 is 2.23606797749979
The factorial of 7 is 5040
The floor of 16.4 is 16
The ceiling of 16.4 is 17
```

Para obtener más detalles sobre la librería Math, consulte este interesante tutorial de RealPython.com: https://realpython.com/python-math-module/

Graficar es importante para visualizar los datos. Python tiene una potente librería Matplotlib, similar a la función para graficar de MATLAB. El ejemplo 2.14 muestra un ejemplo del uso de esta librería para graficar. Primero usa ***import matplotlib.pyplot as plt*** para importar la función pyplot de la librería. También importa otra librería útil, Numpy, que es útil para manejar matrices numéricas. Luego crea una matriz de 100 números llamada x usando la función de rango, x = 0, 1, 2, 3. . . 99, convierte x en una matriz Numpy con np.array(), escala x entre 0 y 2 π, con un tamaño de paso de 0,01. Numpy también tiene una función π llamada np.pi, similar a math.pi. Luego, calcula el valor del seno de la matriz x usando la función np.sin(). Tenga en cuenta que math.sin() no se usa aquí porque es solo para escalares. Finalmente, usa la función plt.plot() para trazar la curva sinusoidal y usa la función plt.show() para mostrar el gráfico.

#EJEMPLO 2.14. EL PROGRAMA PLOT

```
import matplotlib.pyplot as plt
import numpy as np

x = [i for i in range(100)]
x = np.array(x)
x = 2 * np.pi* x * 0.01
y = np.sin(x)
plt.plot(x,y)
plt.title('Sin Plot')
plt.xlabel('x')
plt.ylabel('Sin')
plt.show()
```

La Figura 2.4 muestra el resultado del Ejemplo 2.14, que traza la función sin() del rango [0, 2 π].

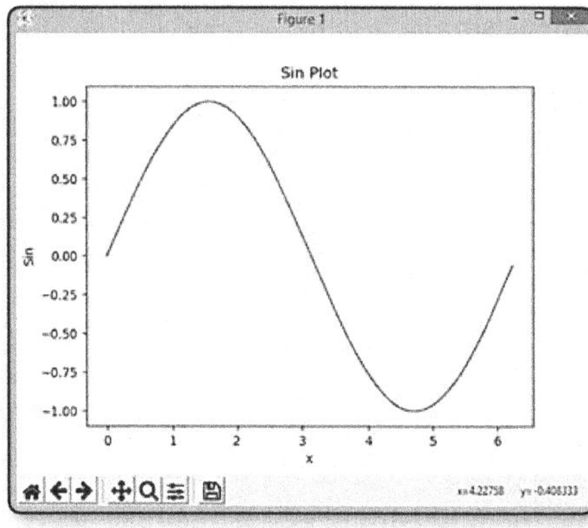

Figura 2.4. La salida del Ejemplo 2.14

El ejemplo 2.15 muestra otro caso de una gráfica. En este ejemplo, la función linspace de Numpy se usa para crear una matriz de valores x que van desde -π a π, con 50 puntos de datos en el medio. Luego calcula los valores de seno y coseno de los valores x y traza los datos con diferentes colores y diferentes fabricantes, y también muestra la leyenda.

#EJEMPLO 2.15. EL PROGRAMA PLOT2

```
import numpy as np
import matplotlib.pyplot as plt
x = np.linspace(-np.pi, np.pi, 50)
y1 = np.sin(x)
y2 = np.cos(x)
plt.plot(x, y1, color = 'blue', marker = "s", label='Sin')
plt.plot(x, y2, color = 'red', marker = "o", label='Cos')
plt.legend()
plt.show()
```

La Figura 2.5 muestra el resultado del Ejemplo 2.15, que traza las funciones sin() y cos() del rango entre -π y π.

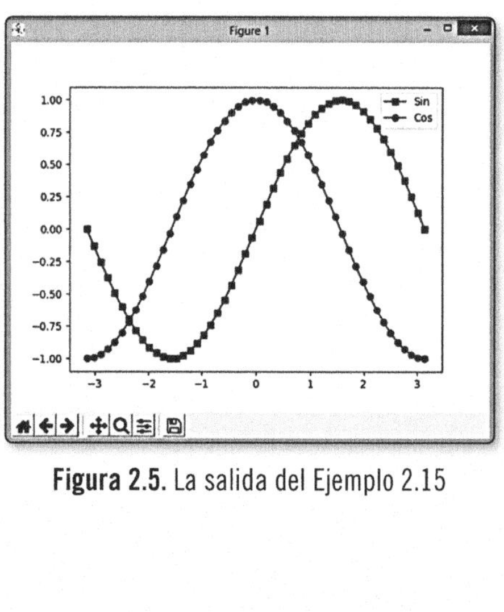

Figura 2.5. La salida del Ejemplo 2.15

Para obtener más detalles sobre la biblioteca Matplotlib, acceda al siguiente sitio web:

https://matplotlib.org/tutorials/introductory/pyplot.html

Por último, pero no menos importante, está la lectura y escritura de archivos de datos. En el aprendizaje automático y el aprendizaje profundo, el formato de archivo de datos más utilizado es el de valores separados por comas (CSV). Un archivo CSV es solo texto sin formato con muchas filas de datos, y cada fila tiene un número fijo de columnas separadas por comas. Los archivos CSV se pueden importar fácilmente a Microsoft Excel como una hoja de cálculo. La forma más fácil de crear un archivo CSV y leer un archivo CSV es usar la librería de Pandas. El ejemplo 2.16 muestra cómo crear un archivo CSV. Primero crea una matriz llamada datos que contiene dos columnas de valores, Nombre y Edad. Entonces crea un dataframe llamado df de los datos de la matriz. Finalmente, muestra el dataframe de datos y guarda los datos en un archivo CSV llamado test.csv usando la función to_csv(). El dataframe tiene una columna de índice extra (ver Ejemplo 2.16); puede usar index=False para evitar guardar la columna de índice en el archivo CSV.

#EJEMPLO 2.16. EL PROGRAMA DATA

```
import pandas as pd
data = {'Name': ['Tony','Robert','John','Alice'],
        'Age': [18,24,19,21],
        }
df = pd.DataFrame (data, columns = ['Name','Age'])
print (df)
df.to_csv('test.csv', index=False)
```

El siguiente es el resultado del programa, que muestra el contenido del dataframe llamado df. Tenga en cuenta que hay una columna de índice adicional.

```
Name Age
0 Tony 18
1 Robert 24
2 John 19
3 Alice 21
```

Este es el contenido del archivo test.csv:

```
Name Age
Tony 18
Robert 24
John 19
Alice 21
```

El ejemplo 2.17 muestra cómo leer un archivo CSV. Utiliza la función read_csv() para leer un archivo CSV llamado test.csv en un dataframe llamado df.

```
EJEMPLO 2.17. EL PROGRAMA DATA2
    import pandas
    df = pandas.read_csv('test.csv')
    print (df)
```

Para obtener más detalles sobre los archivos CSV, consulte este interesante tutorial de RealPython.com: https://realpython.com/python-csv/.

Los archivos de datos de Excel son populares entre los usuarios de Windows. Al igual que los archivos CSV, la biblioteca Python Pandas también puede leer y escribir fácilmente archivos de Excel. Pero necesita instalar la biblioteca xlsxwriter escribiendo ***pip install xlsxwriter*** en la línea de comando de su programa de terminal o en Colaboratory. El ejemplo 2.18 muestra cómo crear un dataframe y guardarlo en un archivo de Excel. Utiliza las funciones ExcelWriter() y to_excel() para guardar la variable del dataframe df en un archivo de Excel llamado test.xlsx.

```
#EJEMPLO 2.18. EL PROGRAMA EXCEL

    !pip install xlsxwriter
    import pandas as pd
    data = {'Name': ['Tony','Robert','John','Alice'],
            'Age': [18,24,19,21],
           }
    df = pd.DataFrame (data, columns = ['Name','Age'])
    print (df)
    writer = pd.ExcelWriter("test.xlsx", engine='xlsxwriter')
    #df.to_excel(writer, sheet_name='Sheet1',
    #             startrow=7, startcol=4, header=False, index=False)
    df.to_excel(writer,sheet_name = 'Sheet1', index=False)
    writer.save()
```

El ejemplo 2.19 muestra cómo leer un archivo de Excel. Utiliza la función read_excel() para leer un archivo de Excel llamado test.xlsx en un dataframe llamado df.

```
#EJEMPLO 2.19: EL PROGRAMA EXCEL2

    #pip install xlsxwriter
    import pandas
    df = pandas.read_excel('test.xlsx', sheet_name='Sheet1')
    print(df)
```

¡Eso es! Eso es todo lo que necesitas para seguir los ejercicios de este libro. Si quieres aprender más con la programación en Python, además de libros y cursos de pago, hay muchísimos tutoriales gratuitos de programación en Python en Internet. Estos son los tutoriales gratuitos más populares:

- https://docs.python.org/3/tutorial/index.html
- https://realpython.com/
- https://www.learnpython.org/
- https://www.geeksforgeeks.org/python-programming-language/
- https://www.python.org/about/gettingstarted/
- https://docs.python-guide.org/intro/learning/
- https://www.w3schools.com/python/

Los siguientes son sitios web con ejemplos extensos sobre el aprendizaje automático de Python, el aprendizaje profundo y la visión artificial:

- https://machinelearningmastery.com/
- https://www.pyimagesearch.com/
- https://pythonprogramming.net/
- https://www.learnopencv.com/
- https://d2l.ai/

2.6 CONJUNTOS DE DATOS DE IA

Muchas aplicaciones de IA requieren una gran cantidad de datos. Muchos conjuntos de datos públicos están disponibles para tales aplicaciones. La siguiente es una lista de conjuntos de datos comúnmente utilizados por las aplicaciones de IA:

- **El repositorio de aprendizaje automático de UCI** es probablemente el conjunto de datos más utilizado para el aprendizaje automático. Contiene 559 conjuntos de datos divididos en diferentes categorías, como clasificación, regresión, agrupamiento y otros.
  - https://archive.ics.uci.edu/ml/datasets.php
- **CIFAR-10** es un conjunto de datos de imágenes popular para el reconocimiento de imágenes. CIFAR significa Instituto Canadiense de Investigación Avanzada. El conjunto de datos CIFAR-10 consta de 60 000 imágenes en color de 32 × 32 en 10 clases (o categorías), con 6000 imágenes por clase. Hay 50.000 imágenes de entrenamiento y 10.000 imágenes de prueba.
  - https://www.cs.toronto.edu/~kriz/cifar.html
- **ImageNet** es la base de datos visual más grande para la investigación de reconocimiento de objetos con más de 14 millones de imágenes. Al menos un millón de las imágenes tienen cuadros delimitadores de objetos. Las imágenes se dividen en más de 20.000 categorías. Sin embargo, solo se utilizan 1000 categorías que no se superponen en ImageNet Large Scale Visual Recognition Challenge (ILSVRC).
  - http://www.image-net.org/

- **COCO (Objetos comunes en contexto)** es un gran conjunto de datos de imágenes para la detección de objetos, la segmentación de imágenes y el subtitulado de imágenes. COCO tiene 330 000 imágenes (más de 200 000 etiquetadas), 1,5 millones de instancias de objetos, 80 categorías de objetos y 91 categorías de materiales.
  - https://cocodataset.org/#home
- **Kaggle** es una plataforma de datos públicos y un banco de trabajo basado en la nube para la educación en ciencia de datos e inteligencia artificial. Kaggle tiene una plataforma de datos públicos para proporcionar conjuntos de datos de código abierto para investigadores y organiza una serie de concursos de aprendizaje automático. Kaggle Kernel permite a los usuarios compartir código y análisis en Python y R.

  Se han compartido más de 150 000 kernels (fragmentos de código). Kaggle también tiene Kaggle Learn para una educación corta en IA, así como una bolsa de trabajo para que los empleadores publiquen trabajos de aprendizaje automático e IA. Tiene más de 1 millón de usuarios registrados, llamados Kagglers. Kaggle fue adquirida por Google en 2017.
  - https://www.kaggle.com/
- **Open Images de Google** tiene una colección de 9 millones de imágenes con etiquetas de más de 6,000 categorías.
  - https://ai.googleblog.com/2016/09/introducing-open-images-dataset.html
- **Labeled Faces in the Wild (LFW)** es un conjunto de datos de fotos de rostros para estudiar el problema del reconocimiento de rostros sin restricciones. El conjunto de datos original de LFW consta de 13.000 imágenes etiquetadas de rostros de 5.749 personas.
  - http://vis-www.cs.umass.edu/lfw/
- **Quandl** es la principal fuente de datos económicos y financieros. Afirma ser utilizado por más de 400,000 personas, de los principales fondos de cobertura, administradores de activos y bancos de inversión del mundo.
  - https://www.quandl.com/
- **Financial Times Market Data** proporciona información actualizada sobre índices de precios de acciones, materias primas y divisas de todo el mundo.
  - https://markets.ft.com/data/
- **US Data.Gov** es el hogar de los datos abiertos del gobierno de EE. UU. Los datos pueden variar desde los presupuestos gubernamentales hasta el rendimiento escolar.
  - https://www.data.gov/

- **US Healthcare Data** incluye datos sobre la salud de la población, enfermedades, medicamentos y planes de salud.
  - https://healthdata.gov/
- **El Portal de datos abiertos de la UE** proporciona acceso a datos abiertos publicados por instituciones de la UE en el área, como economía, empleo, ciencia, medio ambiente y educación.
  - https://data.europa.eu/euodp/en/home
- **El Servicio de datos del Reino Unido** proporciona la mayor colección de datos sociales, económicos y de población del Reino Unido.
  - https://www.ukdataservice.ac.uk/
- Los datos abiertos del Banco Mundial cubren la demografía de la población y una enorme cantidad de indicadores económicos y de desarrollo en todo el mundo.
  - https://data.worldbank.org/

2.7 FRAMEWORKS DE IA CON PYTHON

Para desarrollar aplicaciones Python AI, no solo necesita conjuntos de datos, sino también librerías y frameworks de código abierto. Uno de los principales atractivos de usar Python para el desarrollo de IA es que hay muchos recursos disponibles, muchos de los cuales son de código abierto y de uso gratuito.

Los siguientes son frameworks de Python AI comúnmente utilizados:

- **Scikit-Learn** es el framework Python más utilizado para el aprendizaje automático. Se divide en dos categorías principales, aprendizaje supervisado y aprendizaje no supervisado. Para el aprendizaje supervisado, cuenta con un conjunto de algoritmos de clasificación y regresión. Para el aprendizaje no supervisado, cuenta con algoritmos de agrupamiento. Puede encontrar más detalles en el siguiente sitio web, donde es mejor comenzar con las secciones "Getting Started" y "Tutorial":
  - https://scikit-learn.org/stable/
  - https://scikit-learn.org/stable/getting_started.html
  - https://scikit-learn.org/stable/tutorial/index.html
- **TensorFlow de Google** es, sin duda, el framework Python más utilizado para la IA. Se llama TensorFlow porque su estructura de datos básica es un tensor, una matriz multidimensional simple de números o funciones. TensorFlow se usa ampliamente para la clasificación de imágenes, detección de objetos, segmentación de imágenes, detección de poses, sentimiento de texto, traducción de idiomas, reconocimiento de voz, etc. También proporciona

TensorFlow.js, una plataforma JavsScript para desarrollos de IA basados en la web.

- https://github.com/tensorflow/tensorflow
- https://www.tensorflow.org/tutorials

- **Keras** es una librería de software de código abierto que proporciona una interfaz de Python para otras librerías y frameworks de IA. Keras es mejor conocido como la interfaz estándar para TensorFlow. Sin embargo, Keras, como back-end, también es compatible con muchos otros, como Microsoft Cognitive Toolkit, R, Theano y PlaidML.
  - https://keras.io/
- **PyTorch de Facebook** es una librería de aprendizaje automático de código abierto basada en la librería Torch. Está desarrollado por el laboratorio de investigación de IA de Facebook. PyTorch se está volviendo más popular en los últimos años y se ha puesto al día con TensorFlow.
  - https://pytorch.org/
- **Paddle Paddle de Baidu** es un framework de aprendizaje profundo de código abierto creado y respaldado por Baidu. Paddle significa Parallel Distributed Deep Learning y proporciona 146 algoritmos y más de 200 modelos preentrenados. Admite el entrenamiento de redes neuronales profundas ultragrandes con fuentes de datos distribuidas en cientos de nodos. Es el hogar de más de 1,5 millones de desarrolladores. También ofrece cálculos de IA en línea gratuitos, similares a Colab de Google.
  - https://github.com/PaddlePaddle/Paddle
- **H2O** es una plataforma de aprendizaje automático totalmente abierta, distribuida, rápida y escalable, y una de las mejores herramientas para cualquier equipo de aprendizaje automático cuando se trata de grandes volúmenes de datos. Afirma ser la plataforma de código abierto número uno para el aprendizaje automático empresarial.
  - https://www.h2o.ai/
- **DeepMind** fue cofundado por Demis Hassabis en septiembre de 2010. Llegó a los titulares después de que su programa AlphaGo derrotara al campeón mundial surcoreano de Go Lee Sedol en 2016. Luego ofreció AlphaZero, un programa para jugar Go, ajedrez y shogi (ajedrez japonés). En 2020, volvió a ser noticia con su AlphaFold por resolver el problema del plegamiento de proteínas. DeepMind proporciona una variedad de ejemplos, herramientas y librerías a través de su sitio de GitHub.
  - https://deepmind.com/
  - https://github.com/deepmind

- **OpenAI** fue cofundado por Elon Musk con una inversión de más de mil millones de dólares en octubre de 2015. Se considera en gran medida como el competidor de DeepMind. En 2016, lanzó la plataforma OpenAI Gym para el aprendizaje por refuerzo. En 2020, despertó el interés mundial cuando anunció su Generative Pre-trained Transformer 3 (GPT-3) para el procesamiento del lenguaje natural. GPT-3 tiene unos asombrosos 175 mil millones de parámetros. En 2022 lanzó ChatGPT, un chatbot con un gran modelo lingüístico, tiene una notable capacidad para interactuar en forma de diálogo conversacional y proporcionar respuestas que pueden parecer sorprendentemente humanas. En marzo de 2023 lanzó GPT4, este como ChatGPT, es un tipo de inteligencia artificial generativa, utiliza algoritmos y texto predictivo para crear contenido nuevo basado en las instrucciones que se le den.
  - https://openai.com/
- **Apache MXNet** es un marco de aprendizaje automático diseñado tanto para la eficiencia como para la flexibilidad. Tiene lenguajes API como R, Python y Julia, y ha sido adoptado por Amazon Web Services.
  - https://github.com/dmlc/mxnet
- **OpenCV** (Open Source Computer Vision Library) es probablemente la librería multiplataforma y gratuita más popular. Fue desarrollado originalmente por Intel y estaba destinado a la visión artificial en tiempo real.
  - https://opencv.org/
- **Scikit-image**, anteriormente conocido como Scikits.image, es una colección de algoritmos para el procesamiento de imágenes. Es una librería de procesamiento de imágenes de código abierto para el lenguaje de programación Python. Se basa en las librerías NumPy y SciPy y contiene algoritmos para la segmentación de imágenes, transformaciones geométricas, manipulación del espacio de color, análisis, filtrado, morfología, detección de características y más.
  - https://scikit-image.org/

Hay muchas otras librerías, plataformas y frameworks. Los introduciremos en el libro a medida que los usemos.

2.8 RESUMEN

Este capítulo presentó herramientas de desarrollo de IA, que incluyen tanto herramientas de hardware como herramientas de software de IA. Para el hardware de IA, se introdujo el concepto de Ordenadores estándar, Ordenadores con GPU, Ordenadores con FPGA y las últimas IPU de Graphcore. Para el software de IA, se presentó una lista de diferentes lenguajes de programación: C/C++, Java, C#, Python,

Matlab, Ruby, R, Julia y Go, con Python elegido como el lenguaje de programación que se utilizará en este libro.

Este capítulo también presentó el lenguaje de programación Python, incluidas la descarga y la instalación, sus entornos de desarrollo y un breve tutorial del lenguaje Python para ayudarlo a comenzar.

Finalmente, presentó conjuntos de datos de IA de uso común y frameworks de Python AI.

2.9 PREGUNTAS DE REVISIÓN DEL CAPÍTULO

- ✓ P2.1. ¿Qué tipos de hardware de ordenador están disponibles para el desarrollo de IA?
- ✓ Realice una búsqueda en Internet y encuentre su ordenador portátil/de escritorio ideal para el desarrollo de IA.
- ✓ P2.2. ¿Qué lenguajes de programación se pueden utilizar para el desarrollo de IA? Enumera las ventajas y desventajas de cada lenguaje.
- ✓ P2.3. ¿En qué se diferencia Python de otros lenguajes de programación como C/C++ o Java?
- ✓ P2.4. ¿Qué es un entorno virtual Python?
- ✓ P2.5. ¿Cuáles son los conjuntos de datos más utilizados en IA? Busque en Internet y encuentre otros cinco conjuntos de datos.
- ✓ P2.6. ¿Qué es Scipy?
- ✓ P2.7. ¿Qué es Scikit-Learn?
- ✓ P2.8. ¿Qué es TensorFlow?
- ✓ P2.9. ¿Qué es Keras?
- ✓ P2.10. ¿Qué es PyTorch?
- ✓ P2.11. ¿Qué es Caffe2?
- ✓ P2.12. ¿Cuál es la entrada y salida estándar en un programa de Python?
- ✓ P2.13. ¿Cuáles son los conjuntos de datos de IA de uso común?
- ✓ P2.14. ¿Cuáles son los frameworks populares de IA de Python?

3

APRENDIZAJE AUTOMÁTICO (MACHINE LEARNING)

3.1 INTRODUCCIÓN

Como se vio en el Capítulo 1, la IA cubre un amplio espectro, y uno de los aspectos más importantes de la IA es el aprendizaje automático. El aprendizaje automático (Machine Learning - ML) es básicamente un conjunto de algoritmos matemáticos desarrollados en la década de 1980. El aprendizaje automático es un subconjunto importante de la IA, y es la ciencia que tiene como objetivo enseñar a los ordenadores, o máquinas, a aprender de los datos y a analizarlos automáticamente, sin intervención humana. Incluye un conjunto de algoritmos matemáticos que pueden tomar una decisión o, más precisamente, predecir los resultados para un conjunto de datos dado. El término aprendizaje automático fue acuñado por Arthur Samuel, un pionero estadounidense en informática e inteligencia artificial, en 1959 cuando trabajaba en IBM. En 1997, Tom Mitchell proporcionó una definición más moderna de aprendizaje automático como "Se dice que un programa de ordenador aprende de la experiencia E con respecto a alguna clase de tareas T y mide el desempeño P, si su desempeño en las tareas en T, como se mide por P, mejora con la experiencia E."

El aprendizaje automático se puede dividir en estas cuatro categorías diferentes:

- **Aprendizaje supervisado**: en el aprendizaje supervisado, los modelos se entrenan con datos etiquetados. Durante el entrenamiento, los algoritmos ajustan continuamente los parámetros de los modelos hasta que se minimiza el error calculado entre la salida y la salida deseada para una entrada determinada. El aprendizaje supervisado se usa típicamente en clasificación y regresión. Clasificación significa identificar, para una muestra de entrada dada, a qué clase (o categoría) pertenece algo, como perro o gato, macho o hembra, con cáncer o sin cáncer, genuino o falso, etc. Los algoritmos de aprendizaje supervisado más populares son los siguientes: máquinas de vectores de soporte, bayesiano ingenuo, análisis discriminante lineal, árboles de decisión, algoritmo del vecino más cercano, redes neuronales (perceptrón multicapa) y aprendizaje de similitud. Regresión significa, para los datos dados, ajustar los datos con un modelo para obtener los parámetros de mejor ajuste. Los algoritmos de regresión más populares son la regresión lineal, la regresión logística y la regresión polinomial.

- **Aprendizaje no supervisado**: en el aprendizaje no supervisado, los modelos se alimentan con datos no etiquetados. Los algoritmos estudiarán los datos y los dividirán en grupos según sus características. El aprendizaje no supervisado se usa típicamente para agrupar y asociar. Agrupación significa dividir los datos en grupos. El algoritmo de agrupamiento más popular es el agrupamiento de K-medias. Asociación significa descubrir reglas que describen la porción mayoritaria de los datos. Un algoritmo de asociación popular es el algoritmo a priori.
- **Aprendizaje semisupervisado**: en el aprendizaje semisupervisado, se utilizan tanto datos etiquetados como datos no etiquetados. Esto es particularmente útil cuando no se pueden etiquetar todos los datos. El procedimiento básico es agrupar los datos en diferentes grupos usando un algoritmo de aprendizaje no supervisado y luego usar los datos etiquetados existentes para etiquetar el resto de los datos no etiquetados. Los algoritmos de aprendizaje semisupervisados más populares incluyen el autoaprendizaje, los métodos generativos, los modelos mixtos y los métodos basados en gráficos. El aprendizaje semisupervisado generalmente se puede usar en análisis de voz, clasificación de contenido de Internet y clasificación de secuencias de proteínas.
- **Aprendizaje por refuerzo**: en el aprendizaje por refuerzo, los algoritmos aprenden a encontrar, a través de prueba y error, qué acciones pueden producir la máxima recompensa acumulativa. El aprendizaje por refuerzo se usa ampliamente en robótica, videojuegos y navegación.

Hoy en día, el aprendizaje automático se ha utilizado en una variedad de aplicaciones. En el cuidado de la salud, por ejemplo, se ha utilizado para la detección temprana de enfermedades, el diagnóstico del cáncer y el descubrimiento de fármacos. En las redes sociales, el aprendizaje automático se ha utilizado para el análisis de sentimientos, por ejemplo, para decidir si un comentario es positivo o negativo. En la banca, se ha utilizado para la detección de fraudes. En el comercio electrónico, se ha utilizado para recomendar canciones, películas o productos en función de los registros de compras anteriores de los clientes.

3.2 APRENDIZAJE SUPERVISADO: CLASIFICACIONES

El aprendizaje supervisado es la parte más importante del aprendizaje automático. El aprendizaje supervisado se puede utilizar para la clasificación y la regresión. Presentaremos la clasificación en esta sección y la regresión en la siguiente sección en función de la popular biblioteca Scikit-Learn (https://scikit-learn.org/).

La clasificación significa que, para una muestra dada, debe predecir a qué categoría pertenece. El ejemplo de clasificación más conocido en el campo del aprendizaje automático es la clasificación de flores de iris, que consiste en clasificar las flores de iris entre tres especies (Setosa, Versicolor o Virginica) según la longitud y el ancho medidos de los sépalos y pétalos. Otra clasificación popular es la clasificación del cáncer de mama. En este ejemplo, se proporciona un conjunto de resultados de medición (como radio, área, perímetro, textura, suavidad, compacidad, concavidad, simetría, etc.) de una muestra de tejido para decidir si el tejido es maligno o benigno.

En el aprendizaje automático, las siguientes son terminologías de uso común. Las categorías de flores o tipos de tejido mamario (maligno o benigno) se denominan clases. La longitud y el ancho de los sépalos y pétalos, o las medidas del tejido mamario, se denominan características. Los puntos de datos se llaman muestras y las variables en los modelos se llaman parámetros.

- Clase: las categorías de los datos.
- Características: las medidas.
- Muestras: los puntos de datos.
- Parámetros: las variables del modelo.

Los algoritmos de aprendizaje supervisado más populares son las máquinas de vectores de soporte, el bayesiano ingenuo, el análisis discriminante lineal, el análisis de componentes principales, los árboles de decisión, el bosque aleatorio, el vecino más cercano, las redes neuronales (perceptrón multicapa), etc. Encuentre más detalles sobre los algoritmos de aprendizaje supervisado disponibles utilizando la biblioteca Scikit-Learn: https://scikit-learn.org/stable/supervised_learning.html.

Conjuntos de datos de Scikit-Learn

Los conjuntos de datos son importantes en el aprendizaje automático. Para facilitar el acceso a ellos, se proporcionan varios conjuntos de datos con la biblioteca Scikit-Learn.

Conjuntos de datos de juguete

- Conjunto de datos de precios de la vivienda en Boston.
- Conjunto de datos de plantas de iris.
- Conjunto de datos de diabetes.
- Reconocimiento óptico de conjuntos de datos de dígitos escritos a mano.
- Conjunto de datos Linnerrud.
- Conjunto de datos de reconocimiento de vino.
- Conjunto de datos de Wisconsin (diagnóstico) de cáncer de mama.

Conjuntos de datos del mundo real

- El conjunto de datos de rostros de Olivetti.
- El conjunto de datos de texto de los 20 grupos de noticias.
- El conjunto de datos de reconocimiento facial Labeled Faces in the Wild.
- Tipos de cobertura forestal.
- Conjunto de datos RCV1.
- Conjunto de datos Kddcup 99.
- Conjunto de datos de vivienda de California.

También hay conjuntos de datos generados; para obtener más detalles, consulte lo siguiente:

https://scikit-learn.org/stable/datasets.html

Máquinas de vectores de soporte (Support Vector Machines – SVM)

Máquinas de vectores de soporte (SVM) es el algoritmo de aprendizaje supervisado más conocido. Siempre comienza el aprendizaje automático con SVM. El algoritmo SVM se puede utilizar tanto para problemas de clasificación como de regresión. Fue desarrollado en AT&T Bell Laboratorios por Vladimir Naumovich Vapnik y sus colegas en la década de 1990. Es uno de los métodos de predicción más robustos, basado en el marco de aprendizaje estadístico.

La Figura 3.1 muestra un ejemplo simple de dos problemas de clasificación de categorías usando SVM. Puedes imaginar que los dos conjuntos de datos son dos tipos de flores, y los ejes horizontal y vertical son los valores de la longitud y el ancho de los pétalos. SVM entrenará con estos datos y creará un hiperplano para separar los dos conjuntos de datos. En este caso, un hiperplano es una línea recta. SVM ajusta la posición del hiperplano para maximizar los márgenes de ambos conjuntos de datos. Los puntos de datos en el margen se denominan vectores de soporte. Este es un problema simple de clasificación lineal bidimensional. SVM también puede trabajar en problemas de clasificación tridimensionales no lineales, en cuyo caso un hiperplano podría ser una superficie curva simple o más compleja.

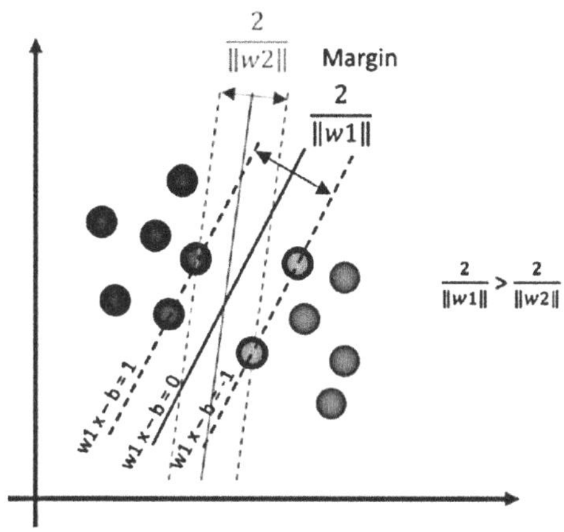

Figura 3.1. La máquina de vectores de soporte con dos conjuntos de puntos de datos, el hiperplano (línea continua), el margen (entre dos líneas discontinuas) y los vectores de soporte (puntos en un círculo en la línea discontinua)

El siguiente es un interesante tutorial de SVM que explica cómo funciona SVM y cómo usar SVM con Scikit-Learn:

https://www.datacamp.com/tutorial/svm-classification-scikit-learn-python

Ahora veamos algunos ejemplos de clasificación de Python SVM. En este capítulo, utilizaremos la biblioteca Scikit-Learn para la clasificación. Puede instalar la biblioteca escribiendo *pip install scikit-learn* en la línea de comando, como se muestra en el Capítulo 2.

El ejemplo 3.1 muestra un ejemplo simple de clasificación de género de SVM basado en la altura, el peso y el tamaño del calzado. Primero usa from sklearn import svm para importar la librería SVM. Utiliza una matriz denominada X para almacenar cuatro conjuntos de valores de altura en centímetros, peso en kilos y talla de calzado en talla británica, y utiliza una matriz denominada y para almacenar cuatro conjuntos de géneros conocidos, 0 para hombre y 1 para mujer. Luego entrena al clasificador SVM y hace una predicción para una altura, un peso y una talla de calzado determinados [[160, 60, 7]].

#EJEMPLO 3.1. CLASIFICACIÓN DE GÉNERO CON SVM

```
from sklearn import svm
X = [[170, 70, 10], [180, 80,12], [170, 65, 8],[160, 55, 7]]
#Altura[cm], Peso[kg], Talla calzado[UK]
y = [0, 0, 1, 1] #Género, 0: Masculino, 1: Femenino
clf = svm.SVC()
clf.fit(X, y)
#Predicción
p = clf.predict([[160, 60, 7]])
print(p)
```

Cuando ejecute el código, obtendrá el siguiente resultado; [1] aquí significa que es una mujer:

```
[1]
```

El conjunto de datos Iris es probablemente el ejemplo más utilizado para problemas de clasificación. La Figura 3.2 muestra fotografías de tres tipos diferentes de flores de Iris, Versicolor, Setosa y Virginica, así como la ubicación del sépalo y el pétalo.

Figura 3.2. Ejemplo de tres tipos diferentes de flores de Iris, Versicolor (izquierda), Setosa (centro) y Virginica (derecha), así como la ubicación del sépalo y el pétalo. (Fuente: https://commons.wikimedia.org/wiki/File:Iris_versicolor_3.jpg).

Para obtener más detalles, consulte el siguiente artículo interesante sobre las flores de iris y el aprendizaje automático:

https://medium.com/analytics-vidhya/exploration-of-iris-dataset-using-scikit-learn-part-1-8ac5604937f8 .

El ejemplo 3.2 muestra un ejemplo de clasificación SVM para usar el conjunto de datos Iris que viene con Scikit-Learn. Utiliza datasets.load_iris() para cargar el conjunto de datos de Iris.

#EJEMPLO 3.2. CLASIFICACIÓN DE FLORES CON SVM

```
from sklearn import svm, datasets
iris = datasets.load_iris()
# Tome las dos primeras características: longitud del sépalo y ancho del sépalo
X = iris.data[:, :2]
y = iris.target #0: Setosa, 1: Versicolour, 2:Virginica
print(y)
clf = svm.SVC()
clf.fit(X, y)
# Predecir la flor para un largo y ancho de sépalo dado
p = clf.predict([[5.4, 3.2]])
print(p)
```

Cuando ejecute el código, obtendrá el siguiente resultado

```
[0 0 0 0 0 0 0 0 0 0 0 0 0 0 0 0 0 0 0 0 0 0 0 0 0 0 0 0 0 0 0 0 0 0 0 0 0
0 0 0 0 0 0 0 0 0 0 0 0 0 1 1 1 1 1 1 1 1 1 1 1 1 1 1 1 1 1 1 1 1 1 1 1 1
1 1 1 1 1 1 1 1 1 1 1 1 1 1 1 1 1 1 1 1 1 1 1 1 1 1 2 2 2 2 2 2 2 2 2 2 2
2 2 2 2 2 2 2 2 2 2 2 2 2 2 2 2 2 2 2 2 2 2 2 2 2 2 2 2 2 2 2 2 2 2 2 2 2
2 2]
[0]
```

En el aprendizaje automático, los datos generalmente se guardan en formato CSV. El ejemplo 3.3 muestra un ejemplo de clasificación de SVM para usar el conjunto de datos de las flores iris mediante la lectura de un archivo CSV llamado iris.csv con la función pd.read_csv().

#EJEMPLO 3.3. CLASIFICACIÓN DE FLORES CON SVM (Leyendo archivo csv)

```
from sklearn import svm, datasets
import pandas as pd

from google.colab import files
upload = files.upload()

df = pd.read_csv('Iris.csv')
X = df.values[:,:2]
s = df['Species']
d = dict([(y,x) for x,y in enumerate(sorted(set(s)))])
y = [d[x] for x in s]

clf = svm.SVC()
clf.fit(X, y)
# Predecir la flor para un largo y ancho de sépalo dado
p = clf.predict([[5.4, 3.2]])
print(p)
```

Cuando ejecute el código, obtendrá el siguiente resultado:

```
[0]
```

Muchas personas comparten sus conjuntos de datos CSV en la Web, como GitHub.com. Puede usar la función pd.read_csv() para leer los datos de una URL tal como lo haría desde un archivo local.

El ejemplo 3.4 muestra un ejemplo de clasificación SVM, leyendo un archivo CSV en el conjunto de datos de flores iris desde una URL. Los datos leídos por la función pd.read_csv() se almacenan en una variable llamada df, que está en formato de Dataframe de Pandas. Hay varias funciones útiles en el formato de Dataframe.

- df.shape tiene información sobre el tamaño de los datos, el número de filas y el número de columnas.
- df.head(10) muestra las primeras diez filas de datos. Por defecto, df.head() muestra las primeras cinco filas de los datos.
- df.tail(10) muestra las últimas diez filas de datos. De forma predeterminada, df.tail() muestra las últimas cinco filas de datos.
- df.describe muestra el resumen de los datos.
- df.isna() o df.isnull() es una función que muestra Not A Number (NAN) o números faltantes.
- df.isna().sum() muestra la cantidad de NAN o números que faltan en cada columna.
- df.isna().sum().sum() muestra el número total de NAN o números faltantes de los datos.
- df.dropna() elimina las NAN.
- d.f. groupby('species').size() muestra el número de cada especie.
- df.hist() traza el histograma de los datos.
- scatter_matrix() traza la matriz de dispersión de los datos.
- pyplot.show() muestra el gráfico.

#EJEMPLO 3.4. CLASIFICACIÓN DE FLORES CON SVM (Leyendo de una URL)

```
from sklearn import svm, datasets
import pandas as pd
from matplotlib import pyplot
from pandas.plotting import scatter_matrix

df =
pd.read_csv('https://gist.githubusercontent.com/curran/a08a1080b88344b0c8a7/raw/
0e7a9b0a5d22642a06d3d5b9bcbad9890c8ee534/iris.csv')

print(df.shape)
print(df.head(10))
print(df.tail(10))
print(df.describe())

#Contar NAN
print(df.isna().sum().sum())
#drop NAN values
df = df.dropna()

print(df.groupby('species').size())
# Histogramas
```

```
df.hist()
pyplot.show()
# Matriz de diagrama de dispersión
scatter_matrix(df)
pyplot.show()

X = df.values[:,:2]
s = df['species']
d = dict([(y,x) for x,y in enumerate(sorted(set(s)))])
y = [d[x] for x in s]

clf = svm.SVC()
clf.fit(X, y)
# Predecir la flor para un largo y ancho de sépalo dado
p = clf.predict([[5.4, 3.2]])
print(p)
```

La siguiente es la salida del programa anterior. Esto muestra la forma de los datos, 150 filas y 5 columnas.

```
(150, 5)
```

Esto muestra las primeras 10 filas de los datos:

```
   sepal_length  sepal_width  petal_length  petal_width species
0           5.1          3.5           1.4          0.2  setosa
1           4.9          3.0           1.4          0.2  setosa
2           4.7          3.2           1.3          0.2  setosa
3           4.6          3.1           1.5          0.2  setosa
4           5.0          3.6           1.4          0.2  setosa
5           5.4          3.9           1.7          0.4  setosa
6           4.6          3.4           1.4          0.3  setosa
7           5.0          3.4           1.5          0.2  setosa
8           4.4          2.9           1.4          0.2  setosa
9           4.9          3.1           1.5          0.1  setosa
```

Esto muestra las últimas 10 filas de los datos:

```
     sepal_length  sepal_width  petal_length  petal_width    species
140           6.7          3.1           5.6          2.4  virginica
141           6.9          3.1           5.1          2.3  virginica
142           5.8          2.7           5.1          1.9  virginica
143           6.8          3.2           5.9          2.3  virginica
144           6.7          3.3           5.7          2.5  virginica
145           6.7          3.0           5.2          2.3  virginica
146           6.3          2.5           5.0          1.9  virginica
147           6.5          3.0           5.2          2.0  virginica
148           6.2          3.4           5.4          2.3  virginica
149           5.9          3.0           5.1          1.8  virginica
```

Esto muestra la descripción de los datos:

```
       sepal_length   sepal_width   petal_length   petal_width
count    150.000000    150.000000     150.000000    150.000000
mean       5.843333      3.054000       3.758667      1.198667
std        0.828066      0.433594       1.764420      0.763161
min        4.300000      2.000000       1.000000      0.100000
25%        5.100000      2.800000       1.600000      0.300000
50%        5.800000      3.000000       4.350000      1.300000
75%        6.400000      3.300000       5.100000      1.800000
max        7.900000      4.400000       6.900000      2.500000
```

Esto muestra el número de filas con valores NAN:

```
0
```

Esto muestra el número de filas para diferentes especies:

```
species
setosa     50
versicolor 50
virginica  50
```

Esto muestra el resultado de la predicción (setosa) para la entrada dada ([[5.4, 3.2]]):

```
dtype: int64
[0]
```

La figura 3.3 muestra el diagrama de histograma (arriba) y el diagrama de dispersión de matriz (abajo) del programa anterior. En el histograma, el eje y muestra el número de muestras, y el eje x muestra los valores de la longitud del sépalo, el ancho del sépalo, la longitud del pétalo y el ancho del pétalo. El diagrama de dispersión de matriz muestra una matriz de diagramas de dispersión 2D de los puntos de datos con las cuatro características (longitud del sépalo, ancho del sépalo, longitud del pétalo y ancho del pétalo) una contra la otra. Esto es útil ya que brinda una descripción general de todos los puntos de datos en términos de todas las funciones para que pueda ver fácilmente qué dos funciones pueden separar mejor los datos. Por ejemplo, el gráfico de dispersión de la longitud de los pétalos frente al ancho de los sépalos proporciona la mayor separación de los puntos en dos grupos, y en el gráfico de dispersión de la anchura de los pétalos frente a la longitud de los sépalos, un grupo de datos estaba muy cerca en la esquina.

En la diagonal de la matriz, como es la misma entidad frente a la misma entidad, en su lugar se muestra el histograma de la entidad.

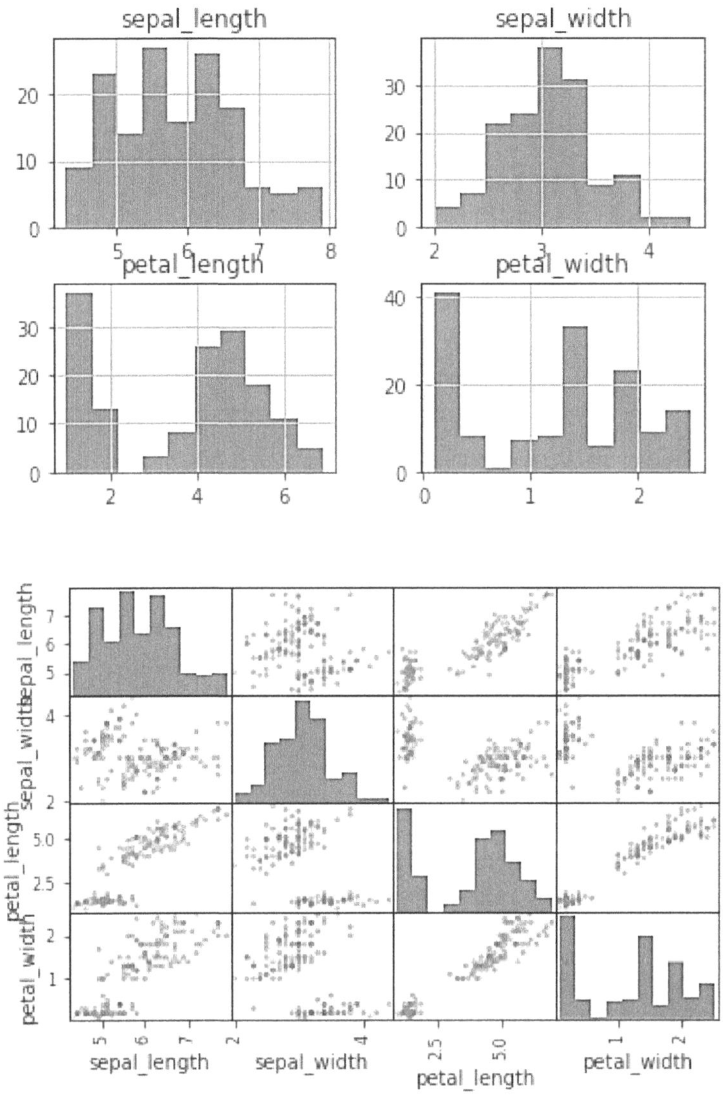

Figura 3.3. La gráfica de histograma (arriba) y la gráfica de matriz (abajo) del Ejemplo 3.4

El conjunto de datos de cáncer de mama es otro conjunto de datos popular para problemas de clasificación. El ejemplo 3.5 muestra cómo cargar los datos de cáncer de mama de la librería Scikit-Learn mediante la función load_breast_cancer() y luego imprimir los nombres de las funciones, los datos y los nombres de los objetivos en pantalla.

#EJEMPLO 3.5. CARGANDO DATOS DE CÁNCER DE MAMA DE LA LIBRERÍA SCIKIT-LEARN

```
from sklearn.datasets import load_breast_cancer
cancer = load_breast_cancer()
print(cancer['feature_names'])
print(cancer['data'])
print(cancer.target_names)
```

El siguiente es el resultado de los nombres de características del conjunto de datos de cáncer de mama. Cada característica aquí es un tipo de medida, como radio, tamaño, textura, suavidad, etc.

```
['mean radius' 'mean texture' 'mean perimeter' 'mean area'
 'mean smoothness' 'mean compactness' 'mean concavity'
 'mean concave points' 'mean symmetry' 'mean fractal dimension'
 'radius error' 'texture error' 'perimeter error' 'area error'
 'smoothness error' 'compactness error' 'concavity error'
 'concave points error' 'symmetry error' 'fractal dimension error'
 'worst radius' 'worst texture' 'worst perimeter' 'worst area'
 'worst smoothness' 'worst compactness' 'worst concavity'
 'worst concave points' 'worst symmetry' 'worst fractal dimension']
```

El siguiente es el resultado de los datos, que son los valores de cada característica del conjunto de datos de cáncer de mama:

```
[[1.799e+01 1.038e+01 1.228e+02 ... 2.654e-01 4.601e-01 1.189e-01]
 [2.057e+01 1.777e+01 1.329e+02 ... 1.860e-01 2.750e-01 8.902e-02]
 [1.969e+01 2.125e+01 1.300e+02 ... 2.430e-01 3.613e-01 8.758e-02]
 ...
 [1.660e+01 2.808e+01 1.083e+02 ... 1.418e-01 2.218e-01 7.820e-02]
 [2.060e+01 2.933e+01 1.401e+02 ... 2.650e-01 4.087e-01 1.240e-01]
 [7.760e+00 2.454e+01 4.792e+01 ... 0.000e+00 2.871e-01 7.039e-02]]
['malignant' 'benign']
```

El siguiente es el resultado de los nombres de objetivo del conjunto de datos de cáncer de mama. Hay dos clases: 0 es maligno y 1 es benigno.

```
['malignant' 'benign']
```

El ejemplo 3.6 muestra un ejemplo de clasificación de SVM para el cáncer de mama. Primero carga la función load_breast_cancer() de los datos de cáncer de mama y luego coloca los datos en un formato de Dataframe, utiliza los datos de características como X y el objetivo como Y, y utiliza train_test_split() para dividir X e y en conjuntos de entrenamiento y prueba. Específicamente, el 80 por ciento de los datos son para entrenamiento y el 20 por ciento para pruebas. Utiliza los datos de entrenamiento X_train e y_train para entrenar un SVM y usa los datos de prueba X_test para hacer predicciones. Finalmente, imprime la matriz de confusión y el informe de clasificación.

#EJEMPLO 3.6. CLASIFICACIONES DE CÁNCER DE MAMA CON SVM

```
import pandas as pd
import numpy as np
from sklearn.datasets import load_breast_cancer
from sklearn.model_selection import train_test_split
from sklearn.svm import SVC

cancer = load_breast_cancer()
X = cancer.data # All of the features
y = cancer.target # All of the labels
X_train, X_test, y_train, y_test = train_test_split(X, y, test_size =
0.2, random_state = 20)

clf = SVC()
clf.fit(X_train, y_train)

#Predicción
y_predict = clf.predict(X_test)

# Imprimir matriz de confusión e informe de clasificación
from sklearn.metrics import classification_report, confusion_matrix
cm = np.array(confusion_matrix(y_test, y_predict, labels=[1,0]))
confusion = pd.DataFrame(cm, index=['is_cancer', 'is_healthy'],

                              columns=['predicted_cancer','predicted_healthy'])
print(confusion)
print(classification_report(y_test, y_predict))
```

El siguiente es el resultado de la matriz de confusión. Una matriz de confusión es una forma sencilla de mostrar el rendimiento de la clasificación. Los resultados muestran que hay 66 tejidos cancerosos que se han pronosticado correctamente como cancerosos o malignos, y 40 tejidos sanos se han pronosticado correctamente como sanos o benignos. Hay ocho tejidos sanos mal predichos como cáncer y cero tejidos cancerosos mal predichos como sano.

```
       predicted_cancer predicted_healthy
is_cancer            66         0
is_healthy            8        40
```

El siguiente es el resultado del informe de clasificación, desde el cual puede ver que la clasificación SVM tiene una precisión del 93 por ciento:

```
              precision recall f1-score support

           0    1.00    0.83    0.91     48
           1    0.89    1.00    0.94     66

accuracy                        0.93    114
  macro avg     0.95    0.92    0.93    114
weighted avg    0.94    0.93    0.93    114
```

Naive Bayes

Naive Bayes es otro algoritmo de aprendizaje supervisado popular, que aplica el teorema de Bayes con la suposición ingenua de las probabilidades de las características para un conjunto de datos determinado. Suposición ingenua significa que cada característica es independiente de las demás.

De acuerdo con el teorema de Bayes, la probabilidad de que ocurra una clase (C) para un conjunto dado de características (X) se puede calcular de la siguiente manera:

$$P(\frac{C}{X}) = \frac{\mathrm{P(C)} * \mathrm{P}(\frac{\mathrm{X}}{\mathrm{C}})}{\mathrm{P(X)}}$$

$$Posterior = \frac{\text{Previo} * \text{Probabilidad}}{\text{Evidencia}}$$

Donde,

- P(C|X) es la posterior, la probabilidad de clase (C) dadas las características (X).
- P(C) es el anterior, la probabilidad de clase (C).
- P(X|C) es la probabilidad, la probabilidad de características (X) para una clase dada (C).
- P(X) es la probabilidad previa de características (X).

Para entrenar un clasificador de Bayes ingenuo, solo necesita calcular todas las probabilidades P (C) de todas las clases (tipos de flores) para las características dadas (longitud y ancho de sépalos y pétalos) y evidencia P (X). Para un conjunto de datos dado, P(C) y P(X) son constantes. Por lo tanto, se guardan para uso futuro. Dada una muestra X, se calculará la probabilidad P(X|C) y se podrá calcular la posterior P(C|X).

Para obtener más detalles, consulte los siguientes recursos:

https://scikit-learn.org/stable/modules/naive_bayes.html

https://en.wikipedia.org/wiki/Naive_Bayes_classifier

El ejemplo 3.7 muestra un ejemplo de clasificación ingenua de Bayes para las flores iris. En este caso, usa X, y = load_iris(return_X_y=True) para cargar los datos del iris y devuelve los datos como X e y, donde X incluye las cuatro características de esos datos. Luego entrena el modelo de clasificador de Bayes ingenuo y hace una predicción para una muestra dada con la longitud y el ancho del sépalo y la longitud y el ancho del pétalo.

#EJEMPLO 3.7. CLASIFICACIÓN DE FLORES CON NAIVE BAYES

```
from sklearn.datasets import load_iris
from sklearn.model_selection import train_test_split
from sklearn.naive_bayes import GaussianNB
X, y = load_iris(return_X_y=True)
print(X)

clf = GaussianNB()
clf.fit(X, y)
p = clf.predict([[5.0, 3.4, 1.5, 0.4]])
print(p)
```

Análisis Discriminante Lineal

El análisis discriminante lineal (Linear discriminant analysis- LDA) es una de las técnicas de reducción de dimensiones más utilizadas en el aprendizaje automático. El objetivo es proyectar un conjunto de datos en un espacio de menor dimensión para separarlos mejor en diferentes clases y reducir los costos computacionales.

La Figura 3.4 ilustra cómo funciona LDA. Para un conjunto dado de datos con tres clases, medidas en dos características (x1 y x2), todas mezcladas, es difícil separarlas; consulte la Figura 3.4 (izquierda). LDA intentará encontrar nuevos ejes, verá las líneas discontinuas y proyectará los datos en los nuevos ejes (LDA1 y LDA2); ajustará los ejes según las medias y las varianzas de cada grupo de datos para separar mejor los datos en diferentes clases. Después de LDA, puede trazar los datos según nuevos ejes (LDA1 y LDA2), lo que puede mejorar la separación, como se muestra en la Figura 3.4 (derecha).

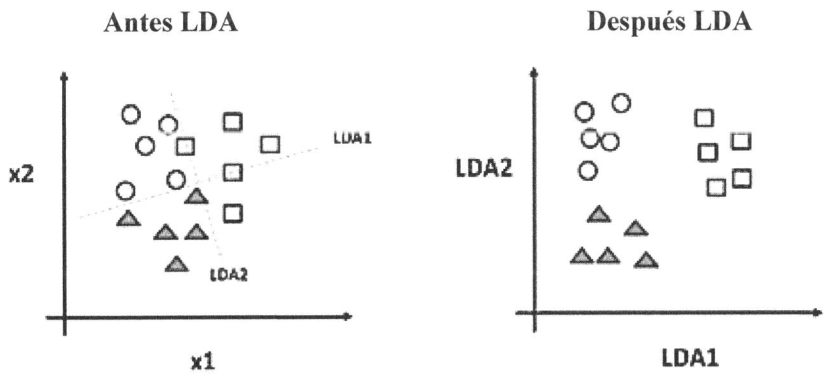

Figura 3.4. LDA: un conjunto de datos dados antes de LDA (izquierda) y los datos después de LDA (derecha)

LDA básicamente proyecta los datos de una dimensión linealmente a otra dimensión. Además de LDA, también existe el análisis discriminante no lineal.

- Análisis cuadrático discriminante (Quadratic discriminant analysis-QDA)
- Análisis discriminante flexible (Flexible discriminant analysis-FDA)
- Análisis discriminante regularizado (Regularized discriminant analysis-RDA)

Para obtener más detalles sobre LDA y QDA en la biblioteca Scikit-Learn, consulte lo siguiente:

https://scikit-learn.org/stable/modules/lda_qda.html

Aquí hay un interesante video de YouTube de StatQuest de Josh Starmer que explica claramente LDA:

https://www.youtube.com/watch?v=azXCzI57Yfc

El ejemplo 3.8 muestra un ejemplo de clasificación LDA simple. En este ejemplo, utiliza make_classification() para generar un conjunto de datos simulado como X e y, con 1000 muestras y 4 características. Luego entrena el modelo clasificador LDA y hace una predicción para una muestra dada con cuatro valores.

#EJEMPLO 3.8. CLASIFICACIÓN ANÁLISIS DISCRIMINANTE LINEAL

```
from sklearn.datasets import load_iris
from sklearn.datasets import make_classification
from sklearn.discriminant_analysis import LinearDiscriminantAnalysis
X, y = make_classification(n_samples=1000, n_features=4,
                n_informative=2, n_redundant=0,
               random_state=0, shuffle=False)

print(X)
clf = LinearDiscriminantAnalysis()
clf.fit(X, y)
print(clf.predict([[0, 0, 0, 0]]))
```

Análisis de componentes principales

El análisis de componentes principales (Principal Component Analysis - PCA) es otra técnica común de reducción de dimensiones en el aprendizaje automático, similar a LDA. El objetivo también es proyectar un conjunto de datos en un espacio de menor dimensión. LDA tiene como objetivo crear nuevos ejes (llamados discriminantes) para maximizar la separación de clases, mientras que PCA tiene como objetivo encontrar nuevos ejes (llamados componentes) para maximizar la varianza (el promedio de las diferencias al cuadrado de la media). En PCA, el número de componentes principales es menor o igual que el número de variables originales, el primer componente principal tendrá la mayor varianza posible, y cada componente subsiguiente, a su vez, tendrá la mayor varianza posible bajo la restricción de que es ortogonal a los componentes anteriores. La figura 3.5 ilustra los datos originales trazados según sus características (x1 y x2) y los datos después de PCA, trazados según nuevos ejes (PCA1 y PCA2).

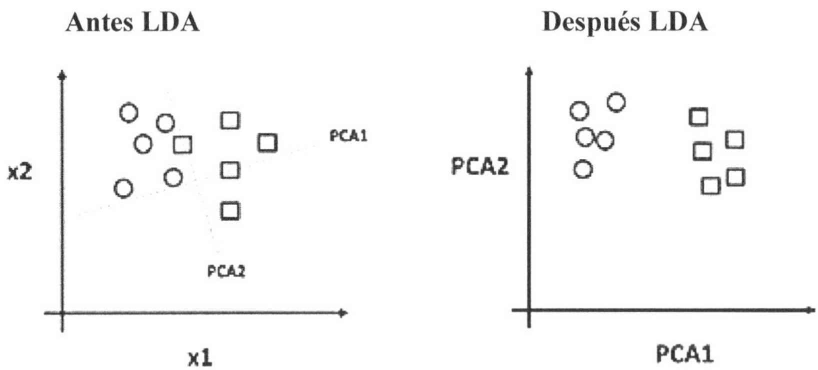

Figura 3.5. PCA: un conjunto de datos dados antes de PCA (izquierda) y los datos después de PCA (derecha)

La figura 3.6 hace referencia a un interesante artículo sobre LDA, que también muestra una comparación de LDA y PCA. LDA se puede describir como un algoritmo supervisado, ya que tiene como objetivo maximizar la separación de las clases, mientras que PCA se puede describir como un algoritmo no supervisado, ya que ignora las clases y tiene como objetivo maximizar la varianza de los datos. El autor también proporciona una explicación del conjunto de datos de Iris y una implementación de Python de LDA con instrucciones paso a paso. Entonces, si está interesado en aprender los antecedentes matemáticos de LDA, este es un artículo interesante para leer.

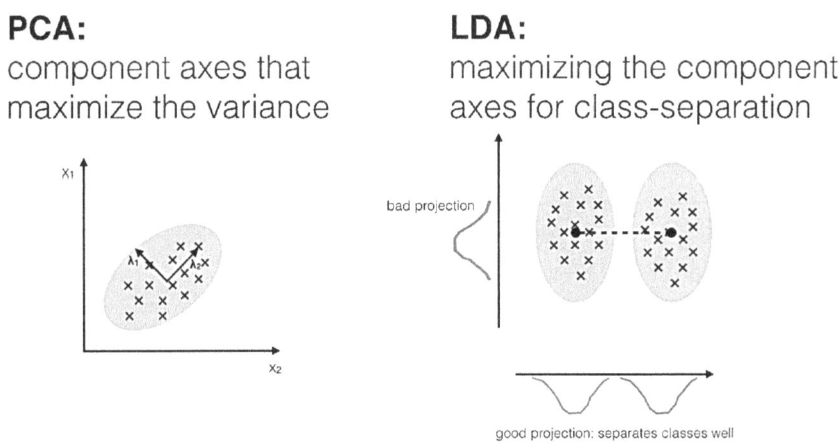

Figura 3.6. Un artículo sobre análisis discriminante lineal, que compara PCA y LDA (Fuente https://sebastianraschka.com/Articles/2014_python_lda.html)

Este es otro artículo que muestra la implementación paso a paso de PCA en Python: https://sebastianraschka.com/Articles/2014_pca_step_by_step.html

Aquí hay otro interesante video de YouTube de StatQuest de Josh Starmer que explica claramente PCA: https://www.youtube.com/watch?app=desktop&v=FgakZw6K1QQ

El ejemplo 3.9 muestra un código de ejemplo de PCA simple. En este ejemplo, utiliza make_classification() para generar un conjunto de datos simulado como X e y, con 1000 muestras y 4 características. Luego entrena el modelo de PCA y muestra los resultados de PCA. Aunque PCA no se puede usar directamente para la clasificación, se usa comúnmente como una técnica de reducción de dimensiones antes de la clasificación.

#EJEMPLO 3.9. ANÁLISIS DE COMPONENTES PRINCIPALES

```
from sklearn.datasets import load_iris
from sklearn.datasets import make_classification
from sklearn.decomposition import PCA
X, y = make_classification(n_samples=1000, n_features=4,
                n_informative=2, n_redundant=0,
                random_state=0, shuffle=False)
print(X)
clf = PCA()
clf.fit(X, y)
print(clf.explained_variance_ratio_)
print(clf.singular_values_)
```

El ejemplo 3.10 muestra un ejemplo PCA simple para el conjunto de datos de flores iris. En este ejemplo, carga el conjunto de datos de Iris como matrices X e Y, traza los datos X originales, entrena el modelo PCA y transforma X en dominios PCA. Finalmente, muestra la X transformada en los dominios de PCA utilizando los dos primeros componentes de PCA, PCA1 y PCA2. La figura 3.7 muestra el resultado del ejemplo 3.10 y puede ver claramente las diferencias entre los datos originales y los datos transformados por PCA.

#EJEMPLO 3.10. ANÁLISIS COMPONENTES PRINCIPALES DEL CONJUNTO DE DATOS DE LAS FLORES IRIS

```
import numpy as np
import matplotlib.pyplot as plt
from mpl_toolkits.mplot3d import Axes3D
from sklearn import decomposition
from sklearn import datasets
#Load Iris data
iris = datasets.load_iris()
X = iris.data
y = iris.target

#Gráfico datos flores iris
f = plt.figure(1)
plt.scatter(X[:,0], X[:,1], c=y)
```

```
plt.xlabel('sepals length')
plt.ylabel('sepals width')
plt.title('Original Data')
f.show()

#Ejecutar PCA
pca = decomposition.PCA(n_components=3)
pca.fit(X)
X1 = pca.transform(X)

#Gráfico datos PCA
g = plt.figure(2)
#y = np.choose(y, [1, 2, 0]).astype(float)
plt.scatter(X1[:, 0], X1[:, 1], c=y)
plt.xlabel('PCA1')
plt.ylabel('PCA2')
plt.title('PCA Data')
g.show()
```

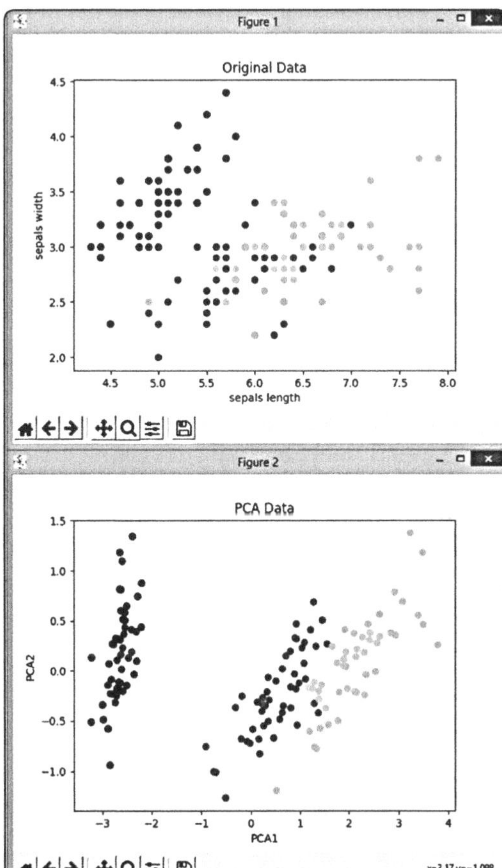

Figura 3.7. El diagrama de dispersión del conjunto de datos original de flores iris (arriba) y el diagrama de dispersión de los primeros dos componentes de los resultados de PCA correspondientes (abajo)

Árbol de decisión

Un árbol de decisión es uno de los métodos de aprendizaje supervisado no paramétricos más ampliamente utilizados, y se puede utilizar para problemas de clasificación y regresión. Un conjunto de reglas se puede derivar de un árbol de decisión (un árbol al revés). Las decisiones se pueden tomar basándose en las reglas derivadas. En un árbol de decisión, una nota es la variable de consulta y el borde es el valor de la variable de consulta. Un proceso de decisión comienza desde la raíz del árbol y desciende hasta las ramas y las hojas. Por lo tanto, cada rama representa una regla si-entonces. Por ejemplo, la primera rama del árbol de decisiones de la figura 3.8 representa la regla: si el pronóstico del tiempo es soleado y la humedad es alta, entonces no hay juego de golf. Cuanto más profundo es el árbol, más complejas son las reglas y el modelo. El objetivo de un algoritmo de entrenamiento de árbol de decisión es crear un árbol de decisión basado en un conjunto de datos y finalmente producir un conjunto de reglas para la predicción dada una muestra.

La figura 3.8 muestra un árbol de decisión simple para determinar si jugar al golf.

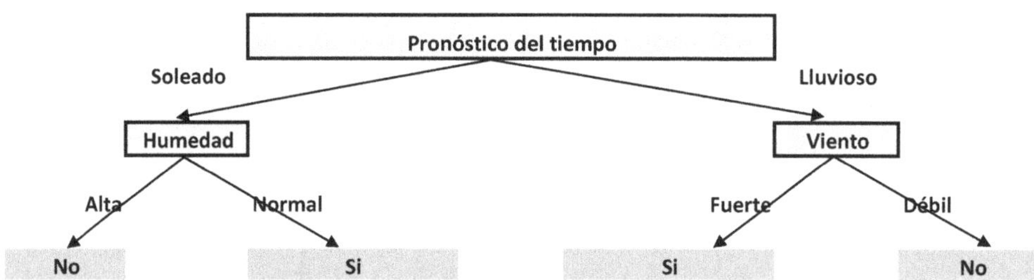

Figura 3.8. Un árbol de decisión simple para decidir si jugar al golf

Aquí hay un ejemplo similar de un árbol de decisión:

https://www.geeksforgeeks.org/decision-tree/

Para obtener más detalles de un árbol de decisiones en la librería de Scikit-Learn, consulte la siguiente página:

https://scikit-learn.org/stable/modules/tree.html

El ejemplo 3.11 muestra un ejemplo de clasificación de árboles de decisión para flores de iris. En este caso, usa X, y = load_iris(return_X_y=True) para cargar los datos de Iris y devuelve los datos como X e y, usando las cuatro características de los datos. Luego divide los datos en el conjunto de entrenamiento y el conjunto de prueba. Luego entrena el modelo clasificador del árbol de decisión y hace predicciones en el conjunto de prueba. También calcula y muestra el número total de puntos, así como el número de puntos que se pronosticaron correctamente.

#EJEMPLO 3.11. CLASIFICACIÓN ÁRBOL DE DECISIÓN CONJUNTO DATOS FLORES

```
from sklearn.datasets import load_iris
from sklearn.model_selection import train_test_split
from sklearn.tree import DecisionTreeClassifier
X, y = load_iris(return_X_y=True)
X_train, X_test, y_train, y_test = train_test_split(X, y, test_size=0.5, ran-
dom_state=0)
clf = DecisionTreeClassifier()
clf.fit(X_train, y_train)
y_pred = clf.predict(X_test)
N = y_test.shape[0]
C = (y_test == y_pred).sum()
print("Total points: %d Correctly labeled points : %d" %(N,C))
```

Bosque aleatorio

Un bosque aleatorio es un algoritmo que utiliza múltiples árboles de decisión. Un solo árbol de decisión puede no ser suficiente para algunas aplicaciones. Un bosque aleatorio crea aleatoriamente un conjunto de árboles de decisión, y cada árbol de decisión trabaja en un subconjunto aleatorio de muestras de datos. Existen diferentes enfoques para crear bosques aleatorios. Luego, un bosque aleatorio combina la salida de árboles de decisión individuales para generar la salida final. Un bosque aleatorio es un algoritmo de aprendizaje conjunto que se puede utilizar tanto para problemas de clasificación como de regresión. La Figura 3.9 ilustra un algoritmo de bosque aleatorio; mediante el uso de múltiples árboles de decisión, puede reducir el sobreajuste y mejorar el rendimiento.

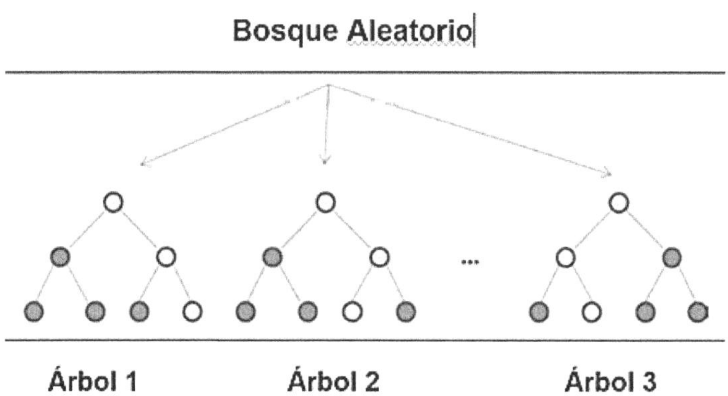

Figura 3.9. Bosque aleatorio, basado en árboles de decisión múltiple

Aquí hay un interesante video de YouTube de Augmented Startups que explica un bosque aleatorio de una manera fácil y divertida:

https://www.youtube.com/watch?v=D_2LkhMJcfY

Para obtener más detalles de un bosque aleatorio en la librería de Scikit-Learn, consulte lo siguiente:

https://scikit-learn.org/stable/modules/generated/sklearn.ensemble.RandomForestClassifier.html

El ejemplo 3.12 muestra un ejemplo de una clasificación de bosques aleatorios para flores de iris. En este caso, usa X, y = load_iris(return_X_y=True) para cargar los datos del iris y devuelve los datos como X e y, usando las cuatro características de los datos. Luego entrena el modelo clasificador de bosque aleatorio, hace predicciones sobre las muestras de prueba y calcula la cantidad de puntos pronosticados correctamente.

#EJEMPLO 3.12. CLASIFICACIÓN DE BOSQUES ALEATORIOS CONJUNTO DE DATOS FLORES

```
from sklearn.datasets import load_iris
from sklearn.model_selection import train_test_split
from sklearn.ensemble import RandomForestClassifier
X, y = load_iris(return_X_y=True)
X_train, X_test, y_train, y_test = train_test_split(X, y, test_size=0.5, ran-
dom_state=0)
clf = RandomForestClassifier()
clf.fit(X_train, y_train)
y_pred = clf.predict(X_test)
print("Total points: %d Correctly labeled points : %d" %(y_test.
shape[0],(y_test == y_pred).sum()))
```

K-vecinos más cercanos

K-vecinos más cercanos (K-nearest neighbors - K-NN) es un algoritmo de clasificación (o regresión) que utiliza el número K de puntos más cercanos para determinar la clasificación de un conjunto de datos. La Figura 3.10 muestra un ejemplo de clasificación K-NN de Wikipedia. El punto redondo es una muestra de prueba, que debe clasificarse como un cuadrado o un triángulo. Con respecto a los tres vecinos más cercanos, vea el círculo sólido; debe pertenecer a los triángulos ya que hay dos triángulos y solo un cuadrado dentro del círculo. Si elegimos cinco vecinos más cercanos, vea el círculo discontinuo; debe pertenecer a los cuadrados, ya que hay tres cuadrados y dos triángulos dentro del círculo. No confunda K-vecinos más cercanos con K-medias. K-medias es un algoritmo de aprendizaje no supervisado que se utiliza principalmente para la agrupación. Introduciremos las K-medias en la sección 3.4.

Aquí hay un interesante video de YouTube de Simplilearn sobre K-NN:
https://www.youtube.com/watch?v=4HKqjENq9OU
Para obtener más detalles de K-NN en la librería de Scikit-Learn, visite este sitio:
https://scikit-learn.org/stable/modules/neighbors.html

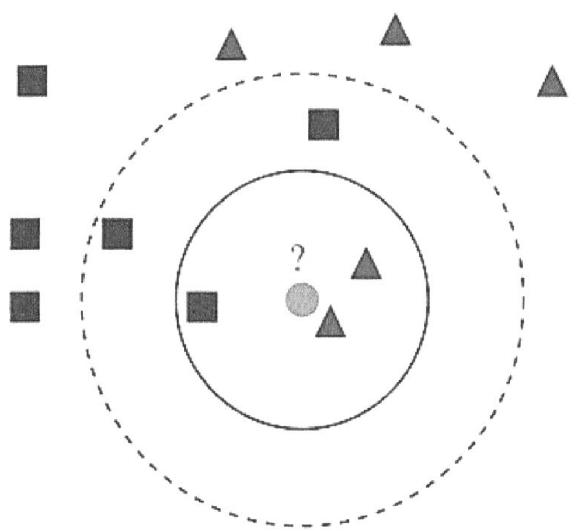

Figura 3.10. Ejemplo de K-vecinos más cercanos
(Fuente: https://en.wikipedia.org/wiki/K-nearest_neighbors_algorithm#/media/
File:KnnClassification.svg)

El ejemplo 3.13 muestra un ejemplo de clasificación K-NN para flores de iris. En este caso, usa X, y = load_iris(return_X_y=True) para cargar los datos del iris y devuelve los datos como matrices X e y, usando las cuatro características de esos datos. Luego entrena el modelo clasificador K-NN, hace predicciones sobre las muestras de prueba y calcula la cantidad de puntos pronosticados correctamente.

#EJEMPLO 3.13. CLASIFICACIÓN DE VECINOS MÁS CERCANOS K CONJUNTO DE DATOS FLORES

```
from sklearn.datasets import load_iris
from sklearn.model_selection import train_test_split
from sklearn.neighbors import KNeighborsClassifier
X, y = load_iris(return_X_y=True)
X_train, X_test, y_train, y_test = train_test_split(X, y, test_size=0.5, ran-
dom_state=0)
clf = KNeighborsClassifier()
clf.fit(X_train, y_train)
y_pred = clf.predict(X_test)
print("Total points: %d Correctly labeled points : %d" %(y_test.
shape[0],(y_test == y_pred).sum()))
```

Redes neuronales

Una red neuronal (Neural Network - NN), o red neuronal artificial (Artificial Neural Network - ANN), es una red típica de tres capas con una capa de entrada, una capa oculta y una capa de salida. Las redes neuronales se pueden utilizar tanto para la clasificación como para la regresión. Tendremos una descripción más detallada sobre las redes neuronales en el capítulo 4.

Para obtener más detalles sobre las redes neuronales, también denominadas perceptrón multicapa, en la librería de Scikit-Learn, consulte lo siguiente:

https://scikit-learn.org/stable/modules/neural_networks_supervised.html

El ejemplo 3.14 compara diferentes modelos de clasificación. Utiliza una matriz llamada nombres para almacenar todos los nombres de los diferentes clasificadores y una matriz llamada clasificadores para almacenar las funciones de todos los diferentes clasificadores. Luego carga los datos de las flores iris y los divide en conjuntos de entrenamiento y prueba. Se ejecuta un ciclo for a través de todos los modelos de clasificación, desde entrenar el modelo y hacer una predicción hasta calcular la precisión, como un porcentaje de la proporción del número clasificado correctamente sobre el número total de puntos.

#EJEMPLO 3.14. COMPARACIÓN DE DIFERENTES CLASIFICACIONES CONJUNTO DE DATOS DE FLORES

```
from sklearn.datasets import load_iris
from sklearn.model_selection import train_test_split
from sklearn.svm import SVC
from sklearn.naive_bayes import GaussianNB
from sklearn.discriminant_analysis import LinearDiscriminantAnalysis
from sklearn.tree import DecisionTreeClassifier
from sklearn.ensemble import RandomForestClassifier
from sklearn.neighbors import KNeighborsClassifier
from sklearn.neural_network import MLPClassifier
from sklearn.discriminant_analysis import QuadraticDiscriminantAnalysis

names = [ "SVM", "Naive Bayes", "LDA",
   "QDA", "Decision Tree", "Random Forest",
   "Nearest Neighbors", "Neural Networks"]

classifiers = [
   SVC(),
   GaussianNB(),
   LinearDiscriminantAnalysis(),
   QuadraticDiscriminantAnalysis(),
   DecisionTreeClassifier(),
   RandomForestClassifier(),
   KNeighborsClassifier(),
   MLPClassifier(alpha=1, max_iter=1000)]

X, y = load_iris(return_X_y=True)
X_train, X_test, y_train, y_test = train_test_split(X, y, test_size=0.5, ran-
```

```
dom_state=0)
for name, clf in zip(names, classifiers):
  clf.fit(X_train, y_train)
  score = clf.score(X_test, y_test)
  print(name +": " + str(score))
```

La siguiente es la salida del programa. Muestra que las redes neuronales dan los mejores resultados de clasificación con un 98,7 por ciento de precisión, en comparación con otros modelos.

```
SVM: 0.9466666666666667
Naive Bayes: 0.9466666666666667
LDA: 0.96
QDA: 0.96
Decision Tree: 0.96
Random Forest: 0.96
Nearest Neighbors: 0.96
Neural Networks: 0.9866666666666667
```

3.3 APRENDIZAJE SUPERVISADO: REGRESIONES

La regresión es otro aspecto importante del aprendizaje supervisado. La regresión significa ajustar los datos con un modelo matemático usando una técnica llamada ajuste de mínimos cuadrados. La regresión se puede dividir en regresión lineal y regresión no lineal. En la regresión lineal, ajustamos los datos con una línea recta ($f(x) = ax + b$), donde a es la pendiente y b es la intersección, como se muestra en la figura 3.11. Para un conjunto de datos determinado, calculamos la suma de los cuadrados de los errores (ei), calculamos las distancias entre los puntos de datos y la línea recta, y ajustamos la pendiente (a) y la intersección (b) de la línea recta, hasta que hemos llegado a la suma más pequeña de los cuadrados (X^2), por lo que se llama mínimos cuadrados. La regresión lineal también se puede extender a la regresión lineal múltiple; en este caso, ajustamos los datos con múltiples líneas rectas.

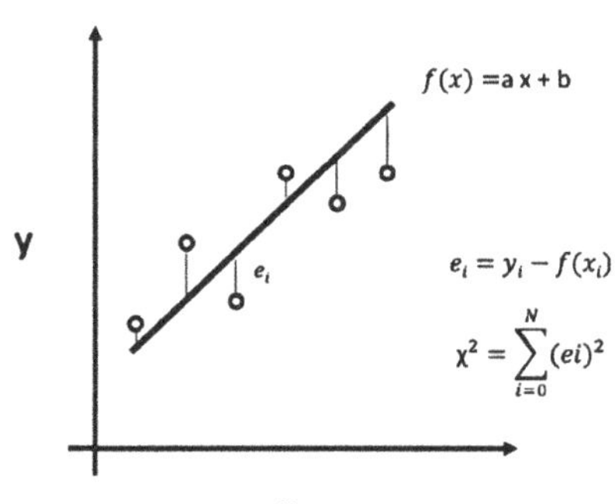

Figura 3.11. Regresión lineal y las distancias entre los puntos de datos y la línea recta

Si está interesado en los detalles matemáticos de la regresión de mínimos cuadrados, aquí hay un tutorial interesante sobre el ajuste de mínimos cuadrados de Wolfram MathWorld:

https://mathworld.wolfram.com/LeastSquaresFitting.html

Para la regresión no lineal, ajustamos los datos con modelos matemáticos más complicados, como exponenciales y polinomios; consulte la figura 3.12.

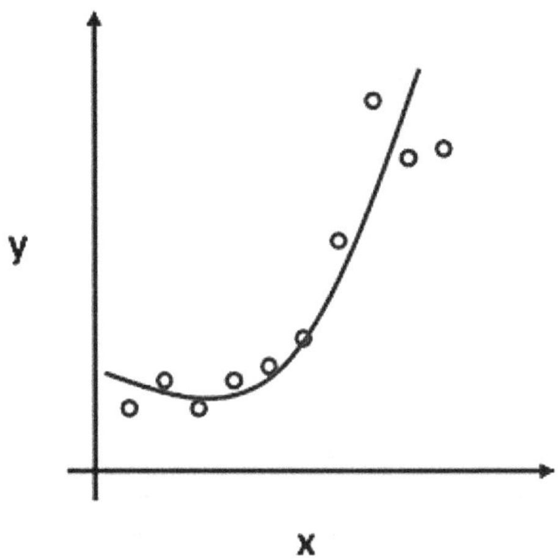

Figura 3.12. Ejemplo de regresión no lineal

Una regresión no lineal común es la regresión logística, donde ajustamos los datos con una función logística. La regresión logística es particularmente adecuada para los datos que son dicotómicos (binarios); ver Figura 3.13. Por lo general, se utiliza para predecir un resultado binario (aprobado/fallido, ganador/perdedor) en función de un conjunto de variables independientes.

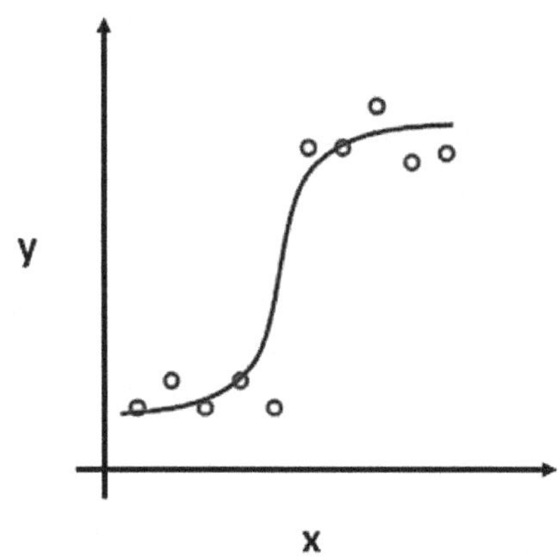

Figura 3.13. Ejemplo de regresión logística

A continuación, veamos algunos ejemplos de regresión de Python.

El ejemplo 3.15 muestra un ejemplo simple de regresión lineal de Python bidimensional (X e Y). Primero crea dos matrices para los valores x e y, luego realiza la regresión lineal llamando a linregress() y muestra los resultados de la regresión lineal: la pendiente y la intersección. La pendiente representa la pendiente de la recta, 0,9 está cerca de 1, lo que significa una recta con una pendiente de 45°. El intercepto representa la intersección de la línea con el eje y. También define una función lineal llamada myfunc() y define las funciones list() y map() para calcular los valores de y a partir de los valores x de la función myfunc(). Finalmente, utiliza las funciones plt.scatter() y plt.show() para mostrar y trazar los valores originales de x e y y la línea que mejor se ajusta.

#EJEMPLO 3.15. REGRESIÓN LINEAL

```
import matplotlib.pyplot as plt
from scipy import stats

x = [0,1,2,3,4]
y = [3,5,5,6,7]
slope, intercept, r, p, std_err = stats.linregress(x, y)
print("slope: ", slope)
print("intercept: ", intercept)

def myfunc(x):
 return slope * x + intercept
mymodel = list(map(myfunc, x))
plt.scatter(x, y)
plt.plot(x, mymodel)
plt.show()
```

Los siguientes son los resultados del programa, la pendiente y los valores de intercepción. La figura 3.14 muestra la correspondiente gráfica. Los puntos son los valores de x e y, y la línea recta es la línea de mejor ajuste.

```
slope: 0.9
intercept: 3.1000000000000004
```

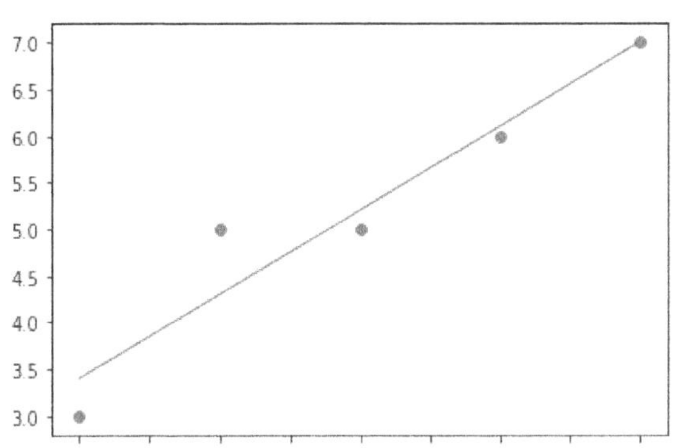

Figura 3.14. La gráfica del Ejemplo 3.15

La librería Statsmodels es una poderosa biblioteca de modelos estadísticos que viene con una serie de funciones matemáticas, como la regresión. Para usar la biblioteca, primero deberá instalarla, como se muestra aquí:

```
pip install statsmodels
```

Para más detalles, consulte este sitio:

https://www.statsmodels.org/stable/regression.html

El ejemplo 3.15a es un ejemplo de regresión lineal similar, utilizando la librería Statsmodels.

#EJEMPLO 3.15a. REGRESIÓN LINEAL CON LA LIBRERÍA STATSMODELS

```
import matplotlib.pyplot as plt
import numpy as np
import statsmodels.api as sm

x = [0,1,2,3,4]
y = [3,5,5,6,7]
x1=sm.add_constant(x)

model = sm.OLS(y,x1)
results = model.fit()
print (results.params)
print (results.summary())

y_pred=results.predict(x1)
plt.scatter(x,y)
plt.xlabel("X")
plt.ylabel("Y")
plt.plot(x,y_pred, "r")
plt.show()
```

La siguiente es la salida del programa:

```
[3.4 0.9]
               OLS Regression Results
==============================================================================
Dep. Variable:            y R-squared:                      0.920
Model:                  OLS Adj. R-squared:                 0.894
Method:             Least Squares F-statistic:                 34.71
Date:             Wed, 30 Nov 2022 Prob (F-statistic):        0.00976
Time:               16:32:38 Log-Likelihood:              -2.1794
No. Observations:          5 AIC:                       8.359
Df Residuals:            3 BIC:                      7.578
Df Model:               1
Covariance Type:        nonrobust
==============================================================================
         coef std err t P>|t| [0.025 0.975]
------------------------------------------------------------------------------
const     3.4000    0.374    9.087    0.003    2.209    4.591
x1      0.9000    0.153   5.892    0.010    0.414    1.386
==============================================================================
```

```
Omnibus:                    nan Durbin-Watson:              2.914
Prob(Omnibus):               nan Jarque-Bera (JB):              0.901
Skew:                  1.031 Prob(JB):              0.637
Kurtosis:              2.729 Cond. No.               4.74
```

La Figura 3.15 es el resultado de la gráfica del programa.

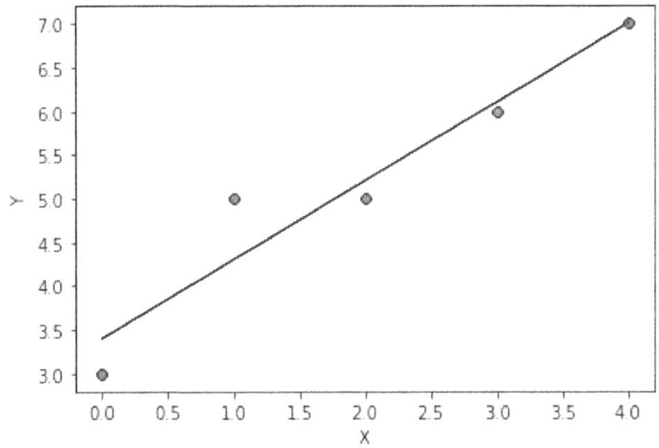

Figura 3.15. La gráfica del Ejemplo 3.15a

El ejemplo 3.16 muestra un ejemplo simple de una regresión polinómica bidimensional (X e Y) de Python. Realiza la función de regresión polinomial llamando a np.poly1d(np.polyfit(x, y, 3)), donde el número 3 significa tres términos de una función polinomial, que es $y = a x^3 + b x^2 + c x + d$.

#EJEMPLO 3.16. REGRESIÓN POLINOMIAL

```
import matplotlib.pyplot as plt
from scipy import stats
import numpy as np

x = [0,1,2,3,4,5]
y = [3,8,6,6,7,3]

mymodel = np.poly1d(np.polyfit(x, y, 3))
print(mymodel)

myline = np.linspace(0, 5, 100)
plt.scatter(x, y)
plt.plot(myline, mymodel(myline))
plt.show()
```

La siguiente es la salida del programa, la pendiente y los valores de las intersecciones. La figura 3.16 muestra la respectiva gráfica; los puntos son los valores x e y, y la línea curva es la mejor curva polinomial.

```
0.06481 x3 - 1.075 x2+ 3.749 x + 3.556
```

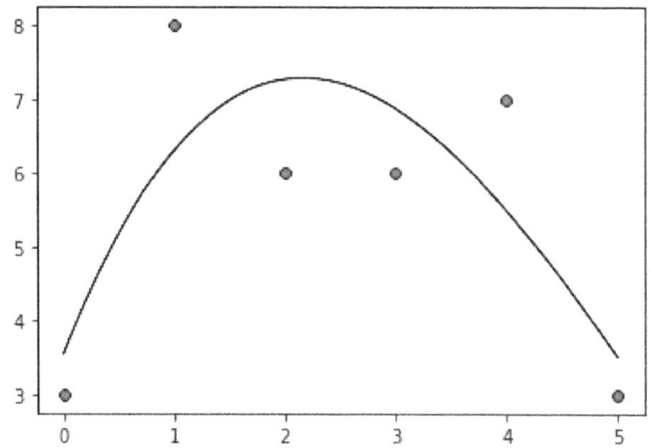

Figura 3.16. La gráfica del Ejemplo 3.16

El ejemplo 3.17 muestra un ejemplo simple de ajuste de mínimos cuadrados de Python. Primero crea matrices Numpy para valores x y valores y. Luego define una función llamada func() que se puede usar para ajustar los valores de x e y. Puede definir su propia función. Aquí hay una función de decaimiento exponencial simple: y = a * exp(-b x) + c. Realiza el ajuste de mínimos cuadrados usando la función optimization.curve_fit() y muestra los resultados de mejor ajuste.

#EJEMPLO 3.17. AJUSTE DE MÍNIMOS CUADRADOS

```
import numpy as np
import scipy.optimize as optimization

x = np.array([0,1,2,3,4,5])
y = np.array([100,90,60,30,10,1])

def func(x, a, b, c):
return a * np.exp(-b * x) + c

popt, pcov = optimization.curve_fit(func, x, y)
print ("Best fit a b c: ",popt)
print ("Best fit covariance: ",pcov)
```

La siguiente es la salida del programa:

```
Best fit a b c: [ 4.09562849e+02 6.21468777e-02 -3.04105159e+02]
Best fit covariance: [[ 4.92889478e+05 -8.73851265e+01 -4.95827102e+05]
[-8.73851265e+01 1.55361372e-02 8.79415171e+01]
[-4.95827102e+05 8.79415171e+01 4.98822819e+05]]
```

El ejemplo 3.18 muestra un ejemplo simple de regresión lineal multidimensional. Primero crea matrices Numpy para valores x e y. Tenga en cuenta las diferencias de formato de la matriz x y la matriz y. Aquí, la matriz x es bidimensional, mientras que la matriz y es unidimensional. Luego crea un modelo de regresión lineal usando la función LinearRegression() y ajusta el modelo con la relación lineal entre la matriz x y la matriz y. Finalmente, muestra los resultados de la regresión lineal: los coeficientes y el intercepto. El coeficiente representa la pendiente de la recta. 0,9 está cerca de 1, lo que significa una línea con una pendiente de 45°. La intersección representa la intersección de la línea con el eje y.

#EJEMPLO 3.18. REGRESIÓN LINEAL MÚLTIPLE

```
from sklearn import linear_model
import numpy as np

x = np.array([[0,3,5],[1,4,6],[2,5,7],[3,6,8],[4,7,9]])
y = np.array([3,5,5,6,7])

reg = linear_model.LinearRegression()
reg.fit(x, y)
print('Coefficients: \n', reg.coef_)
print('Intercept: \n', reg.intercept_)
pred = reg.predict([[5,8,10]])
print('Predition: \n', pred)
```

La siguiente es la salida del programa:

```
Coefficients:
[0.3 0.3 0.3]
Intercept:
0.9999999999999991
Predition:
[7.9]
```

El ejemplo 3.19 muestra un ejemplo simple de regresión logística de Python. Primero crea matrices Numpy denominadas X e y, que contienen una serie de puntos de datos X e Y. Luego realiza una regresión logística utilizando la función LogisticRegression() y la función fit(). Finalmente, predice la muestra dada y muestra el resultado.

#EJEMPLO 3.19. REGRESIÓN LOGÍSTICA

```
import numpy as np
from sklearn.linear_model import LogisticRegression

X = np.array([[0],[1],[2],[3],[4],[5]])
y = np.array([1,2,3,30,32,31])

clf = LogisticRegression(random_state=0).fit(X, y)
print(clf.predict([[6]]))

print(clf.predict_proba([[6]]))
print(clf.score(X, y))
```

La siguiente es la salida del programa:

```
[[0.00111369 0.00810381 0.03285485 0.09764849 0.61051015 0.24976901]]
0.6666666666666666
```

Para obtener más detalles sobre la regresión lineal, la regresión lineal múltiple, la regresión no lineal y la regresión logística, visite la librería de Scikit-Learn:

https://scikit-learn.org/stable/modules/generated/sklearn.linear_model.LinearRegression.html

https://scikit-learn.org/stable/modules/generated/sklearn.linear_model.LogisticRegression.html

3.4 APRENDIZAJE NO SUPERVISADO

El aprendizaje no supervisado es un tipo de técnica de aprendizaje automático que no requiere que proporcione conocimientos para supervisar el modelo. El modelo descubrirá información por sí mismo. Esto es diferente del aprendizaje supervisado, donde necesita datos de entrenamiento etiquetados para entrenar el modelo. El aprendizaje no supervisado es útil cuando tiene una gran cantidad de datos sin etiquetar; se puede usar para aplicaciones como agrupación, asociación, detección de anomalías, etc. Agrupación significa dividir puntos de datos en diferentes grupos, llamados agrupaciones. Asociación significa establecer asociaciones entre puntos de datos en un gran conjunto de datos. La detección de anomalías significa detectar puntos de datos anormales en el conjunto de datos. Esto puede ser útil para encontrar transacciones fraudulentas.

El aprendizaje no supervisado incluye una serie de algoritmos para la agrupación, como los siguientes:

- Agrupación jerárquica.
- Agrupamiento de K-medias
- K – Vecinos más cercanos (K-Nearest Neighbors K-NN).
- Análisis de componentes principales.
- Descomposición de valores singulares.
- Análisis de componentes independientes.

Agrupamiento de K-medias

El agrupamiento de K-medias es uno de los algoritmos de agrupamiento más utilizados. Es un algoritmo iterativo que lo ayuda a encontrar una cantidad de grupos para un conjunto de datos determinado.

Los siguientes son los pasos del algoritmo, como se muestra en la Figura 3.17:

1. Seleccione aleatoriamente K puntos como el centro de K grupos, llamados centroides.

2. Calcule la distancia entre todos los centroides y los puntos de datos. Separe los puntos de datos en diferentes grupos según las distancias.
3. Calcule la media de todos los datos de cada conglomerado y mueva los centroides al nuevo centro del conglomerado.
4. Repita los pasos 2 y 3 para un número específico de iteraciones hasta que todos los grupos estén claramente separados.

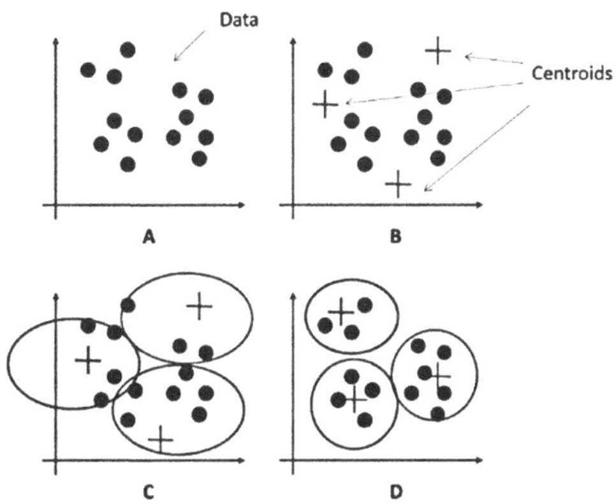

Figura 3.17. Los pasos del agrupamiento de K-medias

Para obtener más detalles sobre la agrupación en clústeres de K-medias, consulte lo siguiente:

https://www.educba.com/k-means-clustering-algorithm/

https://www.edureka.co/blog/k-means-clustering/

El ejemplo 3.20 muestra un ejemplo simple de agrupamiento K-means con Python. Primero crea una matriz Numpy llamada x, que contiene dos grupos de valores. Luego realiza el agrupamiento de K-means de dos componentes usando las funciones KMeans() y fit(). Finalmente, muestra los resultados de la agrupación: las etiquetas de los dos grupos y los centros de los dos grupos y predice un resultado para una muestra determinada.

#EJEMPLO 3.20. AGRUPACIÓN DE K - MEDIAS

```
from sklearn.cluster import KMeans
import numpy as np

X = np.array([[1, 2, 3], [1, 4, 2], [1, 0, 3], \
 [10, 2, 4], [9, 4, 3], [11, 0, 2]])

kmeans = KMeans(n_clusters=2, random_state=0).fit(X)
print(kmeans.labels_)
print(kmeans.cluster_centers_)
print(kmeans.predict([[12, 3, 1]]))
```

La siguiente es la salida del programa:

```
[1 1 1 0 0 0]
[[10. 2. 3. ]
[ 1. 2. 2.66666667]]
[0]
```

Para obtener más detalles sobre el agrupamiento de K-medias, consulte la biblioteca Scikit-Learn:

https://scikit-learn.org/stable/modules/generated/sklearn.cluster.KMeans.html

Para obtener más detalles sobre el aprendizaje no supervisado, consulte la librería de Scikit-Learn:

https://scikit-learn.org/stable/unsupervised_learning.html

3.5 APRENDIZAJE SEMISUPERVISADO

El aprendizaje semisupervisado se encuentra en algún lugar entre el aprendizaje no supervisado (sin datos de entrenamiento etiquetados) y el aprendizaje supervisado (con datos de entrenamiento etiquetados). El aprendizaje semisupervisado generalmente se usa cuando tiene una pequeña cantidad de datos etiquetados y una gran cantidad de datos sin etiquetar. En el aprendizaje semisupervisado, los datos primero se dividen en diferentes grupos mediante un algoritmo de aprendizaje no supervisado, y luego los datos etiquetados existentes se usan para etiquetar el resto de los datos no etiquetados. Para hacer uso de datos no etiquetados, el aprendizaje semisupervisado asume al menos una de las siguientes suposiciones sobre los datos:

- **Suposición de continuidad**: es más probable que los puntos de datos que están más cerca entre sí tengan la misma etiqueta.
- **Suposición de conglomerados**: los datos se pueden dividir en diferentes conglomerados y cada conglomerado comparte la misma etiqueta.
- **Suposición de variedad**: los datos se encuentran en un espacio de dimensión mucho menor (llamado variedad) que el espacio de entrada. Esto permite aprender a utilizar distancias y densidades definidas en una variedad.

Los siguientes son cuatro métodos básicos que se utilizan en el aprendizaje semisupervisado:

- **Modelos generativos**: son modelos estadísticos de la distribución de probabilidad conjunta sobre una variable observable y una variable objetivo dadas.
- **Separación de baja densidad**: intenta colocar límites en regiones con pocos puntos de datos (etiquetados o sin etiquetar).

- **Métodos basados en gráficos**: esto modela el espacio del problema como un gráfico.
- **Enfoques heurísticos**: utiliza un método práctico para producir soluciones que pueden no ser óptimas pero que son suficientes en un marco de tiempo limitado.

Las siguientes son tres aplicaciones prácticas para el aprendizaje semisupervisado:

- **Análisis de voz**: como el etiquetado de archivos de audio.
- **Clasificación de contenido de Internet**: como el etiquetado de páginas web.
- **Clasificación de secuencias de proteínas**: como la clasificación de familias de proteínas en función de su secuencia de aminoácidos.

Para obtener más detalles sobre el aprendizaje semisupervisado, visite lo siguiente:

https://www.geeksforgeeks.org/ml-semi-supervised-learning/

https://scikit-learn.org/stable/modules/semi_supervised.html

El ejemplo 3.21 muestra un ejemplo simple de aprendizaje semisupervisado de Python. Primero crea una matriz Numpy llamada X, que contiene dos grupos de valores. A continuación, crea una variable de etiqueta denominada etiquetas. Todos los puntos de datos no están etiquetados, con un valor de -1, excepto el primer punto etiquetado como 0 y el último punto etiquetado como 1. Esto luego crea el modelo de aprendizaje semisupervisado llamando a la función LabelSpreading(), entrena el model llamando a la función label_spread.fit(), propaga la etiqueta llamando a la función label_spread.transduction_ y finalmente muestra los resultados de la etiqueta.

#EJEMPLO 3.21. APRENDIZAJE SEMI-SUPERVISADO

```
import numpy as np
import matplotlib.pyplot as plt
from sklearn.semi_supervised import LabelSpreading
from sklearn.datasets import make_circles

X = np.array([[0,1],[1,1],[2,0],[3,1],[10,5],[11,6],[12,4],[13,5]])
y = np.array([0,0,0,0,1,1,1,1])

labels = np.full(8, -1.)
labels[0] = 0
labels[-1] = 1
print(labels)

label_spread = LabelSpreading(kernel='knn', alpha=0.8)
label_spread.fit(X, labels)
output_labels = label_spread.transduction_
print(output_labels)
```

La siguiente es la salida del programa con las etiquetas antes y después de la ejecución de la función LabelSpreading(). Como puede ver, todos los puntos de datos se han etiquetado correctamente.

```
[ 0. -1. -1. -1. -1. -1. -1. 1.]
[0. 0. 0. 0. 1. 1. 1. 1.]
```

3.6 APRENDIZAJE POR REFUERZO

El aprendizaje por refuerzo (RL) es otro tipo de técnica de aprendizaje automático que permite a los agentes de software aprender en un entorno interactivo mediante prueba y error utilizando comentarios para maximizar las recompensas acumulativas. Probablemente ya haya utilizado el aprendizaje por refuerzo en la vida real; por ejemplo, a un perro se le pueden enseñar trucos mediante el aprendizaje por refuerzo. El perro es el agente de software y el entorno es donde le enseñas trucos. El perro no entiende lo que quieres que haga; simplemente intenta diferentes acciones, y cada vez que realiza una acción correcta, obtiene una recompensa o un premio. La próxima vez, el perro vuelve a aprender a hacer lo mismo y vuelve a recibir el premio. Así es como funciona el entrenamiento de un perro y cómo funciona el aprendizaje por refuerzo. El aprendizaje por refuerzo es actualmente uno de los temas de investigación más candentes.

La Figura 3.18 muestra un diagrama esquemático del aprendizaje por refuerzo. En este caso, un agente realiza acciones en un entorno. El intérprete interpreta estas acciones en una recompensa y un estado, que se retroalimentan al agente. El agente ajusta sus acciones en consecuencia. Este proceso se repite muchas veces para maximizar la recompensa.

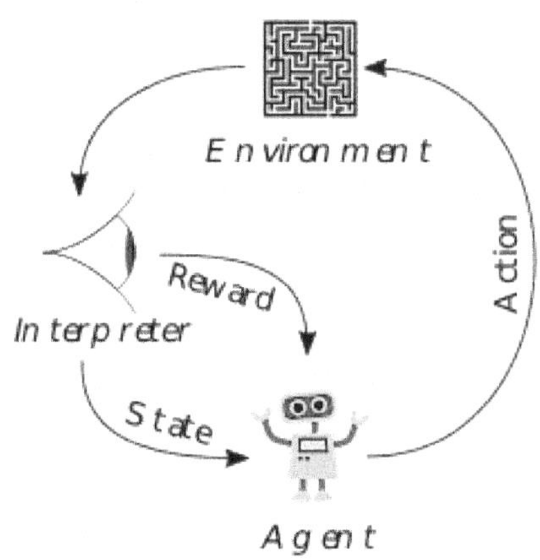

Figura 3.18. Diagrama esquemático del aprendizaje por refuerzo, que incluye un agente, acciones, un entorno, una recompensa y un estado (Fuente: https://en.wikipedia.org/wiki/Reinforcement_learning)

Algunos términos clave que se utilizan a menudo en el aprendizaje por refuerzo son:

- Entorno: mundo físico en el que opera el agente.
- Estado: situación actual del agente.
- Recompensa: retroalimentación positiva o negativa del entorno.
- Política: las reglas que cambian el estado del agente a acciones.
- Valor: recompensa futura que recibiría un agente.

Q-Learning y SARSA (Estado-Acción-Recompensa-Estado-Acción) son dos algoritmos de aprendizaje por refuerzo de uso común sin modelos. Q-Learning es un método fuera de política en el que el agente aprende el valor basado en la acción derivada de otra política. SARSA es un método dentro de política en el que se aprende el valor basado en su acción actual derivada de su política actual. Estos dos métodos son simples de implementar, pero carecen de la capacidad de estimar valores para estados no vistos.

Esto se puede resolver con algoritmos más avanzados como Deep Q-Networks (DQN) y Deep Deterministic Policy Gradient (DDPG). Sin embargo, los DQN solo pueden manejar espacios de acción discretos y de baja dimensión. DDPG aborda este problema aprendiendo políticas en espacios de acción continua de alta dimensión.

Las siguientes son algunas aplicaciones prácticas del aprendizaje por refuerzo:

- **Juegos**: el aprendizaje por refuerzo se usa ampliamente para los juegos de ordenador. El mejor ejemplo es AlphaGo de Google, que derrotó a un campeón mundial en el antiguo juego chino de Go. AlphaGo no entiende las reglas de Go; simplemente aprende a jugar el juego Go por prueba y error muchas veces.
- **Robótica**: el aprendizaje por refuerzo también se usa ampliamente en robótica y automatización industrial para permitir que el robot cree un sistema de control adaptativo eficiente para sí mismo que aprende de su propia experiencia y comportamiento.
- **Procesamiento de lenguaje natural**: el aprendizaje por refuerzo se usa para motores de resumen de texto y agentes de diálogo que pueden aprender de las interacciones del usuario y mejorar con el tiempo. Esto se usa comúnmente en el cuidado de la salud y el comercio de acciones en línea.

Las siguientes son algunas plataformas en línea populares para el aprendizaje por refuerzo:

- **DeepMind Lab**: se trata de una plataforma similar a un juego en 3D de código abierto, creada para entornos simulados de aprendizaje por refuerzo.
  - https://deepmind.com/blog/article/open-sourcing-deepmind-lab

- **Proyecto Malmo**: esta es otra plataforma de experimentación para el aprendizaje por refuerzo.
  - https://www.microsoft.com/en-us/research/project/project-malmo/
- **OpenAI Gym**: este es un conjunto de herramientas para construir y comparar algoritmos de aprendizaje por refuerzo.
  - https://www.gymlibrary.dev/

Aprendizaje por refuerzo Q

Aprendizaje por refuerzo Q es uno de los algoritmos de aprendizaje por refuerzo más utilizados. Veamos un ejemplo para explicar cómo funciona. Tome un ejemplo de enrutamiento simple, como se muestra en la Figura 3.19. Contiene siete nodos (0–6), llamados estados, y el objetivo es elegir la mejor ruta para pasar del estado de Inicio (0) al estado de Meta (6).

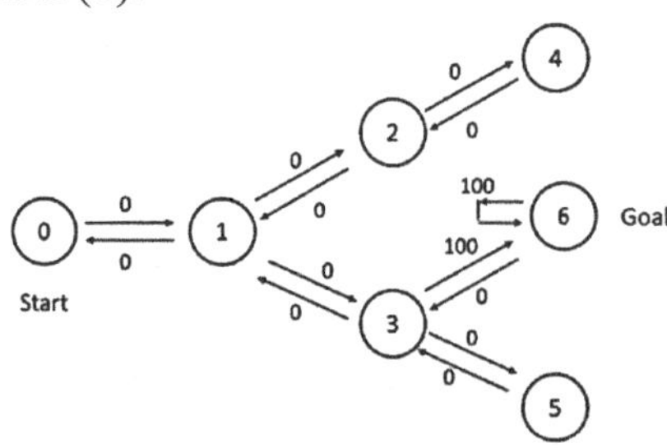

Figura 3.19. Un problema de enrutamiento simple con siete estados, con 0 como estado inicial y 6 como estado objetivo

Con base en la Figura 3.19, puede construir una matriz R correspondiente, que indica los valores de recompensa de un estado para llevar a cabo una acción al siguiente estado, como se muestra en la Figura 3.20. El valor 0 significa que es posible pasar de un estado a otro estado, por ejemplo, del estado 0 al estado 1, del estado 1 al estado 2, y así sucesivamente. El valor -1 significa que no es posible, por ejemplo, del estado 0 al estado 3, o del estado 2 al estado 6, y así sucesivamente. El valor 100 indica alcanzar el estado Meta; solo hay dos posibilidades, del estado 3 al estado 6, y del estado 6 al estado 6.

R = (filas: State; columnas: Action)

State \ Action	0	1	2	3	4	5	6
0	-1	0	-1	-1	-1	-1	-1
1	0	-1	0	0	-1	-1	-1
2	-1	-1	-1	-1	0	-1	-1
3	-1	0	-1	-1	-1	0	100
4	-1	-1	0	-1	-1	-1	-1
5	-1	-1	-1	0	-1	-1	-1
6	-1	-1	-1	0	-1	-1	100

Figura 3.20. La matriz R del valor de recompensa correspondiente del problema de enrutamiento

En función de la matriz de recompensas R, también puede construir una matriz Q similar y actualizar los valores de la matriz Q de forma iterativa utilizando la siguiente fórmula:

$$Q(s, a) = R(s, a) + \gamma\ x \max\left(Q\ (ns, aa)\right)$$

dónde:

- Q(s, a) es el valor de la matriz Q en el estado (s) y la acción (a).
- R(s, a) es el valor de la matriz R en el estado (s) y la acción (a).
- γ es la tasa de aprendizaje.
- Q(ns, aa) son los valores de la matriz Q en el siguiente estado (ns) y todas las acciones (aa).
- Max() es la función para obtener los valores máximos.

La fórmula básicamente dice que el valor de la matriz Q en el estado (s) y la acción (a) es igual a la suma del valor correspondiente en la matriz R y el parámetro de aprendizaje, multiplicado por el valor máximo de la matriz Q para todas las acciones posibles en el siguiente estado.

El ejemplo 3.22 muestra un ejemplo simple de aprendizaje por refuerzo Q para el problema de enrutamiento anterior. Contiene dos programas, Q_test.py y Q_Utils.py. El siguiente es el programa Q_test.py.

#EJEMPLO 3.22. APRENDIZAJE POR REFUERZO Q. PROGRAMA Q_test.py

```
import numpy as np
import pylab as plt
from Q_Utils import *

# Configuración de parámetros ==========================================
# Cree una lista de enrutamiento y establezca el objetivo
points_list = [(0,1),(1,2),(1,3),(2,4),(3,5),(3,6)]
goal = 6

# Mostrar el gráfico de enrutamiento
showgraph(points_list)

# El número de puntos de la matriz R
MATRIX_SIZE = 7

# Crear matriz R
R = createRmat(MATRIX_SIZE,points_list,goal)
# Crear matriz Q
Q = np.matrix(np.zeros([MATRIX_SIZE,MATRIX_SIZE]))
# Parámetro de aprendizaje
gamma = 0.8

# Entrenamiento =====================================================
scores = []
```

```
for i in range(700):

    # Seleccione un estado_actual aleatorio (punto de partida)
    current_state = np.random.randint(0, int(Q.shape[0]))

    # Calcule todas las acciones de siguiente paso disponibles
    available_act = available_actions(R, current_state)

    # Elija una acción de siguiente paso al azar
    action = sample_next_action(available_act)

    # Actualizar la matriz Q
    score = update(R,Q,current_state,action,gamma)
    scores.append(score)
    print ('Score:', str(score))

print("Trained Q matrix:")
print(Q/np.max(Q)*100)

# Pruebas ==========================================================
current_state = 0
steps = [current_state]
while current_state != goal:
      next_step_index = np.where(Q[current_state,] == np.max(Q[current_
state,]))[1]

      if next_step_index.shape[0] > 1:
          next_step_index = int(np.random.choice(next_step_index, size
= 1))
     else:
        next_step_index = int(next_step_index)

        steps.append(next_step_index)
        current_state = next_step_index
# Mostrar resultados ================================================
print("Most efficient path:")
print(steps)
plt.plot(scores)
plt.show()
```

El siguiente es el programa Q_Utils.py, que contiene las funciones necesarias para aprendizaje por refuerzo Q:

#EJEMPLO 3.22. APRENDIZAJE POR REFUERZO Q. PROGRAMA Q _Utils.py

```
import numpy as np
import pylab as plt
import networkx as nx

def showgraph(points_list):
        G=nx.Graph()
        G.add_edges_from(points_list)
        pos = nx.spring_layout(G)
        nx.draw_networkx_nodes(G,pos)
```

```
        nx.draw_networkx_edges(G,pos)
        nx.draw_networkx_labels(G,pos)
        plt.show()

def createRmat(MATRIX_SIZE,points_list,goal):
# Crear matriz x*y
        R = np.matrix(np.ones(shape=(MATRIX_SIZE, MATRIX_SIZE)))
        R *= -1

       # Asigne ceros a las rutas y 100 al punto de alcance de la meta
       for point in points_list:
            print(point)
            if point[1] == goal:
               R[point] = 100
           else:
               R[point] = 0
           if point[0] == goal:
               R[point[::-1]] = 100
           else:
              # Inversa del punto
              R[point[::-1]]= 0
              # Adicionar punto de meta ida y vuelta
              R[goal,goal]= 100
              print(R)
              return R

def available_actions(R, state):
     current_state_row = R[state,]
     av_act = np.where(current_state_row >= 0)[1]
     return av_act

def sample_next_action(available_act):
     next_action = int(np.random.choice(available_act,1))
     return next_action

def update(R, Q, current_state, action, gamma):

     max_index = np.where(Q[action,] == np.max(Q[action,]))[1]

     if max_index.shape[0] > 1:

           max_index = int(np.random.choice(max_index, size = 1))
else:
           max_index = int(max_index)
max_value = Q[action, max_index]

Q[current_state, action] = R[current_state, action] + gamma * max_value
print('max_value', R[current_state, action] + gamma * max_value)

if (np.max(Q) > 0):
        return(np.sum(Q/np.max(Q)*100))
else:
  return (0)
```

La figura 3.21 y la figura 3.22 muestran los resultados correspondientes del ejemplo 3.22.

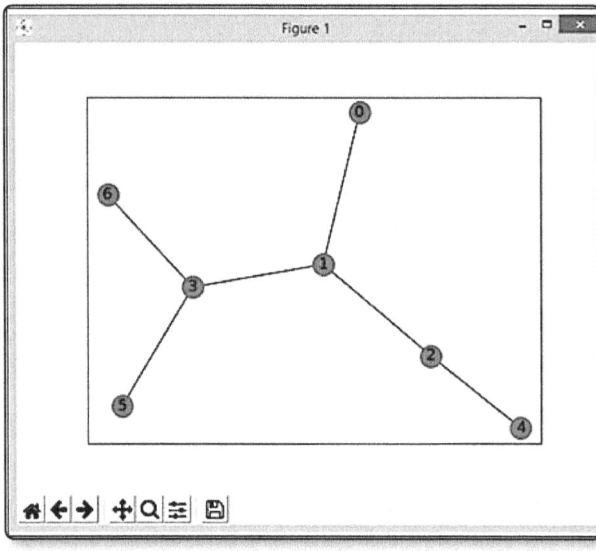

Figura 3.21. La salida del Ejemplo 3.22, que muestra la gráfica de la red

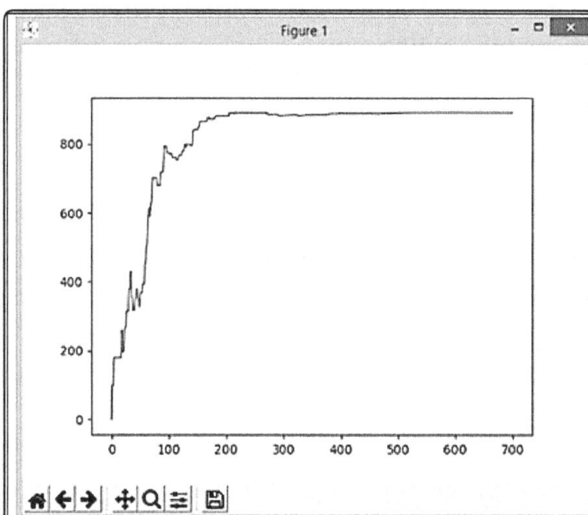

Figura 3.22. El proceso de aprendizaje del Ejemplo 3.22

El siguiente es el resultado de texto del ejemplo, que muestra las rutas posibles desde el nodo 0 al nodo 6, la matriz R con valores de recompensa, el proceso de entrenamiento (en su mayoría omitido) y la matriz Q final entrenada.

#SALIDA DE TEXTO DEL EJEMPLO 3.22

```
(0, 1)
(1, 2)
(1, 3)
(2, 4)
(3, 5)
(3, 6)
[[ -1. 0. -1. -1. -1. -1. -1. -1.]
[ 0. -1. 0. 0. -1. -1. -1. -1.]
[ -1. 0. -1. -1. 0. -1. -1. -1.]
[ -1. 0. -1. -1. -1. 0. 100. -1.]
[ -1. -1. 0. -1. -1. -1. -1. -1.]
[ -1. -1. -1. 0. -1. -1. -1. -1.]
[ -1. -1. -1. 0. -1. -1. 100. -1.]
[ -1. -1. -1. -1. -1. -1. -1. -1.]]
max_value 0.0
max_value 0.0
Score: 0
max_value 0.0
max_value 0.0
Score: 0
max_value 0.0
Score: 0
max_value 0.0
Score: 0
... ...
max_value 255.93353860021085
Score: 890.5013677573843
Trained Q matrix:
[[ 0. 64. 0. 0. 0.
0. 0. ]
[ 51.2 0. 51.18893731 80. 0.
0. 0. ]
[ 0. 63.98617164 0. 0. 40.95114985
0. 0. ]
[ 0. 63.98617164 0. 0. 0.
64. 100. ]
[ 0. 0. 51.18893731 0. 0.
0. 0. ]
[ 0. 0. 0. 80. 0.
0. 0. ]
[ 0. 0. 0. 80. 0.
0. 100. ]]
Most efficient path:
[0, 1, 3, 6]
```

3.7 APRENDIZAJE EN CONJUNTO

El aprendizaje en conjunto es un proceso que utiliza múltiples algoritmos de aprendizaje, o múltiples modelos, para obtener un mejor rendimiento que el que podría obtenerse de un solo algoritmo o modelo de aprendizaje. El aprendizaje por conjuntos se utiliza principalmente para mejorar el rendimiento de aplicaciones como clasificaciones, regresiones, predicciones, etc.

Normalmente se utilizan dos métodos en el aprendizaje conjunto:

- **Métodos de promediación**: en este método, se crean varios estimadores de forma independiente y luego se promedian sus predicciones. En promedio, el estimador combinado suele ser mejor que cualquiera de los estimadores bases individuales porque se reduce su varianza. Los ejemplos de métodos de promediación incluyen embolsado, bosques de árboles aleatorios, etc.
- **Métodos de refuerzo**: este método construye los estimadores bases secuencialmente y trata de reducir el sesgo del estimador combinado. Al combinar múltiples modelos débiles, es posible producir un conjunto poderoso. Ejemplos de métodos de refuerzo son AdaBoost, impulso de árbol de gradiente, etc.

Para obtener más detalles sobre el aprendizaje conjunto en la librería de Scikit-Learn, visite esta página:

https://scikit-learn.org/stable/modules/ensemble.html

El ejemplo 3.23 muestra un programa simple de aprendizaje de conjuntos de Python para la clasificación de las flores iris. Utiliza cuatro clasificadores diferentes: regresión logística, bosque aleatorio, naive Bayes y SVM. Luego usa VotingClassifier para elegir el mejor clasificador.

#EJEMPLO 3.23: APRENDIZAJE DE CONJUNTOS PARA CLASIFICACIÓN DE FLORES

```
from sklearn import datasets
from sklearn.model_selection import cross_val_score
from sklearn.linear_model import LogisticRegression
from sklearn.naive_bayes import GaussianNB
from sklearn.ensemble import RandomForestClassifier
from sklearn.ensemble import VotingClassifier
from sklearn.svm import SVC

iris = datasets.load_iris()
X, y = iris.data[:, 1:3], iris.target

clf1 = LogisticRegression(random_state=1)
clf2 = RandomForestClassifier(n_estimators=50, random_state=1)
clf3 = GaussianNB()
clf4 = SVC()

eclf = VotingClassifier(
estimators=[('lr', clf1), ('rf', clf2), ('gnb', clf3), ('svc', clf4)],
voting='hard')

for clf, label in zip([clf1, clf2, clf3, clf4, eclf], ['LogisticRegression',
```

```
'Random Forest', 'naive Bayes', 'SVM', 'Ensemble']):
scores = cross_val_score(clf, X, y, scoring='accuracy', cv=5)
print("Accuracy: %0.2f (+/- %0.2f) [%s]" % (scores.mean(),
scores.std(), label))
```

El siguiente es el resultado del programa, que muestra la precisión de cada modelo.

```
Accuracy: 0.95 (+/- 0.04) [LogisticRegression]
Accuracy: 0.94 (+/- 0.04) [Random Forest]
Accuracy: 0.91 (+/- 0.04) [naive Bayes]
Accuracy: 0.95 (+/- 0.04) [SVM]
Accuracy: 0.95 (+/- 0.04) [Ensemble]
```

El ejemplo 3.24 muestra un programa simple de aprendizaje de conjuntos de Python para la regresión de datos de diabetes. Primero carga el conjunto de datos de diabetes como X e y, donde X contiene los valores de edad, sexo, índice de masa corporal, presión arterial promedio y seis mediciones de suero sanguíneo de 442 pacientes con diabetes, e y es la variable de respuesta con un rango de 25 –346; es una medida de la progresión de la enfermedad un año después del inicio. Utiliza cuatro regresores diferentes: aumento de gradiente, bosque aleatorio, regresión lineal y MLP (redes neuronales). Luego usa VotingRegressor para elegir el mejor regresor. La figura 3.23 muestra su salida.

#EJEMPLO 3.24. APRENDIZAJE DE CONJUNTOS PARA REGRESIÓN DATOS DE DIABETES

```
import matplotlib.pyplot as plt
from sklearn.datasets import load_diabetes
from sklearn.ensemble import GradientBoostingRegressor
from sklearn.ensemble import RandomForestRegressor
from sklearn.linear_model import LinearRegression
from sklearn.ensemble import VotingRegressor
from sklearn.neural_network import MLPRegressor

X, y = load_diabetes(return_X_y=True)

# Entrenar clasificadores
reg1 = GradientBoostingRegressor(random_state=1)
reg2 = RandomForestRegressor(random_state=1)
reg3 = LinearRegression()
reg4 = MLPRegressor()

reg1.fit(X, y)
reg2.fit(X, y)
reg3.fit(X, y)
reg4.fit(X, y)
ereg = VotingRegressor(estimators=[('gb', reg1), ('rf', reg2), ('lr',
reg3), ('NN', reg4)])
print(ereg.fit(X, y))
```

```
# Ahora usaremos cada uno de los regresores para hacer las 20 primeras predic-
ciones.
xt = X[:20]
pred1 = reg1.predict(xt)
pred2 = reg2.predict(xt)
pred3 = reg3.predict(xt)
pred4 = reg4.predict(xt)
pred5 = ereg.predict(xt)

plt.figure()
plt.plot(pred1, 'gd', label='GradientBoostingRegressor')
plt.plot(pred2, 'b^', label='RandomForestRegressor')
plt.plot(pred3, 'ys', label='LinearRegression')
plt.plot(pred4, 'mo', label='NeuralNetworks')
plt.plot(pred5, 'r*', ms=10, label='VotingRegressor')
plt.tick_params(axis='x', which='both', bottom=False,
top=False,labelbottom=False)
plt.ylabel('predicted')
plt.xlabel('training samples')
plt.legend(loc="best")
plt.title('Regressor predictions and their average')
plt.show()
```

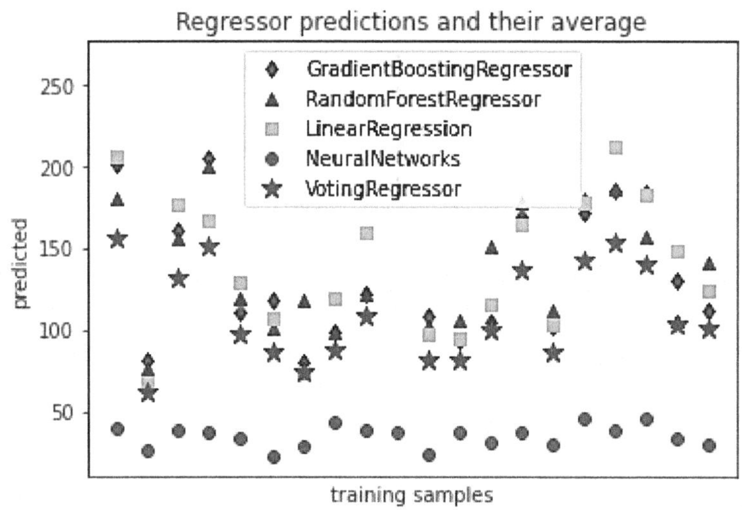

Figura 3.23. El resultado del Ejemplo 3.24, que muestra los resultados de diferentes algoritmos de regresión

3.8 AUTOML

El aprendizaje automático automatizado (AutoML) es el proceso de automatización del aprendizaje automático, desde un conjunto de datos sin procesar hasta un modelo desplegable, para resolver fácilmente problemas del mundo real. Con AutoML, puede usar el aprendizaje automático sin tener que convertirse en un experto en el campo. Para obtener más detalles sobre AutoML, visite este sitio:

https://www.automl.org/automl/

Hay varios Frameworks de AutoML disponibles, como se enumeran aquí:

- **AutoWEKA:** es aprendizaje automático automatizado para el paquete WEKA.
  - http://www.cs.ubc.ca/labs/beta/Projects/autoweka/
  - https://github.com/automl/pyautoweka
- **Auto-sklearn:** es aprendizaje automático automatizado para la biblioteca Python Scikit-Learn.
  - https://automl.github.io/auto-sklearn/master/
- TPOT significa herramienta de optimización de tuberías basada en árboles. Se basa en la librería Scikit-Learn y optimiza las canalizaciones de aprendizaje automático mediante programación genética.
  - http://epistasislab.github.io/tpot/
- **H2O AutoML:** proporciona selección de modelos de forma automatizada y aprendizaje de conjuntos para la plataforma H2O. H2O es una plataforma de aprendizaje automático de código abierto para big data y aplicaciones empresariales.
  - http://docs.h2o.ai/h2o/latest-stable/h2o-docs/automl.html
- **TransmogrifAI:** es una librería de AutoML escrita en Scala que se ejecuta sobre Apache Spark.
  - https://github.com/salesforce/TransmogrifAI
- **MLBoX:** es una librería de AutoML con tres componentes: preprocesamiento, optimización y predicción.
  - https://github.com/AxeldeRomblay/MLBox

3.9 PYCARET

PyCaret es una impresionante biblioteca de aprendizaje automático de código abierto en Python que le permite usar múltiples modelos para analizar sus datos automáticamente. PyCaret es básicamente un contenedor de varias librerías de aprendizaje automático como ScikitLearn, XGBoost, Microsoft LightGBM, spaCy y más. PyCaret es una biblioteca de bajo código y es mejor conocida por su facilidad de uso y eficiencia.

Para usar la biblioteca PyCaret, debe instalar la biblioteca con el comando pip, como se muestra aquí:

```
pip install pycaret
```

El ejemplo 3.25 muestra un programa de demostración de clasificación Python PyCaret simple para el conjunto de datos de flores iris. Es notablemente simple, requiere solo una línea de código para configurar el entorno de clasificación y una línea de código para comparar todos los modelos.

#EJEMPLO 3.25. CLASIFICACIÓN CONJUNTO DATOS FLORES CON PYCARET

```
!pip install pycaret
import pandas as pd
from sklearn import datasets
import numpy as np

iris = datasets.load_iris(as_frame=True)
iris.data['Target'] = iris.target
iris = iris.data
iris.head()

from pycaret import classification
classification.setup(data= iris, target='Target')
classification.compare_models()
```

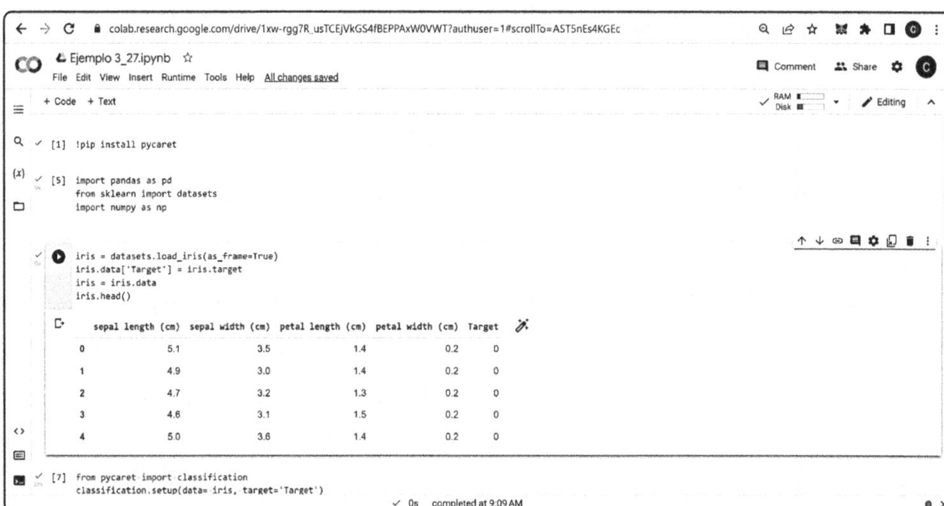

Figura 3.24. La primera parte del resultado del Ejemplo 3.25, que muestra el conjunto de datos flores iris

Es más fácil ejecutar el código anterior en Google Colab. Simplemente inicie sesión en Google Colab y cargue el archivo PyCaret_Demo.ipynb. La Figura 3.24 muestra el código para cargar el conjunto de datos del iris, el código para formatearlo en el dataframe requerido y las primeras cinco filas de datos. La figura 3.25 muestra el código para configurar el entorno de clasificación y comparar los modelos. Los resultados muestran que el análisis discriminante lineal brinda los mejores resultados, con más del 99 por ciento de precisión.

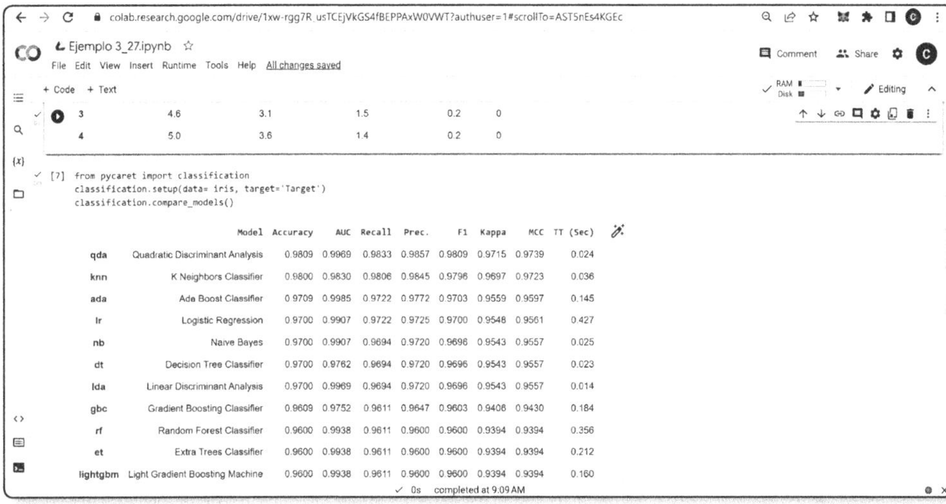

```
from pycaret import classification
classification.setup(data= iris, target='Target')
classification.compare_models()
```

	Model	Accuracy	AUC	Recall	Prec.	F1	Kappa	MCC	TT (Sec)
qda	Quadratic Discriminant Analysis	0.9809	0.9969	0.9833	0.9857	0.9809	0.9715	0.9739	0.024
knn	K Neighbors Classifier	0.9800	0.9830	0.9806	0.9845	0.9796	0.9697	0.9723	0.036
ada	Ada Boost Classifier	0.9709	0.9985	0.9722	0.9772	0.9703	0.9559	0.9597	0.145
lr	Logistic Regression	0.9700	0.9907	0.9722	0.9725	0.9700	0.9548	0.9561	0.427
nb	Naive Bayes	0.9700	0.9907	0.9694	0.9720	0.9696	0.9543	0.9557	0.025
dt	Decision Tree Classifier	0.9700	0.9762	0.9694	0.9720	0.9696	0.9543	0.9557	0.023
lda	Linear Discriminant Analysis	0.9700	0.9969	0.9694	0.9720	0.9696	0.9543	0.9557	0.014
gbc	Gradient Boosting Classifier	0.9609	0.9752	0.9611	0.9647	0.9603	0.9408	0.9430	0.184
rf	Random Forest Classifier	0.9600	0.9938	0.9611	0.9600	0.9600	0.9394	0.9394	0.356
et	Extra Trees Classifier	0.9600	0.9938	0.9611	0.9600	0.9600	0.9394	0.9394	0.212
lightgbm	Light Gradient Boosting Machine	0.9600	0.9938	0.9611	0.9600	0.9600	0.9394	0.9394	0.160

Figura 3.25. La segunda parte del resultado del Ejemplo 3.25, que muestra los resultados de diferentes algoritmos de regresión

Puede usar PyCaret tanto para problemas de clasificación como para problemas de regresión. Para obtener más detalles sobre PyCaret, consulte lo siguiente:

https://pycaret.org/

https://pycaret.gitbook.io/docs/

3.10 LAZYPREDICT

LazyPredict es otra librería que puede realizar clasificación y regresión, usando una lista de algoritmos. Para obtener más detalles, consulte lo siguiente:

https://github.com/shankarpandala/lazypredict

Para instalar la biblioteca LazyPredict, use esto:

```
¡pip install lazypredict
```

El ejemplo 3.26 (a, b, c, d y e) es un programa de ejemplo de demostración simple de la librería Python LazyPredict. Nuevamente, se puede ejecutar fácilmente en Google Colab.

El ejemplo 3.26 a muestra la primera sección del código que simplemente instala la librería LazyPredict en Google Colab.

#EJEMPLO 3.26 a. PROGRAMA LAZYPREDICT (PARTE 1)

```
¡pip install lazypredict
```

El ejemplo 3.26b es la segunda sección del código que usa el conjunto de datos de flores iris como ejemplo para demostrar el uso de LazyPredict para un clasificador con la función LazyClassifier(). Nuevamente, es notablemente simple, solo una línea de código para crear el clasificador LazyPredict y una línea de código para ajustar y comparar los modelos.

#EJEMPLO 3.26b. PROGRAMA LAZYPREDICT (PARTE 2)

```
!pip install lazypredict
import lazypredict
from lazypredict.Supervised import LazyClassifier
from sklearn.datasets import load_iris
from sklearn.model_selection import train_test_split

X, y = load_iris(return_X_y=True)
X_train, X_test, y_train, y_test = train_test_split(X, y,test_size=.25,random_
state =1)

clf = LazyClassifier()
models,predictions = clf.fit(X_train, X_test, y_train, y_test)
print(models)
```

La figura 3.26 muestra el código de Google Colab de las dos primeras secciones del programa. La Figura 3.27 muestra el resultado del código de clasificación de la segunda sección. Los resultados muestran que LabelSpreading brinda los mejores resultados de clasificación, ¡con un 100 por ciento de precisión!

Figura 3.26. El código de Google Colab de las dos primeras secciones del programa

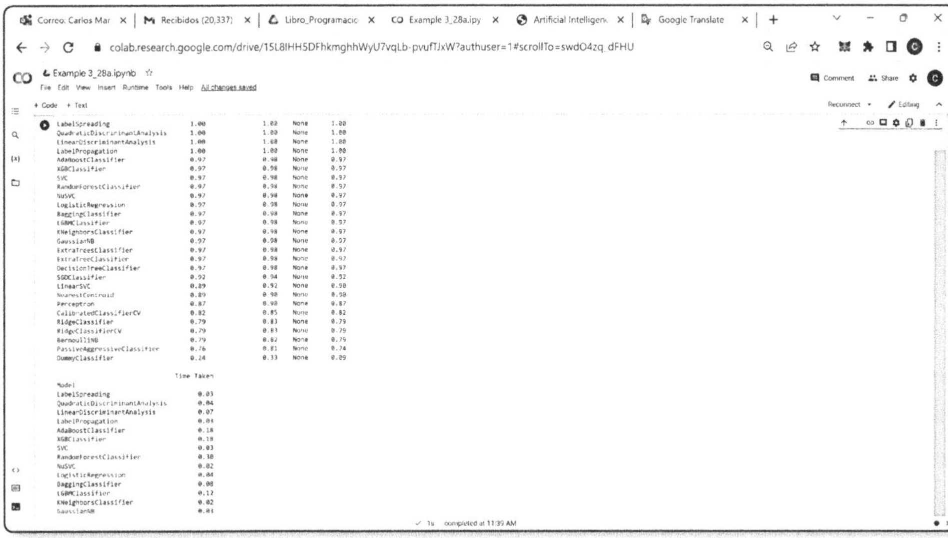

Figura 3.27. La salida de los resultados del clasificador LazyPredict

El ejemplo 3.26c muestra la sección de código que traza la precisión de diferentes modelos. La figura 3.28 muestra el resultado de la gráfica.

#EJEMPLO 3.26C. PROGRAMA LAZYPREDICT (PARTE 3)

```
import matplotlib.pyplot as plt
plt.figure(figsize=(10, 5))
plt.plot(models.index, models['Accuracy'])
```

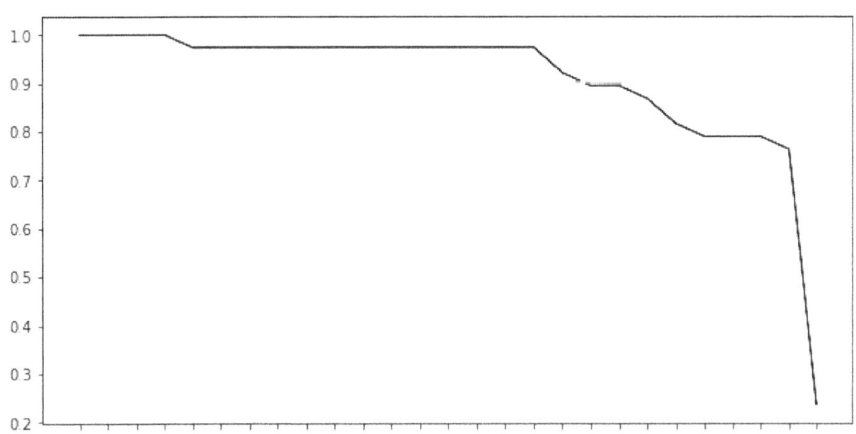

Figura 3.28. El gráfico de la precisión de diferentes modelos

El ejemplo 3.26d muestra cómo usar LazyPredict para la regresión. Utiliza el conjunto de datos de precios de la vivienda de California como ejemplo.

#EJEMPLO 3.26D. PROGRAMA LAZYPREDICT (PARTE 4)

```
import lazypredict
from lazypredict.Supervised import LazyRegressor
from sklearn import datasets
from sklearn.utils import shuffle
import numpy as np
from sklearn.datasets import fetch_california_housing

X, y = fetch_california_housing(return_X_y=True, as_frame=True)
X_train, X_test, y_train, y_test = train_test_split(X, y,test_size=.1,random_
state =1)

reg = LazyRegressor()
models, predictions = reg.fit(X_train, X_test, y_train, y_test)
print(models)
```

La Figura 3.29 muestra el código de regresión del conjunto de datos de precios de la vivienda de Google Colab California y los resultados de salida. Los resultados muestran que XGBRegressor tiene el valor R cuadrado más alto de 0,84 y GaussianProcessRegressor tiene el valor R cuadrado más bajo de -4467,92.

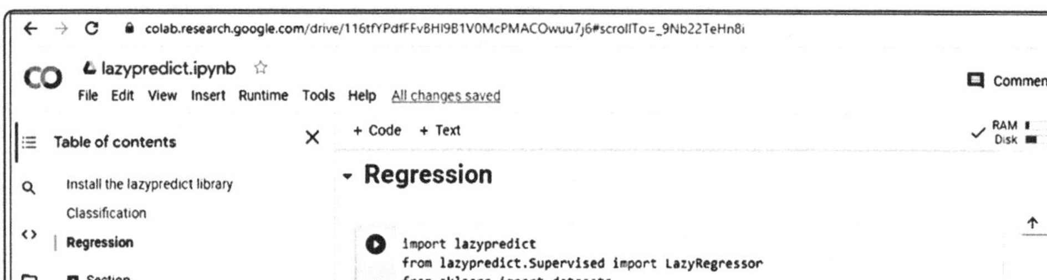

Figura 3.29. Código de regresión y resultados de salida en el conjunto de datos de precios de viviendas de Google Colab California.

El ejemplo 3.26e grafica los valores de R-cuadrado de diferentes modelos. La Figura 3.30 muestra la gráfica de los valores de R-cuadrado de diferentes modelos.

#EJEMPLO 3.26E: PROGRAMA LAZYPREDICT (PARTE 5)

```
import matplotlib.pyplot as plt
plt.figure(figsize=(10, 5))
plt.plot(models.index, models['R-Squared'],'-s')
```

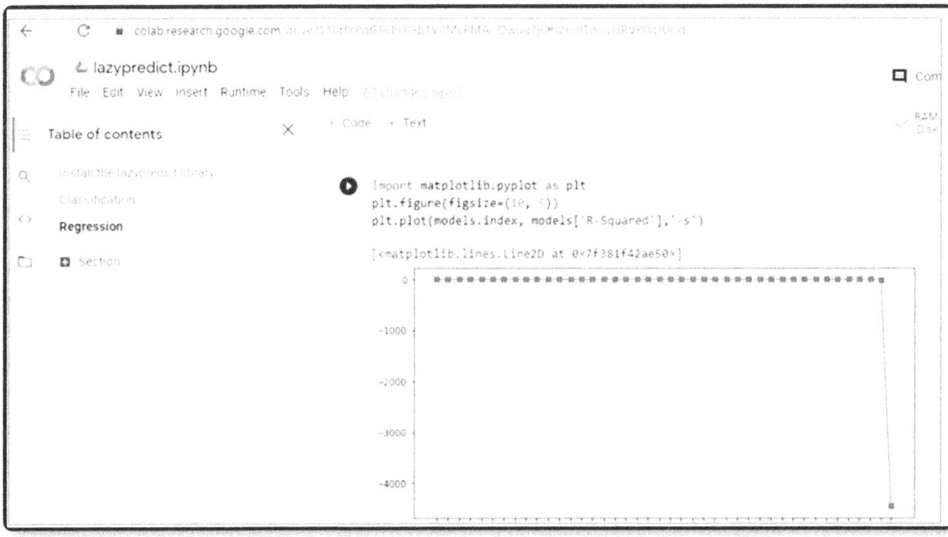

Figura 3.30. La gráfica de valores R-Square de diferentes modelos

3.11 RESUMEN

Este capítulo proporciona una descripción general completa del aprendizaje automático. El aprendizaje automático es un aspecto importante de la IA y se puede dividir en aprendizaje supervisado, aprendizaje no supervisado, aprendizaje semisupervisado y aprendizaje reforzado.

El aprendizaje supervisado se puede dividir generalmente en clasificación y regresión.

Clasificación significa predecir la clase o categoría a la que pertenecen los datos.

Los algoritmos de clasificación comúnmente utilizados incluyen máquinas de vectores de soporte, bayesiano ingenuo, análisis discriminante lineal, árbol de decisión, bosque aleatorio, vecinos más cercanos K y redes neuronales. La regresión significa predecir los valores de salida para un conjunto dado de valores de entrada.

El aprendizaje no supervisado se usa principalmente para agrupar datos, y el agrupamiento de K-medias es un algoritmo popular.

El aprendizaje semisupervisado se encuentra en algún lugar entre el aprendizaje supervisado y el aprendizaje no supervisado. El aprendizaje semisupervisado generalmente se usa cuando tiene una pequeña cantidad de datos etiquetados y una gran cantidad de datos sin etiquetar.

El aprendizaje por refuerzo implica aprender en un entorno interactivo a través de prueba y error usando retroalimentación para maximizar las recompensas acumulativas. Q-learning es uno de los algoritmos de aprendizaje por refuerzo más utilizados.

El aprendizaje en conjunto utiliza múltiples algoritmos de aprendizaje, o múltiples modelos, para obtener un mejor rendimiento que el que sería posible con un único algoritmo o modelo de aprendizaje.

AutoML, PyCaret y LazyPredict son algunas librerías populares que pueden usar automáticamente varios algoritmos de aprendizaje para analizar los datos.

3.12 PREGUNTAS DE REVISIÓN DEL CAPÍTULO

- ✓ P3.1. ¿Qué es el aprendizaje automático?
- ✓ P3.2. ¿Qué es el aprendizaje supervisado?
- ✓ P3.3. ¿Cuál es la diferencia entre clasificación y regresión en aprendizaje supervisado?
- ✓ P3.4. ¿Qué es SVM? ¿Para qué se puede usar?
- ✓ P3.5. ¿Qué es el análisis bayesiano ingenuo y cómo funciona?
- ✓ P3.6. ¿Qué es el análisis discriminante lineal y qué es el análisis de componentes principales?
- ✓ P3.7. ¿Cuál es la diferencia entre árbol de decisión y bosque aleatorio?
- ✓ P3.8. ¿Cómo funciona el algoritmo de los k vecinos más cercanos?
- ✓ P3.9. ¿Qué es el aprendizaje no supervisado?
- ✓ P3.10. ¿Qué es el agrupamiento K-means?
- ✓ P3.11. ¿Qué es el aprendizaje semisupervisado?
- ✓ P3.12. ¿Qué es el aprendizaje por refuerzo y para qué se puede usar?
- ✓ P3.13. ¿Qué es el Q- aprendizaje?
- ✓ P3.14. ¿Qué es el aprendizaje en ensamble?
- ✓ P3.15. ¿Qué son las librerías AutoML, PyCaret y LazyPredict?

4

APRENDIZAJE PROFUNDO - DEEP LEARNING

4.1 INTRODUCCIÓN

El aprendizaje profundo (Deep Learning en inglés, DL), últimamente ha cobrado la importancia del planeta, principalmente, en el campo de la Inteligencia Artificial (Artificial Intelligence, AI), en consecuencia, es un tema de investigación y la mayoría de las noticias que se escuchan hoy en investigación de AI se refieren al Aprendizaje Profundo. El Aprendizaje Profundo se considera un subconjunto del Aprendizaje Automático (Machine Learning), y se puede decir que se construye con base en redes neuronales artificiales tradicionales. Como se ilustra en la Figura 4.1 (izquierda), las redes neuronales artificiales tradicionales normalmente tienen una capa de entrada, una capa de salida y una capa oculta, la razón por la que sólo tienen una capa oculta es que a medida que aumenta el número de capas ocultas, la complejidad de la red también aumenta, lo que hace que los cálculos sean difíciles e intermitentes, por el contrario, las redes neuronales de Aprendizaje Profundo tienen una capa de entrada, una capa de salida y más de una capa ocultas, pueden tener más de una capa oculta debido al mejoramiento de los algoritmos y una mayor capacidad informática.

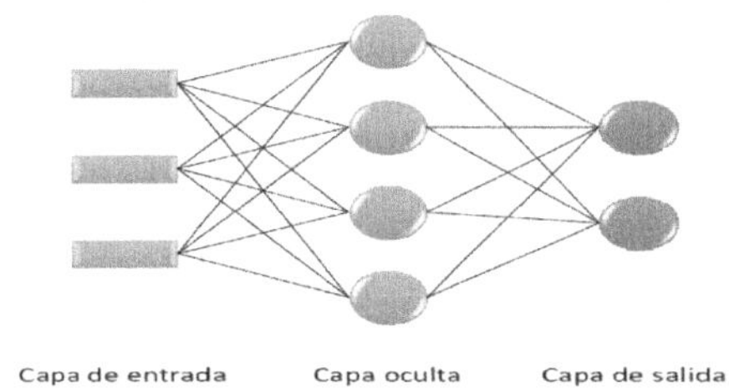

Red neuronal artificial simple

Fuente: https://www.researchgate.net/figure/Figura-II4-Capas-de-una-Red-Neuronal-Capa-de-entrada-neuronas-que-reciben-datos-o_fig3_315762548

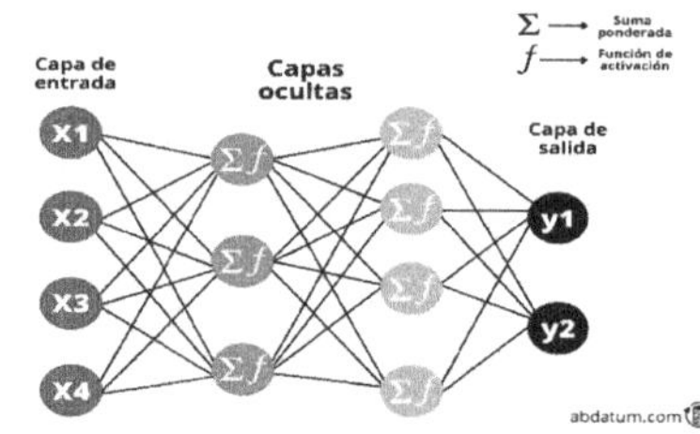

Red neuronal artificial de Aprendizaje Profundo

Fuente: https://abdatum.com/tecnologia/redes-neuronales-artificiales

Figura 4.1. Red neuronal tradicional simple (izquierda) y red neuronal de aprendizaje profundo (derecha).

Las redes neuronales de Aprendizaje Profundo se dividen en dos tipos: Redes neuronales Convolucionales y redes neuronales Recurrentes. Las Convolucionales se utilizan principalmente para imágenes, mientras que las Recurrentes se utilizan para datos de secuencia, como texto y series temporales. El Aprendizaje Profundo inicia en 1989, cuando el equipo de trabajo de Yann LeCun propuso una estructura para una red neuronal Convolucional, llamada LeNet. Esta se utilizó con éxito en el reconocimiento de dígitos escritos a mano. En 2010, el profesor Feifei Li de la Universidad de Stanford creó ImageNET (http://image-net. Org/), la mayor base de datos de imágenes que contiene más de 14 millones de imágenes de objetos, divididos en más de 20.000 categorías, como gatos, perros, tablas, sillas, etc. ImageNET lanzó un desafío anual en la clasificación de imágenes, llamado ImageNET Large Scale Visual Recognition Challenge (ILSVRC). Los desafíos de ImageNET sólo utilizan 1.000 categorías. La base de datos de ImageNET y su desafío han sido importantes para la evolución de las redes neuronales Convolucionales.

En 2012 se creó la red neuronal, AlexNet, para la clasificación de imágenes, esta ganó la competición de ImageNET con una exactitud, entre los cinco primeros, del 85 por ciento. La precisión de las cinco principales significa que cada una de las cinco respuestas tiene la mayor probabilidad de coincidir con la correcta. La conclusión clave de la publicación original de AlexNet fue que la profundidad del modelo era fundamental para su alto rendimiento. Esto era costoso desde el punto de vista informático, pero se hizo factible mediante la utilización de unidades de procesamiento de gráficos (GPU) durante la capacitación. Geoffrey Hinton, Yann LeCun y Yoshua Bengio, un científico informático canadiense, a veces se conocen como los Padrinos de la IA o los Padrinos del Aprendizaje Profundo.

GogLeNet, ahora conocida como Inception, es una red neuronal para la clasificación de imágenes que aparece en 2014, logrando una tasa de error entre los cinco primeros del 6.66 por ciento, en la competición de ImageNET. VGG, otra red neuronal para la clasificación de imágenes ocupa el segundo lugar con una tasa de error entre los cinco primeros del 7,3 por ciento. La mejor tasa de error a nivel humano para clasificar los datos de ImageNET es del 5,1 por ciento. En 2015, Kaiming He y colegas de Microsoft Research lograron los mejores resultados en detección de objetos y detección de objetos con tareas de localización utilizando su red residual (ResNet). RESNET superó al reconocimiento humano y clasificó las imágenes con una tasa de errores del 3,7% entre los cinco primeros. EfficientNet afirma haber logrado una precisión de clasificación del 97,1% en los cinco primeros en 2019.

En la figura 4.2 se muestra el funcionamiento de los algoritmos de Aprendizaje Automático tradicionales, las redes neuronales convencionales (redes neuronales superficiales), y el funcionamiento de las redes neuronales de Aprendizaje Profundo. Inicialmente, cuando hay menos datos, los algoritmos tradicionales de Aprendizaje Automático son eficientes, pero cuando la cantidad de datos alcanza millones, su rendimiento llega a una meseta y mantiene un nivel estable incluso si el tamaño de los datos aumenta. Las redes neuronales tradicionales funcionan mejor con un conjunto de datos más grande, pero todavía alcanzan una meseta en algún momento. Sólo las redes neuronales de Aprendizaje Profundo siguen aumentando su rendimiento a medida que aumenta el tamaño de los datos. Esta es la razón por la cual las redes neuronales de Aprendizaje Profundo concentran la atención en la investigación.

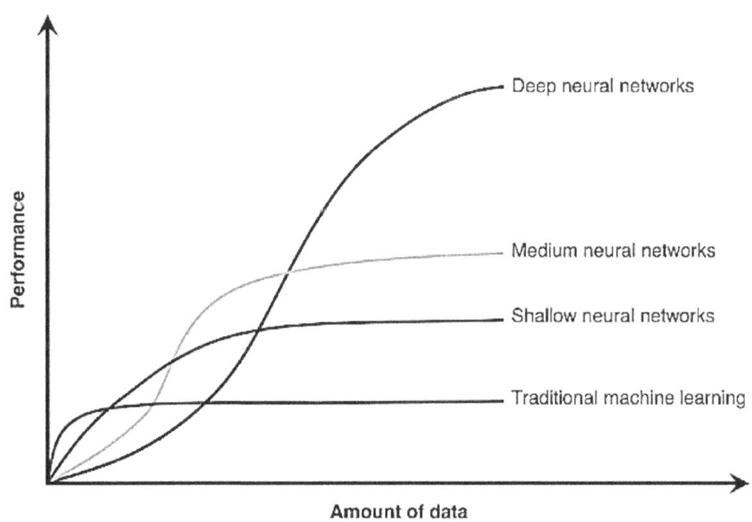

Figura 4.2. Comparación entre Machine Learning y Deep Learning en función de la cantidad de datos disponibles. Fuente: Canadian Association of Radiologists White Paper on Artificial Intelligence in Radiology.

4.2 REDES NEURONALES ARTIFICIALES

En la descripción de las redes neuronales de aprendizaje profundo, se debe iniciar con las redes neuronales tradicionales (NNs), que también se llaman redes neuronales artificiales (ANNs). Las tradicionales son simulaciones por ordenador de redes neuronales biológicas en el cerebro humano. Una red neuronal biológica es una red de neuronas interconectadas. La neurona biológica consiste normalmente, en un cuerpo celular, dendritas y un axón. El cuerpo celular también se llama soma, mientras que las dendritas y el axón son filamentos que se extruyen de él. Las dendritas típicamente extruyen unos pocos cientos de micrómetros del soma, mientras que el axón puede tener hasta un metro de largo. Al final del axón están los terminales del axón, y cada terminal está conectado a otra neurona por la sinapsis. Para cada neurona las dendritas son las entradas de otras neuronas, y el axón es la salida a otras neuronas. Un cerebro humano normalmente tiene 100 mil millones de neuronas. El concepto de red neuronal fue desarrollado por primera vez por el neurofisiólogo estadounidense Warren McCulloch y el lógico estadounidense Walter Pitts en 1943.

Existen tres tipos de neuronas: las neuronas sensoriales responden a estímulos como el tacto, el sonido o la luz y envían señales al cerebro; las neuronas motoras reciben señales del cerebro para controlar el músculo; las interneuronas conectan las neuronas con otras neuronas. Las neuronas artificiales, de la misma forma que las biológicas, también tienen una entrada y una salida, como se muestra en la figura 4.3. Las neuronas artificiales toman las señales de entrada, las multiplican por pesos, las suman y luego las pasan a una función de activación no lineal para obtener la salida. La función de activación de un nodo define la salida de ese nodo como una función de una entrada o un conjunto de entradas. Las redes neuronales artificiales, también, consisten en neuronas artificiales interconectadas como las redes neuronales biológicas. Normalmente tienen tres capas, esto se muestra en la figura 4.4: una capa de entrada, una capa de salida y una capa oculta. La razón por la que sólo tienen una capa oculta es que la complejidad del cálculo aumenta a medida que aumenta el número de capas.

Para entrenar una red neuronal artificial, se inicializa primero los pesos de la red neuronal de forma aleatoria y luego se suministra a la red un conjunto de datos de entrenamiento, con ciertas entradas y salidas. Cada vez que la red produce una salida debido a las entradas, utiliza una función de pérdida para comparar la salida calculada con la salida deseada y, a continuación, devuelve las diferencias llamadas errores, a la red para ajustar los pesos iniciales. Esto se denomina "propagación hacia atrás de errores". Los pesos se ajustan en función de los errores utilizando un método denominado descenso de gradiente, que calcula el gradiente ("diferencias") de los errores con respecto a los pesos de la red neuronal y ajusta los pesos para reducir los errores. Este proceso se repite muchas veces hasta que los pesos de la red neuronal se estabilizan. El entrenamiento de una red neuronal artificial es esencialmente un problema de optimización.

<table>
<tr><th>Neurona biológica</th><th>Neurona artificial</th></tr>
<tr><td>
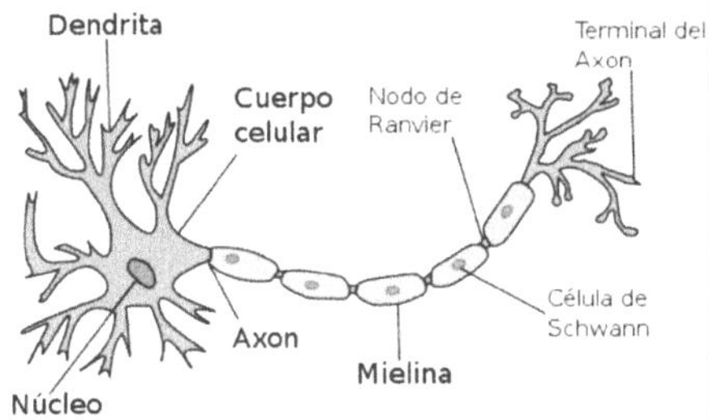

Fuente:

https://desdemilab.com/neurona-biologica-parte-1/
</td><td>
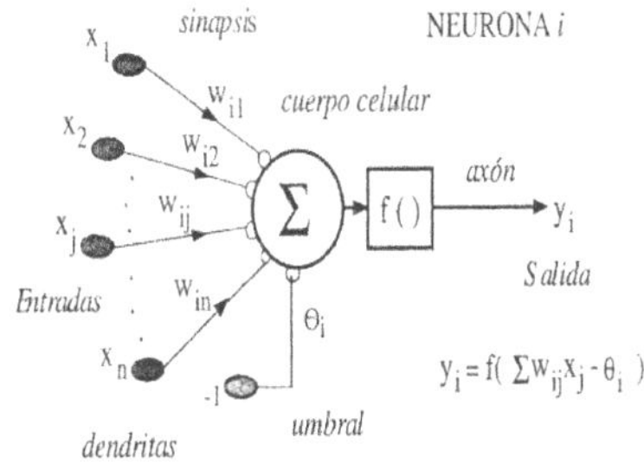

Fuente:

https://www.ibiblio.org/pub/linux/docs/LuCaS/Presentaciones/200304curso-glisa/redes_neuronales/curso-glisa-redes_neuronales-html/x38.html
</td></tr>
</table>

Figura 4.3. Neurona biológica versus neurona artificial

<table>
<tr><th>Red neuronal biológica</th><th>Red neuronal artificial</th></tr>
<tr><td>
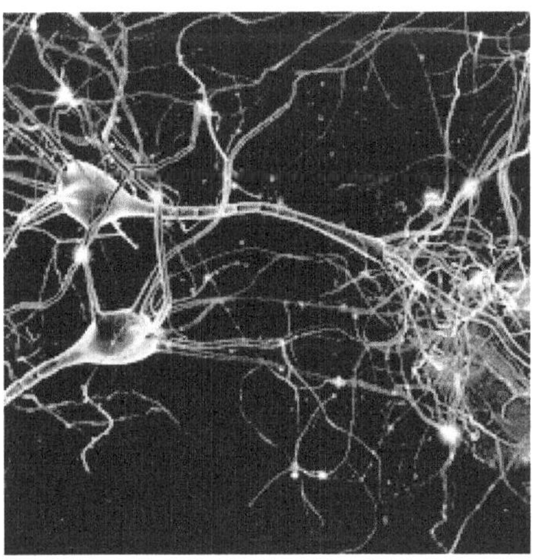

Fuente: https://theconversation.com/es/topics/redes-neuronales-67015
</td><td>
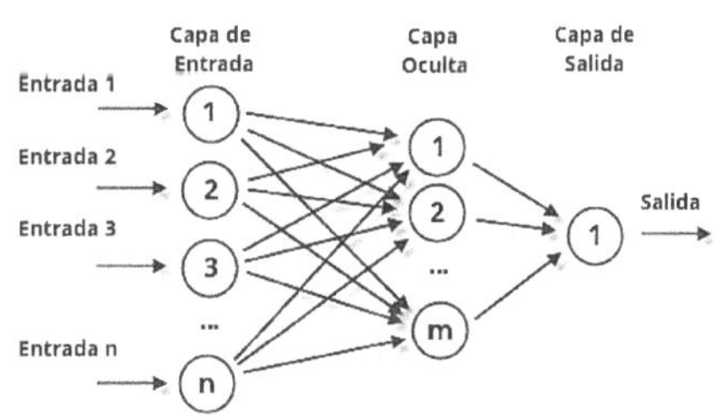

Fuente: https://github.com/LuisAlejandroSalcedo/Redes-Neuronales
</td></tr>
</table>

Figura 4.4. Red neuronal biológica versus red neuronal artificial

Posterior al entrenamiento, se puede alimentar la red con un conjunto de datos de entrada, y la red le proporcionará una salida. Las redes neuronales artificiales normalmente necesitan mucho entrenamiento y tardan tiempo en formarse, pero una vez entrenadas, producen resultados rápidamente. El ejemplo 4.1 evidencia un algoritmo simple de Python con una sola neurona. Tiene dos entradas y una salida y ejecuta la lógica AND de las entradas. El psicólogo estadounidense Frank Rosenblatt desarrolló la primera red neuronal artificial llamada Perceptron en 1958, cuando trabajaba en el Laboratorio Aeronáutico de Cornell en la Universidad de Cornell en Buffalo, Nueva York. El objetivo principal de Perceptron era reconocer diferentes patrones.

```
1"""EJEMPLO 4.1. MODELO DE NEURONA ARTIFICIAL PARA APRENDIZAJE PROFUNDO (Deep
Learning) en el lenguaje de programación Python (Perry Xiao, 2022)"""
2 import numpy as np
3 # Configuración de parámetros
4 inputs = np.array([[0, 0], [1, 1], [1, 0], [0, 1]])
5 outputs = np.array([[0, 1, 1, 1]]).T
6 np.random.seed(1)
7 weights = 2*np.random.rand(2, 1) - 1
8
9 # Declaración de la función de neurona artificial
10 def neuron(inputs, weights):
11       output = 1 / (1 + np.exp(-(np.dot(inputs, weights))))
12       return output
13
14 # Entrenamiento de la neurona artificial
15 for iteration in range(50000):
16     output = 1 / (1 + np.exp(-(np.dot(inputs, weights))))
17     weights += np.dot(inputs.T, (outputs - output)*output*(1 - output))
18
19 # Probando la neurona luego de haber sido entrenada
20 x = np.array([0, 1])
21 print(neuron(x, weights))
```

4.2.1 Explicación del modelo de neurona artificial

El algoritmo de la neurona artificial es probado en la plataforma Google Colaboratory (https://colab.research.google.com/), esta plataforma requiere acceder al correo de Gmail para luego probar aplicaciones de Python, también, se debe considerar que los números de la izquierda no hacen parte de la lógica del programa, simplemente se ponen allí para facilitar la explicación del algoritmo, por tanto si se copia el código desde el ejemplo 4.1 de estas páginas, entonces se deben borrar los números de la izquierda, cuando se pegue el código en Google Colaboratory. En la línea 1 del ejemplo 4.1 se observa un comentario para describir el algoritmo, estos comentarios se escriben entre comillas triples. En la línea 2 se importa la librería Numpy de Python, allí se aclara que la librería se usará con la abreviatura, np, de esta forma Numpy es el paquete fundamental para la computación científica en Python.

Es una biblioteca de Python que proporciona un objeto de matriz multidimensional, objetos derivados y una variedad de rutinas para operaciones rápidas entre matrices, que incluyen manipulación matemática, lógica, clasificación, selección, E/S., transformadas discretas de Fourier, álgebra lineal básica, operaciones estadísticas básicas, simulación aleatoria y otros aspectos de matemáticas, relevantes en la construcción de algoritmos.

En la línea 3 se incluye otro tipo de comentario, este es con el carácter numeral (#), lo que se ponga delante de él en la misma línea es un comentario, en este describimos que se va a declarar o configurar parámetros. En la línea 4 se declara una variable (inputs) que es una matriz de dimensiones (2, 4), 2 filas 4 columnas, contenedora de todas las combinaciones de entradas de la neurona. La neurona tiene dos entradas y una salida que obedecen a la lógica proposicional AND, como se ilustra en la figura 4.5 (izquierda), complementariamente, en la figura 4.5 también se muestra la matriz a través de la cual se ingresan las entradas en el algoritmo de la neurona.

Inputs		Outputs
0	0	0
1	1	1
1	0	1
0	1	1

$$\begin{pmatrix} 0 & 1 & 1 & 0 \\ 0 & 1 & 0 & 1 \end{pmatrix}_{(2,\,4)}$$

En el algoritmo la variable inputs contiene esta matriz de dimensiones: 2 filas 4 columnas

Figura 4.5. Lógica AND de las entradas y salidas de la neurona (izquierda), y matriz de entradas en el algoritmo de la neurona (derecha)

Debe tenerse en cuenta que en el algoritmo Python de la neurona, la matriz inputs de la figura 4.4 (derecha), se ingresa por columnas y entre corchetes cada columna, por esto se ve diferente en el algoritmo, pero la equivalencia, en relación a la forma de la matriz sigue siendo la misma. En la línea 5 se declara la variable, (outputs = np.array([[0, 1, 1, 1]]).T), contenedora de las salidas deseadas de la neurona, aquí se aplica el elemento de transponer la matriz, usando la T mayúscula, para que las dimensiones de esta matriz sean, 1 fila y 4 columnas, porque se necesitan con estas dimensiones para las operaciones a realizar más adelante. En la línea 6 se establece una instrucción necesaria para dar la posibilidad de generar números aleatorios; en la línea 7 se declara la variable (weights = 2*np.random.rand(2, 1) - 1), a través de esta variable se generan los números aleatorios representativos de los pesos de la neurona, estos se introducen en una matriz de orden o dimensiones: 1 fila 2 columnas, ésta matriz se multiplica por 2 y se le resta 1 para tener mayor variabilidad en los números aleatorios.

En las líneas 10, 11 y 12 se declara la función de la neurona a través de la instrucción (def neuron (inputs, weights):), donde, def, es una palabra clave del lenguaje Python, neuron, es el nombre de la neurona e inputs y weights son parámetros de la función de la neurona, es decir, son necesarios en el momento de ejecutar esta función, en concreto son dos matrices, inputs es la matriz de entradas y weights es la matriz de los pesos de la neurona. En el interior de la función, en la línea 11, se declara la variable de salida de la función de la neurona llamada, output, ésta representa una función exponencial de la forma:

$$\text{Output} = 1/(1 + e^{-X})$$

Donde, X = (weights* inputs), por tanto, la variable X, es la multiplicación de las matrices de entrada y los pesos de la neurona. En el algoritmo de Python la multiplicación de las matrices no es directa, es decir no se usa el signo multiplicación directamente, por el contrario se usa la expresión, ((np.dot(inputs, weights)), para realizar la multiplicación de las matrices. Esta multiplicación es un producto escalar para matrices que ejecuta la multiplicación, según el procedimiento para esta operación entre matrices, en concreto la operación se resuelve usando la función np.dot(). En la línea 12 se le dice a la función de la neurona que devuelva el valor de la salida de la neurona, cuando dicha función sea ejecutada.

En las líneas 15, 16 y 17 se realiza el entrenamiento y aprendizaje de la neurona artificial, a través de un ciclo (for) con 5000 iteraciones, (for iteration in range(50000):). En cada iteración se calcula la función de salida, en la línea 16, se debe tener en cuenta que el exponente, X, de la función exponencial es una multiplicación de matrices, y para que sean compatibles, el número de columnas de la primera matriz (weights) debe ser igual al número de filas de la segunda matriz (inputs), en este caso esto se cumple porque weights es de dimensiones, 1 fila 2 columnas, e inputs es de dimensiones, 2 filas 4 columnas, como se muestra en la figura 4.5 derecha. El resultado de esta multiplicación es una matriz de dimensiones: Número de filas de la primera matriz (weights) por el número de columnas de la segunda matriz (inputs), es decir, 1 fila 4 columnas, también, debe tenerse claro que debido a la naturaleza del lenguaje Python la salida de la función de la neurona, output, es una matriz de dimensiones, 1 fila 4 columnas. En la primera iteración, se calcula la salida con los pesos aleatorios, por tanto, la salida de la función de la neurona estará muy lejos del valor deseado de la salida, ya que los pesos aleatorios se introducen a propósito para que de inmediato no se genere el valor máximo de la salida que es 1.

Debe reconocerse que la función de salida, output, de este modelo de neurona artificial converge a 1 a medida que el valor de la, X, tiende a infinito. En cada iteración se ajustan los valores de los pesos, weights, para que el valor de la, X, aumente, esto se realiza en la línea 17 calculando el error de salida con respecto a las salidas deseadas y además teniendo en cuenta las respectivas entradas para calcular los nuevos pesos, esto se llama "propagación hacia atrás de errores".

Este proceso se realiza 5000 veces, aunque pueden ser más, hasta que los pesos se estabilizan y las salidas comienzan a estar muy cerca de 1, el valor deseado. En esencia este es el entrenamiento de la neurona artificial, se aprende sobre el parámetro weights y se va recalculando su valor en cada iteración para que la salida sea la más ajustada a la realidad, en consecuencia podemos inferir que el entrenamiento de una red neuronal de Aprendizaje Profundo (Deep Learning), principalmente, consiste en el aprendizaje de unos parámetros a partir de unos datos de entrenamiento para luego aplicar la red neuronal en la predicción de ciertas salidas con base en los parámetros aprendidos.

En las líneas 20 y 21 se prueba la red neuronal luego de haber sido entrenada, es decir se ajustaron los valores de los pesos, weights, para que, al introducir cualquier entrada, la salida sea lo más cercano posible a la salida deseada. En la línea 20 se crea una variable tipo matriz con una de las posibles combinaciones de las entradas AND, (x = np.array([0, 1])), las dimensiones de esta matriz son: 2 filas 1 columna, en la línea 21 se ejecuta la función de la neurona y se imprime su resultado, (print(neuron(x, weights))), la matriz weights es de dimensiones: 1 fila 2 columnas, por tanto, X, y weights son matrices compatibles para la multiplicación, en consecuencia, el resultado de la salida de la neurona es el que se muestra en la siguiente interfaz ([0.99681795]), en la última línea, usando Google Colaboratory.

```
1 """Ejemplo 4.1: modelo de neurona artificial para aprendizaje profundo"""
2 import numpy as np
3 # Configuración de parámetros
4 inputs = np.array([[0, 0], [1, 1], [1, 0], [0, 1]])
5 outputs = np.array([[0, 1, 1, 1]]).T
6 np.random.seed(1)
7 weights = 2*np.random.rand(2, 1) - 1
8
9 # Declaración de la función de neurona artificial
10 def neuron(inputs, weights):
11     output = 1 / (1 + np.exp(-(np.dot(inputs, weights))))
12     return output
13
14 # Entrenamiento de la neurona artificail
15 for iteration in range(50000):
16     output = 1 / (1 + np.exp(-(np.dot(inputs, weights))))
17     weights += np.dot(inputs.T, (outputs - output)*output*(1 - output))
18
19 # Probando la neurona luego de haber sido entrenada
20 x = np.array([0, 1])
21 print(neuron(x, weights))

[0.99681795]
```

Salida ejemplo 4.1. Modelo de neurona artificial para Aprendizaje Profundo (con neurona entrenada)

Como se observa, el valor de la salida es cercano a 1, es decir a la salida deseada, esto se logra porque la neurona fue entrenada, pero podemos ejecutar el algoritmo sin que la neurona sea entrenada y posteriormente observar la salida para compararla con una donde la neurona si fue entrenada, por tanto en la siguiente salida se muestra el resultado con la neurona no entrenada ([0.60841366]), en la última línea.

```

# Declaración de la función de neurona artificial
def neuron(inputs, weights):
    output = 1 / (1 + np.exp(-(np.dot(inputs, weights))))
    return output

# Entrenamiento de la neurona artificail
"""for iteration in range(50000):
    output = 1 / (1 + np.exp(-(np.dot(inputs, weights))))
    weights += np.dot(inputs.T, (outputs - output)*output*(1 - output))"""

# Probando la neurona luego de haber sido entrenada
x = np.array([0, 1])
print(neuron(x, weights))
```

```
[0.60841366]
```

Salida ejemplo 4.1. Modelo de neurona artificial para Aprendizaje Profundo (sin neurona entrenada)

En definitiva, el resultado es muy lejano de la salida deseada, debido a que la neurona no se entrenó. El resultado con la neurona no entrenada se obtiene eliminando el ciclo (for) del algoritmo de la neurona en el programa Python.

4.3 REDES NEURONALES CONVOLUCIONALES

La red neuronal Convolucional (CNN) es tal vez la red neuronal de aprendizaje profundo más utilizada. CNN se utiliza principalmente para el análisis de imágenes, por ejemplo, clasificación de imágenes, detección de objetos y segmentación de imágenes. También se puede utilizar en sistemas de recomendación, procesamiento de lenguaje natural, interfaces cerebro - ordenador y series de tiempo financieras. Hasta la fecha, se han desarrollado una serie de CNN, como LeNet, GoogLeNet (ahora Inception), VGG, EffecentNet, RESNET, AlexNet, DenseNet, MobileNet, YOLO, y otras. La Figura 4.6 muestra una arquitectura típica de red neuronal convolucional que contiene una capa de entrada, capas convolucionales, capas de agrupación (submuestreo o muestreo descendente), capas de activación, capas totalmente conectadas y una capa de salida.

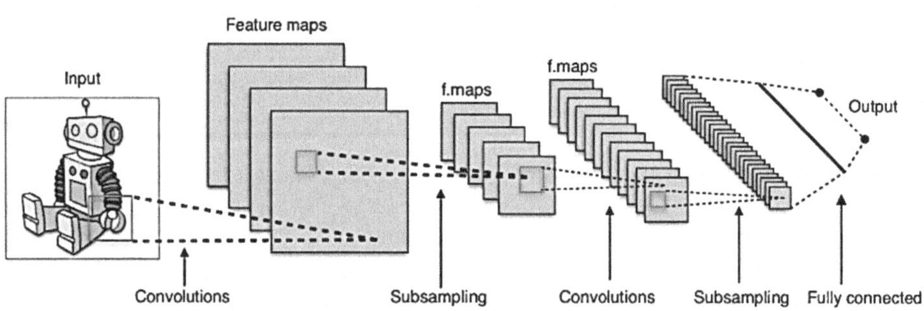

Figura 4.6. Arquitectura de una red neuronal Convolucional normal (Fuente: https://en.wikipedia.org/wiki/Convolutional_neural_network)

A continuación, se realiza una descripción general de las capas principales de una red neuronal Convolucional normal.

Capa de Entrada (Input Layer): esta es la capa que toma imágenes como entrada. Normalmente, tiene un tamaño de 32 × 32 × 1 para imágenes de dígitos escritos a mano en escala de grises, y 224 × 224 × 3 para imágenes de fotos en color.

Capa Convolucional (Convolutional Layer): es la estructura principal de una red neuronal Convolucional. Utiliza filtros de características (Keras) para obtener información adicional de las características de la entrada. La Figura 4.7 muestra algunos filtros de imagen comúnmente utilizados, o núcleos (Keras) de imagen, que pueden realizar la definición, desenfoque y detección de bordes de una imagen de entrada. La figura 4.8 muestra el proceso de convolución de una imagen y un núcleo. El proceso de convolución consiste esencialmente en multiplicar los valores de la matriz de imagen con los valores del núcleo (Keras) como un producto basado en elementos y luego agregar todos los valores para obtener los resultados complejos.

Capa de Agrupamiento (Pooling Layer): la capa de Agrupamiento es otra estructura central de CNN. La capa de agrupamiento se utiliza para reducir la resolución. La agrupación máxima es la agrupación más utilizada. Como se muestra en la Figura 4.9, el agrupamiento máximo divide la imagen de entrada en una serie de rectángulos no superpuestos y genera el máximo para cada una de estas subregiones. En este ejemplo, una imagen de 4 x 48 x 8 ha sido mapeada por una ventana de 2 x 2 con el tamaño de paso de 2. En la ventana de 2 x 2, cada región se contrae en un único píxel al elegir el valor máximo. De esta forma, toda la imagen de 4 x 4 se reduce a una imagen de 2 x 2. Otra agrupación utilizada comúnmente es la agrupación media.

Capa de Activación (Activation Layer): la función de activación de un nodo define la salida de ese nodo como una función de una entrada o un conjunto de entradas. Hay tres funciones de activación normalmente usadas: Unidad Lineal Rectificada (ReLU), tangente hiperbólica y función sigmoide, como se muestra en la Figura 4.10. En el aprendizaje profundo, ReLU es a menudo preferido porque hace que el entrenamiento de la red neuronal sea mucho más rápido.

Capa Completamente Conectada (Fully Connected Layer): posterior a varias capas convolucionales y capas de agrupación máxima, el razonamiento de alto nivel en la red neuronal se realiza a través de capas completamente conectadas. Las neuronas en una Capa Completamente Conectada tienen conexiones a todas las activaciones en la capa anterior, como se muestra en las redes neuronales artificiales regulares (no convolucionales). La capa completamente conectada también se denomina Capa Densa.

Capa de Abandono (Dropout Layer): la capa de abandono elimina algunos de los nodos de la red neuronal para evitar el sobreajuste. La capa de abandono se puede usar con la mayoría de los tipos de capas, generalmente después de la capa completamente conectada.

Capa de Salida (Output Layer): genera la salida final de la CNN. Para la clasificación de redes neuronales el número de salidas depende del número de clases. Para las redes neuronales de regresión, sólo hay una salida que es un número de coma flotante, un número con un punto decimal.

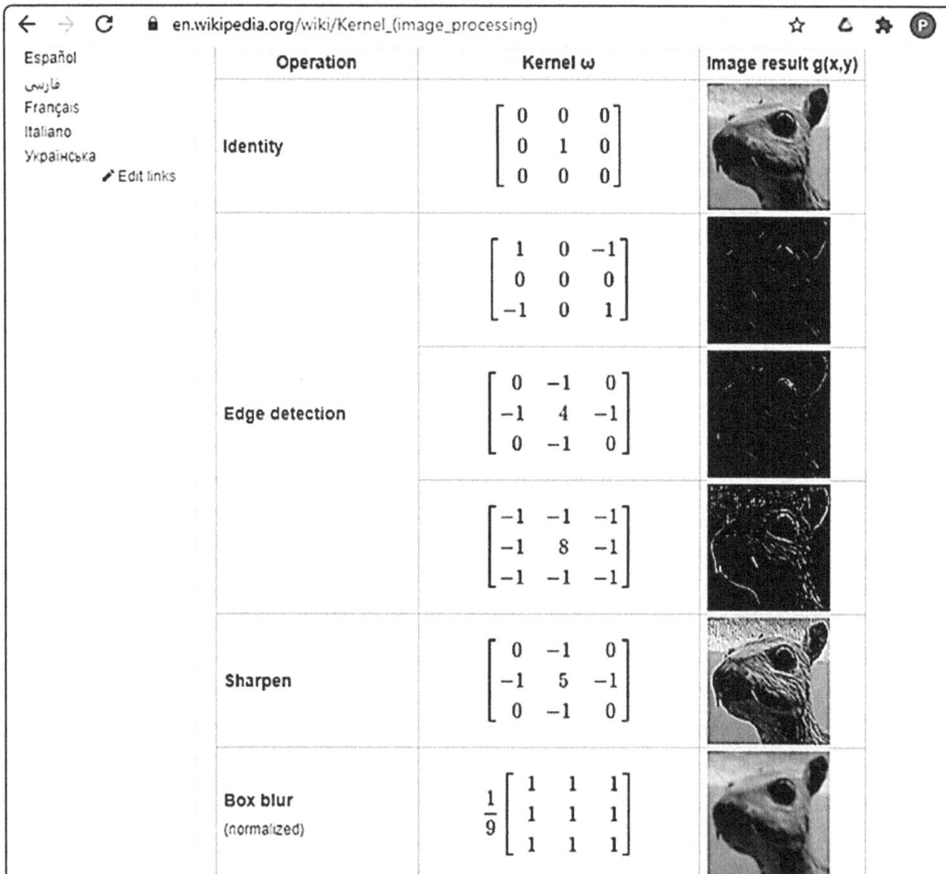

Figura 4.7. filtros de convolución d5e imágenes normalmente utilizados (Fuente: https://en.wikipedia.org/wiki/Kernel_(image_processing))

La convolución es un proceso iterativo, veamos cómo se comporta en una primera iteración con una imagen en dos dimensiones: se ubica el kernel en la esquina superior izquierda de la imagen, luego se realiza la multiplicación elemento a elemento entre los coeficientes del kernel y los valores de la imagen superpuestos, el valor correspondiente en la imagen de salida es el resultado de sumar los valores resultado de la multiplicación realizada en el paso anterior, la figura 4.8 ilustra este procedimiento. Para esta primera iteración el valor resultante de la convolución será igual a multiplicar término a término los valores de la imagen y el kernel, y luego sumar el resultado: 3*1 + 0*0 + 1*(-1) + 1*1 + 5*0 + 8*(-1) + 2*1 + 7*0 + 2*(-1) = -5. En definitiva, para una imagen de entrada de m filas y n columnas y un kernel de tamaño u filas y v columnas, la imagen resultante tendrá m-u+1 filas y n-v+1 columnas.

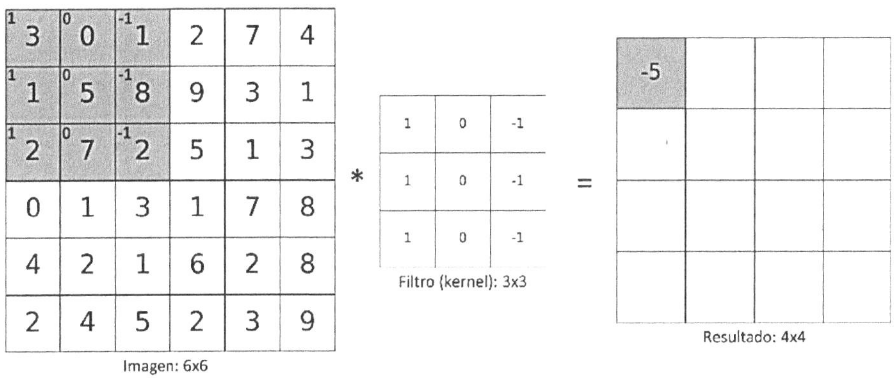

Figura 4.8. Proceso de convolución de una imagen en dos dimensiones y un Kernel
Fuente: https://www.codificandobits.com/blog/convolucion-redes-convolucionales/

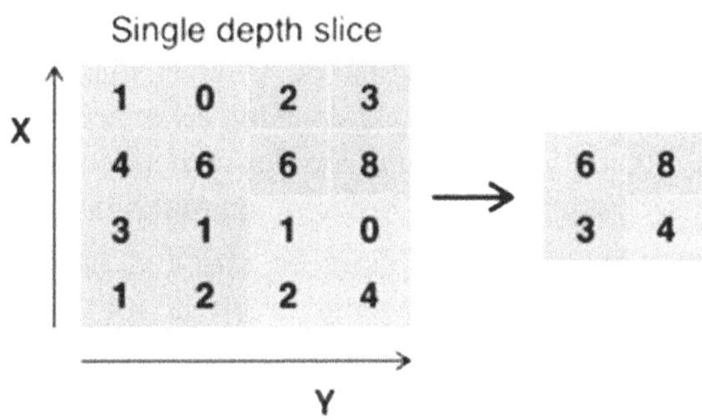

Figura 4.9. Agrupación máxima con un filtro 2x2 y paso = 2
Fuente: https://en.wikipedia.org/wiki/Convolutional_neural_network

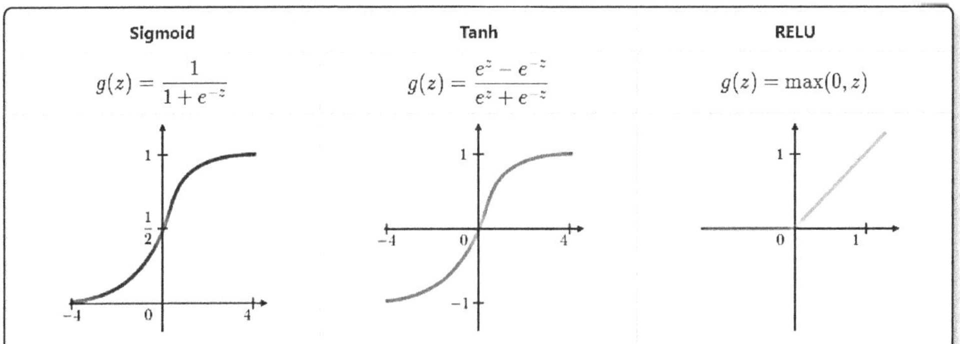

Figura 4.10. Funciones de activación normalmente usadas. Fuente:https://stanford.edu/~shervine/teaching/cs-230/cheatsheet-recurrent-neural-networks#architecture

4.3.1 Redes Neuronales de Aprendizaje Profundo: LeNet, AlexNet, GoogLeNet

LeNet, también se puede llamar LeNet-5, es quizás la primera red neuronal Convolucional más difundida. Desarrollada por Yann LeCun y sus colegas en 1989, LeNet es una red neuronal Convolucional de siete capas. LeNet es famoso por clasificar dígitos escritos a mano, y las imágenes de entrada deben tener un tamaño de 28 (altura) x 28 (anchura) x 1 (canal). Se puede consultar los detalles en el sitio web oficial de LeNet, http://yann.lecun.com/exdb/lenet/.

AlexNet es una red neuronal Convolucional, desarrollada por Alex Krizhevsky en ayuda con Ilya Sutskever y Geoffrey Hinton. Krizhevsky era estudiante de doctorado en investigación de Geoffrey Hinton. AlexNet se destacó cuando ganó el reto de reconocimiento visual a gran escala de ImageNET. AlexNet tiene ocho capas, las cinco primeras son capas convolucionales, seguidas por capas de agrupamiento máximo, y las tres últimas son capas completamente conectadas. Se divide en dos ramas, diseñadas para dos GPU. También utiliza la función de activación ReLU sin saturación, que mostró un mejor rendimiento de entrenamiento que las funciones de activación tangente hiperbólica (Tanh) y sigmoide. AlexNet tiene un total de cerca de 61 millones de parámetros y más de 600 millones de conexiones. Consulte el siguiente enlace para ver el artículo original de AlexNet, que se considera uno de los artículos más influyentes en visión por ordenador. El artículo original de AlexNet se ha citado más de 70.000 veces según Google Académico, https://papers.nips.cc/paper/4824-imagenet-classification-with-deep-convolutional-neural-networks.pdf.

GoogLeNet, conocida como Inception, es otra red neuronal de aprendizaje profundo. Inception v3 es la tercera edición de la red neuronal de Inception convolutional de Google. GogLeNet toma imágenes de entrada con un tamaño de 224 (altura) x 224 (anchura) x 3 (canal), mientras que Inception toma imágenes de entrada con un tamaño de 299 (altura) x 299 (anchura) x 3 (canal). En comparación con AlexNet, Inception tiene un concepto de módulos de inicio que realizan conversiones de tamaños diferentes y concatenan los filtros para la siguiente capa. Inception v3 tiene 48 capas y 24 millones de parámetros. Aunque Inception tiene más capas que AlexNet, tiene muchos menos parámetros. Para obtener más información, consulte el documento original de GoogLeNet:

https://static.googleusercontent.com/media/research.google.com/en//pubs/archive/43022.pdf

https://cloud.google.com/tpu/docs/inception-v3-advanced

4.3.2 Redes Neuronales de Aprendizaje Profundo: VGG, ResNet, DenseNet, MobileNet, EffecientNet, y YOLO

La red neuronal de aprendizaje profundo VGG fue desarrollada por el Grupo de Geometría Visual de la Universidad de Oxford. Existen dos versiones, VGG 16 y VGG

19. VGG 16 es una arquitectura de 16 capas con un par de capas convolucionales, una capa de agrupamiento y una capa completamente conectada al final. Una red VGG se caracteriza por ser más profunda y usa filtros mucho más pequeños. Un VGG toma imágenes de entrada con un tamaño de 224 (altura) x 224 (anchura) x 3 (canal). Seguidamente tiene una capa convolucional y una capa ReLU que reducen el tamaño a 224 x 224 x 64, luego a 112 x 112 x 128, 56 x 56 x 256 y finalmente a 1 x 1 x 1000.

La red neuronal Convolucional ResNet (Red Residual), fue desarrollada por Microsoft. Fue la primera red neuronal de Aprendizaje Profundo que pudo entrenar a cientos o miles de capas superando el problema del "gradiente que desaparece". RESNET se basa en construcciones conocidas de células piramidales en la corteza cerebral. Esto se hace utilizando conexiones de salto o accesos directos para omitir algunas capas. Los modelos típicos de ResNet se implementan con saltos de doble o triple capa que contienen no linealidades (ReLU) y normalización por lotes entre ellos. RESNET toma imágenes de entrada con un tamaño de 224 (altura) x 224 (anchura) x 3 (canal). Para obtener más información sobre ResNet, consulte lo siguiente: (https://arxiv.org/abs/1512.03385v1) (https://paperswithcode.com/method/resnet)

DenseNet es una red neuronal Convolucional que utiliza conexiones densas entre capas, donde todas las capas están directamente conectadas. DenseNet tiene algunas ventajas sobre otras redes neuronales. Puede mitigar el problema de desvanecimiento de gradiente, mejorar la propagación de operaciones, realiza la reutilización de operaciones y reduce significativamente el número de parámetros. DenseNet toma imágenes de entrada con un tamaño de 224 (altura) x 224 (anchura) x 3 (canal). Para obtener más información sobre DenseNet, consulte lo siguiente: (https://arxiv.org/abs/1608.06993) (https://paperswithcode.com/method/densenet).

La red neuronal MobileNet, es una familia de redes neuronales de uso general diseñadas para uso en dispositivos móviles. MobileNet se presenta en dos versiones y se usa para la clasificación de imágenes, la detección de objetos y algo más. Los MobileNets se basan en una arquitectura optimizada para crear redes neuronales profundas y ligeras. Se introducen dos hiperparámetros globales sencillos para encontrar un equilibrio eficaz entre latencia y precisión. Estos hiperparámetros permiten a los modeladores elegir el modelo adecuado para sus aplicaciones. MobileNet toma imágenes de entrada con un tamaño de 224 (altura) x 224 (anchura) x 3 (canal). Para obtener más información sobre MobileNet, consulte lo siguiente:

https://arxiv.org/abs/1704.04861)

https://ai.googleblog.com/2019/11/introducing-next-generation-on-device.html

https://github.com/tensorflow/models/tree/master/research/slim/nets/mobilenet

La red neuronal de Aprendizaje Profundo, EfficientNet, es relativamente nueva, fue desarrollada por Mingxing Tan, en Google AI, en mayo de 2019. Estructuralmente se basa en AutoML y Escala Compuesta. En primer lugar, se desarrolló una red de línea base de tamaño móvil denominada EfficientNet-B0 utilizando el marco de trabajo móvil AutoML MNA. A continuación, se utilizó el método de escalado compuesto para ampliar esta línea de base para obtener EfficientNet-B1 a B7. EfficientNet ha logrado una precisión y eficiencia mucho mejores que las redes neuronales de Convolución anteriores. EfficientNet-B7 ha alcanzado una precisión de 84,3% en ImageNET. EfficientNet toma imágenes de entrada con un tamaño de 224 mm (altura) x 224 mm (anchura) x 3 mm (canal). EfficientNet también se encuentra en la parte superior de la tabla de clasificación de ImageNet.

Para obtener más información sobre EfficientNet, consulte lo siguiente:

https://arxiv.org/abs/1905.11946

https://github.com/tensorflow/tpu/tree/master/models/official/efficientnet

YOLO (you only look once) es un sistema de última generación para la detección de objetos en tiempo real. A diferencia de otras redes neuronales convolucionales, YOLO aplica una única red neuronal a toda la imagen y luego divide la imagen en regiones y predice los cuadros delimitadores y las probabilidades para cada región. Estos cuadros delimitadores se ponderan según las probabilidades previstas. Para más detalles, visite el sitio WEB DE YOLO: https://pjreddie.com/darknet/yolo/

4.3.3 Ejemplo de red neuronal Convolucional: clasificación de imágenes usando un modelo básico con Tensorflow y Keras

El algoritmo que presentamos en el ejemplo 4.2 se caracteriza porque entrena un modelo de red neuronal de Aprendizaje Profundo para clasificar imágenes de ropa y accesorios como: Tenis, camisetas, pantalones etc. Explicamos cada una de las líneas de este algoritmo a medida que se van presentando las imágenes, también, la aplicación usa la API tf.keras, la cual es una plataforma de alto nivel para construir y entrenar modelos en Tensorflow. La aplicación usa el conjunto de datos de Fashion MNIST que contiene más de 70000 imágenes en 10 categorías. Las imágenes muestran artículos individuales de ropa con una resolución baja de 28 por 28 pixeles. En consecuencia, 60000 imágenes son usadas para entrenar la red neuronal y 10000 imágenes son usadas para evaluar el modelo de red neuronal en la clasificación de las imágenes. Se puede acceder al conjunto de datos Fashion MNIST directamente desde TensorFlow.

A las características de las imágenes se puede acceder desde la librería NumPy, los valores de cada pixel en las imágenes varían de 0 a 255. Las etiquetas (labels) de cada categoría para la clasificación son un arreglo de enteros positivos que van del 0 al 9, estos corresponden a la categoría o clase de ropa a la que la imagen representa. En la tabla 2 se muestran las etiquetas numeradas de 0 a 9 y el respectivo nombre de la categoría o clase.

Label	Class
0	T-shirt/top
1	Trouser
2	Pullover
3	Dress
4	Coat
5	Sandal
6	Shirt
7	Sneaker
8	Bag
9	Ankle Boot

Tabla 4.1. Etiquetas (Labels) y categorías (Class) para la clasificación de imágenes
Fuente: https://www.tensorflow.org/tutorials/keras/classification

A continuación, se presenta el código completo del algoritmo, luego se explica línea por línea el contenido. También, se debe considerar que los números de la izquierda no hacen parte de la lógica del programa, simplemente se ponen allí para facilitar la explicación del algoritmo, por tanto, si se copia el código desde el ejemplo 4.2 de estas páginas, entonces se deben borrar los números de la izquierda, cuando se pegue el código en Google Colaboratory.

```
"""EJEMPLO 4.2: CLASIFICACIÓN DE IMÁGENES DE ROPA A PARTIR DE LA BASE DE DATOS
DE FASHION MNIST"""

# Importación de las librerías necesarias para construir el modelo
import tensorflow as tf
from tensorflow import keras
import numpy as np
import matplotlib.pyplot as plt

# Importación del conjunto de datos de entrenamiento y de prueba
fashion_mnist = keras.datasets.fashion_mnist
(train_images,train_labels),(test_images,test_labels)=fashion_mnist.load_
data()
class_names = ['T-shirt/top', 'Trouser', 'Pullover', 'Dress', 'Coat', 'San-
dal', 'Shirt', 'Sneaker',   'Bag', 'Ankle boot']

# Pre - procesamiento del conjunto de datos
train_images = train_images / 255.0
test_images = test_images / 255.0

# Configuración de las capas del modelo
model = keras.Sequential([
        keras.layers.Flatten(input_shape=(28, 28)),
        keras.layers.Dense(128, activation='relu'),
        keras.layers.Dense(10)
        ])
```

```

# Compilación del modelo
model.compile(optimizer='adam',
      loss=tf.keras.losses.SparseCategoricalCrossentropy(from_logits=True),
      metrics=['accuracy'])

# Entrenamiento del  modelo de clasificación de imágenes
model.fit(train_images, train_labels, epochs=10)

# Evaluando la precisión del modelo
test_loss, test_acc = model.evaluate(test_images,  test_labels, verbose=2)

# Adición de una capa para convertir las salidas lineales en probabilidades
probability_model = tf.keras.Sequential([model,
                                    tf.keras.layers.Softmax()])

# Declaración de función para trazar la imagen a predecir
def plot_image(i, predictions_array, true_label, img):
   true_label, img = true_label[i], img[i]
   plt.grid(False)
   plt.xticks([])
   plt.yticks([])
   plt.imshow(img, cmap=plt.cm.binary)
   predicted_label = np.argmax(predictions_array)
   if predicted_label == true_label:
         color = 'blue'
   else:
         color = 'red'
   plt.xlabel("{} {:2.0f}% ({})".format(class_names[predicted_label],
                              100*np.max(predictions_array),
                              class_names[true_label]),
                              color=color)

# Declaración de función para trazar el gráfico de barras de probabilidades
def plot_value_array(i, predictions_array, true_label):
    true_label = true_label[i]
    plt.grid(False)
    plt.xticks(range(10))
    plt.yticks([])
    thisplot = plt.bar(range(10), predictions_array, color="#777777")
    plt.ylim([0, 1])
    predicted_label = np.argmax(predictions_array)

   thisplot[predicted_label].set_color('red')
   thisplot[true_label].set_color('blue')

# Uso del modelo entrenado para predecir una imagen
img = test_images[5000]

# Adición de la imagen a una lista de salida
img = (np.expand_dims(img,0))

# Ejecución de la predicción
predictions_single = probability_model.predict(img)
print(predictions_single)

# Muestra la gráfica de la predicción y su exactitud en el gráfico de barras
plt.figure(figsize=(6,3))
plt.subplot(1,2,1)
plot_image(5000, predictions_single[0], test_labels, test_images)
```

```
83 plt.subplot(1,2,2)
84 plot_value_array(5000, predictions_single[0], test_labels)
85 _ = plt.xticks(range(10), class_names, rotation=45)
86 plt.show()
87
88 print(np.argmax(predictions_single[0]))
```

Ejemplo 4.2. Algoritmo de red neuronal Convolucional simple para clasificación de imágenes. Fuente: https://www.tensorflow.org/tutorials/keras/classification

En la línea 1 se pone un comentario para establecer el título del algoritmo de clasificación de imágenes, este tipo de comentario se desarrolla entre comillas triples, en la línea 3 se describe otro tipo de comentario, pero usando el carácter (#). En las líneas 4, 5, 6 y 7 se importan las librerías necesarias para el desarrollo del algoritmo, de esta forma, Tensorflow es una biblioteca creada por el equipo de Google Brain, es de código abierto y se usa para la computación numérica y Machine Learning a gran escala. TensorFlow reúne una serie de modelos y algoritmos de Machine Learning y Deep Learning y los hace útiles mediante el lenguaje de programación Python; Keras es una parte central del ecosistema TensorFlow 2, por tanto están fuertemente vinculados, Keras cubre cada paso del flujo de trabajo de aprendizaje automático (Machine Learning), desde la gestión de datos hasta el entrenamiento de parámetros y las posibilidades de implementación; Numpy es una biblioteca para el lenguaje de programación Python que sirve para crear vectores y matrices multidimensionales, al igual que un conjunto grande de funciones matemáticas de alto nivel para realizar operaciones; y finalmente Matplotlib es una biblioteca para la creación de gráficos a partir de datos contenidos en vectores o matrices en el lenguaje de programación Python, además se apoya en la extensión matemática NumPy.

En la línea 9, igualmente, se describe un comentario usando el carácter (#), en las líneas 10, 11 y 12 se importan los datos contenedores de las imágenes para el desarrollo del algoritmo de clasificación, en la línea 10, en particular, se genera la instrucción para importar los datos de imágenes de la base de datos Fashion MNIST, seguidamente en la línea 11, estos datos son almacenados como datos de entrenamiento (train_images, train_labels) y datos de prueba (test_images, test_labels). Una vez que el algoritmo es ejecutado por primera vez, la descarga se realiza y posteriormente no la vuelve a ejecutar. De las 70000 imágenes de esta base de datos, 60000 son para entrenamiento (train) y 10000 son para ejecutar pruebas (test) o predicciones, también, se debe tener presente que tanto los datos de entrenamiento como los de prueba se dividen en imágenes y etiquetas (labels), las etiquetas van del 0 al 9 y cada una tiene asociada una clase o categoría de ropa de vestir. En la línea 12 se crea una lista con las respectivas clases o categorías en las que se clasificará las imágenes de la base de datos de Fashion MNIST.

En las líneas 14 y 15, el conjunto de imágenes de la base de datos es pre – procesado antes de ser usado en el entrenamiento y predicción del algoritmo, esto significa reducir el tamaño de las imágenes, inicialmente son de 28 x 28 pixeles, pero cada pixel va de 0 a 255, entonces para reducir el tamaño tanto de las imágenes de entrenamiento como de prueba se dividen por 255. En las líneas 18 a 22 se configuran las capas del modelo de clasificación de imágenes, aunque este modelo representa una red neuronal de Aprendizaje Profundo Convolucional, es un modelo simple porque solamente tiene capas completamente conectadas o densas, más las respectivas funciones de activación (relu), por consiguiente, aquí se implementa un modelo esencialmente con dos capas complejas para el aprendizaje de parámetros. El componente fundamental de una red neuronal es la capa, las capas extraen representaciones de los datos que se introducen en ellas. En una buena predicción, dichas representaciones son significativas para el problema a resolver, en consecuencia, la mayor parte del aprendizaje profundo consiste en encadenar capas, así, el objetivo de las capas, como tf.keras.layers.Dense, es obtener parámetros que se aprenden durante el entrenamiento.

En la línea 18, a través, de Keras de Tensorflow se crea una variable (model) con la secuencia de las capas a usar en el modelo, la primera capa de esta red, (tf.keras.layers.Flatten), transforma el formato de las imágenes de un arreglo bidimensional (de 28 por 28 píxeles) a un arreglo unidimensional (de 28 * 28 = 784 pixeles). Esta capa no tiene parámetros para aprender, solo aplana los datos. Una vez aplanados los pixeles, la red consta de una secuencia de dos capas densas (tf.keras.layers.Dense). Estas son capas neuronales densamente conectadas o totalmente conectadas. La primera capa densa tiene 128 nodos o neuronas. La segunda y última capa es una capa de 10 nodos que devuelve un arreglo de 10 probabilidades que suman 1, cada nodo contiene una calificación que indica la probabilidad de que la actual imagen pertenece a una de las 10 clases o categorías de las imágenes.

En las líneas 25 a 27 se compila el modelo de capas creado, esto se ejecuta a través de la instrucción, model.compile(), también, el proceso de compilación se realiza antes de pasar a entrenar el modelo de clasificación de imágenes, específicamente, la compilación consiste en usar los siguientes parámetros de compilación: (Loss), mide que tan exacto es el modelo durante el entrenamiento, se debe minimizar esta función para dirigir el modelo en la dirección correcta, esto se logra en la línea 26; (Optimizer), es la forma como el modelo se actualiza con base en el conjunto de datos que ve y la función de perdida; (Metrics), se usa para monitorear los pasos de entrenamiento y de pruebas, en el ejemplo usa accuracy (exactitud) en la línea 27, la fracción de las imágenes que son correctamente clasificadas.

En la línea 30 se ejecuta el entrenamiento del modelo para la clasificación de imágenes, a través de la instrucción (model.fit(train_images, train_labels, epochs=10)), aquí los datos de entrenamiento se encuentran en los vectores train_images y train_labels, la palabra clave epochs significa un límite arbitrario, generalmente definido como "una pasada sobre todo el conjunto de datos", que se usa para separar el entrenamiento en distintas fases, lo cual es útil para el registro y la evaluación periódica. A medida que el modelo desarrolla el entrenamiento, la plataforma va mostrando el resultado del mismo, en concreto el epochs realizado, las pérdidas y la precisión. En la línea 33 se evalúa la precisión del modelo a través de la instrucción (test_loss, test_acc = model.evaluate(test_images, test_labels, verbose=2)), dicha precisión se puede imprimir en la salida de la ejecución agregando la instrucción, print('\nTest accuracy:', test_acc), debajo de la línea 33, para este caso la precisión fue de: Test accuracy: 0.8794999718666077, aproximadamente el 88 por ciento. En este caso la exactitud sobre el conjunto de datos de prueba es un poco menor que la exactitud sobre el conjunto de datos de entrenamiento. Esta diferencia entre el entrenamiento y los datos de prueba se debe a overfitting (sobre ajuste), sobre ajuste sucede cuando un modelo de aprendizaje de maquina tiene un rendimiento peor sobre un conjunto de datos nuevo, que nunca antes ha visto comparado con el de entrenamiento.

En las líneas 36 y 37 se adiciona una capa al modelo de secuencias ya montado, esto se hace a través de la instrucción (probability_model = tf.keras.Sequential([model,tf.keras.layers.Softmax()])), esta capa se debe adicionar para convertir las salidas del modelo en probabilidades, para facilitar la interpretación de dichas salidas, en consecuencia la probabilidad mayor en la salida estará relacionada con la clase o categoría a la que pertenece la predicción de la imagen en cuestión. En la línea 40 se declara o define una función con varios parámetros, esta función se define para graficar la imagen elegida al ejecutar una predicción sobre los datos de prueba, esto se hace a través de la instrucción: (def plot_image(i, predictions_array, true_label, img):), donde, def, es una palabra clave necesaria para declarar funciones en Python, el nombre de la función es, plot_image, por tanto uno de los fines de la función es graficar la imagen. Después del nombre de la función, entre paréntesis, están los parámetros de la función, que luego se convierten en argumentos al momento de ejecutar la función.

En relación a los parámetros, i, se refiere a una de las 10000 imágenes de prueba disponibles para hacer predicciones, por tanto, i, puede tomar cualquier valor entre 1 y 10000; predictions_array, será el vector que contiene las salidas con los valores de las probabilidades según las predicciones ejecutadas; true_label, será el vector que contiene las etiquetas de prueba, en este caso test_labels, que se ingresará como argumento al momento de ejecutar la función plot_image(); img, será el vector que contiene las imágenes de prueba, en este caso test_images, además se ingresará como argumento en el momento de ejecutar la función. En la línea 41 se asignan los parámetros: true_label e img como vectores, dichos vectores serán test_labels y test_images, los cuales harán el papel de argumentos al ejecutar la función plot_image(); la instrucción en la línea 42 se usa para que el gráfico a construir se trace sin cuadrículas; en las líneas 43 y 44 se dice que el eje, X, y el eje, Y, no tienen etiquetas; en la instrucción de la línea 45 se indica que la imagen a trazar es la señalada por el índice, i, ingresado como parámetro, este puede tomar valores entre 1 y 10000, los correspondientes a las imágenes de prueba.

En la instrucción de la línea 46, se asigna a la variable predicated_label el valor máximo de las probabilidades de salida, este valor será la etiqueta asociada a la clase o categoría que pertenece la imagen de la predicción, según la predicción ejecutada. En las líneas 47 a 50 se declara un condicional del tipo, if else, donde se pregunta qué si la etiqueta de la predicción realizada es la misma etiqueta de la imagen de prueba ingresada, entonces el color a usar será azul, de lo contrario el color a usar será rojo, por tanto, si la predicción es correcta el color a usar será azul y si es incorrecta será rojo. En las líneas 51 a 54, todavía estando en el interior de la función plot_image(), se configura el título de la imagen en cuatro partes: la primera es el nombre de la categoría de la predicción ejecutada (class_names[predicted_label]), en la segunda parte se pone el valor en porcentaje de la predicción ejecutada (100*np. max(predictions_array)), la tercera parte es el nombre de la clase de la imagen sobre la que se hace la predicción (class_names[true_label])) y la última parte le pone a este título el color azul si la predicción fue correcta o el color rojo si la predicción fue incorrecta (color=color).

En la línea 57 se declara la función de nombre, (plot_value_array(i, predictions_ array, true_label):), esta función tiene tres parámetros y se usa para trazar el gráfico de barras estadístico que muestra las probabilidades en porcentaje de las predicciones de la salida del modelo de clasificación de imágenes, el primer parámetro, i, es el índice de la imagen a predecir, el segundo parámetro, predictions_array, es el vector que contiene las probabilidades precedidas, y el tercer parámetro, true_label, es el vector que contiene las etiquetas de las imágenes de prueba o las etiquetas de las diez categorías para clasificar las imágenes. En la línea 58 se asigna el vector true_label, en la línea 59 se indica que el gráfico estadístico no tendrá líneas de cuadrícula, en la línea 60 se indica que el eje, X, se dividirá en diez partes correspondientes a las diez categorías, en la línea 61 se indica que el eje, Y, no tendrá etiquetas, en la línea 62 se indica que se va a trazar un gráfico de barras con las respectivas probabilidades de las predicciones.

En la línea 63 se indica que las alturas en el eje, Y, están en el rango de 0 a 1 porque son probabilidades, en la línea 64 se asigna a la variable, predicted_label, el valor máximo de las probabilidades predichas, en la línea 66 se indica que a la probabilidad máxima en el gráfico de barras se le pondrá color rojo, en la línea 67 se indica que a la probabilidad de la imagen de prueba se le pondrá color azul, en esta última parte debe tenerse en cuenta que si la etiqueta de la imagen predicha coincide con la etiqueta de la imagen de prueba, entonces el gráfico de barras en los colores solo tendrá azul.

Hasta este punto el modelo ya estará entrenado y listo para mostrar los resultados de una predicción, en efecto en la línea 70 se toma la imagen 5000 de las imágenes de prueba para proceder a realizar una predicción sobre ella, en la línea 73 se convierte la imagen 5000 en una matriz, para realizar luego la predicción, en la línea 76 se ejecuta la predicción, debe tenerse en cuenta que la predicción se ejecuta a partir de la variable probability_model de la línea 36, la cual contiene la secuencia de las capas más la capa de probabilidades de salida, en la línea 77 se imprime el vector de probabilidades de salida, en la línea 80 se indica que se van a crear figuras de dimensiones 6 por 3 pulgadas, en la línea 81 se indica la creación de figuras en una fila y dos columnas y que la figura de la primera columna será la que se crea cundo se invoque la función plot_image() de la línea 82, por tanto en la línea 82 se invoca o llama la función plot_image() con los siguientes argumentos: La imagen de prueba 5000 de la predicción, el vector con las probabilidades de salida, ya ejecutadas, el vector de las etiquetas de prueba y el vector con las imágenes de prueba, por lo anterior la primera imagen a imprimir, será la de índice 5000. La predicción será correcta si el título debajo de esta imagen es de color azul, de lo contrario será de color rojo.

En la línea 83 se indica que habrá una figura en la segunda columna de las imágenes, dicha figura será el gráfico de barras estadístico señalando las probabilidades de salida de que la imagen de la predicción pertenezca a una de las categorías, el gráfico de barras mencionado, específicamente, se traza con la instrucción de la línea 84, donde se invoca o llama la función, plot_value_array(5000, predictions_single[0], test_labels), con sus respectivos argumentos, los que están entre paréntesis. En la línea 85 se ejecuta una instrucción para poner los nombres de las etiquetas en el eje, X, igualmente espaciadas en diez posiciones, en la línea 86 se ejecuta la instrucción para mostrar las gráficas en una fila y dos columnas, finalmente en la línea 88 se imprime el valor de la etiqueta o la categoría, donde está la máxima probabilidad, a la que pertenece la imagen de la predicción.

En el algoritmo para clasificación de imágenes que se acaba de explicar y describir, se toma como ejemplo de predicción la imagen de prueba 5000, en la figura 4.11 se puede observar la imagen sobre la que se hace la predicción y el resultado de la predicción.

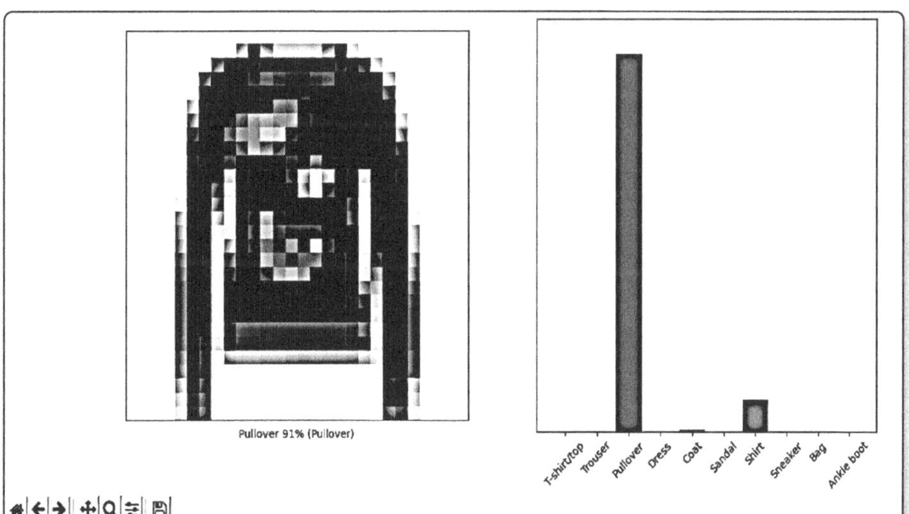

Figura 4.11. Imagen de prueba 5000 (izquierda) y resultado de la predicción (derecha)

En el título de la figura 4.11 de la izquierda (Pullover 91% (Pullover)) de color azul, el Pullover que está entre paréntesis es la categoría a la que pertenece la imagen de prueba, y el Pullover que no está entre paréntesis es el resultado de la predicción con un 91% de acierto, por lo tanto, la coincidencia es acertada y el modelo o algoritmo se puede decir que funcionó con éxito, igualmente, la imagen de la izquierda también muestra que la predicción fue correcta. Análogamente, podemos verificar esto en el resultado de la salida teórica del algoritmo, en la figura 4.12 se muestra la salida teórica del algoritmo (Ejecutada en Google Colaboratory), allí se puede ver las iteraciones ejecutadas sobre las imágenes con las pérdidas y la precisión, además en la última parte se muestra el vector de salida con las predicciones, es decir con las probabilidades de que la imagen de prueba 5000 pertenezca a la categoría Pullover, en este vector las posiciones inician del 0 al 9, de izquierda a derecha, por tanto, la posición 2 de izquierda a derecha es la que tiene la mayor probabilidad (9.1476500e-1), equivalente aproximadamente a 91%, también el número 2 debajo del vector en la salida, corrobora que la posición 2 es la máxima probabilidad, igualmente en la figura 4.11, imagen derecha, la barra de color azul está en la posición 2 de izquierda a derecha, contando desde 0 y por tanto coincidiendo con la categoría Pullover.

```
Epoch 1/10
1875/1875 [==============================] - 5s 2ms/step - loss: 0.4889 - accuracy: 0.8275
Epoch 2/10
1875/1875 [==============================] - 5s 3ms/step - loss: 0.3717 - accuracy: 0.8651
Epoch 3/10
1875/1875 [==============================] - 5s 3ms/step - loss: 0.3357 - accuracy: 0.8764
Epoch 4/10
1875/1875 [==============================] - 5s 2ms/step - loss: 0.3149 - accuracy: 0.8855
Epoch 5/10
1875/1875 [==============================] - 5s 2ms/step - loss: 0.2951 - accuracy: 0.8917
Epoch 6/10
1875/1875 [==============================] - 5s 2ms/step - loss: 0.2819 - accuracy: 0.8953
Epoch 7/10
1875/1875 [==============================] - 5s 2ms/step - loss: 0.2705 - accuracy: 0.8988
Epoch 8/10
1875/1875 [==============================] - 5s 2ms/step - loss: 0.2567 - accuracy: 0.9049
Epoch 9/10
1875/1875 [==============================] - 6s 3ms/step - loss: 0.2485 - accuracy: 0.9078
Epoch 10/10
1875/1875 [==============================] - 5s 2ms/step - loss: 0.2396 - accuracy: 0.9117
313/313 - 1s - loss: 0.3388 - accuracy: 0.8793 - 533ms/epoch - 2ms/step
1/1 [==============================] - 0s 61ms/step
[[1.4247594e-04 2.2322058e-09 9.2734039e-01 3.2275759e-07 4.5692460e-03
  3.4708680e-08 6.7947268e-02 3.3579792e-11 2.7161681e-07 1.6746597e-09]]
```

Figura 4.12. Salida teórica del algoritmo de clasificación de imágenes

El modelo para clasificación de imágenes, también, puede ejecutar predicciones erróneas ya que las imágenes de prueba son diferentes a las imágenes de entrenamiento, de esta manera, en la figura 4.13 se puede ver las imágenes de salida para la predicción de la imagen de prueba 7992, allí se puede observar que la imagen de prueba 7992 pertenece a la categoría shirt (camisa), mientras que el modelo dice que pertenece a la categoría coat (saco), con un 64% de probabilidad.

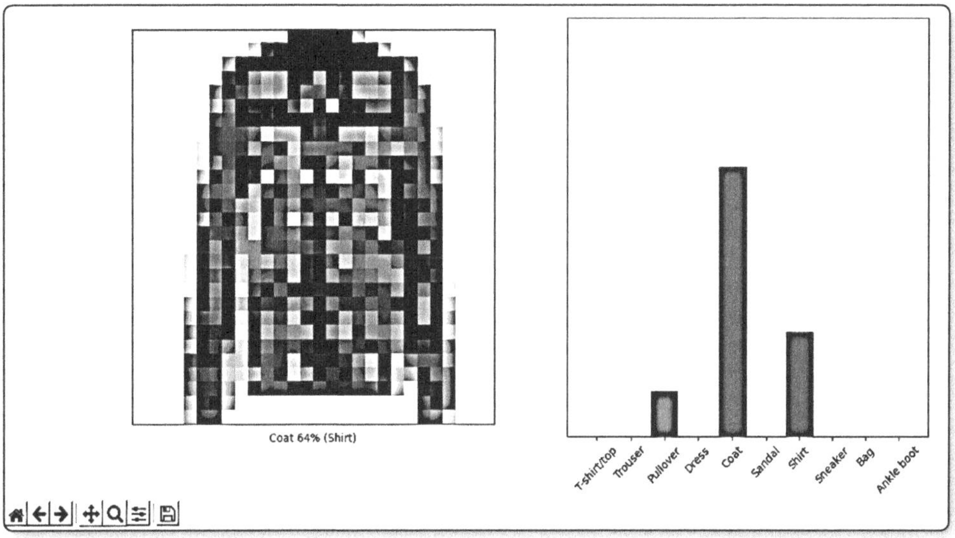

Figura 4.13. Predicción de salida sobre la imagen 7992 (el modelo predice coat debería ser shirt)

4.4 REDES NEURONALES RECURRENTES

Las redes neuronales recurrentes (RNNs) son otra importante red neuronal de aprendizaje profundo, junto con las redes neuronales convolucionales. Las redes neuronales convolucionales se centran en el procesamiento de imágenes, mientras que las RNNs se centran en el procesamiento de secuencias. Las RNNs se derivan de redes neuronales feedforward (retroalimentación) y pueden utilizar su estado interno (memoria) para procesar secuencias de entradas de longitud variable. Las RNNs se han aplicado en la predicción de secuencias, el análisis de texto y el reconocimiento de voz. La Figura 4.14, muestra el diagrama general de una red neuronal recurrente y su estructura. X son los datos de entrada secuenciales, O son los datos de salida secuenciales, h es la unidad recurrente (también llamada celda) y v es el bucle de retroalimentación. Como se muestra en la Figura 4.10, la estructura recurrente se produce repetidamente en la red. La unidad recurrente h puede implementarse como unidad de red de memoria k (LSTM) de largo plazo y corto plazo y como unidad recurrente sincronizada (GRU).

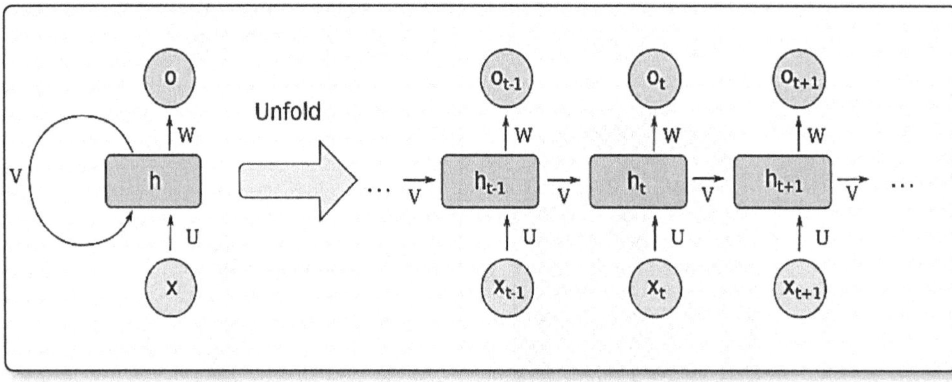

Figura 4.14. Red neuronal recurrente básica comprimida (izquierda) y desplegada (derecha)
Fuente: https://en.wikipedia.org/wiki/Recurrent_neural_network

La Figura 4.15 muestra un artículo donde se explican las diferencias de RNN, LSTM y GRU. La Figura 4.16 muestra los cuatro tipos de redes neuronales recurrentes. Uno a uno: Una entrada y una salida. Uno a muchos: una entrada y varias salidas. Muchos a uno: varias entradas y una salida. Muchos a muchos: varias entradas y varias salidas. Para obtener más información sobre las redes neuronales recurrentes, observar los sitios Web a continuación:

https://stanford.edu/~shervine/teaching/cs-230/cheatsheet-recurrent-neural-networks

https://www.simplilearn.com/tutorials/deep-learning-tutorial/rnn

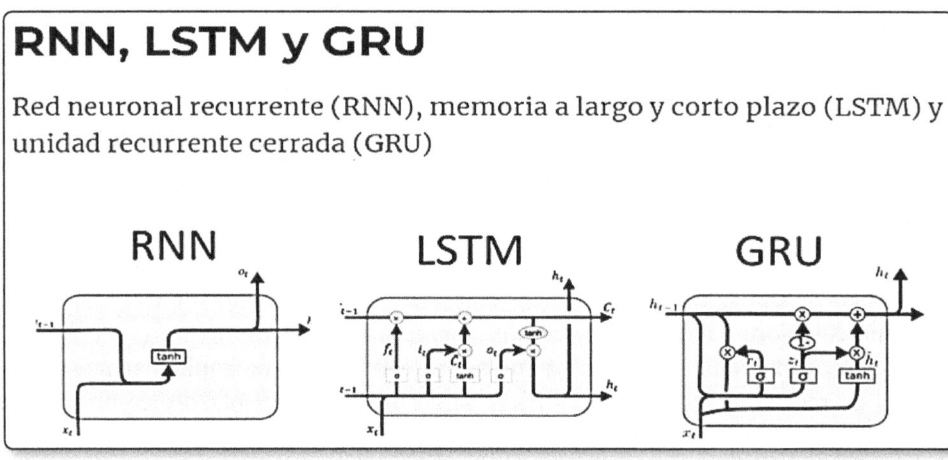

Figura 4.15. Diagrama general de redes neuronales RNN, LSTM y GRU
Fuente: http://dprogrammer.org/rnn-lstm-gru

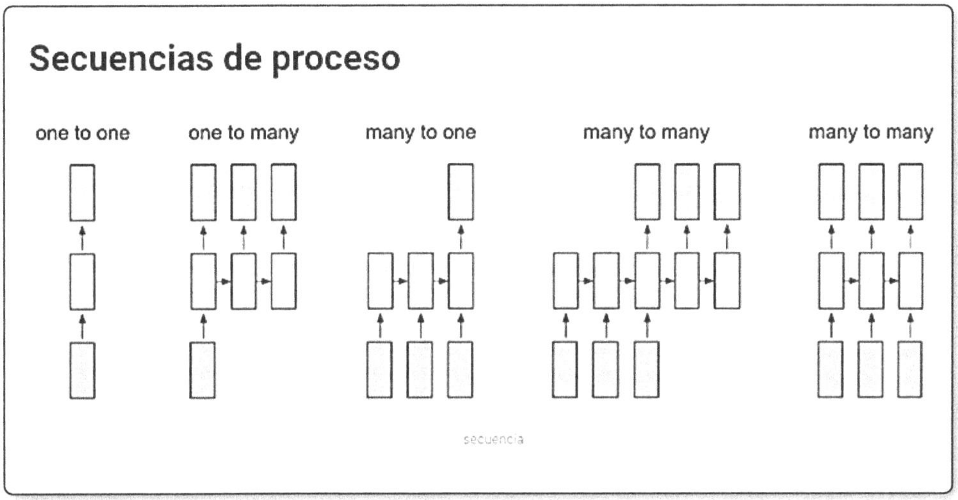

Figura 4.16. Tipos de redes neuronales recurrentes
Fuente:https://calvinfeng.gitbook.io/machine-learning-notebook/supervised-learning/recurrent-neural-network/recurrent_neural_networks

4.4.1 Vanilla RNNs

Un RNN de vanilla es la red neuronal recurrente más sencilla, porque tiene un vector de entrada, un vector de salida y una unidad o célula recurrente, como se muestra en la Figura 4.17. Dentro de la unidad recurrente hay una función de activación del tipo tanh. También puede utilizar una función de activación diferente. La forma más fácil de implementar vanilla RNN es usar la función Keras llamada SimpleRNN; observar los siguientes enlaces para obtener más especificaciones:

https://www.tensorflow.org/api_docs/python/tf/keras/layers/SimpleRNN

https://keras.io/api/layers/recurrent_layers/simple_rnn/

En la dirección electrónica, abajo, se muestra otro ejemplo de RNNs de vainilla usando Keras SimpleRNN. El origen es de un sitio web llamado easy-deep-learning-with-Keras, que contiene códigos ilustrativos de ejemplo sobre redes neuronales de aprendizaje profundo.

https://github.com/buomsoo-kim/Easy-deep-learning-with-Keras/blob/master/3.%20RNN/1-Basic-RNN/1-1-vanilla-rnn.py

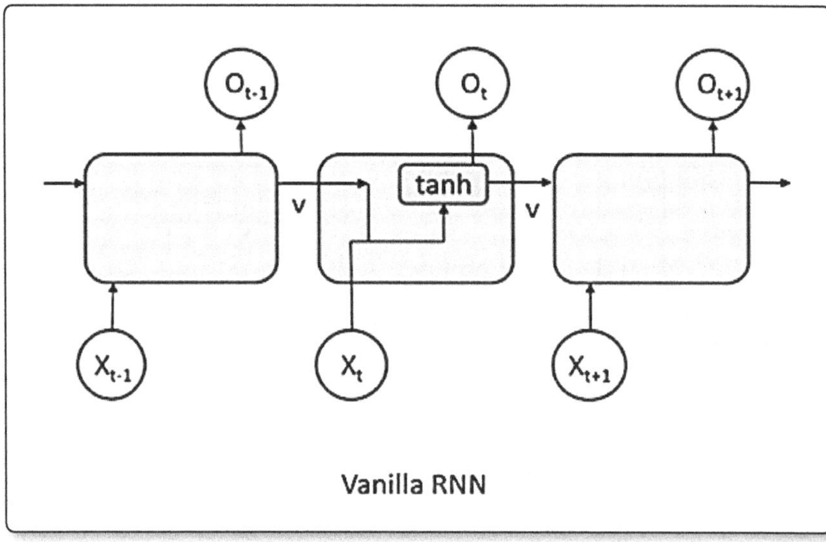

Figura 4.17. Estructura de la Vanilla RNN
Fuente: https://subscription.packtpub.com/book/data/9781789340990/5/ch05lvl1sec21/vanilla-rnns

4.4.2 Memoria a Largo - Corto plazo (LSTM)

La memoria a Largo - Corto Plazo (LSTM) es la arquitectura de red neuronal recurrente más común. A diferencia de las redes neuronales con retroalimentación (feedforward) convencionales, el LSTM tiene conexiones de retroalimentación. Puede procesar datos de entrada, por ejemplo, una imagen, y una secuencia de datos, por ejemplo, secuencias de imágenes en un video. Las redes LSTM se desarrollaron para solucionar el problema del gradiente de fuga y son adecuadas para la clasificación y predicción de datos de series temporales. La Figura 4.18 muestra una unidad LSTM normal, compuesta por una celda, una puerta de entrada, una puerta de salida y una puerta olvidada. La celda recuerda valores en intervalos de tiempo arbitrarios, y las tres puertas regulan el flujo de información dentro y fuera de la celda.

LSTM se ha utilizado la mayoría de las veces en los siguientes casos: predicción de series temporales, detección nominal de series temporales, reconocimiento de voz, traducción de idiomas, composición musical, generación de texto, reconocimiento de escritura manual, reconocimiento de acción humana, control de robots. Existen cinco tipos de redes LSTM: LSTM classic, conexiones de mirilla, unidad recurrente sincronizada, LSTM multiplicativa (2017), LSTMs con atención. Analizar el siguiente sitio web sobre los cinco tipos de redes LSTM: https://blog.exxactcorp.com/5-types-lstm-recurrent-neural-network/

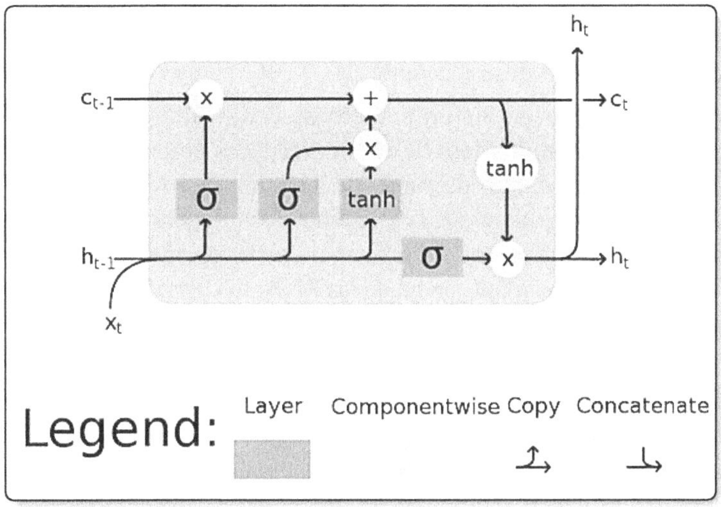

Figura 4.18. Estructura de una unidad de Memoria a Largo – Corto Plazo (LSTM)
Fuente: https://en.wikipedia.org/wiki/Long_short-term_memory

4.4.3 Procesamiento de Lenguaje Natural y Kit de Herramientas de Lenguaje Natural de Python

El procesamiento del lenguaje natural (NLP) es una forma de Inteligencia Artificial que se ocupa de las lenguas humanas (naturales), en particular del procesamiento y análisis de grandes cantidades de datos del lenguaje. Los principales desafíos de la NLP son el reconocimiento del habla, la comprensión del lenguaje natural y la generación del lenguaje natural. Python Natural Language Toolkit (NLKT) es una biblioteca líder de código abierto para el procesamiento de lenguaje natural. Tiene interfaces fáciles de usar con más de 50 recursos léxicos corporativos (como WordNet). En lingüística, un corpus es un recurso lingüístico que consiste en un conjunto grande y estructurado de textos. NLKT tiene varias bibliotecas para la clasificación, tokenización, generación de ramificaciones, etiquetado, análisis, razonamiento semántico, y más. Para obtener más información acerca de NLKT, se sugiere observar lo siguiente: https://www.nltk.org/

4.5 TRANSFORMERS

Los Transformers son redes neuronales nuevas de Aprendizaje Profundo diseñadas por Hugging Face en 2017, utilizadas principalmente en el campo del procesamiento del lenguaje natural. Los Transformers se basan en un concepto llamado atención, un mecanismo para ponderar diferentes partes de la entrada en función de su importancia. El diseño y desarrollo de Transformers ha demostrado la eficacia de grandes modelos pre - entrenados para abordar tareas de NLP como la traducción automática y la respuesta a preguntas. Los Transformers están empezando a hacer obsoletas las redes neuronales recurrentes.

Los Transformers constan de un número de codificadores apilados que forman la capa del codificador, un número de decodificadores apilados que forman la capa del decodificador y un montón de capas de atención que forman las atenciones de auto - decodificador y las atenciones de codificador - decodificador. Al igual que las redes neuronales recurrentes, los Transformers están diseñados para manejar datos secuenciales. Sin embargo, a diferencia de las RNN, los transformadores no necesitan procesar los datos secuenciales en el orden correcto. Por ejemplo, si los datos de entrada son una frase de lenguaje natural, el Transformer no necesita procesar el principio antes del final. Debido a esto, permiten una paralelización mucho mayor y, por lo tanto, un tiempo de entrenamiento más corto.

Los siguientes son los tres tipos principales de Transformers: BERT: representaciones de encoder bidireccionales de transformadores; ALBERT: A Lite BERT; GPT: transformador generativo preentrenado. Los transformadores se han implementado tanto en TensorFlow como en PyTorch. Analizar el siguiente sitio de Transformers GitHub para obtener más información: https://github.com/huggingface/transformers

4.5.1 Bibliotecas para el procesamiento de lenguaje natural BERT y ALBERT

BERT (Bidirectional Encoder Representations from Transformers) es una biblioteca para el procesamiento de lenguaje natural. Fue creado y publicado en 2018 por Jacob Devlin y sus colegas en Google. Google utiliza BERT para comprender mejor las consultas de búsqueda de usuarios. El modelo BERT original en inglés usaba dos corpus en pre - entrenamiento: BookCorpus y Wikipedia en inglés, juntos contienen alrededor de 16 GB de texto sin comprimir. ALBERT es una versión pequeña de BERT. ALBERT utiliza dos técnicas de reducción de parámetros para reducir los requisitos de memoria y aumentar la velocidad de entrenamiento. ALBERT, de Google, ha alcanzado las mejores puntuaciones en tres pruebas de referencia famosas para la comprensión del lenguaje natural: GLUE, RACE y escuadra 2.0. Google ha introducido tres innovaciones destacadas con ALBERT: parametrización de incrustación factorizada, compartición de parámetros entre capas y pérdida de coherencia entre frases. Como resultado, el modelo GRANDE DE ALBERT tiene unas 18 veces de parámetros menos, en comparación con el modelo GRANDE DE BERT.

4.5.2 Modelo de Procesamiento de Lenguaje GPT - 3

Generative Pre - Training Transformer (GPT) es un modelo de procesamiento de lenguaje natural auto regresivo que utiliza redes neuronales de aprendizaje profundo para producir texto semejante al humano. GPT fue creado por OpenAI, un laboratorio de investigación de Inteligencia Artificial con sede en San Francisco. Hasta ahora hay tres versiones: GPT, GPT - 2 y GPT - 3. El último GPT - 3 tiene 175 mil millones de parámetros de aprendizaje de máquina y demostró sus impresionantes capacidades en julio de 2020. Aquí está un vídeo sorprendente de YouTube sobre la demo de GPT - 3: https://www.youtube.com/watch?v=8V20HkoiNtc&t=502s. Antes de GPT - 3, el modelo de lenguaje más grande era Turing - NLG de Microsoft, con 17 millones de parámetros, publicado en febrero de 2020. En el momento existen nuevas empresas que utilizan GPT - 3 para proporcionar servicios muy atractivos. Dover.io permite a los usuarios crear descripciones de trabajo basadas en palabras clave simples. Consulte a continuación para obtener más información sobre el Creador de descripciones de trabajo - Dover.io. https://www.dover.io/tools/job-description-rewriter

Fitness AI es una aplicación para iPhone que utiliza inteligencia artificial para generar entrenamientos personalizados. Haga preguntas relacionadas con la salud o el estado físico, de forma gratuita. (https://www.fitnessai.com/). OthersideAI permite a los usuarios generar mensajes de correo electrónico con una lista de algunas viñetas. (https://www.othersideai.com). Philosopher AI permite a los usuarios hacer preguntas filosóficas. Se debe pagar por el servicio. (https://philosopherai.com/). CopyAI ayuda a los usuarios a generar automáticamente una copia de marketing profesional basada en sus comentarios. Afirma ser capaz de automatizar los aspectos tediosos y a menudo frustrantes de la creación de copias. (https://www.copy.ai/)

4.5.3 Transformers de Conmutación

En el 2021, investigadores de Google Brain desarrollaron un nuevo modelo de IA de código abierto para NLP, llamado Switch Transformer, que tiene 1.6 Teras de parámetros, casi diez veces más que el GPT - 3. La velocidad de formación del Transformer de conmutación también se ha mejorado siete veces en comparación con las arquitecturas pasadas. Switch Transformer utiliza una capa de red neural de alimentación directa (FFN) de conmutación para reemplazar la capa FFN estándar en la arquitectura del Transformer. En lugar de un solo FFN, cada capa de conmutación contiene varios FFN, denominados expertos. La arquitectura del Transformer de conmutación se basa en el concepto de mezcla de expertos (MOE). Este método simplifica los cálculos y reduce los costos de comunicación. Para obtener más información sobre Switch Transformer, observar lo siguiente:

https://arxiv.org/abs/2101.03961

https://github.com/tensorflow/mesh/blob/master/mesh tensorflow/Transformer/

4.6 REDES NEURONALES GRÁFICAS

A pesar de que las redes neuronales recurrentes han sido sustituidas por Transformers en el procesamiento del lenguaje natural, siguen siendo útiles en muchas áreas que requieren una toma de decisiones secuencial y en el aprendizaje de refuerzo. En Las redes neuronales recurrentes es normal que se tomen los datos de entrada en una secuencia, como los datos de series temporales o el texto del lenguaje. Una red neuronal gráfica (GNN) es un tipo especial de red neuronal recurrente que puede tomar gráficos como datos de entrada. GNN se ha utilizado en muchas aplicaciones como el análisis de datos de redes sociales y estructuras moleculares. También hay redes neuronales gráficas cuánticas (QGNN) para el análisis de química cuántica. Las QGNN se han aplicado al aprendizaje de la dinámica cuántica, el agrupamiento gráfico y la clasificación del isomorfismo gráfico. Las redes neuronales convolucionales funcionan bien en datos con una estructura de cuadrícula regular, como imágenes, pero no en gráficos porque son grandes y tienen una topología compleja. El siguiente sitio Web muestra una introducción a la GNN. También habla del futuro de GNN incluyendo Quantum Graph Neural Networks (QGNN).

https://www.kdnuggets.com/2020/11/friendly-introduction-graph-neural-networks.html

El sitio Web abajo, muestra la introducción a un GNN y sus aplicaciones, tales como la simulación de sistemas físicos del mundo real, huellas dactilares moleculares, predicción de interfaces de proteínas, simulación de interacciones sociales, etc.

https://neptune.ai/blog/graph-neural-network-and-some-of-gnn-applications.

A continuación, se muestra una implementación de GNN de DeepMind de Google:

https://github.com/deepmind/graph.

La siguiente es una implementación de GNN por PyTorch de Facebook:

https://github.com/rusty1s/pytorch_geometric

Para más información sobre GNNS, observar el siguiente sitio web:

https://theaisummer.com/Graph Neural Networks/)

https://www.dgl.ai/

4.6.1 Red Neuronal Gráfica SuperGLUE

Este es un proyecto de investigación CVPR de 2020. CVPR (Conferencia sobre Visión por Ordenador y Reconocimiento de Patrones) es el principal evento anual sobre visión por ordenador, incluye varios talleres y cursos cortos además de una conferencia principal. La red de superGlue es un GNN combinado con una capa de correspondencia óptima que está entrenada para hacer coincidir dos conjuntos de características de imagen dispersa. Este repositorio incluye código PyTorch y pesos pre entrenados para ejecutar la red de correspondencia de superGlue basado en los puntos clave y descriptores SuperPoint. Dado un par de imágenes, puede utilizar este repositorio para extraer las características de coincidencia para el par de imágenes. Consulte los siguientes enlaces para obtener más información.

https://github.com/magicleap/SuperGluePretrainedNetwork

https://psarlin.com/superglue/)

4.7 REDES NEURONALES BAYESIANAS

Las redes neuronales tradicionales de Aprendizaje Profundo tienen un valor fijo para sus parámetros; por lo tanto, también se les llama redes neuronales deterministas. Las redes neuronales tradicionales de Aprendizaje Profundo han tenido éxito en muchas aplicaciones, sin embargo, también tienen algunos inconvenientes, por ejemplo, el conocimiento del mapeo de entrada salida es inadecuado cuando se trata de generar incertidumbre predictiva en los cálculos. Esto puede ser importante cuando los datos disponibles son limitados o los datos no abarcan todo el espacio de interés. Se han desarrollado redes neuronales bayesianas (BNN) para abordar estos problemas. Las redes neuronales bayesianas son redes neuronales cuyos pesos o parámetros se expresan como una distribución más que como un valor determinista y se aprenden usando la inferencia bayesiana. La salida de las redes neuronales bayesianas es también una distribución en lugar de un valor fijo. El siguiente es el sitio web de Keras sobre redes neuronales bayesianas probabilísticas, ofrece una introducción detallada y un Google Colab IPython Notebook con el código fuente. Puede acceder al código haciendo clic en el enlace, Ver en Colab.

https://keras.io/examples/keras_recipes/bayesian_neural_networks/

4.8 META APRENDIZAJE

El meta aprendizaje es otra temática de la IA que se ha promovido en los últimos años. Meta es una palabra griega que significa "más allá". Cuando se utiliza como prefijo, meta significa "Acerca de". Por lo tanto, el meta aprendizaje es "aprender sobre el aprendizaje" o "aprender a aprender". El término meta - aprendizaje fue establecido por Donald Maudsley en 1979, donde describió un mecanismo por el cual las personas se están volviendo "cada vez más a cargo de los patrones de percepción, investigación, aprendizaje y desarrollo que han aprendido". Más adelante en 1985, John Biggs utilizó el concepto de meta aprendizaje para describir el estado de "estar consciente del aprendizaje propio y tomar el control de él". Se puede describir el meta aprendizaje como una conciencia y comprensión del proceso de aprendizaje en sí mismo, como pensar en el pensamiento. El meta aprendizaje en IA se trata esencialmente de usar IA de alto nivel o meta nivel para optimizar la IA de nivel inferior, de modo que pueda aprender a aprender de manera efectiva y rápida.

A continuación, se presentan dos sitios Web con artículos que ofrecen una introducción completa al metaprendizaje, incluidas todas las matemáticas que hay detrás:

https://jameskle.com/writes/meta-learning-is-all-you-need

https://lilianweng.github.io/lil-log/2018/11/30/meta-learning.html

Los siguientes dos sitios de GitHub ofrecen una lista detallada de documentos de metaprendizaje, códigos, libros, blogs, vídeos, y otros recursos.

https://github.com/sudharsan13296/Awesome-Meta-Learning

https://github.com/dragen1860/awesome-meta-learning

El siguiente sitio de GitHub proporciona varios ejemplos de meta aprendizaje:

https://github.com/sudharsan13296/Hands-On-Meta-Learning-With-Python

4.9 RESUMEN

En este capítulo se presenta una visión general del aprendizaje profundo. El aprendizaje profundo es el aspecto más importante de la IA y un subconjunto del aprendizaje automático. El aprendizaje profundo es el tema de investigación más importante en IA. Las redes neuronales de aprendizaje profundo se construyen sobre redes neuronales tradicionales, que también se llaman redes neuronales artificiales. Las redes neuronales de aprendizaje profundo generalmente se dividen en dos tipos: Redes neuronales convolucionales y redes neuronales recurrentes. Las redes neuronales convolucionales son las redes neuronales de aprendizaje profundo más comunes, que incluyen redes tales como LeNet, AlexNet, GoogLeNet (Inception), VGG, ResNet, DenseNet, MobileNet, YOLO, etc.

Las redes neuronales recurrentes son otra red neuronal popular de aprendizaje profundo. Las redes neuronales convolucionales están especializadas en el procesamiento de imágenes, mientras que las redes neuronales recurrentes están especializadas en el procesamiento de secuencias. Los Transformers son nuevas redes neuronales de aprendizaje profundo que se utilizan principalmente en el campo del procesamiento del lenguaje natural. Los Transformers están convirtiendo progresivamente en obsoletas las redes neuronales recurrentes. Las redes neuronales gráficas son un tipo especial de red neuronal recurrente que puede tomar gráficos como datos de entrada. Las redes neuronales bayesianas son redes neuronales cuyos pesos o parámetros se expresan como una distribución más que como un valor determinista. El aprendizaje de las redes neuronales bayesianas se realiza por inferencia bayesiana.

4.10 PREGUNTAS DE REVISIÓN DEL CAPÍTULO

- ✓ P4.1. ¿Cuál es la diferencia entre el aprendizaje automático y el aprendizaje profundo?
- ✓ P4.2. ¿Qué es una red neuronal artificial?
- ✓ P4.3. ¿Qué es una red neuronal convolucional?
- ✓ P4.4. Explicar los términos de capa convolucional, capa de agrupamiento, capa de activación, capa de abandono y capa completamente conectada, en el contexto de las redes neuronales convolucionales.
- ✓ P4.5. Compare las características de tres funciones de activación utilizadas normalmente: Unidad lineal rectificada (ReLU), tangente hiperbólica y función sigmoide.
- ✓ P4.6. Utilice una tabla para comparar las características de AlexNet, Inception, VGG, ResNet, DenseNet, MobileNet y EfficientNet.
- ✓ P4.7. ¿Qué es una red neuronal recurrente?
- ✓ P4.8. ¿Qué es una red de memoria a largo y corto plazo (LSTM)?
- ✓ P4.9. ¿Qué es un Transformer?
- ✓ P4.10. ¿Qué es BERT y ALBERT?
- ✓ P4.11. ¿Qué es GPT - 3?
- ✓ P4.12. ¿Qué es una red neuronal gráfica?
- ✓ P4.13. ¿Qué es una red neuronal bayesiana?

5

CLASIFICACIÓN DE IMÁGENES

5.1 INTRODUCCIÓN

El procesamiento de imágenes es uno de los temas más investigados en el aprendizaje profundo. Este procesamiento significa extraer información de las imágenes y aprender de ellas. Es un aspecto importante de la visión por ordenador, además en el aprendizaje profundo, el procesamiento de imágenes se realiza en gran parte mediante redes neuronales convolucionales (CNN) y generalmente se puede dividir en clasificación de imágenes, detección de objetos, segmentación de imágenes, y otros temas relevantes. La clasificación de imágenes consiste en identificar la imagen o clasificarla, se realiza mediante redes neuronales de aprendizaje profundo como AlexNet, GoogLeNet, VGG, ResNet, MobileNet, y otras. La detección de objetos consiste en identificar un objeto específico en la imagen, se realiza mediante redes neuronales de aprendizaje profundo, como las redes neuronales convolucionales basadas en regiones (R-CNN), You Only look Once (YOLO), entre otras. La segmentación de imágenes significa dividir la imagen en diferentes partes según el contenido. La segmentación de imágenes se puede realizar normalmente utilizando las bibliotecas Detectron, Gluon, PixelLib, etc. El capítulo 6 contiene más información sobre la detección de objetos (rostros).

La clasificación de imágenes permite identificar el contenido de una imagen, por ejemplo, si una imagen es un perro o un caballo, un tipo de flor, o una enfermedad: cáncer o no cáncer, y así otras temáticas. La clasificación de imágenes se realiza mediante dos pasos denominados entrenamiento e inferencia. En el entrenamiento, alimentarás las redes neuronales de aprendizaje profundo con imágenes y etiquetas de entrenamiento, durante este proceso se ajustan los pesos de la red neuronal hasta que maximice la tasa de reconocimiento, llamada precisión. Cuantas más imágenes de entrenamiento y más complejas sean las redes neuronales, mayor será la precisión del entrenamiento. Después se puede enviar una imagen de prueba a la red y esta debe predecir el resultado. El proceso de usar un modelo de aprendizaje profundo entrenado para hacer predicciones con datos nunca antes vistos se denomina inferencia. Para la clasificación de imágenes, puede utilizar modelos con formación previa o modelos personalizados. Los modelos previamente entrenados ya han pasado por este proceso, como el conjunto de datos ImageNET (http://www.image-net.org/) o CIFAR-10dataset (https://www.cs.toronto.edu/~kriz/cifar.html). ImageNET tiene 1.000 clases y CIFAR-10 consta de 10 clases, por lo tanto, el modelo preentrenado sólo reconocerá las 1.000 clases o las 10 clases. También puede volver a entrenar los modelos previamente entrenados con sus propios conjuntos de datos, lo que se denomina aprendizaje por transferencia o personalizado. En la sección 5.3 hay más detalles sobre el aprendizaje por transferencia.

La clasificación de imágenes tiene diversas aplicaciones en la vida real, por ejemplo, puede predecir si un lunar en la piel es benigno o maligno, a través de una imagen del lunar. También la foto de un animal, la clasificación de imágenes puede predecir qué tipo de animal es. En el campo del turismo, se puede predecir qué tipo de estructura arquitectónica está en una foto. En el campo de la moda, puede decir de qué marca de ropa o zapatos trata una foto. En el cuidado de la salud, también puede clasificar imágenes de rayos X, imágenes de TC e imágenes de resonancia magnética. El potencial es grande, en este capítulo, veremos primero las clasificaciones de imágenes con modelos preentrenados, luego las clasificaciones de imágenes con modelos personalizados y algunas aplicaciones para la clasificación de imágenes médicas. También analizaremos el aprendizaje con base en aplicaciones para la clasificación de imágenes basadas en web.

5.2 CLASIFICACIÓN DE IMÁGENES CON MODELOS PREENTRENADOS

En el Capítulo 4 identificamos los tipos de redes neuronales de aprendizaje profundo existentes, la forma de usarlas es para la clasificación de imágenes, a través de las bibliotecas Tensorflow y Keras. El ejemplo 5.1 muestra un código Python que puede cargar modelos de red neuronal de aprendizaje profundo, como VGG16, ResNet50, MobileNet, Inception V3, y EfficientNet, este código, además, muestra el resumen de los modelos. Estos modelos están previamente entrenados en el conjunto de datos ImageNET de 1000 clases. Es conveniente la última versión de TensorFlow 2.4 para probar EfficientNet, por tanto, es mejor ejecutar el código anterior en Google Colaboratory, a este se accede a través del sitio Web de Google Colaboratory (https://colab.research.google.com/), iniciando sesión en una cuenta de Google, seguidamente se copia y pega el código y se ejecuta, recuérdese que si copia el código directamente de esta página, debe borrar los números de la izquierda, porque estos simplemente se usan como elementos didácticos de explicación. Individualmente puede observar el resumen de la estructura de salida de cada modelo, haciendo la respectiva habilitación en el código fuente.

```
1  """EJEMPLO 5.1.CLASIFICACIÓN DE IMÁGENES CON MODELOS DE REDES NEURONALES
2    PREENTRENADOS )"""
3
4  import tensorflow as tf
5  from keras.applications.imagenet_utils import decode_predictions
6  from keras.applications import VGG16
7  from keras.applications.vgg16 import preprocess_input
8  from keras.utils import load_img, img_to_array
9  import numpy as np
10
11  #Definición de la ruta para leer la imagen
12  path = "/content/ pexels-jose-almeida-2649841.jpg"
13  #path = ("/Users/Admin/Pictures/pexels-jose-almeida-2649841.jpg")
14
15  #Inicio del modelo de red neuronal
16  model = VGG16(weights='imagenet')
17  #model = ResNet50(weights='imagenet')
18  #model = mobilenet.MobileNet(weights='imagenet')
19  #model = inception_v3.InceptionV3(weights='imagenet')
20  print(model.summary())
21  imgw = load_img(path, target_size=(224, 224, 100))
22  x = img_to_array(imgw)
23  print(x.shape)
24
25  #Adición de una dimensión al tensor de la imagen y preprocesamiento
26  x = np.expand_dims(x, axis=0)
27  processed_image = tf.keras.applications.vgg16.preprocess_input(x)
28  #processed_image = ResNet50.preprocess_input(x)
29  #processed_image = mobilenet.preprocess_input(x)
30  #processed_image = inception_v3.preprocess_input(x)
31
32  # Ejecución de la predicción
33  predictions = model.predict(x)
34  results = decode_predictions(predictions)
35  print(results)
36
37  #Impresión del resultado de la predicción
38  for (i, (imagenetID, label, prob)) in enumerate(results[0]):
39       print("{}. {}: {:.2f}%".format(i + 1, label, prob * 100))
```

5.2.1 Explicación del Ejemplo 5.1: clasificación de imágenes con modelos de redes neuronales preentrenados

El código anterior se puede ejecutar en Google Colaboratory, también en otros editores, pero en este texto recomendamos usar Colaboratory por su facilidad y eficiencia, esta es una página Web para ejecutar código del lenguaje de programación Python, recuérdese que si se pega el código directamente de este texto debe omitir los números de la izquierda, porque no son parte de la lógica del programa. En las líneas 1 y 2 se introduce un comentario para establecer el título de la aplicación, este comentario se debe poner entre comillas dobles y repitiéndolas tres veces al inicio y al final del respectivo título; en las líneas 4 a 9 se importan las librerías Python necesarias para ejecutar el modelo de clasificación de imágenes preentrenado, en la línea 4 se importa la librería Tensorflow, esta es de código abierto para desarrollos en el campo del aprendizaje automático (Machine Learning, ML) y el aprendizaje profundo (Deep Learning, DL), dicha librería fue creada por Google para trabajar en el desarrollo de redes neuronales artificiales. Tensorflow se importa simplificada mediante la abreviatura (tf), esto es para facilitar su uso. En la línea 5 se hace uso de la librería Keras, esta viene incorporada en la librería Tensorflow, además dentro de Keras se usan sus aplicaciones, específicamente (imagenet_utils), y de esta aplicación se importa el decodificador del modelo de una predicción de la base de datos de Imagenet, en concreto (decode_predictions).

Google Colaboratory ya trae incorporadas las bibliotecas de Tensorflow y Keras, además sus herramientas comunes para el desarrollo de aplicaciones de aprendizaje profundo. En la línea 6 se importa el modelo de red neuronal artificial de aprendizaje profundo VGG16, esto se hace desde la biblioteca de Keras y sus aplicaciones; en la línea 7 se importa el preprocesador de una matriz que codifica una imagen o un lote de imágenes, esto se hace desde las aplicaciones de Keras y el modelo vgg16; en la línea 8 se importa de las utilidades de Keras las herramientas: (load_img()) e (img_to_array()), estas son para procesar imágenes como lo explicaremos más adelante; en la línea 9 se importa la librería numpy, esta es para el procesamiento de matrices y otros cálculos del orden de las matemáticas. En la línea 12 se crea la variable, path, para almacenar la ruta donde se encontrará la imagen de prueba o la imagen sobre la cual el modelo VGG16 realizará la predicción, la imagen que vamos a usar es un tigre, en la figura 5.1 podemos visualizarlo, esta imagen es de distribución gratuita.

Figura 5.1. Tigre (Fuente: https://images.pexels.com/photos/2649841/pexels-photo-2649841.jpeg?auto=compress&cs=tinysrgb&w=600)

Para usar la imagen anterior en Google Colaboratory, dicha imagen se debe cargar a la página de Colaboratory, y desde allí se crea la ruta para acceder a la imagen durante el proceso de predicción, en la figura 5.2 se muestra cómo cargar la imagen desde el ordenador a la página de Colaboratory, luego de cargarla, la ruta específica es: path = "/content/ pexels-jose-almeida-2649841.jpg". Una vez cerrada la página de Colaboratory, la imagen se debe volver a cargar.

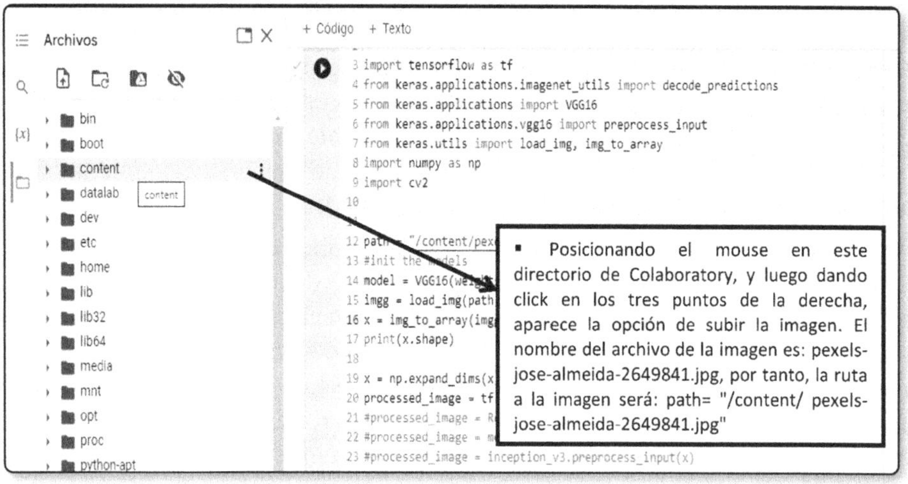

Figura 5.2. Procedimiento para cargar una imagen en la página de Google Colaboratory

En la línea 15 se introduce un comentario, pero de forma diferente que en la línea1, en este caso se usa el carácter numeral (#) delante del texto a poner como comentario; en la línea 16 se declara la variable, model, para indicar que vamos a usar el modelo de red neuronal artificial VGG16 con sus respectivos pesos de la base de datos de Imagenet, los pesos son parte de los parámetros que la red neuronal aprende durante el proceso de entrenamiento, aquí el entrenamiento ya está realizado, porque estamos usando un modelo preentrenado. En la línea 21 se declara la variable, imgw, a través de esta se cargará la imagen de prueba a predecir, la imagen se carga con la herramienta, load_img(), previamente importada en la cabecera del código fuente, esta herramienta lo que hace es cargar la imagen en formato PIL, es decir en el formato de la biblioteca de imágenes de Python. Load_img, se puede considerar como una función con parámetros, dichos parámetros en este caso son: path y target_size=(224, 224, 100), el primero es la ruta dónde se encuentra la imagen y el segundo está relacionado con el tamaño de la imagen. En las líneas 17 a 19, aparecen deshabilitados otros modelos de redes neuronales artificiales, por tanto, quitando el formato de comentario que tienen vinculado, se podrían hacer predicciones con estos modelos, además se deberían hacer otras modificaciones.

En la línea 22 se declara la variable, X, y se almacena en ella la imagen en forma de matriz y en el formato PIL, es decir el formato de la biblioteca de imágenes de Python, todo esto se hace a través de la instrucción, img_to_array(); en la línea 23 simplemente se imprime el formato de la imagen que estamos procesando; en la línea 26, a través de la instrucción, np.expand_dims(x, axis=0), se adiciona una dimensión a la matriz, X, que contiene la imagen en formato PIL, esto en esencia es para el tratamiento matemático de la imagen de prueba o de la imagen a predecir; en la línea 27 se aplica el preprocesador de la imagen de prueba, esto se ejecuta mediante la variable, processed_image, y el método o función, ya importado en la línea 7, preprocess_input(x), este preprocesamiento lo que hace es codificar la imagen de prueba, almacenada en la variable, x, para ejecutar correctamente la predicción en el modelo preentrenado; en las líneas 28, 29 y 30 se ponen tres instrucciones en forma de comentario, es decir no se ejecutan en el ensayo de la predicción, simplemente son potenciales para ensayar el modelo preentrenado con las otras redes neuronales artificiales: ResNet50, mobilenet e inception_v3, específicamente, en estas líneas lo que se haría sería el preprocesamiento de la imágenes, teniendo en cuenta que en la cabecera del código fuente también habría que adicionar el modelo de red neuronal artificial a usar, en particular en la línea 6.

En la línea 33 se crea la variable predictions y se almacena en ella la predicción sobre la imagen de prueba al ejecutar la instrucción, model.predict(x); en la línea 34 se crea la variable results y se almacena en ella la decodificación de la predicción resultante; en la línea 35 se imprime el resultado de la predicción ya decodificado, en concreto se imprime un vector con las cinco probabilidades de mayor porcentaje, cada opción del vector de predicciones contiene una identificación de la predicción, la etiqueta o nombre de la predicción y la probabilidad en una escala de cero a uno, este resultado se ve en pantalla horizontalmente; en las líneas 38 y 39 se declara un ciclo for para recorrer el vector de salida con la predicción resultante, en esencia, este ciclo se pone para organizar el vector de salida en forma vertical y observar las probabilidades con mayor claridad. En el ciclo for se deben poner los nombres en cada uno de los índices del vector de salida (imagenetID, label, prob), además dentro de la palabra clave enumerate(results[0]), en el paréntesis, se debe poner el nombre del vector de salida, results[0], el cero se refiere a una codificación en la salida de las probabilidades. A través de la palabra clave print se indica el formato de salida de cada una de las partes de los índices del vector con las predicciones resultantes, esto se configura por medio de las llaves puestas allí, por tanto en la salida se omiten las llaves y en su lugar aparecen los nombres de las partes dentro de cada índice del vector. En la figura 5.3 se visualiza el resultado de la salida.

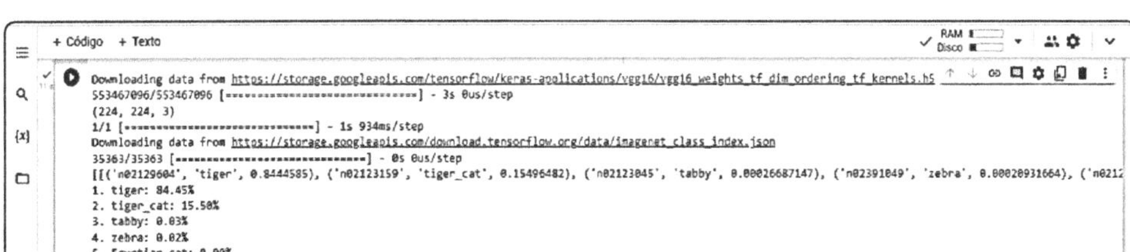

Figura 5.3. Salida del modelo preentrenado usando la red neuronal artificial VGG16

En la salida se observa que al ejecutar el modelo por primera vez, primero se descargan los datos de la red neuronal artificial VGG16, luego en la parte de abajo si aparece el resultado de la predicción, en efecto se dice que la imagen con mayor probabilidad corresponde a la etiqueta tigre con un porcentaje de 84.45%, las otras probabilidades asociadas a porcentajes son mucho más bajas.

5.3 CLASIFICACIÓN CON MODELOS ENTRENADOS PERSONALIZADOS: APRENDIZAJE POR TRANSFERENCIA

La clasificación de imágenes con un modelo previamente entrenado es útil, no obstante, sólo puede clasificar las imágenes que se han especificado previamente. Así, si un modelo ha sido entrenado en ImageNET, solo puede clasificar los 1000 tipos de imágenes definidos por ImageNET. Si un modelo ha sido entrenado en CIFAR-10, sólo puede clasificar las 10 clases de imágenes definidas por CIFAR-10. Por lo tanto, si desea clasificar nuevos tipos de imágenes, puede utilizar el modelo de red neuronal de aprendizaje profundo previamente entrenado como punto de partida para un modelo personalizado, es decir creando clases propias de imágenes. Esto se denomina aprendizaje por transferencia. El aprendizaje por transferencia es relevante, porque puede entrenar redes neuronales de aprendizaje profundo con pocos datos. Las posibilidades del aprendizaje por transferencia son significativas y pueden concretamente dar vida a la clasificación de imágenes.

El ejemplo 5.2 muestra cómo crear una red neuronal de aprendizaje profundo personalizada (aprendizaje por transferencia) para entrenar sus propios conjuntos de datos de imágenes. En este ejemplo, se usa el conjunto de perros y gatos de la plataforma de Tensorflow, son 2000 imágenes distribuidas en dos clases: Perros y gatos; el código fuente se configura para usar las imágenes de entrenamiento, validación y prueba, también, será ejecutado en Google Colaboratory. En general, en este ejemplo se usa la función, image_dataset_from_directory(), para cargar las imágenes, tanto de entrenamiento como de validación, y la función model.fit() se utiliza para entrenar el modelo. El código completo está disponible en un archivo denominado, transferencia222222.py, de la Editorial Ra-Ma. A continuación, mostramos todo el código, debe tenerse claro que los números de la izquierda no hacen parte de la lógica del programa, son solo elementos didácticos para explicar adecuadamente, línea por línea, el código fuente de este ejemplo, por tanto, si el código se pega directamente de este texto a la página de Google Colaboratory, se deben borrar los números de la izquierda.

```
"""EJEMPLO 5.2. CLASIFICACIÓN DE IMÁGENES CON MODELOS DE REDES NEURONALES
   PERSONALIZADOS, APRENDIZAJE POR TRANSFERENCIA """

import tensorflow as tf
import numpy as np
```

```
import matplotlib.pyplot as plt
import os
from keras.models import Sequential
from keras.layers import Activation, Flatten, Dense
from keras.layers import Rescaling, RandomFlip, RandomRotation, RandomZoom
from keras.applications import (vgg16, ResNet50, densenet,
        mobilenet_v2,
        inception_v3,
        inception_resnet_v2)

# Descarga de datos, imágenes de perros y gatos
_URL ='https://storage.googleapis.com/mledu-datasets/cats_and_dogs_filtered.zip'
path_to_zip = tf.keras.utils.get_file('cats_and_dogs.zip', origin=_URL,
                                      extract=True)
PATH = os.path.join(os.path.dirname(path_to_zip), 'cats_and_dogs_filtered')

train_dir = os.path.join(PATH, 'train')
validation_dir = os.path.join(PATH, 'validation')

#Parámetros asociados a las imágenes
batch_size = 32
img_height = 224
img_width = 224
input_shape = (img_height, img_width, 3)

#Configuración de los datos de entrenamiento
train_ds = tf.keras.utils.image_dataset_from_directory(
            train_dir,
            validation_split=0.5,
            subset="training",
            seed=123,
            image_size=(img_height, img_width),
            batch_size=batch_size)

#Configuración de los datos de validación
val_ds = tf.keras.utils.image_dataset_from_directory(
            train_dir,
            validation_split=0.5,
            subset="validation",
            seed=123,
            image_size=(img_height, img_width),
            batch_size=batch_size)

#Clases y cantidad de clases para observar en pantalla
class_names = train_ds.class_names
print(class_names)
num_classes = len(class_names)
print(num_classes)

#Configuración del conjunto de datos de prueba
val_batches = tf.data.experimental.cardinality(val_ds)
test_dataset = val_ds.take(val_batches // 3)
val_ds = val_ds.skip(val_batches // 3)
print('Number of validation batches: %d' % tf.data.experimental.cardinality(val_ds))
```

```
print('Number of test batches: %d' % tf.data.experimental.cardinality(test_dataset))

#Configuración del modelo base de red neuronal vgg16
# Keras Models: https://keras.io/api/applications/
base_model = vgg16.VGG16(weights='imagenet', include_top=False,
              input_shape=input_shape)

#Otros modelos base, bloqueados
#base_model = mobilenet_v2.MobileNetV2(weights='imagenet', include_top=False,
          # input_shape=(image_size, image_size, 3))
#base_model = densenet.DenseNet201(weights='imagenet', include_top=False,
         # input_shape=(image_size, image_size, 3))
#base_model = resnet50.ResNet50(weights='imagenet', include_top=False,
          # input_shape=(image_size, image_size, 3))
#base_model = inception_v3.InceptionV3(weights='imagenet', include_top=False,
         # input_shape=(image_size, image_size, 3))
#base_model = inception_resnet_v2.InceptionResNetV2(weights='imagenet',
         # include_top=False, input_shape=(image_size, image_size, 3))

#Congelación de capas, ya entrenadas, del modelo base vgg16
for layer in base_model.layers:
      layer.trainable = False

#Creación del modelo de red neuronal principal y adición del modelo base
model = Sequential()
model.add(base_model)

#Adición de capas al modelo de red neuronal principal
#Capas de: Aumento de datos, normalización y salida
model.add(RandomFlip("horizontal", input_shape=input_shape ))
model.add(RandomRotation(0.1))
model.add(RandomZoom(0.1))
model.add(Rescaling(1./255, input_shape=(img_height, img_width, 3)))
model.add(Flatten())
model.add(Dense(128, activation='relu'))
model.add(Dense(128, activation='relu'))
model.add(Dense(num_classes, activation='softmax'))
print(model.summary())

#Compilación del modelo
model.compile(optimizer= 'adam',
           loss=tf.losses.SparseCategoricalCrossentropy(from_logits=False),
          metrics=['accuracy'])
#model.compile(loss='categorical_crossentropy', optimizer=SGD(lr=1e-3),
             # metrics=['accuracy'])

#Entrenamiento del modelo
history = model.fit(train_ds, validation_data=val_ds,  epochs=1)
model.save('fine_tune.h5')

#Creación de lotes de imágenes de prueba
image_batch, label_batch = test_dataset.as_numpy_iterator().next()
```

```
113  #Configuración de variables para las gráficas de salida
114  columns = 3
115  rows = 3
116  plt.figure(figsize=(15,6))
117
118  #Función para truncar la predicción numérica con decimales en el título de
las
119  #imágenes
120  def truncate(number: float, max_decimals: int) -> float:
121      int_part, dec_part = str(number).split(".")
122      return float(".".join((int_part, dec_part[:max_decimals])))
123
124   #predicción de las imágenes de prueba, se imprimen 9 imágenes de un lote,
la
125   #predicción aparece en el título de cada imagen
126   for i in range(1, columns*rows + 1):
127         img_array = tf.expand_dims(image_batch[i], 0)
128         predictions = model.predict(img_array)
129         if class_names[label_batch[i]] == class_names[np.
argmax(predictions)]:
130               color = 'blue'
131         else:
132               color = 'red'
133         plt.subplot(rows, columns, i)
134         plt.imshow(image_batch[i].astype("uint8"))
135         plt.title("{}: {} {}%".format(class_names[label_batch[i]],
136                   class_names[np.argmax(predictions)],
137                   truncate(100 * np.max(predictions), 1)), color= color)
138         plt.axis("off")
139
140   plt.show()
```

5.3.1 Explicación del ejemplo 5.2 (Clasificación de imágenes con modelos de redes neuronales personalizados, aprendizaje por transferencia)

En las líneas 1 y 2, se escribe un comentario donde está el título del código fuente, este tipo de comentario se pone entre comillas triples, al inicio y al final del texto; en las líneas 4 a 14 se importan las librerías necesarias para la ejecución del modelo de clasificación de imágenes personalizado o por transferencia; en la línea 4 se importa la biblioteca de Tensorflow en forma abreviada como, tf, ésta es la misma librería que se usó en el ejemplo 5.1 y que es esencial para el desarrollo de aplicaciones de aprendizaje automático y aprendizaje profundo; en la línea 5 se importa la biblioteca numpy, esta como ya se ha mencionado es prerrequisito para las operaciones matemáticas y de matrices o arreglos en los que se convierten las imágenes; en la línea 6 se importa la librería, matplotlib.pyplot, esta librería es fundamental para el trazado de imágenes a la salida de aplicaciones Python, se importa con la palabra clave, plt, y a partir de esta palabra se pueden trazar las imágenes deseadas; en la línea 7 se importa la librería, os, esta permite gestionar diferentes opciones relativas al sistema operativo (OS) como pueden ser archivos, directorios, entre otros aspectos; en la línea 8, de keras se aplica el método models, y de este se importa la librería, Sequential, necesaria para la creación del modelo, como lo explicaremos más adelante; en la línea 9 se importan las librerías, Activation, Flatten y Dense, estas son capas de la red neuronal principal, fundamentales para el funcionamiento de la misma y que explicaremos en el momento de abordar la mecánica de la red neuronal que tenemos que construir.

En la línea 9, de keras se aplica el método layers, y de este se importan las librerías: Rescaling, RandomFlip, RandomRotation y RandomZoom, estas se refieren a capas de la red neuronal para el aumento de datos en tiempo real. En la línea 11, de keras se aplica el método aplications y de este se importa la librería del modelo de red neuronal vgg16, también se importan otros modelos en la línea 11, pero el que usaremos en este algoritmo será el vgg16, los demás quedan disponibles para probar la red con otros modelos base. En la línea 16 se escribe un comentario con ayuda del carácter (#), delante de dicho caracter va el texto del comentario; en las líneas 17 a 23, se implementan las instrucciones necesarias para descargar los datos o imágenes de perros y gatos de la plataforma de Tensorflow, dichos datos no se guardan propiamente en el ordenador, sino en un lugar de la plataforma de Google, pero donde tenemos acceso a ellos, una vez se hayan descargado. En la línea 26 se crea una variable para indicar el tamaño del lote de las imágenes a clasificar, en este caso la variable se hace igual a 32 (batch_size = 32), técnicamente esta variable puede tomar cualquier valor entero o NULL y, de forma predeterminada se establecerá en 32, especifica el número de muestras por lote de imágenes; en las líneas 27 y 28 se crean variables para indicar el tamaño de las imágenes a clasificar, en este caso las variables se hacen iguales a 224 (img_height = 224, img_width = 224), esto corresponde al alto y ancho de las imágenes, en pixeles, para el modelo vgg16, pero cambia para otros modelos de red neuronal de aprendizaje profundo. En la línea 29 se crea una variable para especificar la forma de las imágenes de entrada (input_shape = (img_height, img_width, 3)), el tres se refiere a los canales de color RGB, y la entrada (input_shape) es de la red neuronal principal que vamos a crear con el modelo base vgg16.

En la línea 32 se crea la variable, train_ds, y en ella se genera un elemento, tf.data.Dataset, a partir de archivos de imagen en un directorio, para esto se usa la biblioteca de Tensorflow y keras, además del método o función, image_dataset_from_directory(), en resumen en la variable train_ds se almacenan las imágenes de entrenamiento de gatos y perros. La función image_dataset_from_directory(), que es la usada con la variable train_ds contiene los siguientes parámetros: train_dir (línea 33), corresponde a la carpeta o directorio donde se encuentran las imágenes de entrenamiento; el segundo parámetros es, validation_split=0.5 (línea 34), corresponde a la fracción de las imágenes de entrenamiento usadas para la validación del modelo en tiempo real, en este caso usamos el 50% de las imágenes; el tercer parámetro es, subset="training" (línea 35), se refiere al subconjunto de datos a devolver, en este caso son datos de entrenamiento; el cuarto parámetro es, seed=123 (línea 36), este es un dato aleatorio opcional para barajar y transformar las imágenes; el quinto parámetro es, image_size=(img_height, img_width) (línea 37), corresponde al tamaño de las imágenes para el modelo vgg16, en las líneas 27 y 28 ya se establecieron los valores de este parámetro; y el último parámetro es, batch_size=batch_size (línea 38), corresponde al tamaño del lote de imágenes que ya se estableció en 32 en la línea 26; el resto de parámetros de la función image_dataset_from_directory() se encuentran en detalle en la página: https://www.tensorflow.org/api_docs/python/tf/keras/utils/image_dataset_from_directory, esos otros parámetros no se requieren en nuestro código fuente.

En la línea 41 se crea la variable, val_ds, también a través de Tensorflow y keras, e igualmente usando el método o función image_dataset_from_directory(), pero en este caso no se guardan en esta variable los datos de entrenamiento, sino los datos de validación que corresponden al 50% de los datos de entrenamiento, por lo tanto el parámetro que cambia en la configuración de la variable val_ds es, subset="validation", para indicar que estamos configurando datos de validación en la variable val_ds. En las líneas 42 a 47 se configuran los mismos parámetros que para la variable train_ds, con la excepción del parámetro de datos de validación. En la línea 50 se crea la variable, (class_names = train_ds.class_names), para generar el arreglo o vector que contiene los nombres de las clases de los datos de entrenamiento, en este caso perros y gatos; en la línea 51 se imprimen en pantalla los nombres de las clases de las imágenes de entrenamiento; en la línea 52 se declara la variable, num_classes, para almacenar en ella el número de clases de las imágenes de entrenamiento y en la línea 53 se imprime en pantalla el número correspondiente a la cantidad de clases.

En las líneas 56 a 58, se crea un conjunto de datos de prueba para ser usados en el momento de probar el modelo de red neuronal para clasificación de imágenes, personalizado, por transferencia, es decir apoyados en el modelo vgg16, así, en la línea 56 se crea la variable, val_batches, y a través de ella se redireccionan datos de validación, para convertirlos en datos de prueba; en la línea 57 se crea la variable, test_dataset, para almacenar en ella los respectivos datos de prueba; en la línea 58 se genera la instrucción para convertir datos de validación en datos de prueba. En las líneas 59 y 60, se imprimen en pantalla respectivamente, la cantidad de lotes de imágenes de validación y la cantidad de lotes de imágenes de prueba. No debe perderse de cuenta que estos lotes son de 32 imágenes y que cada imagen está estructurada como una matriz o tensor numérico, de hecho, para acceder a una imagen se debe usar el índice de la misma, en el rango de 1 a 32 como números enteros. En la línea 64 se crea la variable, base_model, luego en ella se almacena el modelo de red neuronal vgg16, este se toma como punto de partida para entrenar las imágenes personalizadas, de esta manera, considerando el modelo como una función, el principal parámetro del modelo vgg16 son los pesos de las imágenes preentrenadas de Imagenet. En las líneas 67 a 77 aparecen bloqueados, en forma de comentarios, otros modelos de redes neuronales como: MobileNetV2, DenseNet201, ResNet50, InceptionV3, InceptionResNetV2 y EfficientNetB0, por tanto si se desbloquean y se hacen las adecuaciones necesarias, se podrían obtener otros modelos personalizados, pero con diferentes modelos de redes neuronales como base o punto de partida para la clasificación de imágenes. En las líneas 80 y 81 se dan las instrucciones necesarias para congelar algunas capas del modelo personalizado, esto significa que algunas capas del modelo vgg16 que ya fueron entrenadas con el conjunto de imágenes de Imagenet, no es necesario volver a entrenarlas, los pesos ya fueron obtenidos, por tanto solo se entrenarán las capas nuevas que vamos a agregar. En la línea 84 se crea o declara la variable, model, y en ella se guarda el método sequential(), por consiguiente en la variable model almacenaremos la secuencia de capas asociadas a nuestro modelo personalizado.

En la línea 85, lo primero que se adiciona a la secuencia de capas, es el modelo base que corresponde al modelo de red neuronal vgg16 con sus respectivos parámetros, incluyendo los pesos de Imagenet ya obtenidos; en la línea 89 se adiciona al modelo de red neuronal principal que estamos construyendo, una capa, RandomFlip(), esta es una capa de preprocesamiento para el aumento de datos en tiempo real durante el entrenamiento, específicamente lo que hace es voltear las imágenes, horizontalmente o verticalmente o ambas, aleatoriamente durante el entrenamiento. Las imágenes se deben aumentar porque 1000 o 2000 datos, en realidad son pocos para el entrenamiento de una red neuronal Convolucional, además, cuando hay una pequeña cantidad de datos de entrenamiento, el modelo a veces aprende de los ruidos o detalles no deseados de los datos de entrenamiento, hasta el punto de afectar negativamente el rendimiento del modelo cuando se prueba con nuevos datos. Este fenómeno se conoce como sobreajuste, significa que el modelo tendrá dificultades para generalizar en un nuevo conjunto de datos. Hay varias formas de evadir el sobreajuste en el proceso de entrenamiento, en esta red neuronal usaremos el aumento de datos para gestionar el sobreajuste. En la línea 90 se adiciona a nuestro modelo de red neuronal la capa, RandomRotation(0.1), esta capa es de preprocesamiento y rota aleatoriamente las imágenes durante el entrenamiento, igualmente para aumentar la cantidad de imágenes y así combatir el sobre ajuste, el 0.1 significa la cantidad de rotación, mientras más alto este número, mayor será la rotación.

En la línea 91 se adiciona al modelo de red neuronal la capa, RandomZoom(0.1), esta capa es de preprocesamiento y amplía aleatoriamente las imágenes durante el entrenamiento, para aumentar la cantidad de datos y combatir el sobreajuste; en la línea 92 se adiciona la capa, Rescaling(1./255, input_shape=(img_height, img_width, 3)), esta capa es de preprocesamiento y cambia la escala de los valores de los tamaños de las imágenes entrada a un nuevo rango, esto se hace para que la red neuronal funcione más eficientemente, además no afecta el proceso de entrenamiento ni de predicción, en este caso los valores pasan del rango (0 – 255 pixeles) a (0 – 1 pixel); en la línea 93 se adiciona la capa, Flatten(), es una capa de aplanamiento de las imágenes, en consecuencia, se transforma el formato de las imágenes de un arreglo bidimensional en píxeles a un arreglo unidimensional en pixeles, esto facilita el entrenamiento del modelo personalizado, esta capa no tiene parámetros para aprender, solo aplana los datos. En la línea 94 se adiciona otra capa al modelo, en este caso es una capa densa o una capa totalmente conectada con 128 nodos o neuronas artificiales interconectadas, también la función de activación de esta capa es del tipo relu, esto define la forma como se activan las salidas en cada uno de los nodos de la capa, relu es uno de los más eficientes. En la línea 95 se adiciona otra capa densa, igual a la anterior, cabe anotar que mientras más capas tenga el modelo más eficiencia puede haber en la obtención de los pesos de la red neuronal; en la línea 96 se adiciona otra capa densa, pero ya no con tantos nodos, simplemente, el número de nodos es igual al número de clases de los datos o imágenes de entrenamiento, y la manera como se activan las salidas de las neuronas o nodos, ya no es relu, sino softmax, esto significa la conversión de las salidas del modelo en probabilidades, para facilitar la interpretación de dichas salidas, en consecuencia la probabilidad mayor en la salida estará relacionada con la clase o categoría a la que pertenece la predicción de la imagen en cuestión.

En la línea 97, se genera la instrucción para imprimir en pantalla un resumen del modelo de red neuronal para clasificación de imágenes con apoyo del modelo vgg16 (aprendizaje por transferencia). En las líneas 100, 101 y 102, se dan las instrucciones necesarias para compilar el modelo, la compilación consiste en usar los siguientes parámetros de compilación: (Loss), mide que tan exacto es el modelo durante el entrenamiento, se debe minimizar esta función para dirigir el modelo en la dirección correcta; (Optimizer), es la forma como el modelo se actualiza con base en el conjunto de datos que ve y la función de perdida Loss; (Metrics), se usa para monitorear los pasos de entrenamiento y de pruebas, en el ejemplo usa accuracy (exactitud) en la línea 102, la fracción de las imágenes que son correctamente clasificadas; en el momento de entrenar el modelo estos parámetros se visualizan en pantalla. En la línea 107 se realiza el entrenamiento del modelo, esto se hace a través de la instrucción, model.fit(), esta función usa tres parámetros: train_ds, es la variable que contiene la ruta a los datos de entrenamiento, a través de la función: image_dataset_from_directory(); el segundo parámetro usado es: validation_data=val_ds, esto significa la existencia de un conjunto de datos de validación y que por tal se van a usar. El tercer parámetro de la función model.fit() es, epochs = 1, esto significa el número de épocas o "recorridos" en los que queremos entrenar el modelo, debe tenerse en cuenta que mientras más epochs, más eficiente puede ser el modelo de clasificación de imágenes por transferencia. En la línea 108, se especifica una forma de guardar el modelo de clasificación de imágenes por transferencia a través de la librería h5.

En la línea 111, se crean lotes de imágenes de prueba (image_batch, label_batch = test_dataset.as_numpy_iterator().next()), de acuerdo al conjunto de datos de prueba creado en las líneas 56 a 58, el image_batche es un tensor de la forma (32, 224,

224, 3), este es un lote de 32 imágenes de forma 224x224x3(la última dimensión se refiere a los canales de color RGB). El label_batch es un tensor de la forma (32,), estas son las etiquetas correspondientes a las 32 imágenes. En las líneas 114 y 115 se crean las variables, columns = 3 y rows = 3, estas indican el número de columnas y filas donde mostraremos el conjunto de imágenes clasificadas, en consecuencia, en total son 9 imágenes de perros y gatos distribuidas en 2 categorías o clases. En la línea 116 se genera la instrucción, plt.figure(figsize=(15,6)), en ella se almacena la instrucción para crear una figura en Python, que posteriormente con otra instrucción, puede salir en la pantalla del ordenador; en las líneas 120 a 122, se crea una función para truncar, a un decimal o dos, el número mayor correspondiente a la probabilidad de salida de una predicción, y que será puesto en el título de la imagen sobre la que se realice la predicción, dicha función será invocada en el momento de implementar las predicciones.

En las líneas 126 a 138, se crea un ciclo for con las instrucciones necesarias, para predecir o clasificar cada una de las imágenes de prueba de acuerdo a los lotes de prueba creados en la línea 111; en la línea 126 se especifica en concreto el ciclo for para realizar 9 iteraciones (3 filas y 3 columnas, 3*3 = 9), a partir de la línea 127 y hasta la línea 128 va el contenido del ciclo for. En la línea 127 se crea la variable, img_array, para agregar una dimensión a cada una de las imágenes del lote de prueba (image_batch[i]), así el índice, i, recorrerá cada una de las imágenes del lote de prueba, este contiene 32 imágenes, pero solo vamos a usar 9 para agregarles una dimensión y poder manipularlas como tensores o matrices; en la línea 128, se crea la variable predictions, y a través de ella se realizan las predicciones sobre cada imagen de prueba de acuerdo a las iteraciones del ciclo for, por tanto la variable predictions contiene el vector con las probabilidades de salida de una imagen de prueba, debe contener dos probabilidades, una para la clase perros y otra para la clase gatos; en las líneas 129 a 132, se crea un ciclo condicional (if, then, else), para comparar la etiqueta de la imagen de prueba (label_batch[i]) con la etiqueta de la predicción (class_names[np.argmax(predictions)]), por tanto si coinciden, la predicción sería exitosa y el color en el título de la imagen será azul, pero si no coinciden, el color en el título de la imagen será rojo; en la línea 133, se da la instrucción para crear un panel de imágenes de 3 filas y 3 columnas, donde se mostrarán todas las imágenes de prueba, el ciclo for va posicionando cada imagen de acuerdo al índice, i; en la línea 134, se genera la imagen a mostrar , según la biblioteca plt y la imagen en forma de vector, image_batch[i]; en las líneas 135 a 137, se pone el título a cada imagen de prueba, a través de tres partes, primero se instala la etiqueta de la imagen de prueba, segundo se pone la etiqueta de la predicción y por último se pone el valor numérico de la predicción en porcentaje truncado a dos decimales, también, el título es de color azul si la predicción fue exitosa o color rojo si la predicción no fue exitosa. La línea 138 se configura para que las imágenes salgan sin ejes y en la línea 140 se instala la instrucción para que se impriman todas las imágenes en pantalla de salida del ordenador.

A continuación, presentamos en las figuras 5.4 y 5.5, la salida del modelo de clasificación de imágenes, esto se hace por medio de la página de Google Colaboratory. Una vez que se ejecuta el código fuente o la aplicación, primero se descargan las imágenes de perros y gatos, luego se descargan los pesos del modelo de red neuronal vgg16, el cual constituye un apoyo para nuestro modelo personalizado, y por esta razón, podríamos decir, se denomina aprendizaje por transferencia. Luego de descargados esos datos, comienza el entrenamiento que puede demorar un tiempo considerable, dependiendo de los epochs de entrenamiento y de la cpu del ordenador, además de la cantidad de parámetros de entrenamiento.

```
Downloading data from https://storage.googleapis.com/mledu-datasets/cats_and_dogs_filtered.zip
68606236/68606236 [==============================] - 1s 0us/step
Found 2000 files belonging to 2 classes.
Using 1000 files for training.
Found 2000 files belonging to 2 classes.
Using 1000 files for validation.
['cats', 'dogs']
2
Number of validation batches: 22
Number of test batches: 10
Downloading data from https://storage.googleapis.com/tensorflow/keras-applications/vgg16/vgg16_weights_tf_dim_ordering_tf_kernels_notop.h5
58889256/58889256 [==============================] - 1s 0us/step
Model: "sequential"
_________________________________________________________________
 Layer (type)                Output Shape              Param #
=================================================================
 vgg16 (Functional)          (None, 7, 7, 512)         14714688

 random_flip (RandomFlip)    (None, 7, 7, 512)         0

 random_rotation (RandomRota  (None, 7, 7, 512)        0
 tion)

 random_zoom (RandomZoom)    (None, 7, 7, 512)         0

 rescaling (Rescaling)       (None, 7, 7, 512)         0

 flatten (Flatten)           (None, 25088)             0

 dense (Dense)               (None, 128)               3211392

 dense_1 (Dense)             (None, 128)               16512

 dense_2 (Dense)             (None, 2)                 258

=================================================================
Total params: 17,942,850
Trainable params: 3,228,162
Non-trainable params: 14,714,688
```

Figura 5.4. Salida del entrenamiento del modelo de clasificación de imágenes con redes neuronales personalizadas (resumen del modelo usado)

Como muestra la figura 5.5, primero se descargaron las imágenes de gatos y perros, luego los pesos del modelo vgg16, también se observa que usamos 1000 imágenes para entrenamiento y 1000 imágenes para validación, pero de las de validación, extraemos aproximadamente 320 imágenes de prueba. En relación al resumen del modelo, se observa que son 17942850 parámetros por aprender, pero como es un modelo por transferencia, usando como base el modelo vgg16, entonces solo hubo que aprender 3228162 parámetros, porque se congelaron los parámetros del modelo vgg16 durante el entrenamiento. En la figura 5.6, se observa que usamos un solo epoch para el entrenamiento, sin embargo, las imágenes evidencian que todas las predicciones fueron exitosas, porque los colores de los títulos fueron de color azul y todas las probabilidades están por encima del 93% de confianza.

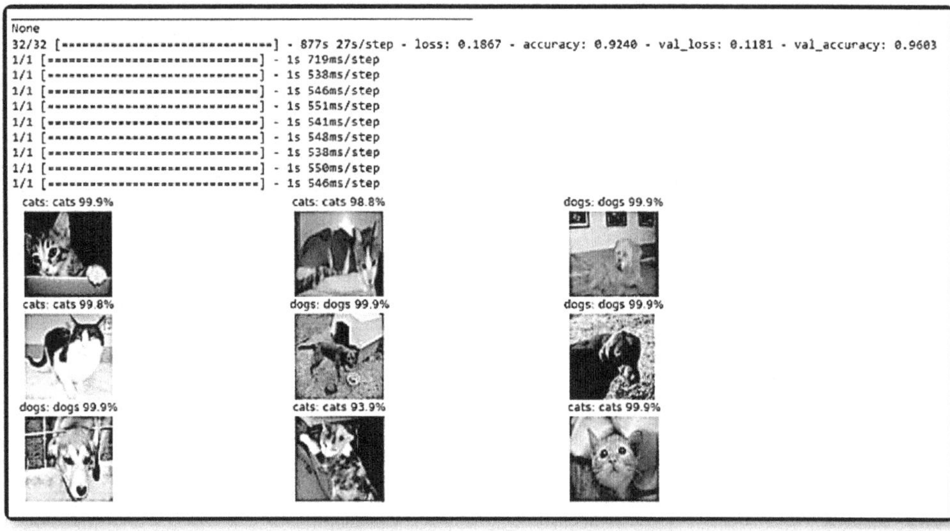

Figura 5.5. Resultado de la clasificación de las imágenes con redes neuronales personalizadas (clasificación por transferencia)

5.3.2 Modelo de aprendizaje profundo personalizado sin usar modelos base

Es posible crear modelos de aprendizaje profundo personalizado sin usar modelos base como: VGG16, MobileNetV2, DenseNet201, ResNet50, InceptionV3, InceptionResNetV2 y EfficientNetB0, entre otros, por lo tanto, se debe diseñar una red neuronal completa con capas convolucionales, capas de agrupamiento, capas de activación y capas de salida, apropiadamente implementadas para una ejecución técnica de toda la red. El ejemplo 5.3 expone la implementación de un modelo personalizado sin usar modelos base, en este se captura un conjunto de datos (flores) de la plataforma de Tensorflow, las imágenes de flores están distribuidas en cinco clases y se usan datos de entrenamiento, validación y prueba. El código fuente de este ejemplo lo ensayamos en Google Colaboratory, donde evidenciamos un resumen del modelo y la salida de este. Es relevante destacar, que por el hecho de ser un modelo completamente personalizado y con pocas imágenes, aproximadamente 3670, y en consecuencia pocos parámetros para aprender, en comparación con el apoyo de un modelo base, entonces es necesario aplicar más epochs durante el entrenamiento para alcanzar una mejor precisión, pero, en dicho entrenamiento se invierte más tiempo y es probable que algunas predicciones no sean las más exitosas.

```
"""EJEMPLO 5.3: CLASIFICACIÓN DE IMÁGENES CON MODELOS DE REDES NEURONALES
  PERSONALIZADOS SIN USAR MODELOS BASE"""

import tensorflow as tf
import numpy as np
```

```
import matplotlib.pyplot as plt
from keras.models import Sequential
from keras.layers import Activation, Dropout, Flatten, Dense
from keras.layers import Conv2D, MaxPooling2D, Rescaling, RandomFlip,\
   RandomRotation, RandomZoom
import pathlib

#descarga de datos, imágenes de flores de la plataforma Tensorflow
dataset_url="https://storage.googleapis.com/download.tensorflow.org/example_images/flower_photos.tgz"
data_dir = tf.keras.utils.get_file(origin=dataset_url,
                                   fname='flower_photos',
                                   untar=True)
data_dir = pathlib.Path(data_dir)

image_count = len(list(data_dir.glob('*/*.jpg')))
print(image_count)

#Configuración de parámetros de las imágenes de flores
batch_size = 32
img_height = 180
img_width = 180
input_shape = (img_height, img_width, 3)

#Configuración de los datos de entrenamiento (imágenes)
train_ds = tf.keras.utils.image_dataset_from_directory(
         data_dir,
         validation_split=0.2,
         subset="training",
         seed=123,
         image_size=(img_height, img_width),
         batch_size=batch_size)

#Configuración de los datos de validación (imágenes)
val_ds = tf.keras.utils.image_dataset_from_directory(
         data_dir,
         validation_split=0.2,
         subset="validation",
         seed=123,
         image_size=(img_height, img_width),
        batch_size=batch_size)

#Declaración de variables asociadas a las clases de flores
class_names = train_ds.class_names
print(class_names)
num_classes = len(class_names)
print(num_classes)

#Configuración del conjunto de datos de prueba
val_batches = tf.data.experimental.cardinality(val_ds)
test_dataset = val_ds.take(val_batches // 5)
val_ds = val_ds.skip(val_batches // 5)
print('Number of validation batches: %d' % tf.data.experimental.cardinality(val_ds))
print('Number of test batches: %d' % tf.data.experimental.cardinality(test_dataset))

#Configuración del conjunto de datos para el rendimiento
AUTOTUNE = tf.data.AUTOTUNE
train_ds = train_ds.prefetch(buffer_size=AUTOTUNE)
```

```
val_ds = val_ds.prefetch(buffer_size=AUTOTUNE)
test_dataset = test_dataset.prefetch(buffer_size=AUTOTUNE)

#Creación del modelo de red neuronal
#Adición de capas de aumento de datos y normalización
#Capas convolucionales, de activación y de agrupamiento
model = Sequential()
model.add(RandomFlip("horizontal", input_shape=input_shape ))
model.add(RandomRotation(0.1))
model.add(RandomZoom(0.1))
model.add(Rescaling(1./255, input_shape=(img_height, img_width, 3)))
model.add(Conv2D(32, (3), padding='same', input_shape=input_shape))
model.add(Activation('relu'))
model.add(MaxPooling2D(pool_size=(2, 2)))

#Segunda capa convolucional y de agrupamiento
model.add(Conv2D(32, (3), padding='same'))
model.add(Activation('relu'))
model.add(MaxPooling2D(pool_size=(2, 2)))

#Tercera capa convolucional y de agrupamiento
model.add(Conv2D(64, (3), padding='same'))
model.add(Activation('relu'))
model.add(MaxPooling2D(pool_size=(2, 2)))

#Adición de capa de aplanamiento y capas completamente conectadas
#Adición de capa de abandono
model.add(Flatten())
model.add(Dense(64))
model.add(Activation('relu'))
model.add(Dropout(0.5))
model.add(Dense(64))
model.add(Activation('relu'))
model.add(Dense(num_classes))

#Compilación del modelo
model.compile(
     optimizer='adam',
     loss=tf.losses.SparseCategoricalCrossentropy(from_logits=True),
    metrics=['accuracy'])
model.summary()

#Entrenamiento del modelo
history = model.fit(train_ds, validation_data=val_ds,  epochs=50)
model.save('fine_tune.h5')

#Configuración de lotes de imágenes de prueba
image_batch, label_batch = test_dataset.as_numpy_iterator().next()

#Declaración de variable para la salida de las imágenes en pantalla
columns = 3
rows = 3
plt.figure(figsize=(15,6))

#Función para truncar a decimales el valor numérico de la mayor predicción
def truncate(number: float, max_decimals: int) -> float:
        int_part, dec_part = str(number).split(".")
        return float(".".join((int_part, dec_part[:max_decimals])))

#predicción de las imágenes de prueba, se imprimen 9 imágenes de un lote, la
```

```
123   #predicción aparece en el título de cada imagen
124   for i in range(1, columns*rows +1):
125           img_array = tf.expand_dims(image_batch[i], 0)
126           predictions = model.predict(img_array)
127           score = tf.nn.softmax(predictions[0])
128           if class_names[label_batch[i]] == class_names[np.argmax(score)]:
129                   color = 'blue'
130           else:
131                   color = 'red'
132           plt.subplot(rows, columns, i)
133           plt.imshow(image_batch[i].astype("uint8"))
134           plt.title("{}: {} {}%".format(class_names[label_batch[i]],
135                                         class_names[np.argmax(score)],
136                                         truncate(100 * np.max(score), 1)), co-
lor= color)
137           plt.axis("off")
138
139   plt.show()
```

5.3.3 Explicación global del ejemplo 5.3: clasificación de imágenes con modelos de redes neuronales personalizados sin usar modelos base

La diferencia más destacada entre el ejemplo 5.2 y el ejemplo 5.3, es el uso del modelo de red neuronal convolucional vgg16, como base para el entrenamiento de la red neuronal principal del ejemplo 5.2, esto implica que en el ejemplo 5.3 la cantidad de parámetros aprendidos para usar en las predicciones serán mucho menores, y por tanto las predicciones pueden ser menos exitosas. El código fuente de ambos ejemplos es muy similar, por lo tanto explicaremos las diferencias más sobresalientes, con base en esto, en las líneas 61 a 64 se configuran los conjuntos de datos para un mejor rendimiento al realizar el entrenamiento con las imágenes, de esta forma se usa la captación previa de las imágenes para almacenarlas en la memoria búfer y luego cargarlas desde el disco sin que la E/S se convierta en un bloqueo.

En las líneas 69 a 76 se crea el modelo de red neuronal principal, allí se adicionan capas convolucionales y capas de agrupamiento, estas son las capas más esenciales de las redes neuronales convolucionales, porque identifican características en las imágenes como: detección de bordes y reducción de la resolución, además de otros aspectos, a través de algoritmos matemáticos complejos. En este inicio de la red neuronal personalizada, también se adicionan capas de activación, cuya función principal es activar las salidas de las capas convolucionales, también, se usa aquí el aumento de datos en tiempo real al adicionar las capas: RandomFlip(), RandomRotation(0.1) y RandomZoom(0.1), como explicamos en el ejemplo 5.2, esto es importante porque ayuda a reducir el sobreajuste, es decir el aprendizaje de parámetros no deseados. En las líneas 79 a 81 y en las líneas 84 a 86, se adicionan de nuevo, capas convolucionales y capas de agrupamiento, esto se hace con el fin de seguir entrenando los parámetros para obtener mejor precisión en las características de las imágenes, sin embargo como la cantidad de parámetros es menor, en comparación con una red neuronal convolucional base como vgg16, es posible que los parámetros no aprendan las características deseadas de las imágenes.

En las líneas 90 a 96 se usan capas de aplanamiento (Flatten()), capas totalmente conectadas (Dense(64)), capas de abandono (Dropout(0.5)), y las respectivas capas de activación, las capas de aplanamiento no tienen parámetros que aprender, simplemente cambian el formato del tamaño de las imágenes, para que la red neuronal funcione más eficientemente; las capas completamente conectadas se caracterizan porque en ellas se realiza el razonamiento complejo de toda la red neuronal, por ello van al final de las capas convolucionales y de las capas de agrupamiento, aquí se usan 3 capas densas, para ir reduciendo el número de salidas, hasta llegar a las 5 salidas correspondientes a las 5 clases de flores; en la línea 93 se aplica la capa de abandono o Dropout(0.5), esta se aplica, porque también ayuda a combatir el sobreajuste descartando aleatoriamente (estableciendo la activación en cero) una cantidad de unidades de salida de la capa durante el proceso de entrenamiento, Dropout toma un número fraccionario como su valor de entrada, en forma de 0.1, 0.2, 0.4, etc. Esto significa eliminar aleatoriamente el 10%, 20% o 40% de las unidades de salida de la capa aplicada.

A continuación, presentamos la salida de la aplicación de este modelo de red neuronal, usando 50 epochs, razón por la cual el entrenamiento tomo un tiempo considerable, el modelo se ejecutó en Google Colaboratory.

```
3670
Found 3670 files belonging to 5 classes.
Using 2936 files for training.
Found 3670 files belonging to 5 classes.
Using 734 files for validation.
['daisy', 'dandelion', 'roses', 'sunflowers', 'tulips']
5
Number of validation batches: 19
Number of test batches: 4
Model: "sequential_2"
_________________________________________________________________
 Layer (type)                Output Shape              Param #
=================================================================
 random_flip_2 (RandomFlip)  (None, 180, 180, 3)       0

 random_rotation_2 (RandomRo  (None, 180, 180, 3)      0
 tation)

 random_zoom_2 (RandomZoom)  (None, 180, 180, 3)       0

 rescaling_2 (Rescaling)     (None, 180, 180, 3)       0

 conv2d_6 (Conv2D)           (None, 180, 180, 32)      896

 activation_10 (Activation)  (None, 180, 180, 32)      0

 max_pooling2d_6 (MaxPooling  (None, 90, 90, 32)       0
 2D)

 conv2d_7 (Conv2D)           (None, 90, 90, 32)        9248

 activation_11 (Activation)  (None, 90, 90, 32)        0

 max_pooling2d_7 (MaxPooling  (None, 45, 45, 32)       0
 2D)

 conv2d_8 (Conv2D)           (None, 45, 45, 64)        18496

 activation_12 (Activation)  (None, 45, 45, 64)        0

 max_pooling2d_8 (MaxPooling  (None, 22, 22, 64)       0
 2D)

 flatten_2 (Flatten)         (None, 30976)             0
```

Figura 5.6. Salida del modelo de red neuronal personalizado, sin modelo base, mostrando la cantidad de imágenes y algunas de las capas usadas

La figura 5.6 evidencia que se usó un conjunto de datos de 3670 imágenes de flores distribuidas en 5 clases, de las cuales 2936 se usaron para entrenar el modelo, mientras que 734 se usaron para validar el modelo, en la parte de abajo también se muestra las capas que tuvieron parámetros para aprender, estas capas son las convolucionales y las capas completamente conectadas (Dense). De las imágenes seleccionadas para validación se extrajeron varios lotes, para usarlas como imágenes de prueba. La figura 5.7 muestra que se entrenaron 2015653 (2 millones aproximadamente) parámetros, además que usamos 50 epochs para entrenar el modelo. Si comparamos los parámetros entrenados en este modelo con un modelo apoyado en una red neuronal como la vgg16, que tiene aproximadamente 17 millones de parámetros, entonces podemos decir que las predicciones de una red completamente personalizada con pocos datos deben ser menos exitosas.

```
dropout_2 (Dropout)          (None, 64)                0

dense_7 (Dense)              (None, 64)                4160

activation_14 (Activation)   (None, 64)                0

dense_8 (Dense)              (None, 5)                 325

=================================================================
Total params: 2,015,653
Trainable params: 2,015,653
Non-trainable params: 0
_________________________________________________________________
Epoch 1/50
92/92 [==============================] - 156s 2s/step - loss: 1.4731 - accuracy: 0.3498 - val_loss: 1.2886 - val_accuracy: 0.4967
Epoch 2/50
92/92 [==============================] - 151s 2s/step - loss: 1.2925 - accuracy: 0.4302 - val_loss: 1.1503 - val_accuracy: 0.5116
Epoch 3/50
92/92 [==============================] - 151s 2s/step - loss: 1.1730 - accuracy: 0.5020 - val_loss: 1.0891 - val_accuracy: 0.5330
Epoch 4/50
92/92 [==============================] - 151s 2s/step - loss: 1.1321 - accuracy: 0.5395 - val_loss: 1.0302 - val_accuracy: 0.5792
Epoch 5/50
92/92 [==============================] - 149s 2s/step - loss: 1.0669 - accuracy: 0.5729 - val_loss: 1.0245 - val_accuracy: 0.5792
Epoch 6/50
92/92 [==============================] - 149s 2s/step - loss: 1.0256 - accuracy: 0.5937 - val_loss: 0.9354 - val_accuracy: 0.6370
Epoch 7/50
92/92 [==============================] - 151s 2s/step - loss: 0.9760 - accuracy: 0.6141 - val_loss: 0.8393 - val_accuracy: 0.6634
Epoch 8/50
92/92 [==============================] - 150s 2s/step - loss: 0.9481 - accuracy: 0.6182 - val_loss: 0.8787 - val_accuracy: 0.6469
Epoch 9/50
92/92 [==============================] - 150s 2s/step - loss: 0.9328 - accuracy: 0.6322 - val_loss: 0.8413 - val_accuracy: 0.6634
Epoch 10/50
```

Figura 5.7. Salida del modelo de red neuronal personalizado, sin modelo base, mostrando las capas finales, la cantidad de parámetros entrenados y el uso de 50 epochs en el entrenamiento

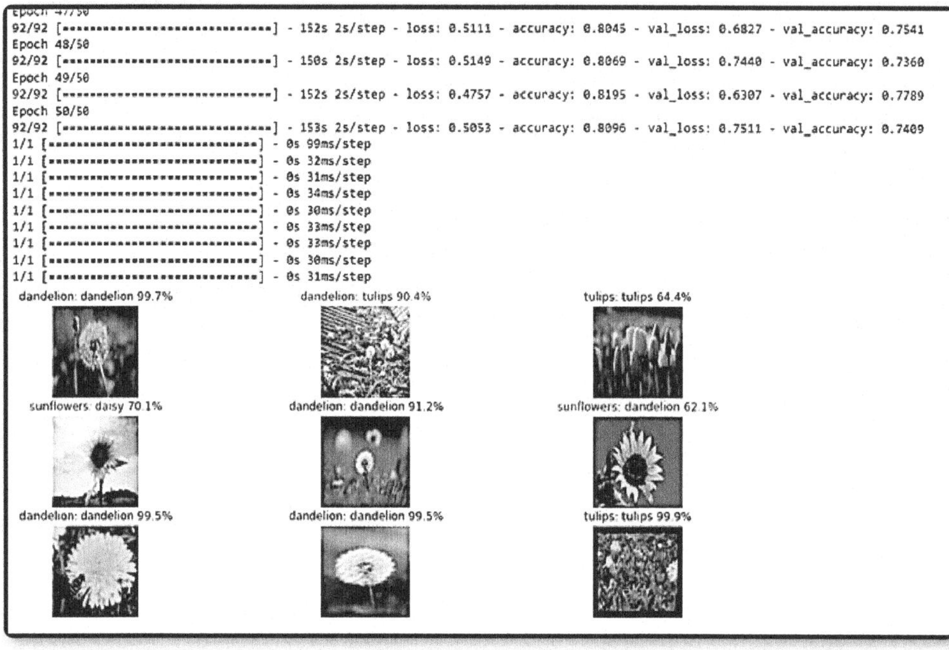

Figura 5.8. Resultados de las predicciones de clasificación sobre 9 imágenes de flores

La figura 5.8, evidencia de nuevo el uso de 50 epochs para el entrenamiento, en los que se invirtió un tiempo considerable, debido al entrenamiento de todos los parámetros y quizás la CPU del ordenador, también se muestra en la figura 5.8 que la precisión del modelo en el último epoch es de 0.7409, es decir, fue difícil superar el 80% de precisión, aunque podría lograrse con más de 50 epochs, pero invirtiendo más tiempo en el entrenamiento de los parámetros. En tres tipos de imágenes de flores se muestra que las predicciones no fueron exitosas, porque están en color rojo sus títulos y los nombres de la derecha de sus títulos no coinciden con los nombres de la izquierda de sus títulos, lo más probable es que esto se debe a la cantidad de parámetros usados en este modelo, aproximadamente 2 millones, mientras que en el ejemplo 5.2, con un modelo base de red neuronal vgg16, usando aproximadamente 14 millones de parámetros, todas las predicciones fueron exitosas y el tiempo de entrenamiento fue menor, la figura 5.5 muestra los resultados de las predicciones del ejemplo 5.2. En consecuencia, si se quiere obtener mejores resultados en el ejemplo 5.3, una forma sería aumentando la cantidad de imágenes.

5.4 DETECCIÓN DE ENFERMEDADES A TRAVÉS DE IMÁGENES

En la atención sanitaria y en general en el campo de la medicina, existen muchas modalidades de adquisición de imágenes diferentes, como imágenes de rayos X, imágenes de tomografía computarizada (TC), imágenes de resonancia magnética (RM), imágenes de retina, entre otras. Examinar estas imágenes manualmente es lento y requiere muchos años de experiencia. El uso de redes neuronales de aprendizaje profundo para clasificar estas imágenes puede ser más eficiente. En enero de 2020, Google y el Imperial College London demostraron que su algoritmo puede superar a radiólogos humanos en la lectura de mamografías para detectar el cáncer de mama. La clasificación de imágenes es el mejor ejemplo de cómo se puede utilizar la Inteligencia Artificial (IA) en la atención médica.

5.4.1 Clasificación de imágenes de cáncer de piel

El cáncer de piel impacta a millones de personas en el planeta. La eficacia del tratamiento depende en gran medida de la detección rápida, por tanto, la clasificación de imágenes sería un método muy eficaz para mejorar la detección rápida, ya que hay muchas imágenes digitales del cáncer de piel, además ha habido varias aplicaciones de diagnóstico de la piel para este propósito, los siguientes enlaces conducen a las respectivas aplicaciones.

UMSkinCheck

https://www.uofmhealth.org/patient%20and%20visitor%20guide/my-skin-check-app

SkinVision

www.skinvision.com/

MoleCare

https://www.nhs.uk/apps-library/molecare/

Pero, la idea con esto es desarrollar su propio software de clasificación de enfermedades de la piel (cáncer), lo primero es tener la posibilidad de obtener imágenes de la enfermedad de la piel (cáncer). La fuente más comúnmente citada de imágenes de enfermedades de la piel (cáncer) es la International Skin Imaging Collaboration (ISIC https://www.isic-archive.com/). En el medio hay muchas imágenes de enfermedades de la piel (cáncer), y se llevan a cabo desafíos anuales de ISIC en el análisis de lesiones cutáneas para la detección del melanoma. También puede encontrar imágenes de la piel en los siguientes sitios web:

https://www.cancer.org/cancer/skin-cancer/skin-cancer-image-gallery.html
https://www.skincancer.org/
https://www.medicinenet.com/image-collection/skin imagen de cáncer/picture.htm

Luego de obtener imágenes de enfermedades de la piel (cáncer), es posible usar los ejemplos de aprendizaje de transferencia de la sección 5.3 para entrenar los propios modelos y clasificar las imágenes. Si desea aprender de los proyectos de otras personas para la clasificación de imágenes de enfermedades de la piel, un lugar recomendado es Kaggle, donde puede obtener tanto el conjunto de datos (imágenes de la piel) como los proyectos de otras personas. Puede crear una cuenta utilizando su correo de Google, aquí (https://www.kaggle.com/kmader/skin-cancer-mnist-ham10000) se muestra un conjunto de datos de cáncer de piel en Kaggle que contiene 2,7GB de imágenes pigmentadas de piel. En el menú Código, puede ver que hay 176 proyectos basados en este conjunto de datos. Una vez que encuentre un proyecto que le guste, tiene la opción de copiarlo y editarlo en Kaggle en su propia cuenta, descargar una copia o abrirlo en Google Cloud. Los siguientes son dos proyectos de ejemplo interesantes basados en el conjunto de datos del cáncer de piel:

https://www.kaggle.com/ingbiodanielh/skin-cancer-classification-with-resnet-50-fastai

https://www.kaggle.com/mikeleske/2-stage-densenet201-fine-tuning-98-4-Precisión

5.4.2 Clasificación de la retinopatía

Las imágenes de la retina se utilizan para examinar la salud de los ojos, principalmente en pacientes diabéticos. Estas imágenes toman una imagen digital de la parte posterior del ojo, mostrando la retina, el disco óptico y los vasos sanguíneos. La retina es el tejido sensible a la luz, y el disco óptico es una mancha oscura en la retina que contiene el nervio óptico, el cual envía información al cerebro. La Figura 5.9 muestra una base de datos de imágenes de retinopatía diabética en Kaggle. Tiene 3663 imágenes de la retina divididas en cinco categorías: Leve, Moderada, Sin DR (sin retinopatía diabética), RD proliferada y Grave.

Los siguientes son tres ejemplos interesantes de proyectos basados en el conjunto de datos de imágenes de retinopatía diabética:

https://www.kaggle.com/mattmcfee/retinopathy-classification-with-vgg16

https://www.kaggle.com/akshat0007/diabetic-retinopathy-detection-and-classification

https://www.kaggle.com/huseyinefe/diabetic-retinopathy-with-cnn-by-keras

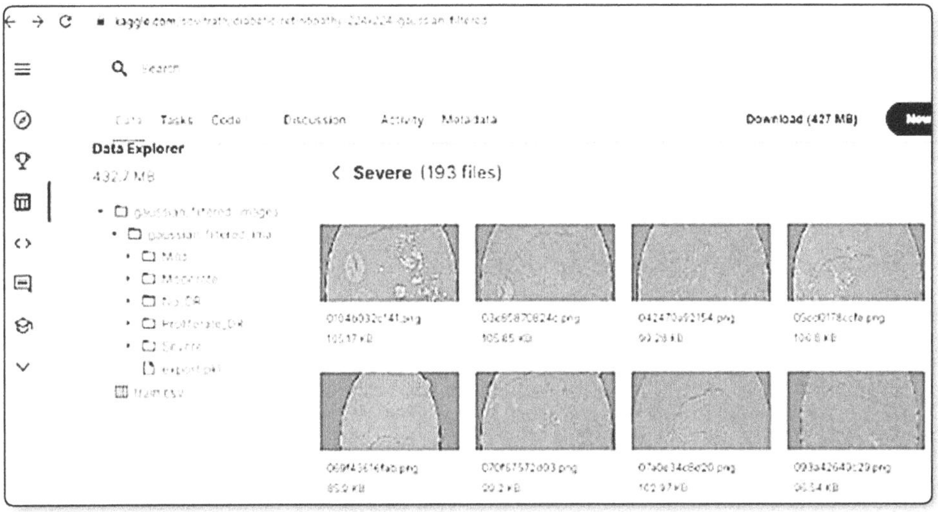

Figura 5.9. El conjunto de datos de imágenes de la retinopatía diabética en kaggle y algunas imágenes de muestra.
Fuente: https://www.kaggle.com/sovitrath/diabetic-retinopathy-224x224-gaussian-filtered

Existen otros campos de la medicina donde es posible trabajar con clasificación de imágenes para la detección de enfermedades, algunos de estos son: Rayos X de tórax, resonancia magnética de tumores cerebrales y detección de hemorragias intracraneales, igualmente se pueden explorar más campos de la medicina donde el aprendizaje automático y el aprendizaje profundo serían destacados para la detección de enfermedades a través de imágenes.

5.5 CLASIFICACIÓN DE IMÁGENES CON BASE EN WEB

Las aplicaciones web siempre han estado vigentes, a diferencia de las aplicaciones móviles, que tiene que descargar e instalar en su teléfono móvil, se accede a las aplicaciones web a través del navegador de Internet, por lo que no hay que descargarlas e instalarlas. Las aplicaciones móviles se ejecutan en teléfonos móviles, mientras que las aplicaciones web se ejecutan desde servidor remoto, además varias funciones de las aplicaciones web no es posible ejecutarlas en una aplicación móvil, salvo la realización de los cambios pertinentes a nivel de diseño de software para ejecutar tanto en una plataforma web como en una plataforma móvil. Existen varias formas de desarrollar aplicaciones basadas en web con Python. La forma más rápida es utilizar la biblioteca Streamlit (https://docs.streamlit.io/en/stable/). Para utilizar la biblioteca Streamlit, primero debe instalarla, simplemente escriba el siguiente comando en una línea de comando de un sistema operativo: pip install streamlit.

5.5.1 Clasificación de archivos de imagen apoyados en la biblioteca Streamlit de Python

El ejemplo 5.4 muestra cómo crear una aplicación web para la clasificación de imágenes mediante la biblioteca Streamlit. Esta biblioteca contiene los comandos adecuados para crear los aspectos inherentes a una página Web, como, por ejemplo: El archivo html, insertar un botón en la página web, insertar un título o un párrafo en el archivo html, además de otros comandos útiles para gestionar la presentación de una página Web. A continuación, exponemos el código fuente del ejemplo 5.4.

```
"""EJEMPLO 5.4: CLASIFICACIÓN DE IMÁGENES USANDO LA BIBLIOTECA DE
    STREAMLIT, EN ESENCIA SE CREA UNA PÁGINA WEB PARA CLASIFICAR
    LAS IMÁGENES"""
"""Este código fuente debe ejecutarse desde la línea de comandos
    del sistema operativo y con la instrucción:
   streamlit run Ejemplo5_4.py"""

 import streamlit as st
 import cv2
import numpy as np
from PIL import Image
from keras.utils import img_to_array
from keras.applications.imagenet_utils import decode_predictions
from keras.applications import vgg16

#Aplicación del modelo de red neuronal vgg16 como base para el entrenamiento
model = vgg16.VGG16(weights='imagenet')

#Tamaño de las imágenes del modelo
image_size = 224

#Creación de la página Web y los títulos
frameST = st.empty()
st.title("Image Classification")
st.sidebar.markdown("# Image Classification")

#Variable para cargar la imagen desde la página Web
file_image = st.sidebar.file_uploader("Upload your Images", type=['jpeg',
                                                      'jpg','png','gif'])

#Instrucción para usar la memoria Cache del ordenador
@st.cache(allow_output_mutation=True)

#Declaración de función para clasificar la imagen
def vgg16_predict(cam_frame, image_size):
       frame= cv2.resize(cam_frame, (image_size, image_size))
       numpy_image = img_to_array(frame)
       image_batch = np.expand_dims(numpy_image, axis=0)
       processed_image = vgg16.preprocess_input(image_batch.copy())
       predictions = model.predict(processed_image)
       label_vgg = decode_predictions(predictions)
       cv2.putText(cam_frame, "VGG16: {}, {:.2f}".format(label_vgg[0][0][1],
                label_vgg[0][0][2]), (10, 30), cv2.FONT_HERSHEY_SIMPLEX,
```

```
0.7,
44                  (255, 0, 0), 1)
45          return cam_frame

46  #Condicional para ejecutar la predicción de la imagen cargada
47  if file_image is None:
48          st.write("No image file!")
49  else:
50          img = Image.open(file_image)
51          img = np.asarray(img)[:,:,::-1].copy()
52          #imcv = cv2.cvtColor(np.asarray(im), cv2.COLOR_RGB2BGR)
53          st.write("Image")
54          img = vgg16_predict(img, image_size)
55          img = img[:,:,::-1]
56          st.image(img, use_column_width=True)
57          if st.button("Download"):
58                  im_pil = Image.fromarray(img)
59                  im_pil.save('output.jpg')
60                  st.write('Download completed')
```

5.5.2 Explicación del ejemplo 5.4: clasificación de imágenes usando la biblioteca de Streamlit

Para ejecutar este código fuente, debe aclararse, que dicha ejecución no es directamente en un editor de Python, más bien debe ejecutarse desde la línea de comandos del sistema operativo porque se requiere ejecutar un servidor local para poner la página Web en línea o en Internet, en este caso se sugiere la línea de comandos de Windows, en la figura 5.10 se explica cómo acceder a la línea de comandos de Windows y ejecutar el código fuente que estamos analizando. En las líneas 1 a 6 se escriben dos comentarios para determinar el título de la aplicación y un comentario explicativo sobre la línea de comandos. En las líneas 8 a 14 se importan las librerías necesarias para que el código fuente funcione exitosamente, en la línea 8 se importa la librería de streamlit por medio del sinónimo, st, simplemente para facilitar el llamado de la biblioteca en otras partes del código, en general esta librería convierte los scripts de datos en aplicaciones web para compartir casi inmediatamente, la cuestión es que el archivo Python que contenga el código fuente debe ejecutarse desde la línea de comandos del sistema operativo con la instrucción: (streamlit run streamexample.py), la última palabra es el nombre del archivo Python y con la respectiva extensión del lenguaje de programación Python , también cuando se esté en la línea de comandos, debemos estar ubicados en el directorio que contiene el archivo Python con el respectivo diseño en la librería de streamlit. Igualmente, la mayoría de las veces se requiere que la librería de streamlit y las demás librerías usadas en el código fuente a ejecutar, sean instaladas desde la línea de comandos del sistema operativo respectivo, el comando usado para esta instalación, debe ser de la siguiente forma: (py -m pip install streamlit) las demás librerías también se instalan así, solo es cambiar el nombre de la librería, se recomienda hacer esto desde la administración del sistema operativo, también es importante recordar que el lenguaje Python debe estar instalado en el ordenador, en la siguiente página Web se hallan recomendaciones para instalar paquetes Python: (https://pip.pypa.io/en/stable/getting-started/#).

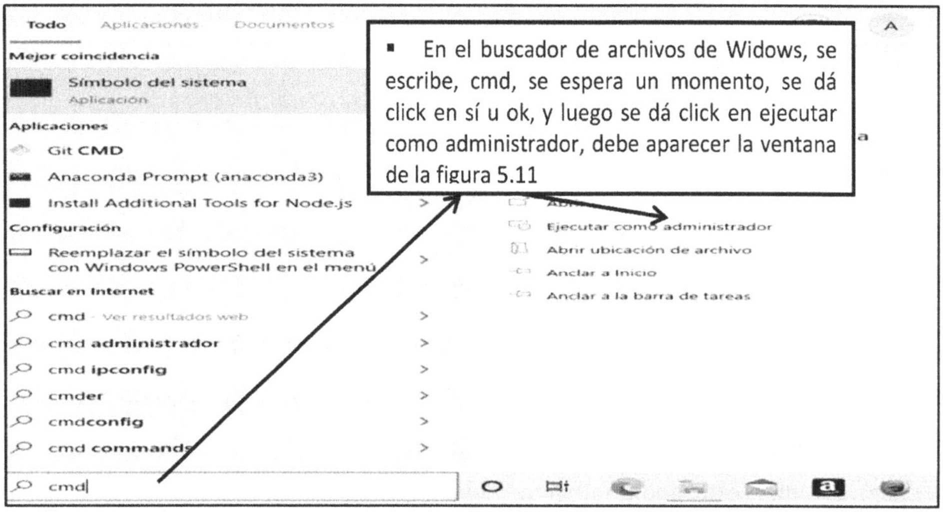

Figura 5.10. Instrucciones para abrir la terminal o línea de comandos del sistema operativo Windows

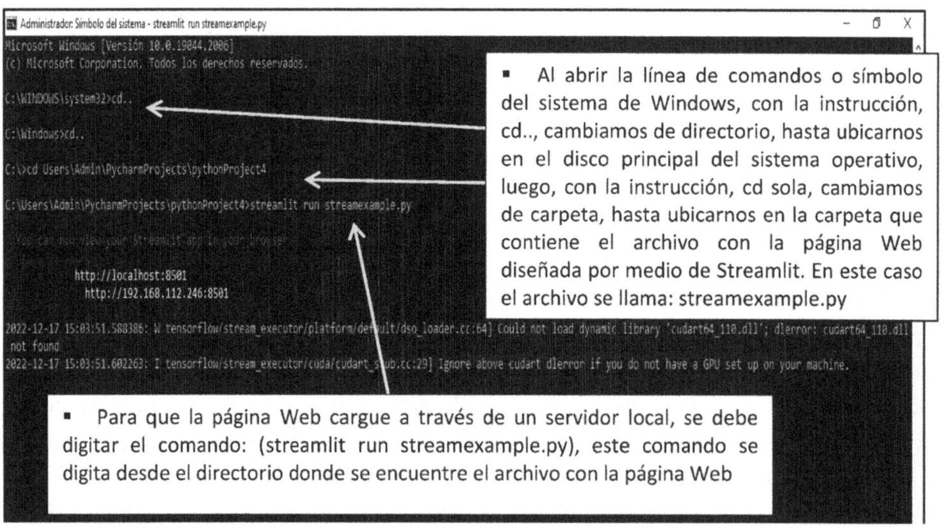

Figura 5.11. Línea de comandos de Windows ejecutando un servidor local para abrir la página Web diseñada con Streamlit

Para este caso que estamos exponiendo, el archivo que contiene el diseño con la página Web, montada a través de Streamlit se llama, streamexample.py, en el momento de ejecutarlo desde la línea de comandos, es posible que el sistema operativo arroje un error, porque no encuentra el modelo vgg16 de red neuronal descargado, por lo tanto una forma de descargarlo es ejecutando la instrucción, (py -m pip install vgg16), igualmente las demás librerías que se importan al inicio del código fuente, deben ser instaladas de la misma manera, por lo menos esto es necesario en Windows 10. Otra forma de descargar el modelo vgg16, es usar un editor de Python como Pycharm (https://www.jetbrains.com/es-es/pycharm/download/#section=windows), entre otros. Es importante, también identificar que la primera vez que se ejecuta el archivo con la página Web, la ejecución se demora un tiempo considerable, mientras descarga el modelo vgg16. En la línea 9, se importa la librería opencv-python o cv2, esta es una librería para la manipulación de gráficos en Python, en la página Web, (https://docs.opencv.org/4.x/), se encuentra información sobre dicha librería; en la línea 10, se importa la librería numpy, como ya hemos mencionado antes, esta es una librería para la manipulación de matrices y otros aspectos de matemáticas de las matrices y tensores; en la línea 11, de la librería PIL, se importa Image, PIL es una biblioteca adicional, gratuita y de código abierto para el lenguaje de programación Python que agrega soporte para abrir, manipular y guardar muchos formatos de archivo de imagen diferentes. En la línea 12 de la plataforma keras se importa el elemento, img_to_array, este es para convertir una imagen en matriz o tensor, luego de ser cargada; en la línea 13, de la plataforma Keras se importa el decodificador del modelo de una predicción de la base de datos de Imagenet, en concreto (decode_ predictions); en la línea 14, también de la plataforma keras se importa el modelo de red neuronal vgg16, este sirve como base para las predicciones de las imágenes que se van a realizar en la página Web que vamos a crear a través de la biblioteca de streamlit.

En la línea 17, se declara la variable model, y en ella se almacena el modelo de red neuronal vgg16 con los parámetros entrenados de la base de datos de imágenes de Imagenet, los parámetros se descargaran en el momento de ejecutar el código, esto puede tomar un tiempo considerable la primera vez que se ejecute el código; en la línea 20 se declara el tamaño de las imágenes que vamos a predecir, para el modelo vgg16 las imágenes son de 224 x 224 pixeles; en la línea 23, iniciamos el uso de comandos de la biblioteca de streamlit, en particular con la instrucción (frameST = st.empty()), se crea una aplicación Web optimizada vacía, que tiene de forma predeterminada una página principal y una columna lateral izquierda; en la línea 24, se pone el título a la página Web principal ya creada; en la línea 25 se pone el título a la columna o barra lateral izquierda de la página Web, es el mismo título que el de la página Web principal; en la línea 28, se declara la variable, file_image, y a través de ella se almacena un cargador de imágenes externas, por tanto cuando se de click en este cargador, entonces se podrá subir una imagen desde un directorio del ordenador para clasificarla a través del modelo de red neuronal vgg16, los formatos de imágenes son: jpg, png, jpeg. En la línea 32, se implementa la instrucción para permitir que la página Web creada se cargue por medio de la memoria cache de la biblioteca de Streamlit.

En la línea 35, se declara la función, vgg16_predict, dicha función tiene dos parámetros: la imagen a cargar desde un directorio del ordenador, y el tamaño de la imagen. Esta función se llamará o invocará en la línea 54 para realizar el proceso completo de predicción, por ahora vamos a terminar de describir lo relacionado con lo que sucede en el interior de esta función en el momento que sea ejecutada; en la línea 36, a través de la instrucción, frame= cv2.resize(cam_frame, (image_size, image_size)), se cambia el tamaño de la imagen cargada para que sea coherente con el modelo vgg16; en la línea 37, la imagen ya cargada y transformada de tamaño, se convierte en una matriz o tensor numpy para el tratamiento numérico; en la línea 38, se adiciona una dimensión u orden a la matriz o tensor numpy ya creado, esto se debe hacer para poder realizar la predicción; en la línea 39, se aplica el preprocesador de la matriz que codifica la imagen, esto se hace desde las aplicaciones de Keras y el modelo vgg16, es decir, la imagen se debe codificar para realizar la predicción; en la línea 40 se realiza la predicción teniendo como modelo de red neuronal el vgg16; en la línea 41, a través de la instrucción, label_vgg = decode_predictions(predictions), se decodifica la predicción para llevarla a un formato de escritura en pantalla.

En la línea 42, a través del método, cv2.putText(), se carga la imagen a predecir en la página Web principal y encima de la imagen se escribe la palabra VGG16 y el nombre de la predicción realizada; en la línea 45, la función vgg16_predict, devuelve la imagen cargada para poderla imprimir en pantalla; en la línea 47, se crea un condicional (if, then, else), para realizar la predicción o para escribir en pantalla que no se ha realizado ninguna predicción; en la línea 48, se escribe en pantalla que no hay ninguna imagen, si por defecto esta no se ha cargado; en la línea 49, se inicia todo el proceso de la predicción si la imagen ya se cargó desde la interfaz de la página Web; en la línea 50, a través de la instrucción, img = Image. open(file_image), se identifica el archivo cargado por medio de la página Web; en la línea 51, se transforma la imagen cargada a través de la página Web, en una matriz numpy, además se le cambia el formato, de BGR a RGB, y se hace una copia de la imagen; en la línea 53, se escribe en la página Web principal la palabra Image; en la línea 54, se ejecuta la función, vgg16_predict(), con sus respectivos argumentos, es decir la imagen cargada y su tamaño, por lo tanto se ejecuta la predicción sobre la imagen y esta debe aparecer escrita encima de la imagen en la página Web principal, la figura 5.12 muestra la página Web creada y el resultado de la predicción encima de la imagen del león (se usa la imagen de un león para realizar la predicción).

Figura 5.12. Página Web creada a través de Streamlit y resultado de la predicción de la imagen de un león

En la línea 55 se ratifica el formato de la imagen; en la línea 56, se escribe el nombre del archivo de la imagen en la columna izquierda de la página Web; en la línea 57, se crea un botón a través de la biblioteca de streamlit, y al mismo tiempo se declara un condicional, tipo if, para indicar que si se oprime el botón descarga, entonces, se descargue la imagen en el ordenador con ayuda de las instrucciones de las líneas 58, 59 y 60. La figura 5.12 presenta una página Web creada por medio de Streamlit y ejecutada a través de un servidor local, para que este servidor local se active, se debe ejecutar en la línea de comandos de Windows la instrucción: (streamlit run streamexample.py), además al ejecutar esta instrucción debemos estar ubicados en la carpeta que contiene el archivo Python (streamexample.py) con el diseño de la página Web en Streamlit; la imagen usada para la predicción es un león, el resultado de la predicción es el texto que aparece encima de la imagen, este nombre corresponde a la clase que contiene imágenes de leones en la base de datos de Imagenet, usada por el modelo de red neuronal vgg16.

5.6 PROCESAMIENTO DE IMÁGENES

Existen varias técnicas de procesamiento de imágenes como: Unión de imágenes, coincidencia de plantillas, pintura fotográfica, coloración de fotos en blanco y negro y otras. En esta sección vamos a estudiar la costura o unión de imágenes.

5.6.1 Costura de imágenes

La unión de imágenes permite unir varias imágenes en una sola imagen. El ejemplo 5.5 muestra el código Python para la unión de imágenes (stitching). Esto le permite especificar varios archivos de imagen y unirlos. Los dos archivos de imagen

Londonleft.png y Londonright.png están disponibles en el sitio Web www.pexels.com/, la figura 5.13 muestra la imagen del archivo Londonleft.png. La figura 5.14 muestra la imagen del archivo Londonright.png. La figura 5.15 muestra la imagen final del resultado compuesto.

```
"""EJEMPLO 5.5: UNIÓN O COSTURA DE IMÁGENES A TRAVÉS DE LA FUNCIÓN SITCH DE PYTHON"""
"""Este código fuente se debe ejecutar desde la línea de comandos del
   sistema Operativo Windows con la instrucción: (Python Ejemplo5_5.py + las rutas
   de los archivos donde se encuentran las imágenes a unir) (Ejemplo5_5.py)"""

#from __future__ import print_function
import cv2 as cv
import argparse
import sys

 #Declaración del analizador sintáctico y sus argumentos
 modes = (cv.Stitcher_PANORAMA, cv.Stitcher_SCANS)
 parser = argparse.ArgumentParser(prog='stitching.py', description='Stitching sample.')
 parser.add_argument('--mode',
           type=int, choices=modes, default=cv.Stitcher_PANORAMA,
           help='Determines configuration of stitcher. The default is `PANORAMA` (%d), '
           'mode suitable for creating photo panoRamas. Option `SCANS` (%d) is suitable '
           'for stitching materials under affine transformation, such as scans.' % modes)
  parser.add_argument('--output', default='result.png',
                  help='Resulting image. The default is `result.png`.')
  parser.add_argument('img', nargs='+', help='input images')

  #Declaración de función para realizar la unón de imágenes
 def main():
                                      """args = parser.parse_args(['/Users/Admin/PycharmProjects/pythonProject/Londonleft.png',
          '/Users/Admin/PycharmProjects/pythonProject/Londonright.png'])"""
          #Ejecución de los argumentos del analizador sintáctico
          args = parser.parse_args()

        #Lectura de las imágenes de entrada por la línea de comandos
        imgs = []
        for img_name in args.img:
              img = cv.imread(cv.samples.findFile(img_name))
              if img is None:
                    print("can't read image " + img_name)
                    sys.exit(-1)
              imgs.append(img)

         #Instrucciones para realizar la unión de las imágenes
        stitcher = cv.Stitcher.create(args.mode)
```

```
41          (dummy, pano) = stitcher.stitch(imgs)
42
42          #Si existe error en la unión de las imágenes, se imprime error
43         if dummy != cv.Stitcher_OK:
44               print("Can't stitch images, error code = %d" % dummy)
45               sys.exit(-1)
46
47        #Impresión de las imágenes unidas en pantalla
48        cv.imshow("Display window", pano)
49        cv.waitKey(0)
50        cv.imwrite(args.output, pano)
51        print("stitching completed successfully. %s saved!" % args.output)
52        print('Done')
53
54     #Ejecución de la función principal para unir las imágenes
55     if __name__ == '__main__':
56                  #print(__doc__)
57                  main()
58                  cv.destroyAllWindows()
```

5.6.2 Explicación del ejemplo 5.5: costura o unión de imágenes

En las líneas 1 a 4, se escriben dos comentarios dentro del código fuente de la aplicación para unir imágenes, el primer comentario es el título de la aplicación, el segundo comentario es una aclaración para indicar que este código se debe ejecutar desde la línea de comandos del sistema operativo con la instrucción: (python Ejemplo5_5.py + rutas de los archivos de las imágenes a unir), para el caso de este ejemplo la instrucción completa fue: python Ejemplo5_5.py "/Users/Admin/PycharmProjects/pythonProject/Londonleft.png" "/Users/Admin/PycharmProjects/pythonProject/Londonright.png", desde luego en otro ordenador las imágenes pueden estar ubicadas en un archivo diferente. En las imágenes 5.10 y 5.11, se explica cómo acceder a la línea de comandos del sistema operativo Windows; para ejecutar el código anterior con la instrucción ya mencionada, inicialmente, la línea de comandos debe estar ubicada en la carpeta o directorio que contenga el archivo (stitching.py) con el código fuente de la aplicación de la unión de imágenes, es decir con el código fuente del ejemplo 5.5. Téngase en cuenta, también, que los comentarios de las líneas 1 a 4, se ponen entre comillas triples, al inicio y final de cada comentario.

En las líneas 7 a 9, se importan las librerías necesarias para la ejecución del código fuente, en la línea 7 se importa la librería opencv-python o cv2, en forma abreviada como, cv, pero el significado es el mismo, esta librería es esencial para la manipulación de imágenes; en la línea 8 se importa la librería argparse, esta es un analizador sintáctico (Parser) para las opciones, argumentos y subcomandos de la línea de comandos; en la línea 9 se importa la librería sys, esta provee acceso a algunas variables usadas o mantenidas por el intérprete Python y a funciones que interactúan fuertemente con el intérprete. Hay que considerar que, si alguna de estas librerías falla al ejecutar el código fuente, entonces la librería se debe instalar desde la línea de comandos, se sugiere desde el archivo administrador del sistema operativo, la instrucción a usar sería: py -m pip install opencv-python, el último nombre de esta instrucción corresponde a la librería a instalar, en este caso se puso como ejemplo opencev-python. También, el lenguaje de programación Python debe estar correctamente instalado en el ordenador respectivo.

En la línea 12 se declara la variable, modes, y en ella se almacena un diccionario Python con dos opciones que posteriormente serán usadas con el procedimiento de unión de imágenes; en la línea 13, en la variable parser, se declara el analizador sintáctico para la línea de comandos de la aplicación de unión de imágenes, aquí se usa la instrucción completa: parser = argparse.ArgumentParser(prog='Ejemplo5_5.py', description='Stitching sample.'); en la línea 14, se adiciona el primer argumento a la línea de comandos del analizador sintáctico ya creado en la línea 13 para la aplicación de unión de imágenes, este primer argumento se caracteriza porque es opcional, los argumentos opcionales se declaran con uno o dos guiones adelante y una palabra clave, como mode en este caso ("—mode"), además este primer argumento tiene varias características: el tipo de argumento es entero (línea 15), significa que si se adiciona el argumento este debe ser 1 o 2, también tiene una característica de elección por medio del diccionario modes (choices=modes), creado en la línea 12, debido a las dos opciones del diccionario, el entero debe ser 1 o 2; igualmente tiene una característica predeterminada, (default=cv.Stitcher_PANORAMA), esto significa que si el argumento opcional no se ingresa por la línea de comandos, entonces, el valor por defecto que se toma en el diccionario es: (cv.Stitcher_PANORAMA), que corresponde a una imagen tipo panorama, también para tomar la opción del argumento opcional, en la línea de comandos se debe digitar, --mode, y luego el valor entero 1 o 2; la última característica de este argumento opcional es, help (línea 16), simplemente es una explicación aclaratoria de lo que realiza el argumento opcional.

En la línea 19, se adiciona un segundo argumento opcional a la línea de comandos es: ("—output"), se refiere a que el archivo con las imágenes unidas debe llamarse, result.png, de acuerdo al valor predeterminado, también, en la línea 19 (default='result.png'), igualmente, este segundo argumento tiene la característica, help (línea 20). En la línea 21, se declara un tercer argumento, pero ya no opcional, sino posicional ('img'), esto significa que el argumento tiene que digitarse, de lo contrario el resultado es el no deseado, un ejemplo de argumento posicional puede ser una lista de nombres de archivos. Los argumentos posicionales se caracterizan porque no llevan los guiones adelante y se declaran con una palabra entre comillas ("img"), al tercer argumento se adiciona la característica, nargs='+' (línea 21), esto significa que todos los argumentos de la línea de comandos se recogen en una lista, además, se generará un mensaje de error si no había al menos un argumento presente en la línea de comandos, también se agrega a este tercer argumento la característica help.

En la línea 24, se declara la función, main(), a través de la cual se ejecutará la unión de las imágenes ingresadas por la línea de comandos de la aplicación que estamos diseñando; en las líneas 25 y 26, aparecen dos rutas de archivos deshabilitadas entre comentarios y aplicadas dentro del método, parser.parse_args(), esto se hace por si se desea ejecutar la aplicación en un editor de Python, pero no en la línea de comandos, entonces para habilitar esto, de las líneas 25 y 26 se deben deshabilitar los comentarios, además, dependiendo de dónde estén las imágenes a unir, las rutas también cambian. En la línea 28, dentro de la función, main(), se declara la variable, args, y a través de ella se ejecuta el método, parser.parse_args(), este método lo que hace es inspeccionar la línea de comandos, convertir cada argumento al tipo apropiado y luego invocar la acción correspondiente, en palabras más sencillas el método, parser.parse_args(), pone en escena cada uno de los argumentos adicionados a través de la línea de comandos diseñada; en la línea 31, se declara la variable, imgs, y por medio de ella se crea un arreglo o matriz para guardar las imágenes a unir; en la línea 32, se declara un ciclo for para buscar las imágenes a unir, estas imágenes se buscan a través de la línea de comandos, por donde se deben ingresar las rutas a dichas imágenes, como explicamos en el primer párrafo de este texto, por esta razón en la línea 32 se hace referencia al argumento, args.img; en la línea 33, se declara la variable, img, y por medio de ella y la biblioteca opencv-python, se buscan las imágenes a unir ingresadas por la línea de comandos creada, como son dos imágenes el ciclo for realiza las iteraciones necesarias para encontrar dichas imágenes; en la línea 34, si el ciclo for no encuentra ninguna imagen, entonces se imprime un mensaje de error en pantalla (líneas 35 y 36); en la línea 37, si el ciclo for encuentra una imagen, entonces la adiciona al vector, imgs (imgs.append(img)).

En la línea 40, se declara la variable, stitcher, y por medio de ella se configura la unión de las imágenes en el modo predeterminado, es decir, cv.Stitcher_PANORAMA; en la línea 41, se realiza, en concreto, la unión de las respectivas imágenes, esto se hace con ayuda de la función, stitch() de opencv-python, de esta manera, las imágenes deben tener algunos puntos clave comunes, es decir, una pequeña porción de imágenes consecutivas debe poder superponerse, de lo contrario no se podrán unir. La función stitch() toma una serie de imágenes como argumento y las une, devuelve la imagen resultante y un valor booleano que es verdadero si la unión tiene éxito, de lo contrario, devuelve falso y no hay imagen resultante. En la línea 41, dummy, es la variable que identifica el éxito o el error en la unión, y pano es la variable donde se almacena la imagen panorámica, si hubo éxito en la unión; en la línea 43, se crea un condicional para preguntar si la unión de las imágenes se realizó o no, si el resultado es negativo se imprime un mensaje de error en pantalla (líneas 44 y 45), de lo contrario la ejecución del código fuente continúa. En la línea 48, se configura la imagen panorámica de la unión, para ser mostrada en pantalla a través del método, cv.imshow(), este se usa para mostrar una imagen en una ventana, la ventana se ajusta automáticamente al tamaño de la imagen; en la línea 49, se ejecuta la instrucción, cv.waitKey(0), para mostrar la ventana de la imagen durante milisegundos o hasta que se presione cualquier tecla, en este caso espera hasta que se presiona cualquier tecla; en la línea 50, por medio de la instrucción, cv.imwrite(args.output, pano), se hace uso del método cv.imwrite() para guardar la imagen panorámica o de la unión en el argumento opcional args.output de la línea de comandos ya implementada.

En las líneas 51 y 52, se imprimen mensajes relativos a que la operación de unión de las imágenes fue correcta, además en la línea 51 se imprime el nombre del archivo donde se guardó la imagen resultante; en la línea 56, se implementa un condicional que pregunta por la existencia de la función main(), desde luego esta función existe, y por tanto en el interior del condicional se ejecuta la función main() (línea 57) y en consecuencia el proceso de realización de la unión de las imágenes; se debe resaltar que el condicional solo se ejecutará en un flujo de comandos de código, más no en una librería o biblioteca, esto es una cuestión propia del lenguaje de programación Python; en la línea 58, la instrucción se refiere a que si se oprime una tecla, entonces la ventana donde se cargó la imagen resultante de la unión de las imágenes, debe cerrarse. A continuación, se muestran las imágenes del proceso de unión de imágenes.

Figura 5.13. Imagen izquierda para realizar el proceso de unión de imágenes (Fuente: https://www.pexels.com/es-es/buscar/London%20left/)

Figura 5.14. Imagen derecha para realizar el proceso de unión de imágenes (Fuente: https://www.pexels.com/)

Figura 5.15. Resultado del proceso de unión de las imágenes 5.13 y 5.14

5.7 RESUMEN

El capítulo 5 trató sobre la clasificación de imágenes, uno de los temas más investigados en Inteligencia Artificial. Puede realizar clasificaciones de imágenes utilizando modelos de red neuronal de aprendizaje profundo previamente entrenados o usando modelos entrenados a la medida, esto también se llama aprendizaje por transferencia. Los modelos preentrenados, como AlexNet, GogLeNet, VGG, ResNet, MobileNet, EfficientNet, sirven para clasificar imágenes con clases predefinidas. Por ejemplo, cuando entrena las redes neuronales profundas en ImageNET, puede reconocer 1.000 tipos de objetos.

Con el aprendizaje por transferencia, puede entrenar los modelos con sus propios datos de imagen para reconocer nuevas clases de imagen. El aprendizaje por transferencia tiene múltiples aplicaciones, como la clasificación del cáncer de piel, la clasificación de la retinopatía, la clasificación de los rayos X de tórax, entre otras. Con la biblioteca Streamlit, puede crear fácilmente aplicaciones de clasificación de imágenes basadas en web. En el procesamiento de imágenes, la unión de imágenes le permite combinar varias imágenes en una sola imagen.

5.8 PREGUNTAS DE REVISIÓN DEL CAPÍTULO

- ✓ P5.1. ¿Qué es la clasificación de imágenes?
- ✓ P5.2. ¿Cuáles son las diferencias entre la clasificación de imágenes, la detección de objetos y la segmentación de imágenes?
- ✓ P5.3. ¿Qué es el aprendizaje por transferencia?
- ✓ P5.4. ¿Qué son las tecnologías de imágenes médicas?
- ✓ P.5.5. ¿Qué es la biblioteca Streamlit?
- ✓ P.5.6. ¿Qué se entiende por unión de imágenes?

6

DETECCIÓN DE ROSTROS Y RECONOCIMIENTO FACIAL

6.1 INTRODUCCIÓN

La detección y el reconocimiento faciales son tecnologías de Inteligencia Artificial (IA) controvertidas, sin embargo, aún se adoptan ampliamente en muchas áreas. Con la detección facial, los teléfonos inteligentes y las cámaras digitales pueden identificar caras mientras se toman fotos y videos. Con el reconocimiento facial, las personas pueden desbloquear sus teléfonos, encontrar y seguir el rastro a personas desaparecidas o delincuentes, y proporcionar control de acceso en aeropuertos y terminales de trasporte. Grandes empresas, como Facebook, Google, Amazon, Microsoft, IBM, y otras, han trabajado en sus propias tecnologías de reconocimiento facial. Las principales controversias en torno al reconocimiento facial son cuestiones éticas y de privacidad, las cuales tienen que seguir siendo investigadas en un futuro no muy lejano.

El reconocimiento facial inicia en la década de 1960, cuando varios investigadores trabajan en el uso del ordenador para reconocer rostros humanos en fotografías. En los proyectos iniciales, las coordenadas de los rasgos faciales en una fotografía tuvieron que establecerse primero, y luego se calcularon 20 distancias de puntos de rasgos clave. En 2001, se publicó un artículo titulado "Estudio del detector de rostros en tiempo real de Viola-Jones", que fue el primer estudio científico relacionado con el uso de algoritmos en la detección de rostros (https://web.stanford.edu/class/cs231a/prev_projects_2016/cs231a_final_report.pdf). Algunas personas se confunden acerca de la diferencia entre la detección y el reconocimiento faciales. La detección facial simplemente significa detectar rostros en una imagen, mientras que el reconocimiento facial significa identificar a una persona por su rostro. Primero deberá detectar las caras y, a continuación, realizar el reconocimiento. Un protocolo normal de reconocimiento facial puede tener estos cuatro pasos:

1. Detección de rostros: detectar rostros en una imagen.
2. Alineación de caras: alinee la cara de prueba (tamaño, orientación) con las caras de la base de datos.
3. Extracción de características de la cara: analice la cara y extraiga marcas de referencia distinguibles, también llamadas puntos nodales de cada cara. Una cara puede tener hasta 80 puntos nodales, como ojos, nariz, mejillas y labios. Otras características incluyen la distancia entre los ojos o la forma de los pómulos.
4. Coincidencia de caras: haga coincidir la cara con una base de datos de caras conocidas de acuerdo con los valores de puntos nodales, luego, prediga la mejor coincidencia.

En este capítulo, vamos a introducir cómo detectar caras en una imagen, ya sea desde un archivo de imagen o desde una cámara web, y luego cómo reconocer caras.

6.2 DETECCIÓN DE ROSTROS Y PUNTOS DE REFERENCIA FACIALES

El método más común para detectar rostros en tiempo real es utilizar el clasificador en cascada Haar, un método de detección de objetos eficiente, propuesto por Paul Viola y Michael Jones en 2001. En este método, una función en cascada se entrena a partir de una gran cantidad de imágenes positivas y negativas y luego se utiliza para detectar caras en otras imágenes. El ejemplo 6.1 muestra un programa sencillo de detección de rostros mediante la librería OpenCV. Primero se carga una imagen de un rostro desde un archivo llamado pexels-pixabay.jpg, la imagen es libre y se toma de la página: (https://www.pexels.com/search/face/). Debe aclararse que OpenCV lee el archivo de imagen en formato BGR (azul, verde, rojo), no el formato RGB (rojo, verde, azul) comúnmente utilizado, lo que puede causar problemas cuando se utilizan diferentes bibliotecas de procesamiento de imágenes. También se debe descargar el archivo XML del clasificador en cascada de Haar (haarcascade_frontalface_default.xml), este archivo se descarga desde la página: https://github.com/opencv/opencv/blob/master/data/haarcascades/haarcascade_frontalface_default.xml, una vez se esté ubicado en esta página Web, correspondiente a una página de la plataforma Github, se sugiere buscar el enlace de copiar el archivo original (Copy raw contents), luego, abrir un archivo plano en el bloc de notas, y pegar en este el contenido del archivo haarcascade, luego guardarlo con el nombre original y extensión xml, el nombre original es: (haarcascade_frontalface_default.xml), y se guarda en el mismo directorio donde esté almacenado el archivo Python del ejemplo 6.1 (faceharrcascade.py). El archivo haarcascade y el del ejemplo 6.1 se pueden descargar de la página Web de la editorial Ra-Ma, también la imagen de prueba que vamos a usar, cuyo nombre de archivo es, pexels-pixabay.jpg; el archivo haarcascade también es posible descargarlo de la página: https://github.com/opencv/opencv/blob/master/data/haarcascades/.

La aplicación del ejemplo 6.1, al igual que varios algoritmos anteriores, la ejecutamos en la página de Google Colaboratory, esto principalmente por la facilidad de acceso para probar código fuente Python. Al ensayar en la aplicación diferentes imágenes de rostros, nos podemos dar cuenta de la no detección de algunas caras, esto se debe a que las caras pueden estar giradas a un lado o que tienen objetos como gafas o sombreros, por tanto en ocasiones esto es un inconveniente para la detección e identificación de rostros. Sí descarga el código fuente Python del ejemplo 6.1, de la página Web de la editorial Ra-Ma, entonces, para pegarlo en la página de Google Colaboratory, se recomienda abrir el código fuente a través de la aplicación Bloc de notas de la forma: Se abre la aplicación del Bloc de notas, se abre la carpeta o directorio donde estén los códigos Python, los nombres de los archivos Python no se ven, por tanto se digita el nombre completo con la extensión y se da abrir, inmediatamente se muestra el código fuente, entonces desde allí se puede copiar y pegar en la página de Colaboratory.

```
"""EJEMPLO 6.1. DETECCIÓN DE ROSTROS USANDO LA LIBRERÍA OPENCV Y EL DETECTOR
   DE ROSTROS HAAR"""

import cv2
from google.colab.patches import cv2_imshow

#Carga la imagen de prueba de un directorio de Google Colaboratory
img = cv2.imread('/content/pexels-pixabay.jpg')

#Carga el detector de rostros Haarcascade
cascade_classifier = cv2.CascadeClassifier('/content/haarcascade_frontalface_default.xml')

#img = cv2.imread('/Users/Admin/PycharmProjects/pythonProject5/pexels-pixabay.jpg')
#cascade_classifier = cv2.CascadeClassifier('haarcascade_frontalface_default.xml')

#Convierte la imagen de prueba a una escala de grises
gray =cv2.cvtColor(img, cv2.COLOR_BGR2GRAY)

#Identifica las coordenadas del rostro con ayuda del detector Haar
faces= cascade_classifier.detectMultiScale(gray, scaleFactor=1.1, minNeighbors=5)

#Ciclo for para trazar el rectángulo delimitador del rostro
for (x,y,w,h) in faces:
      #Traza el rectángulo delimitador del rostro y le pone formato al rectángulo
      cv2.rectangle(img,(x,y),(x+w,y+h),(255,0,0),2)
      #Escribe la palabra face encima del rectángulo
      cv2.putText(img,'face', (x + 10, y + 10), cv2.FONT_HERSHEY_SIMPLEX, 1, (255,0,255), 2)
```

```
28
29   #Muestra la imagen con el rectángulo trazado
30   #cv2.imshow('face', img)
31   cv2_imshow(img)
32   cv2.waitKey(0)
```

6.2.1 Explicación del ejemplo 6.1. Detección de rostros usando la librería opencv y el detector de rostros Haar

Los números a la izquierda no son parte de la lógica de la aplicación, por consiguiente, si se copia el código desde este archivo, entonces, en el lugar donde se pegue será necesario borrar los números de la izquierda. En las líneas 1 y 2 se introduce un comentario para establecer el título de la aplicación, este comentario se debe poner entre comillas dobles y repitiéndolas tres veces al inicio y al final del respectivo título; en las líneas 4 a 5 se importan las librerías Python necesarias para ejecutar el modelo de detección de rostros, en la línea 4 se importa la librería opencv-python, en forma abreviada como cv2, en concreto esta es una librería para el tratamiento y manejo de imágenes. En la línea 5, se importa una librería particular de Google Colaboratory para dar la posibilidad de imprimir una imagen en la línea 31, esto se hace así, porque si se usa la instrucción normal, cv2.imshow(img), en la línea 31, Google Colaboratory genera un error, en particular esta es una ineficiencia de Google Colaboratory pero se soluciona con el parche de la línea 5. En la línea 8 se declara la variable, img, para leer la imagen de prueba a la que le vamos a detectar el rostro, esta imagen se debe cargar en la página de Google Colaboratory, en la figura 6.1 se explica cómo cargar la imagen en Colaboratory una vez se haya descargado en el ordenador.

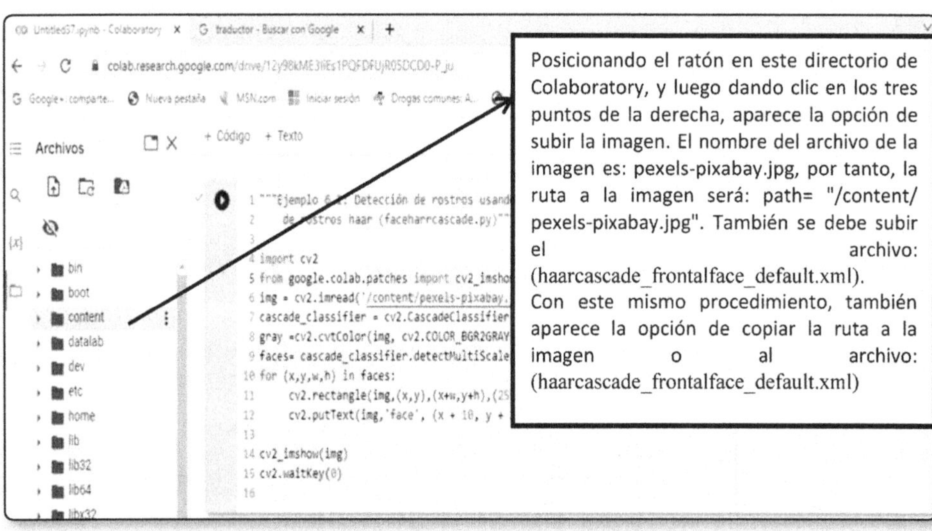

Figura 6.1. Procedimiento para cargar una imagen en la página de Google Colaboratory y para copiar la ruta al archivo de la imagen o al archivo Harr.

En consecuencia, a lo explicado en la figura 6.1, en la línea 8 se pega la ruta a la imagen cargada en la página de Colaboratory, allí se observa que la ruta es: '/content/pexels-pixabay.jpg', se pone entre comillas simples o dobles. En la línea 11 se declara la variable, cascade_classifier, para cargar a través de ella el archivo de detección de rostros, haarcascade_frontalface_default.xml, este archivo debe estar descargado previamente en el ordenador como se explicó en el ítem 6.2 de este capítulo, por tanto una vez descargado, se carga a la página de Google Colaboratory de la misma manera como se carga una imagen, y como está explicado en la figura 6.1, así, después de ser cargado el archivo de detección de rostros se copia la ruta, también, como se explica en la figura 6.1 y se pega en la línea 11, en particular la ruta a este archivo es: '/content/haarcascade_frontalface_default.xml', téngase en cuenta que esta ruta puede cambiar según los criterios del desarrollador; en la línea 17 se declara la variable, gray, para aplicar a través de ella el método, cv2.cvtColor(img, cv2.COLOR_BGR2GRAY), a la imagen de prueba que se le va a detectar el rostro, este método esencialmente lo que hace es convertir una imagen de un espacio de color a otro, hay más de 150 métodos de conversión de espacio de color disponibles en OpenCV, en este caso se usa, cv2.COLOR_BGR2GRAY, para aplicar una escala de grises a la imagen de prueba.

En la línea 20, se declara la variable faces, y a través de ella se aplica el detector de rostros Haarcascade a la imagen de prueba en escala de grises. Principalmente lo que hace el detector es devolver rectángulos limitantes de las caras detectadas (es decir, x, y, w, h), y luego aplica dos parámetros: scaleFactor y minNeighbors. ScaleFactor determina el factor de aumento en el tamaño de la ventana que inicialmente es "minSize", y después de probar todas las ventanas de ese tamaño, la ventana se escala por el "scaleFactor", y el tamaño aumenta a "maxSize". Si el factor de escala es grande (por ejemplo, 2.0), habrá menos pasos, por lo que la detección será más rápida, pero es posible que se pase por alto objetos cuyo tamaño se encuentre entre dos escalas probadas. (El factor de escala predeterminado es 1,3). Cuanto más altos sean los valores de los "minNeighbors", menor será el número de falsos positivos, y menor será el error en términos de falsa detección de rostros, sin embargo, también existe la posibilidad de perder algunos rastros faciales poco claros.

En la línea 23 se crea un ciclo for para iterar a través de los rectángulos de las caras detectadas, por lo tanto, los rectángulos se dibujan alrededor de las caras detectadas mediante el método de rectángulo del módulo cv2, cv2.rectangle(img, (x,y),(x+w,y+h),(255,0,0),2), esto se aplica en la línea 25; en la línea 27, a través de la instrucción cv2.putText(), se escribe sobre el rostro detectado la palabra face (rostro), así en la misma línea 27 se determina el formato de la palabra face. En la línea 31 se aplica el método cv2.imshow, este se usa para mostrar una imagen en una ventana, la ventana se ajusta automáticamente al tamaño de la imagen, aquí se resalta que Google Colaboratory no usa un punto, sino un guion bajo en el método cv2_imshow, esto se hace para corregir una singularidad de Google Colaboratory. En la línea 32 se aplica la instrucción cv2.waitKey(0), esta permite mostrar una ventana durante algunos milisegundos o hasta que se presione cualquier tecla, toma tiempo en milisegundos como parámetro y espera el tiempo dado para destruir la ventana, si se pasa 0 en el argumento, espera hasta que se presiona cualquier tecla, este es el caso de nuestra aplicación. A continuación, en la figura 6.2, se muestra la imagen de salida con el rostro detectado, dicha imagen la arroja Google Colaboratory. Nota de ejecución: el código fuente Python del ejemplo 6.1, también, se puede ejecutar desde la línea de comandos de Windows o lo que se llama símbolo del sistema operativo (cmd), esto se logra si se bloquean las líneas 5, 8 y 31, y se desbloquean las líneas 13, 14 y 30, además, el archivo de la imagen de prueba y el archivo Haarcascade deben estar en el mismo directorio con el archivo código fuente del ejemplo 6.1, y la ruta a la imagen de prueba debe estar bien especificada en la línea 13. La manera de bloquear una línea es con el carácter (#), esta es una forma de crear comentarios dentro del código fuente, en consecuencia, la manera de desbloquear una línea es quitando este carácter (#). En el inicio del ítem 6.2.6 o 6.2.4 de este capítulo, se realizan recomendaciones para acceder a la línea de comandos de Windows y ejecutar un archivo o código fuente Python desde la respectiva línea de comandos. Sí el ejemplo 6.1 se ejecuta desde la línea de comandos de Windows, entones para que se ejecute con éxito, la biblioteca opencv-python (cv2) se debe instalar en el ordenador, desde la misma línea de comandos y desde la carpeta administradora del Sistema Operativo, y usando el comando, (py -m pip install opencv-python), el lenguaje Python ya debe estar instalado en el ordenador.

Figura 6.2. Salida de detección de rostro usando el detector haarcascade y opencv (Fuente: https://www.pexels.com/search/face/)

Para obtener más información sobre la detección de rostros usando OpenCV, es necesario revisar el siguiente enlace:

https://realpython.com/face-recognition-with-python/

6.2.2 Detección de rostros y ojos usando la librería Opencv y el detector Harrcascade

El ejemplo 6.2 muestra un programa simple de detección de rostros y ojos que utiliza OpenCV, carga una imagen de cara desde un archivo llamado pexels-natividad.jpg (https://www.pexels.com/search/face/). La detección de ojos se basa en el archivo haarcascade_eye.xml y al igual que el ejemplo 6.1 se ejecuta en la plataforma de Google Colaboratory, de esta manera, tanto la imagen pexels-natividad.jpg y los archivos de detección de rostro (haarcascade_frontalface_default.xml) y ojos (haarcascade_eye.xml) respectivamente, es necesario cargarlos en la página de Google Colaboratory como se explica en la Figura 6.1 del ítem 6.2.1 de este capítulo. Estos archivos deben estar previamente descargados en el ordenador, los archivos de detección de ojos y de rostro se pueden descargar desde: https://github.com/Itseez/opencv/tree/master/data/haarcascades, por tanto una vez ubicados en la página de la dirección anterior se da clic en los nombres de los archivos correspondientes, en la parte izquierda de la página, luego, estando abierto el archivo, se da clic en el enlace de copiar contenido en la parte derecha de la página (Copy raw contents), luego de realizado esto, se abre un archivo plano en el block de notas, en este se pega el contenido del archivo haarcascade y se guarda con extensión xml, es importante que la extensión sea de este tipo y que los nombres correspondan, por ejemplo para el de ojos sería: haarcascade_eye.xml. También es recomendable que el archivo quede guardado en el mismo directorio del archivo del ejemplo Python 6.2.

```
"""EJEMPLO 6.2: DETECCIÓN DE ROSTROS Y OJOS USANDO LA LIBRERÍA OPENCV Y EL
   DETECTOR EN CASCADA HAARSCACADE"""

import cv2
from google.colab.patches import cv2_imshow

#Carga la imagen de prueba
img = cv2.imread('/content/pexels-natividad.jpg')

#Carga los archivos de detección de rostros y ojos
faceCascade = cv2.CascadeClassifier('/content/haarcascade_frontalface_de-
fault.xml')
eyeCascade = cv2.CascadeClassifier('/content/haarcascade_eye.xml')

#img = cv2.imread('/Users/Admin/PycharmProjects/pythonProject5/pexels-nati-
vidad.jpg')
#faceCascade = cv2.CascadeClassifier('haarcascade_frontalface_default.xml')
#eyeCascade = cv2.CascadeClassifier('haarcascade_eye.xml')

```

```
18 #cambia la imagen original de prueba a escala de grises
19 gray =cv2.cvtColor(img, cv2.COLOR_BGR2GRAY)
20
21 #Identifica las coordenadas del rostro en la imagen de prueba
22 faces = faceCascade.detectMultiScale(gray, scaleFactor=1.3, minNeighbors=5,
23                minSize=(30, 30))
24
25  #Ciclo for para trazar los rectángulos limitantes
26 for (x,y,w,h) in faces:
27        #Traza el rectángulo limitante del rostro
28        cv2.rectangle(img,(x,y),(x+w,y+h),(255,255,0),2)
29        #Encima del rectángulo escribe la palabra face
30        cv2.putText(img,'face', (x + 10, y + 10), cv2.FONT_HERSHEY_SIMPLEX,
1, (255,0,255), 2)
31        #Convierte a escala de grises el rostro detectado
32        face_gray = gray[y:y+h, x:x+w]
33        #Delimita el rostro original
34        face_color = img[y:y+h, x:x+w]
35        #identifica las coordenadas limitantes de los ojos
36        eyes = eyeCascade.detectMultiScale(face_gray, scaleFactor= 1.1,
37                 minNeighbors=10, minSize=(10, 10),)
38
39        #Ciclo for para trazar los rectángulos de los ojos
40        for (ex, ey, ew, eh) in eyes:
41              #Traza los rectángulos de los ojos
42              cv2.rectangle(face_color, (ex, ey), (ex + ew, ey + eh), (0,
255, 0), 2)
43
44  #Traza la imagen original con los rectángulos limitantes
45  #cv2.imshow('face', img)
46  cv2_imshow(img)
47  cv2.waitKey(0)
```

La explicación del ejemplo 6.2 es similar a la del ejemplo 6.1, algunas de las diferencias más sobresalientes es que en las líneas 36 y 37 se aplica el detector de ojos con el mismo principio que el detector de rostros, devolver rectángulos limitantes de los ojos detectados (es decir, ex, ey, ew, eh), y luego aplica los parámetros: scaleFactor, minNeighbors y minSize, para posteriormente trazar los rectángulos alrededor de los ojos detectados. Otra diferencia importante en este algoritmo es en las líneas 32 y 34, allí se definen las regiones de interés para la detección de los ojos y para trazar los rectángulos vinculados a los ojos. En la figura 6.3 se muestra la salida del ejemplo 6.2 al ejecutarlo en la página de Google Colaboratory, allí se observa la detección de la cara y la detección de los ojos. A medida que se ensayan varias imágenes nos podremos dar cuenta de la no detección de los ojos en algunas imágenes que pueden ser muy pequeñas o que no tienen los ojos bien definidos. El archivo haarcascade y el del ejemplo 6.2, se pueden descargar de la página Web de la editorial Ra-Ma, también la imagen de prueba que vamos a usar, cuyo nombre de archivo es, pexels-natividad.jpg. Nota de ejecución: el código fuente Python del ejemplo 6.2, también, se puede ejecutar desde la línea de comandos de Windows o lo que se llama símbolo del sistema operativo (cmd), esto se logra si se bloquean las líneas 5, 8, 11, 12 y 46, y se desbloquean las líneas 14, 15, 16 y 45, además, el archivo de la imagen de prueba y los archivos Haarcascade deben estar en el mismo directorio con el archivo código fuente del ejemplo 6.3, y la ruta a la imagen de prueba debe estar bien especificada en la línea 14. La manera de bloquear una línea es con el carácter (#), esta es una forma de crear comentarios dentro del código fuente, en consecuencia, la manera de desbloquear una línea es quitando este carácter (#). En el inicio del ítem 6.2.6 o 6.2.4 de este capítulo, se realizan recomendaciones para acceder a la línea de comandos de Windows y ejecutar un archivo o código fuente Python desde la respectiva línea de comandos. Sí el ejemplo 6.2 se ejecuta desde la línea de comandos de Windows, entones para que se ejecute con éxito, la biblioteca opencv-python (cv2) se debe instalar en el ordenador, desde la misma línea de comandos y desde la carpeta administradora del Sistema Operativo, y usando el comando, (py -m pip install opencv-python), el lenguaje Python ya debe estar instalado en el ordenador.

Sí descarga el código fuente Python del ejemplo 6.2, de la página Web de la editorial Ra-Ma, entonces, para pegarlo en la página de Google Colaboratory, se recomienda abrir el código fuente a través de la aplicación Bloc de notas de la forma: se abre la aplicación del Bloc de notas, se abre la carpeta o directorio donde estén los códigos Python, los nombres de los archivos Python no se ven, por tanto se digita el nombre completo con la extensión y se da abrir, inmediatamente se muestra el código fuente, entonces desde allí se puede copiar y pegar en la página de Colaboratory.

Figura 6.3. Salida de detección de rostro y ojos usando el detector haarcascade y opencv (Fuente: https://www.pexels.com/search/face/)

6.2.3 Detección de rostros, ojos y sonrisa usando la librería Opencv y el detector Harrcascade

El ejemplo 6.3 muestra un programa de detección de rostros, ojos y sonrisa que utiliza OpenCV, carga una imagen de cara desde un archivo llamado pexels-alex.jpg (https://www.pexels.com/search/face/). La detección de sonrisa se basa en el archivo haarcascade_smile.xml y al igual que el ejemplo 6.1 se ejecuta en la plataforma de Google Colaboratory, de esta manera, tanto la imagen pexels-alex.jpg y los archivos de detección de rostro (haarcascade_frontalface_default.xml), detección de ojos (haarcascade_eye.xml) y detección de sonrisas (haarcascade_smile.xml) respectivamente, es necesario cargarlos en la página de Google Colaboratory como se explica en la Figura 6.1 del ítem 6.2.1 de este capítulo. Estos archivos deben estar previamente descargados en el ordenador, los archivos de detección de ojos, rostro y sonrisa se pueden descargar desde: https://github.com/Itseez/opencv/tree/master/data/haarcascades, por tanto una vez ubicados en la página de la dirección anterior se da clic en los nombres de los archivos correspondientes, en la parte izquierda de la página, luego, estando abierto el archivo, se da clic en el enlace de copiar contenido en la parte derecha de la página (Copy raw contents), luego de realizado esto, se abre un archivo plano en el block de notas, en este se pega el contenido del archivo haarcascade y se guarda con extensión xml, es importante que la extensión sea de este tipo y que los nombres correspondan, por ejemplo para el de sonrisas sería: haarcascade_smile.xml. También es recomendable que el archivo quede guardado en el mismo directorio del archivo del ejemplo Python 6.3.

```
 """EJEMPLO 6.3: DETECCIÓN DE ROSTROS, OJOS Y SONRISA USANDO LA LIBRERÍA OPENCV
    Y EL DETECTOR EN CASCADA HAARSCACADE"""

 import cv2
 from google.colab.patches import cv2_imshow

 #Carga la imagen de prueba
 img = cv2.imread('/content/pexels-alex.jpg')
 #img = cv2.imread('/Users/Admin/PycharmProjects/pythonProject5/pexels-alex.jpg')

#Carga los archivos detectores de rostro, ojos y sonrisas
faceCascade = cv2.CascadeClassifier('/content/haarcascade_frontalface_default.xml')
eyeCascade = cv2.CascadeClassifier('/content/haarcascade_eye.xml')
smileCascade = cv2.CascadeClassifier('/content/haarcascade_smile.xml')

#faceCascade = cv2.CascadeClassifier('haarcascade_frontalface_default.xml')
#eyeCascade = cv2.CascadeClassifier('haarcascade_eye.xml')
#smileCascade = cv2.CascadeClassifier('haarcascade_smile.xml')

#Cambia la imagen original de prueba a escala de grises
gray =cv2.cvtColor(img, cv2.COLOR_BGR2GRAY)

#Identifica las coordenadas del rostro en la imagen de prueba
faces = faceCascade.detectMultiScale(gray, scaleFactor=1.1, minNeighbors=3,
                    minSize=(30, 30))
```

```
26
27 #Ciclo for para trazar los rectángulos limitantes
28 for (x,y,w,h) in faces:
29         #Traza el rectángulo limitante del rostro
30         cv2.rectangle(img,(x,y),(x+w,y+h),(255,255,0),2)
31         #Encima del rectángulo escribe la palabra face
32         cv2.putText(img,'face', (x + 10, y + 10), cv2.FONT_HERSHEY_SIMPLEX, 1,
(255,0,255), 2)
33         #Convierte a escala de grises el rostro detectado
34         face_gray = gray[y:y+h, x:x+w]
35         #Delimita el rostro original
36         face_color = img[y:y+h, x:x+w]
37         #Identifica las coordenadas limitantes de los ojos
38         eyes = eyeCascade.detectMultiScale(face_gray, scaleFactor= 1.3, min-
Neighbors=10,
39                          minSize=(10, 10))
40
41         #Ciclo for para trazar los rectángulos de los ojos y sonrisa
42         for (ex, ey, ew, eh) in eyes:
43                 #Traza los rectángulos de los ojos
44                 cv2.rectangle(face_color, (ex, ey), (ex + ew, ey + eh), (0,
255, 0), 2)
45                 #Identifica las coordenadas de la sonrisa o la boca
46                 smile = smileCascade.detectMultiScale(face_gray, scaleFactor= 1.5,
47                      minNeighbors=5,   minSize=(10, 10),)
48
49                 # Ciclo for para trazar los rectángulos de las sonrisas
50                 for (xx, yy, ww, hh) in smile:
51                          #Traza los rectángulos de las sonrisas
52                          cv2.rectangle(face_color, (xx, yy), (xx + ww, yy
+ hh), (0, 0, 255), 2)
53
54 #Muestra la imagen original con los rectángulos trazados
55 #cv2.imshow('face', img)
56 cv2_imshow( img)
57 cv2.waitKey(0)
```

La explicación del ejemplo 6.3 es similar a la del ejemplo 6.1, algunas de las diferencias más sobresalientas es que en las líneas 46 y 47 se aplica el detector de sonrisa con el mismo principio que el detector de rostros, devolver rectángulos limitantes de los ojos detectados, es decir, (xx, yy, ww, hh), y luego aplica los parámetros: scaleFactor, minNeighbors y minSize, para posteriormente trazar los rectángulos alrededor de la sonrisa detectada. Otra diferencia importante en este algoritmo, es en las líneas 34 y 36, allí se definen las regiones de interés tanto para la detección de los ojos y la sonrisa como para trazar los rectángulos asociados a los ojos y la sonrisa. En la figura 6.4 se muestra la salida del ejemplo 6.3 al ejecutarlo en la página de Google Colaboratory, se observa la detección de la cara, los ojos y la sonrisa. A medida que se ensayan varias imágenes nos podremos dar cuenta de la no detección de los ojos o la sonrisa, esto en algunas imágenes que pueden ser muy pequeñas o que no tienen los ojos bien definidos o se confunde el tamaño de la boca con el tamaño de los ojos. Dichos aspectos pueden tratar de corregirse con los parámetros: scaleFactor, minNeighbors y minSize.

Nota de ejecución: el código fuente Python del ejemplo 6.3, también, se puede ejecutar desde la línea de comandos de Windows o lo que se llama símbolo del sistema operativo (cmd), esto se logra si se bloquean las líneas 5, 8, 12, 13, 14 y 56, y se desbloquean las líneas 9, 16, 17, 18 y 55, además, el archivo de la imagen de prueba y los archivos Haarcascade deben estar en el mismo directorio con el archivo código fuente del ejemplo 6.3, y la ruta a la imagen de prueba debe estar bien especificada en la línea 9. La manera de bloquear una línea es con el carácter (#), esta es una forma de crear comentarios dentro del código fuente, en consecuencia, la manera de desbloquear una línea es quitando este carácter (#). Los archivos Haarcascade, la imagen de prueba y el archivo código fuente del ejemplo 6.3 se pueden descargar de la página Web de la editorial Ra-Ma. En el inicio del ítem 6.2.6 o 6.2.4 de este capítulo, se realizan recomendaciones para acceder a la línea de comandos de Windows y ejecutar un archivo o código fuente Python desde la respectiva línea de comandos. Sí el ejemplo 6.3 se ejecuta desde la línea de comandos de Windows, entones para que se ejecute con éxito, la biblioteca opencv-python (cv2) se debe instalar en el ordenador, desde la misma línea de comandos y desde la carpeta administradora del Sistema Operativo, y usando el comando, (py -m pip install opencv-python), el lenguaje Python ya debe estar instalado en el ordenador.

Sí descarga el código fuente Python del ejemplo 6.3, de la página Web de la editorial Ra-Ma, entonces, para pegarlo en la página de Google Colaboratory, se recomienda abrir el código fuente a través de la aplicación Bloc de notas de la forma: se abre la aplicación del Bloc de notas, se abre la carpeta o directorio donde estén los códigos Python, los nombres de los archivos Python no se ven, por tanto se digita el nombre completo con la extensión y se da abrir, inmediatamente se muestra el código fuente, entonces desde allí se puede copiar y pegar en la página de Colaboratory.

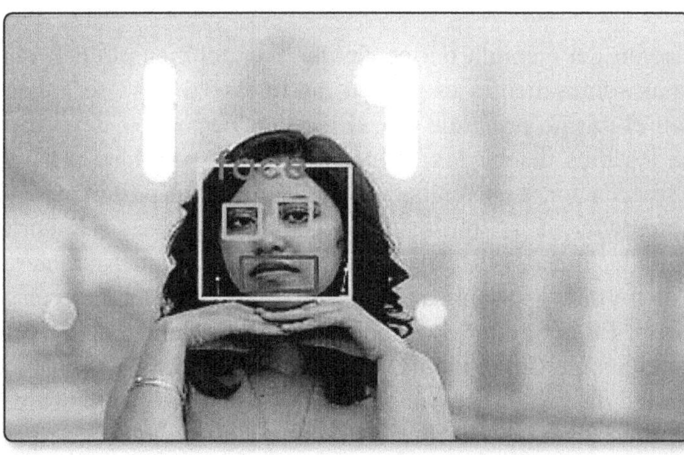

Figura 6.4. Salida de detección de rostro, ojos y sonrisa usando el detector haarcascade y opencv (Fuente: https://www.pexels.com/search/face/)

6.2.4 Detección de rostros, ojos y sonrisa usando la librería opencv, el detector haarcascade y una cámara Web para capturar las imágenes de prueba

El ejemplo 6.4 es la versión de cámara web del programa anterior de detección de rostros, ojos y sonrisas que utiliza OpenCV y el detector haarcascade para devolver los respectivos rectángulos limitantes de rostro, ojos y sonrisa; su funcionamiento es muy similar a los ejemplos 6.1, 6.2 y 6.3, las diferencias esenciales están en el uso de la cámara Web y algunos otros aspectos que explicaremos más adelante. A continuación, se presenta el código fuente del ejemplo 6.4.

```
"""EJEMPLO 6.4: DETECCIÓN DE ROSTROS, OJOS Y SONRISA USANDO LA LIBRERÍA OPENCV,
    EL DETECTOR HAARCASCADE Y UNA CÁMARA WEB PARA CAPTURAR LAS IMÁGENES DE PRUEBA
    """

import cv2
#Carga el detector de rostros
faceCascade = cv2.CascadeClassifier('haarcascade_frontalface_default.xml')
#Carga el detector de ojos
eyeCascade = cv2.CascadeClassifier('haarcascade_eye.xml')
#Carga el detector de sonrisas
smileCascade = cv2.CascadeClassifier('haarcascade_smile.xml')
#Activa la cámara Web
camera = cv2.VideoCapture(0)

#Inicia un ciclo while hasta que la cámara Web deje de funcionar
while camera.isOpened():
    #Lee la imagen capturada por la cámara
    ok, frame = camera.read()
    if not ok:
        break
    #Convierte la imagen de la cámara a formato RGB y luego la
    #pasa a escala de grises
    rgb_frame = frame[:, :, ::-1]
    gray =cv2.cvtColor(frame, cv2.COLOR_BGR2GRAY)
    #Devuelve las coordenadas de los rectángulos limitantes
    #del o los rostros detectados
    faces = faceCascade.detectMultiScale(gray, scaleFactor=1.3, minNeigh-bors=5,
                                         minSize=(30, 30))
    #Ciclo for para trazar los rectángulos detectados
    for (x, y, w, h) in faces:
        #Traza los rectángulos y les pone formato
        cv2.rectangle(frame, (x, y), (x + w, y + h), (255, 255, 0), 2)
        #Escribe encima de los rectángulos la palabra face
        cv2.putText(frame, 'face', (x + 10, y + 10), cv2.FONT_HERS-HEY_SIMPLEX,
                                        1, (255, 0, 255), 2)
        #Pasa a escala de grises el rostro detectado
        face_gray = gray[y:y + h, x:x + w]
        #Conserva el color del rostro detectado
```

```
            face_color = frame[y:y + h, x:x + w]
            #Identifica las coordenadas limitantes de los rectángulos de los ojos
            eyes = eyeCascade.detectMultiScale(face_gray, scaleFactor=1.1, minNeighbors=10,
                                               minSize=(10, 10), )
            #Ciclo for para trazar los rectángulos de los ojos
            for (ex, ey, ew, eh) in eyes:
                #Traza los rectángulos de los ojos
                cv2.rectangle(face_color, (ex, ey), (ex + ew, ey + eh), (0, 255, 0), 2)
                # Identifica las coordenadas limitantes de los rectángulos de las sonrisas
                smile =  smileCascade.detectMultiScale(face_gray, scaleFactor=1.6, minNeighbors=5,
                                                      minSize= (10, 10),)
                #Ciclo for para trazar los rectángulos de las sonrisas
                for (xx, yy, ww, hh) in smile:
                    #Traza los rectángulos de las sonrisas y les pone formato
                    cv2.rectangle(face_color, (xx, yy), (xx + ww, yy + hh),  (0, 0, 255), 2)

    #Traza la imagen de prueba con los respectivos rectángulos limitantes
    cv2.imshow('face', frame)
    key = cv2.waitKey(30)
    if key == 27:  # press 'ESC' to quit
        break

#Libera la cámara Web y cierra las ventanas abiertas después de salir del script
camera.release()
cv2.destroyAllWindows()
```

El ejemplo 6.4 debe ejecutarse desde la línea de comandos de Windows, adicionalmente, una cámara Web debe estar activa, paralelamente, con el dispositivo desde donde se esté corriendo el código fuente del ejemplo 6.4. Para acceder a la línea de comandos de Windows puede seguir las siguientes recomendaciones: ir al buscador de Windows y en este digitar, cmd, esto significa símbolo del sistema o terminal del sistema operativo, luego, seleccionar ejecutar como administrador, luego, aceptar los cambios si la máquina pregunta, finalmente, estando en la línea de comando, cambiar de directorio o carpeta hasta llegar a la que contiene el código fuente Python del ejemplo 6.4. Para ir cambiando de directorio o carpeta se digita: cd punto punto (cd..). Luego de estar ubicados en la línea de comandos, en el directorio que contiene el código fuente del ejemplo 6.4, entonces para ejecutarlo se debe digitar en la línea de comandos: la palabra Python seguida del nombre del archivo del ejemplo 6.4 con la respectiva extensión de Python (Ejemplo6_4.py), seguidamente, la cámara Web debe estar activa en el mismo dispositivo donde se esté ejecutando el ejemplo 6.4, desde luego capturando imágenes de prueba para detectarles el rostro, los ojos y la sonrisa.

Las explicaciones del ejemplo 6.4 son muy similares a las de los ejemplos 6.1, 6.2 y 6.3, las diferencias más relevantes se encuentran en las siguientes líneas de código: en la línea 13 se declara la instrucción, camera = cv2.VideoCapture(0), con esta se indica la activación de la cámara de video del dispositivo donde se esté ejecutando el código fuente del ejemplo 6.4, esta cámara puede ser la del ordenador o la del celular configurada como cámara Web. En la línea 16 se declaran las instrucciones, (while camera.isOpened():), por tanto, con estas se da apertura a un ciclo while que se mantendrá en ejecución mientras la instrucción, camera.isOpened(), sea verdadera, isOpened(), es una instrucción de cv2 que permite revisar al código si la cámara de video del dispositivo se encuentra activa. En la línea 18 se comienzan a capturar los fotogramas de la cámara de video, en la línea 19 se crea un condicional, if, para preguntar que si no se capturan fotogramas en la cámara de video, entonces, se interrumpe el ciclo while. En la línea 57 se declara la instrucción, key = cv2.waitKey(30), esta permite a los usuarios mostrar una ventana durante milisegundos determinados, en este caso 30 milisegundos para mostrar la imagen capturada con la detección de rostro, ojos y sonrisa; en la línea 58 se declara un condicional para indicar que si el tiempo es 27 milisegundos, entonces se interrumpirá el ciclo while; en las líneas 62 y 63, se libera la cámara y se cierran todas las ventanas creadas durante la ejecución del código del ejemplo 6.4.

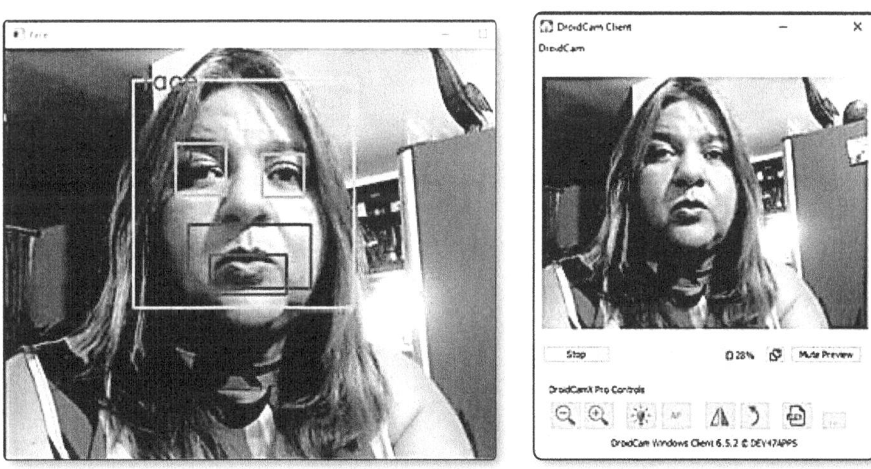

Figura 6.5. Salida del ejemplo 6.4, derecha: Imagen en la cámara Web, Izquierda: Salida detectando rostro, ojos y sonrisa

6.2.5 Detección de rostros usando la librería Face_Recognition

Además de OpenCV y el detector haarcascade, se pueden utilizar muchas otras bibliotecas para la detección y el reconocimiento facial. Entre ellas, la biblioteca de reconocimiento facial, (https://github.com/ageitgey/face_recognition), es probablemente la forma más simple y precisa de realizar la detección y el reconocimiento de rostros. Se apoya en la biblioteca DLib (http://dlib.net/), no solo puede detectar caras, sino que también puede identificar nueve puntos de referencia con 72 puntos clave en la cara. Para usar la biblioteca de reconocimiento facial, primero debe instalarla a través del comando: (py -m pip install face-recognition), para esto el programa Python ya debe estar instalado en el ordenador y se sugiere realizar la instalación desde la línea de comandos del sistema operativo en la carpeta o directorio de administración del sistema operativo. En el sitio Web PyPi se hallan más detalles acerca de la biblioteca Face_recognition: https://pypi.org/project/face-recognition/. El Ejemplo 6.5 es un programa sencillo de detección de caras que utiliza la biblioteca Face_Recognition. Se apoya en la función, Image, de la biblioteca PIL para leer la imagen, ya que la biblioteca de reconocimiento facial necesita la imagen en formato RGB. De nuevo, el archivo de imagen pexels-daniela.jpg es recuperado de https://www.pexels.com/search/face/.

```
"""EJEMPLO 6.5: DETECCIÓN DE ROSTROS USANDO LA BIBLIOTECA FACE_RECOGNITION Y
   LA BIBLIOTECA PIL PARA TRAZAR LA IMAGEN DEL ROSTRO"""


from PIL import Image
import face_recognition

#Carga la imagen de prueba
image = face_recognition.load_image_file(
                         "/Users/Admin/PycharmProjects/pythonProject5/
pexels-daniela.jpg")

# Identifica las coordenadas del rostro de prueba
face_locations = face_recognition.face_locations(image)

#Identifica los límites del rostro de prueba
count = 0
for face_location in face_locations:
       count = count + 1
       top, right, bottom, left = face_location
       print("Face {} Top: {}, Left: {}, Bottom: {}, Right: {}".
format(count,
                                        top, left, bottom, right))

#Imprime la imagen con los respectivos límites del rostro
face_image = image[top:bottom, left:right]
pil_image = Image.fromarray(face_image)
pil_image.show()
```

6.2.6 Explicación del ejemplo 6.5: detección de rostros usando la biblioteca Face_Recognition y la biblioteca PIL para trazar la imagen del rostro

El código fuente del ejemplo 6.5 (Ejemplo6_5.py) lo ejecutamos desde la línea de comandos de Windows, y no desde Google Colaboratory, esto se hace por facilidad de ejecución de la biblioteca Face_Recognition. Para acceder a la línea de comandos de Windows puede seguir las siguientes recomendaciones: ingresar al buscador de

Windows y en este digitar, cmd, esto significa símbolo del sistema o terminal del sistema operativo, luego, seleccionar ejecutar como administrador, luego, aceptar los cambios si la máquina pregunta, finalmente estando en la línea de comandos, cambiar de directorio o carpeta hasta llegar a la que contiene el código fuente Python del ejemplo 6.5. Para ir cambiando de directorio o carpeta se digita: cd punto punto (cd..). Luego de estar ubicados en la línea de comandos, en el directorio que contiene el código fuente del ejemplo 6.5, entonces, para ejecutarlo se debe digitar en la línea de comandos, la palabra Python seguida del nombre del archivo del ejemplo 6.5 con la respectiva extensión de Python (Ejemplo6_5.py), seguidamente, se espera un momento que el código fuente arroje la salida.

Como ya explicamos, arriba en el ítem 6.2.5, la biblioteca Face_Recognition debe instalarse desde la línea de comandos de Windows y preferiblemente desde el archivo administrador del Sistema Operativo, igualmente, esto se debe hacer con la biblioteca Pillow, la cual contiene también la biblioteca PIL, así el comando para la instalación de la biblioteca Pillow es: (py -m pip install pillow), el prerrequisito es que el lenguaje Python ya debe estar instalado en el ordenador. La biblioteca dlib, también se debe instalar de la misma manera, el comando para instalar dlib es, (py -m pip install dlib).

Reiteramos de nuevo que los números de la izquierda del código fuente en este texto, no hacen parte de la lógica del programa, por tanto, si el código se copia desde este texto, al pegarlo en cualquier editor del lenguaje Python, entonces, se deben eliminar los números de la izquierda. El código fuente del ejemplo 6.5 (Ejemplo6_5.py), se puede descargar desde la página Web de la editorial Ra-Ma, si no se tiene acceso a esta página Web, también se puede crear un archivo plano en la aplicación Bloc de notas, luego de crearlo, se pega el código desde este texto, eliminando los números de la izquierda y teniendo cuidado que las instrucciones del código fuente queden bien organizadas, finalmente el archivo se debe guardar con extensión punto py (.py). Para usarlo exitosamente, se recomienda seguir las explicaciones de este ítem (6.2.6).

En las líneas 1 y 2 se establece el título del ejemplo 6.5, en consecuencia al inicio y al final el título se escriben comillas dobles repetidas tres veces; en la línea 5 se importa la librería PIL, su significado es: Python Imaging Library, es el paquete de procesamiento de imágenes para el lenguaje Python, incluye herramientas ligeras de procesamiento de imágenes que ayudan a editar, crear y guardar imágenes (https://www.geeksforgeeks.org/python-pillow-a-fork-of-pil/). En la línea 6 se importa la biblioteca Face_Recognition; la línea 8 es un comentario que no hace parte de la lógica del programa, pero si de su explicación, para esto se usa el caracter (#); en la línea 9 se declara la variable, image, y a través de ella se carga la imagen de prueba a la que se le va a detectar el rostro, este procedimiento se realiza a través de la biblioteca face_recognition y especificando la ruta donde se encuentra la imagen de prueba en el ordenador. Esta imagen ya debe estar previamente descargada en el ordenador, para el ejemplo 6.5 la ruta a la imagen es: ("/Users/Admin/

PycharmProjects/pythonProject5/pexels-daniela.jpg "), y el nombre del archivo de la imagen es: pexels-daniela.jpg, tanto el código fuente del ejemplo 6.5 como la imagen de prueba se encuentran en la Página Web de la editorial Ra-Ma. La ruta a la imagen de prueba tiene que cambiar según los criterios de cada usuario o desarrollador, pero se recomienda que tanto la imagen de prueba como el código fuente del ejemplo 6.5, estén en el mismo directorio.

En la línea 13 se declara la variable, face_locations, la cual a través de la biblioteca de face_recognitión, y teniendo como argumento la imagen de prueba, genera una matriz con las coordenadas de la o los respectivos rostros identificados, en este caso las coordenadas serán: top, right, bottom y left; en la línea 16 se declara la variable, count, y se inicia a cero para usarla más adelante; en la línea 17 se declara un ciclo, for, para recorrer la matriz (face_locations) que contiene las coordenadas de los rostros identificados; en la línea 18, en el interior del ciclo for se actualiza la variable count, incrementándola en 1, para contar la cantidad de rostros identificados; en la línea 19 se asignan los valores de las coordenadas de los rostros identificados, dichos valores se asignan a las variables: top, right, bottom y left; en las líneas 20 y 21 se imprimen la palabra "face", el valor de la variable count, y los valores de las variables: top, right, bottom y left; en la línea 24 se declara la variable, face_image, para delimitar a través de ella, en la imagen original, las coordenadas del rostro identificado; en la línea 25 se declara la variable, pil_image, y a través de ella se convierte, la imagen del rostro identificado, en una imagen de formato PIL por medio de la instrucción Image.fromarray(face_image), el cual contiene el método fromarray y que tiene como argumento la imagen del rostros identificado. En la línea 26 se muestra el rostro identificado. En la Figura 6.6 se observa la salida generada por el código fuente del ejemplo 6.5, allí se exhibe la imagen del rostro identificado.

Figura 6.6. Imagen del rostro identificado en la salida del ejemplo 6.5 (Fuente: https://www.pexels.com/search/face/)

6.2.7 Detección de rostros usando la librería Face_Recognition y la librería Opencv

El ejemplo 6.6 es la versión OpenCV del programa de detección de caras del ejemplo 6.5, utiliza la biblioteca Face_Recognition y la biblioteca Opencv. Como esta última lee el archivo de imagen en formato BGR (azul, verde, rojo), primero debe convertirlo al formato RGB, antes de llamar a las funciones de la biblioteca Face_Recognition.

```
"""EJEMPLO 6.6: DETECCIÓN DE ROSTROS USANDO LA BIBLIOTECA FACE_RECOGNITION Y
   LA BIBLIOTECA OPENCV PARA TRAZAR LA IMAGEN DEL ROSTRO"""


import cv2
import face_recognition

#Carga la imagen, la muestra y la convierte a formato RGB
image = cv2.imread("/Users/Admin/PycharmProjects/pythonProject5/pexels-mateus.jpg")
cv2.imshow('photo', image)
rgb_frame = image[:, :, ::-1]

#Identifica las coordenadas del rostro de prueba
face_locations = face_recognition.face_locations(rgb_frame)

#Imprime las coordenadas del rostro de prueba
count = 0
for face_location in face_locations:
        count = count + 1
        top, right, bottom, left = face_location
        print("Face {} Top: {}, Left: {}, Bottom: {}, Right: {}".format(count, top, left, bottom, right))

#Imprime la imagen con los respectivos límites del rostro
face_image = image[top:bottom, left:right]
title = 'face' + str(count)
cv2.imshow(title, face_image)
cv2.waitKey(0)
cv2.destroyAllWindows()
```

Similarmente al ejemplo 6.5, el ejemplo 6.6 (Ejemplo6_6.py) lo ejecutamos desde la línea de comandos de Windows, y no desde Google Colaboratory, esto se hace por facilidad de ejecución de la biblioteca Face_Recognition. Para acceder a la línea de comandos de Windows, se debe leer las explicaciones iniciales del ejemplo 6.5 en el ítem 6.2.6. Las explicaciones del ejemplo 6.6 son muy similares a las del ejemplo 6.5, las diferencias más destacadas se encuentran en las siguientes líneas de código: en la línea 9 se declara la variable, image, para cargar a través de ella y de cv2 la imagen de prueba a la que se le va a detectar el rostro, esto se hace a través de la instrucción, cv2.imread(), en los paréntesis se debe ingresar la ruta a la imagen de prueba, como está en la línea 9, pero esta ruta tiene que cambiar según las condiciones de cada usuario del código fuente del ejemplo 6.6. Dicha imagen debe estar previamente descargada en el ordenador, además, se recomienda que esta imagen y el archivo del ejemplo 6.6 estén en el mismo directorio, en este caso, el nombre del archivo de la imagen es: pexels-mateus.jpg, también, el código fuente del ejemplo 6.6 y la imagen de prueba se encuentran en la Página Web de la editorial Ra-Ma de este texto. La ruta a la imagen de prueba tiene que cambiar según los criterios de cada desarrollador.

En la línea 10 se muestra la imagen original a la que se le va a detectar el rostro por medio de la instrucción, cv2.imshow('photo', image); en la línea 11 se cambia el formato de la imagen de prueba de BGR a RGB, porque la biblioteca Face_Recognition requiere el último formato, y la imagen original viene en el primer formato. En la línea 25 se establece el título del rostro identificado; en la línea 26 se muestra el rostro identificado, a través de la instrucción, cv2.imshow(title, face_image); en la línea 27, a través de la instrucción, cv2.waitKey(0), se le dice al código que muestre la imagen del rostro identificado mientras no se oprima una tecla del ordenador y en la línea 28 se le dice al código que destruya o cierre todas las ventanas, en cualquier momento, después de salir del código fuente del ejemplo 6.6. En la Figura 6.7 podemos observar la salida del ejemplo 6.6, allí se muestra la imagen original y el rostro detectado en un recuadro más pequeño. Es muy relevante, tener en cuenta que para este ejemplo 6.6, se deben instalar en el ordenador, desde la línea de comandos del sistema operativo, y preferiblemente desde la carpeta administradora del sistema operativo, las bibliotecas Face_Recognition y cv2, los comandos de instalación respectivamente serían: (py -m pip install face-recognition) y (py -m pip install opencv-python). Antes de ejecutar estos comandos el lenguaje Python ya debe estar instalado en el ordenador.

6.3 RECONOCIMIENTO DE ROSTROS

El reconocimiento facial es un tema complejo y se ha utilizado en diversos campos, desde desbloquear un teléfono hasta permitir a los empleados la entrada a unas oficinas. Hay varias bibliotecas de código abierto para el reconocimiento facial, usaremos principalmente la biblioteca de Fase_Recognition y la biblioteca OpenCV.

Figura 6.7. Imagen del rostro identificado en la salida del ejemplo 6.6 (Fuente: https://www.pexels.com/search/face/)

6.3.1 Reconocimiento de rostros con la librería Face_Recognition usando cámara Web para introducir la imagen de prueba

El ejemplo 6.7 es un programa de reconocimiento de caras mediante la biblioteca de Face_Recognition, utiliza una webcam para cargar la imagen de prueba, puede reconocer tres caras diferentes, las tres caras conocidas se almacenan en tres archivos: pexels-heitor.jpg, pexels-pixabay.jpg y pexels-mateus.jpg. Los nombres de archivo se utilizan como etiquetas, son: pexels-heitor, pexels-pixabay, y pexels-mateus.

```
"""EJEMPLO 6.7: RECONOCIMIENTO DE ROSTROS USANDO LA BIBLIOTECA FACE_
RECOGNITION Y UNA
    CÁMARA WEB PARA INTRODUCIR LA IMAGEN DE PRUEBA"""

import face_recognition
import cv2
import numpy as np
from PIL import Image, ImageDraw
```

```

 #Declaración de variables para identificar el rostro de prueba
sumato = []
sumapc = 0
control = 0
video_capture = cv2.VideoCapture(0)
#Carga de las imágenes para comparar el rostro de prueba
face0_image = face_recognition.load_image_file(
    "/Users/Admin/PycharmProjects/pythonProject5/pexels-heitor.jpg")
face1_image = face_recognition.load_image_file(
    "/Users/Admin/PycharmProjects/pythonProject5/pexels-pixabay.jpg")
face2_image = face_recognition.load_image_file(
    "/Users/Admin/PycharmProjects/pythonProject5/pexels-mateus.jpg")

#Codificación de las imágenes de comparación
face0_encoding = face_recognition.face_encodings(face0_image)
face1_encoding = face_recognition.face_encodings(face1_image)
face2_encoding = face_recognition.face_encodings(face2_image)

#Vector con los nombres de las imágenes de comparación codificadas
known_face_encodings = [face0_encoding, face1_encoding,
                        face2_encoding]

#Vector con los nombres de las imágenes de comparación
known_face_names = ["pexels-heitor", "pexels-pixabay", "pexels-mateus"]

#Declaración de ciclo para identificar la imagen de prueba
while True:
     control = 0
     #Lee la imagen de la cámara Web y la convierte a formato PIL
     ret, frame = video_capture.read()
     rgb_frame = frame[:,:,::-1]
     pil_image = Image.fromarray(rgb_frame)

     #Crea una instancia para trazar sobre imágenes PIL
     draw = ImageDraw.Draw(pil_image)

     #Identifica las coordenadas del rostro de la imagen de prueba y
     #codifica la imagen de prueba
     face_locations = face_recognition.face_locations(rgb_frame)
     face_encodings = face_recognition.face_encodings(rgb_frame, face_loca-
tions)

     #Definición de ciclo para recorrer las coordenadas de la imagen de
prueba
     for (top, right, bottom, left), face_encoding in zip(face_locations,
face_encodings):
          #Compara las imágenes y genera matrices de falsos y verdaderos
          matches = face_recognition.compare_faces(known_face_encodings,
face_encoding)
          #Compara las imágenes y genera una matriz con las distancias en-
tre laimagen de
          #prueba y las de comparación
         face_distances = face_recognition.face_distance(known_face_enco-
dings, face_encoding)
```

```
        #best_match_index = np.argmin(face_distances)
        print(face_distances)

        #Recorre las distancias de cada imagen, las suma y las guarda en un vector
        for i in range(len(face_distances)):
            for j in range(len(face_distances[0])):
                sumapc += face_distances[i][j]
            sumato.append(sumapc)
            sumapc = 0

        #Imprime el vector con las sumas de las distancias de cada imagen
        print(sumato)
        #Calcula el índice de la imagen de menores distancias
        min = np.argmin(sumato)
        #Imprime el índice de la imagen que más coincide con la imagen de prueba
        print(min)
        #Selecciona el nombre de la imagen coincidente con la imagen de prueba
        name = known_face_names[min]

        #Recorre el vector sumato y revisa las magnitudes de las distancias sumadas
        #La imagen de prueba no coincide si las sumas son mayores a 4.5
        for i in range(len(sumato)):
            if (sumato[i] > 4.5):
                control += 1
            if (control == 3):
                name = "unknown"
                control = 0

        #Traza un rectángulo sobre el rostro de la imagen original
        draw.rectangle(((left, top), (right, bottom)), outline=(0, 0, 255))
        #Devuelve el cuadro delimitador del texto dado
        (left, top, right, bottom) = draw.textbbox((left, bottom + 5), name)
        #Traza el rectángulo para el nombre de la imagen identificada de prueba
        draw.rectangle(((left, bottom - 15), (right + 10, bottom + 5)), fill=(0, 0, 255),
                outline=(0, 0, 255))
        #Escribe el texto del nombre de la imagen identificada
        draw.text((left + 6, bottom - 10), name, fill=(255, 255, 255, 255))

        #Imprime la imagen de prueba con el nombre identificado
        pil_image.show()
        #Limpia el vector se sumas para realizar de nuevo el proceso
        sumato.clear()

    #Libera la cámara Web para volver a empezar
video_capture.release()
cv2.destroyAllWindows()
```

6.3.2 Explicación del ejemplo 6.7: reconocimiento de rostros usando la biblioteca Face_Recognition y una cámara Web para introducir la imagen de prueba

El código fuente del ejemplo 6.7 (Ejemplo6_7.py) lo ejecutamos desde la línea de comandos del Sistema Operativo Windows y no desde Google Colaboratory, esto se hace por facilidad de ejecución de la biblioteca Face_Recognition, si se tiene otro Sistema Operativo se deben realizar los ajustes necesarios para ejecutar el código fuente del ejemplo 6.7. Las bibliotecas Face_Recognition, cv2 (opencv-python), pillow y numpy, deben instalarse en el ordenador, a través del comando (py -m pip install sampleproject), en vez de sampleproject, se reemplaza por el nombre de la librería a instalar, la instalación debe realizarse antes de ejecutar el código fuente. En todo caso una cámara Web debe estar activa, paralelamente, con el dispositivo desde donde se esté corriendo el código fuente del ejemplo 6.7. Para acceder a la línea de comandos de Windows puede seguir las siguientes recomendaciones: ir al buscador de Windows y en este digitar, cmd, esto significa símbolo del sistema o terminal del sistema operativo, luego, seleccionar ejecutar como administrador, luego, aceptar los cambios si la máquina pregunta, finalmente, estando en la línea de comando, cambiar de directorio o carpeta hasta llegar a la que contiene el código fuente Python del ejemplo 6.7, para ir cambiando de directorio o carpeta se digita: cd punto (cd..). Luego de estar ubicados en la línea de comandos, en el directorio que contiene el código fuente del ejemplo 6.7, entonces, para ejecutarlo se debe digitar en la línea de comandos, la palabra Python seguida del nombre del archivo del ejemplo 6.7 con la respectiva extensión de Python (Ejemplo6_7.py), de esta manera, la cámara Web debe estar activa en el mismo dispositivo donde se esté ejecutando el ejemplo 6.7, desde luego capturando imágenes de prueba para identificar el nombre del rostro a que correspondan.

En las líneas 1 y 2 se establece el título del ejemplo 6.7, en consecuencia al inicio y al final el título se escriben comillas dobles repetidas tres veces; en la línea 4 se importa la librería Face_Recognition, esta es la que vamos a usar para el reconocimiento de rostros; en la línea 5 se importa la librería opencv, abreviada como cv2, esta es para el manejo de gráficos en la aplicación; en la línea 6 se importa la librería numpy, abreviada como np, esta es para el manejo de matrices y otros aspectos de matemáticas relacionados con las matrices; en la línea 7 se importa la librería PIL, su significado es: Python Imaging Library, es el paquete de procesamiento de imágenes para el lenguaje Python, incluye herramientas ligeras de procesamiento de imágenes que ayudan a editar, crear y guardar imágenes (https://www.geeksforgeeks.org/python-pillow-a-fork-of-pil/). En la línea 10 se declara el vector sumato, el cual se usa para guardar la suma de las distancias de la comparación de la imagen de prueba con las imágenes de referencia, para luego tomar una decisión sobre la identificación de la imagen de prueba; en la línea 11 se declara la variable sumapc, esta se usa para sumar parcialmente las distancias de cada imagen, esta variable se va actualizando en un ciclo iterador; en la línea 12 se declara la variable control, esta es para hacer seguimiento a las imágenes que no se encuentran en la base de datos de imágenes conocidas o de referencia; en la línea 13 se da la instrucción para capturar la imagen, a través de la cámara Web de video que esté activa.

En las líneas 15 a 20 se declaran tres variables (face0_image, face1_image, face2_image), para guardar a través de ellas las imágenes de referencia o conocidas que serán comparadas con la imagen de prueba, por tanto la que mejor coincida será la seleccionada para identificar el rostro de prueba, esto se hace usando el método de Face_Recognition: face_recognition.load_image_file(), este tiene como argumento la ruta al archivo donde se encuentre la imagen de referencia, por supuesto, estas rutas cambiaran para cada usuario o desarrollador de este código fuente, además se recomienda, que el código fuente del ejemplo 6.7 y las imágenes conocidas o de referencia se encuentren en el mismo directorio. En las líneas 23 a 25 se declaran tres variables (face0_encoding, face1_encoding, face2_encoding), estas se usan para guardar la codificación facial de 128 dimensiones para cada imagen, esto se logra mediante la instrucción, face_recognition.face_encodings(), la cual tiene como argumento la imagen cargada en las variables de las líneas 15 a 20; en la línea 28 se declara el vector, known_face_encodings[], para guardar las codificaciones de las imágenes de referencia; en la línea 32 se declara el vector, known_face_names[], para guardar los nombres o las etiquetas de las imágenes de referencia codificadas, para esto se usan los nombres de los archivos de las respectivas imágenes de referencia o conocidas.

En la línea 35 se declara un ciclo (while True), esta declaración permite que el código dentro del ciclo while se ejecute repetidamente hasta que se evalúe la condición booleana como Falso. En este caso el bucle se ejecutará para siempre; en la línea 38 se lee la imagen capturada por la cámara Web de video; en la línea 39 se convierte el formato BGR de la imagen capturada por la cámara Web a formato RGB, porque este es el que usa la biblioteca Face_recognition; en la línea 40 se declara la variable, pil_image, y a través de ella se convierte la matriz de la imagen RGB proveniente de la cámara Web , en una imagen de formato PIL, por medio de la instrucción Image.fromarray(face_image); en la línea 43 se declara la variable draw, para a partir de ella escribir sobre la imagen de prueba, por ejemplo el rectángulo delimitador del rostro, esto se desarrolla a través de la instrucción ImageDraw.Draw(pil_image); en la línea 47 se identifican o localizan las coordenadas del rostro de la imagen de prueba (top, right, bottom, left), esto a través de la variable face_locations ; en la línea 48 se codifica la imagen de prueba y al mismo tiempo en la codificación se indican cuáles son las coordenadas del rostro de la imagen de prueba, esto se hace a través de la variable face_encodings.

En la línea 51 se declara un ciclo for para recorrer las coordenadas de la imagen del rostro de prueba, y la respectiva codificación de la imagen de prueba; en la línea

53, ya dentro del ciclo for, se comparan la lista de codificaciones faciales conocidas (known_face_encodings), con la codificación de la imagen de prueba (face_encoding) para ver si coinciden, esto se hace por medio de la instrucción asociada a la variable matches, la devolución de esta instrucción es una lista de valores Verdadero/Falso que indica qué codificaciones faciales conocidas coinciden con la codificación facial de prueba; en la línea 56, partiendo de la lista de codificaciones de caras conocidas, las compara con la codificación de cara de la imagen de prueba para obtener una distancia euclidiana con respecto a cada rostro comparado, por tanto, la distancia dice qué tan similares son las caras, mientras más pequeñas son las distancias, más coincidencia puede haber con la imagen de prueba, todo lo anterior se hace a través de la variable face_distances y la instrucción asociada o igualada a ella, dicha instrucción devuelve o retorna un ndarray numpy con la distancia para cada cara en el mismo orden que la matriz known_face_encodings.

En la línea 58 se imprime el vector face_distances; en la línea 61 se declara un ciclo for para recorrer el vector de las distancias de cada uno de los rostros conocidos o de referencia con respecto al rostro de prueba (distancias de comparación); en la línea 62 se declara otro ciclo for, interno al de la línea 61, para recorrer cada una de las filas del vector de las distancias, cada vez que se recorre una fila se suman las distancias y el resultado se guarda en el vector sumato[], esto se repite en todas las filas del vector de las distancias; en la línea 63 se realiza la suma de las distancias; en la línea 64 se guarda el valor de la suma en el vector sumato[]; en la línea 65 se actualiza la suma a cero, a través de la variable sumapc, para cambiar de fila y realizar una nueva suma, al final las sumas de cada fila corresponden a las sumas de las distancias de cada rostro conocido o de referencia con respecto al rostro de prueba (distancias de comparación); en la línea 68 se imprime el vector sumato[] para observar las sumas de las distancias comparadas; en la línea 70 se calcula el índice del vector sumato[] que corresponde al elemento o sumas de las distancias comparadas con menor valor, por tanto en definitiva, este será el rostro que coincide con la imagen de prueba, lo anterior se hace a través de la instrucción, min = np.argmin(sumato); en la línea 72 se imprime el índice calculado; en la línea 74 se asigna a la variable name la etiqueta o nombre del rostro que coincide con la imagen de prueba, esto se hace por medio de la instrucción, name = known_face_names[min].

En la línea 78 se crea un ciclo for para recorrer el vector de sumas, que contiene la suma de las distancias de comparación, después de compararlas con la imagen de prueba, en definitiva a través de este ciclo for se identificará sí la imagen de prueba es desconocida, es decir, no coincide con ninguna de las imágenes de referencia o conocidas; en la línea 79, en el interior del ciclo for, se pregunta a través de un condicional, si la suma de las distancias de comparación es menor de 4.5, si en efecto esto es verdadero, entonces, la variable control se incrementa en 1 en la línea 80. Luego, en la línea 81, todavía dentro del ciclo for, se crea un condicional para preguntar que, si la variable control es igual a tres, entonces, el nombre de la imagen de prueba será desconocido, esto se realiza en la línea 82, el valor tres se usa, porque son tres imágenes conocidas o de referencia; en la línea 83 la variable control se actualiza a cero, para desarrollar de nuevo el proceso con otra imagen de prueba. El valor de 4.5 se toma como parámetro de comparación, porque al revisar el vector de sumas de distancias comparadas, al usar una imagen de prueba diferente a las conocidas, la suma de las distancias de comparación casi siempre era mayor a 4.5, por tanto este valor se encontró revisando el vector sumato varias veces con varias imágenes de prueba desconocidas, aunque este valor puede cambiar dependiendo de la cámara Web usada, en consecuencia, este puede ser considerado como un procedimiento de ajuste al desarrollar una aplicación de reconocimiento de rostros.

En la línea 86, con ayuda de la biblioteca PIL, se traza el rectángulo delimitador del rostro de la imagen de prueba, esto se hace mediante la instrucción, draw.rectangle(((left, top), (right, bottom)), outline=(0, 0, 255)), en esta misma instrucción se configura el formato del rectángulo, es decir el tamaño y el color; en la línea 88 se devuelve un rectángulo delimitador, del nombre del rostro que coincide con la imagen de prueba, en particular, este nombre se escribirá a la izquierda, en la parte de abajo, del rectángulo delimitador del rostro de la imagen de prueba; esto se hace mediante la instrucción, (left, top, right, bottom) = draw.textbbox((left, bottom + 5), name); en la línea 90 se traza el rectángulo en el cual queda inscrito el nombre que coincide con la imagen de prueba, dicho rectángulo se encuentra debajo del rectángulo delimitador del rostro; en la línea 93 se escribe el texto del nombre del rostro que coindice con la imagen de prueba, esto se realiza mediante la instrucción, draw.text((left + 6, bottom - 10), name, fill=(255, 255, 255, 255)), en esta instrucción también se establece el formato del texto. En la línea 96 se da la instrucción para imprimir en pantalla el rostro de la imagen de prueba con los respectivos rectángulos delimitadores y el nombre que identifica el rostro de prueba. En la línea 98, se borra el vector sumato[] para realizar un nuevo proceso de identificación de una imagen de prueba, esto se realiza con ayuda de la instrucción, sumato.clear(). En las líneas 101 y 102, se libera la cámara y se destruyen todas las ventanas creadas durante la ejecución del código del ejemplo 6.7. En la Figura 6.8 podemos observar la salida del ejemplo 6.7, allí se muestra la imagen de prueba con los respectivos rectángulos delimitadores y la identificación, además, en efecto la imagen de prueba es identificada correctamente, porque el nombre impreso coincide con el de la imagen de prueba.

Es muy importante, tener en cuenta que para este ejemplo 6.7, se deben instalar en el ordenador, desde la línea de comandos del sistema operativo, y preferiblemente desde la carpeta administradora del sistema operativo, las bibliotecas Face_Recognition y cv2, los comandos de instalación respectivamente serían: (py -m pip install face-recognition) y (py -m pip install opencv-python). Antes de ejecutar estos comandos el lenguaje Python ya debe estar instalado en el ordenador. De la misma manera se deben instalar las bibliotecas: numpy y PIL, esta última se instala por defecto al instalar la biblioteca pillow.

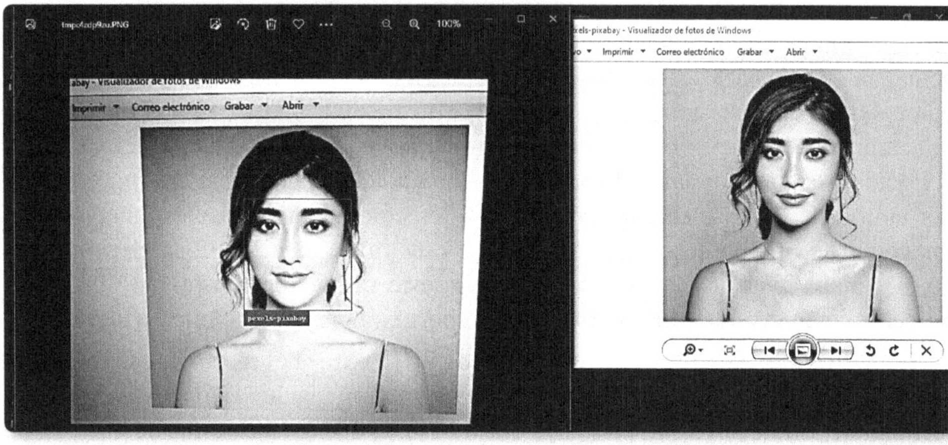

Figura 6.8. Salida del ejemplo 6.7, derecha imagen de prueba, izquierda imagen de prueba con el rostro identificado a través de la cámara Web
(Fuente: https://www.pexels.com/search/face/)

6.3.3 Reconocimiento de rostros con la librería Face_Recognition y cargando la imagen de prueba desde un archivo

El ejemplo 6.8 es otra versión del programa de reconocimiento de rostros, utiliza la biblioteca de Face_Recognition, todas las imágenes conocidas se guardan en un directorio especificado por la variable path, además, usa la función getFaces(path) para ir a través de todos los archivos de la carpeta, recopila todas las caras y las etiquetas y las guarda en las variables de las vectores faces e IDs.

```
"""EJEMPLO 6.8: RECONOCIMIENTO DE ROSTROS CON LA LIBRERÍA FACE_RECOGNITION
   Y CARGANDO LA IMAGEN DE PRUEBA DESDE UN ARCHIVO"""

import face_recognition
import cv2
import numpy as np
import os
import pathlib
from PIL import Image, ImageDraw

#Declaración de variables para identificar el rostro de prueba
sumapc = 0
sumato = []

#Ruta al directorio donde se encuentre este código o archivo Python
path = '.'

#Declaración de función para guardar las codificaciones de las
#imagenes conocidas o de referencia y sus nombres o etiquetas
def getFaces(path):
        #Crea una lista de las rutas de las imágenes conocidas
```

```
        imagepaths=[os.path.join(path,f) for f in os.listdir(path)]
        faces=[]
        IDs = []
        count = 0
        #Recorre las rutas de las imágenes conocidas
        for imagepath in imagepaths:
            #Selecciona las rutas solo de imágenes
            if (pathlib.Path(os.path.split(imagepath)[1]).suffix == ".jpg"):
                #Carga las imágenes conocidas y las codifica
                face_image = face_recognition.load_image_file(imagepath)
                face_encoding = face_recognition.face_encodings(face_image)
                #Guarda la codificación de cada imagen
                faces.append(face_encoding)
                #Selecciona el nombre o etiqueta de cada imagen y la guarda
                ID = os.path.split(imagepath)[1].split('.')[0]
                IDs.append(ID)
                count += 1
        #Devuelve las etiquetas y las codificaciones de las imágenes
        #al ejecutar la función getFaces()
        return IDs, faces

#Ejecuta la función getFaces() y asigna las etiquetas y las
#codificaciones
known_face_names, known_face_encodings = getFaces(path)
print(known_face_names)

#define la ruta de la imagen de prueba y la carga con Face_Recognition
testpath = "/Users/Admin/PycharmProjects/pythonProject5/pexels-cottonbro.jpg"
unknown_image = face_recognition.load_image_file(testpath)

#Identifica las coordenadas del rostro de la imagen de prueba
face_locations = face_recognition.face_locations(unknown_image)

#Codifica la imagen de prueba y le indica las coordenadas del rostro
face_encodings = face_recognition.face_encodings(unknown_image, face_locations)

#Convierte la imagen de prueba en un vector numpy
pil_image = Image.fromarray(unknown_image)

#Crea una instancia para escribir sobre la imagen de prueba
draw = ImageDraw.Draw(pil_image)

#Define un ciclo para recorrer las codificaciones de las imágenes conocidas y
#las coordenadas del rostro de prueba
for (top, right, bottom, left), face_encoding in zip(face_locations,face_encodings):
      #Compara las imágenes y genera matrices de falsos y verdaderos
      matches = face_recognition.compare_faces(known_face_encodings,face_encoding)
      # Compara las imágenes y genera una matriz con las distancias entre la imagen de
      # prueba y las imágenes conocidas
      face_distances = face_recognition.face_distance(known_face_encodings, face_encoding)
      print(face_distances)
      name = "Unknown"
```

```

        #Recorre las distancias de cada imagen, las suma y las guarda en un vector
        for i in range(len(face_distances)):
            for j in range(len(face_distances[0])):
                sumapc += face_distances[i][j]
            sumato.append(sumapc)
            sumapc = 0

        #Imprime el vector con las sumas de las distancias de cada imagen
        print(sumato)
        #Calcula el índice de la imagen de menores distancias
        min = np.argmin(sumato)
        #Imprime el índice de la imagen que más coincide con la imagen de prueba
        print(min)
        #Selecciona el nombre de la imagen coincidente con la imagen de prueba
        name = known_face_names[min]

        #Traza un rectángulo sobre el rostro de la imagen original
        draw.rectangle(((left, top), (right, bottom)), outline=(0, 0, 255))
        #Devuelve el cuadro delimitador del texto dado
        (left, top, right, bottom) = draw.textbbox((left, bottom+5), name)
        #Traza el rectángulo para el nombre de la imagen identificada de prueba
        draw.rectangle(((left, bottom - 15), (right + 10, bottom + 5)), fill=(0, 0, 255),
                        outline=(0, 0, 255))
        #Escribe el texto del nombre de la imagen identificada
      draw.text((left + 6, bottom - 10), name, fill=(255, 255, 255, 255))

    pil_image.show()
```

6.3.4 Explicación del ejemplo 6.8: reconocimiento de rostros con la librería Face_Recognition y cargando la imagen de prueba desde un archivo

El código fuente del ejemplo 6.8 (Ejemplo6_8.py) lo ejecutamos desde la línea de comandos del sistema operativo Windows y no desde Google Colaboratory, esto se hace por facilidad de ejecución de la biblioteca Face_Recognition. Para acceder a la línea de comandos de Windows puede seguir las siguientes recomendaciones: ir al buscador de Windows y en este digitar, cmd, esto significa símbolo del sistema o terminal del sistema operativo, luego seleccionar ejecutar como administrador, luego aceptar los cambios si la máquina pregunta, finalmente, estando en la línea de comandos, cambiar de directorio o carpeta hasta llegar a la que contiene el código fuente Python del ejemplo 6.8. Para ir cambiando de directorio o carpeta se digita: cd punto punto (cd..). Luego de estar ubicados en la línea de comandos, en el directorio que contiene el código fuente del ejemplo 6.8, entonces, para ejecutarlo se debe digitar en la línea de comandos, la palabra Python seguida del nombre del archivo del ejemplo 6.8 con la respectiva extensión de Python (Ejemplo6_8.py). Es muy importante, tener en cuenta que para este ejemplo 6.8, se deben instalar en el ordenador, desde la línea de comandos del sistema operativo, y preferiblemente desde la carpeta administradora del sistema operativo, las bibliotecas Face_Recognition y cv2, los comandos de instalación respectivamente serían: (py -m pip install face-recognition) y (py -m pip install opencv-python). Antes de ejecutar estos comandos el lenguaje Python ya debe estar instalado en el ordenador. De la misma manera se deben instalar las bibliotecas: numpy y PIL, esta última se instala por defecto al instalar la biblioteca pillow.

La explicación del ejemplo 6.8 es similar a la del ejemplo 6.7, las diferencias más destacadas son las siguientes: el ejemplo 6.8 no captura la imagen de prueba a través de una cámara Web, es decir la imagen a la que se le va a identificar el rostro, en consecuencia dicha imagen es cargada desde un archivo normal, indicando la ruta a seguir hacia el archivo correspondiente; en la línea 16, a través de la instrucción, path = '.', se define la ruta al directorio donde se encuentran las imágenes conocidas o de referencia con las que se va a comparar la imagen de prueba, entonces el punto entre comillas simples define la ruta al directorio donde se encuentre el código Python del ejemplo 6.8, por lo tanto quien vaya a ejecutar este código, debe guardar las imágenes de rostros conocidos en este mismo directorio o carpeta, puede almacenar la cantidad de imágenes que desee, para este ejemplo se usan 6 imágenes de prueba, cuyos nombres o etiquetas son: pexels-cottonbro, pexels-daniela, pexels-heitor, pexels-mateus, pexels-natividad y pexels-pixabay.

Otras de las diferencias más importantes, se localizan de la línea 20 a la línea 41, en la línea 20 se declara la función, getFaces(path), en general esta se usa para identificar las imágenes conocidas; en la línea 22 se define la variable, imagepaths, y a través de ella se crea una lista con todas las rutas de los archivos y directorios que están dentro del directorio donde se encuentre el código fuente Python del ejemplo 6.8 (Ejemplo6_8.py), así con la instrucción, os.listdir(path), se genera una lista con todos los archivos y directorios, y con la instrucción, os.path.join(path, f), se crea la ruta a cada uno de los archivos y directorios, todas las rutas se crean porque en el interior de la lista asociada a la variable imagepaths, existe un ciclo for que recorre todos los nombres de archivos y directorios; en la línea 23 se crea el vector faces[], donde se almacenaran las codificaciones de cada una de las imágenes conocidas; en la línea 24 se crea el vector IDs[], para almacenar en este los nombres o las etiquetas de las imágenes conocidas, de comparación o de referencia; en la línea 27 se declara un ciclo for para recorrer la lista guardada en la variable imagepaths, esta contiene todas las rutas a los archivos y directorios donde se halle el código fuente del ejemplo 6.8; en la línea 29, ya en el interior del ciclo for de la línea 27, se crea un condicional para filtrar o seleccionar solamente los archivos que correspondan a imágenes con extensión jpg.

La selección de los archivos jpg, en la línea 29, se logra porque la instrucción, os.path.split(imagepath)[1], divide cada una de las rutas en dos partes, en este caso, con el 1 de la instrucción anterior entre corchetes, se estarán seleccionando los nombres con extensión o sin extensión, de cada uno de los archivos y directorios donde se halla el código fuente del ejemplo 6.8, pero para complementar la selección, con la instrucción, pathlib.Path(os.path.split(imagepath)[1]).suffix, se escogerán solamente los archivos con extensión jpg, es decir los archivos que contienen imágenes con rostros; en la línea 31 se crea la variable, face_image, y a través de ella se cargan y se leen los archivos de imágenes con extensión jpg; en la línea 32, a través de la variable, face_encoding, se codifica cada una de las imágenes conocidas; en la línea 34 se guarda la codificación de cada una de las imágenes conocidas en el vector faces[], esto se consigue mediante la instrucción, faces.append(face_encoding); en la línea 36, por medio de la variable ID se separan, el nombre del archivo de la imagen de la extensión jpg, y se guarda en la variable ID el nombre del archivo, para tomarlo como etiqueta de cada una de las imágenes conocidas, todo esto se consigue mediante la instrucción, os.path.split(imagepath)[1].split('.')[0]; en la línea 37 se guardan las etiquetas o nombres de las imágenes en el vector IDs[]; en la línea 41 al ejecutar la función getFaces(path), se retornarán los vectores IDs[] y faces[], es decir las etiquetas o nombres de las imágenes y las codificaciones de cada una de las imágenes.

Otra diferencia relevante se encuentra en la línea 45, allí se ejecuta la función, getFaces(path), y se asignan los vectores de las etiquetas y las codificaciones a las variables: known_face_names y known_face_encodings; en la línea 49, a través de la variable, testpath, se asigna la ruta a la imagen de prueba, esta ruta tiene cambiar de acuerdo al usuario de este código fuente y a las preferencias del desarrollador que lo use, si no se hace el cambio posiblemente este código no funcionará en otro ordenador; en la línea 50 se carga la imagen de prueba con ayuda de la variable, unknown_image, el formato de la imagen cargada es RGB; a partir de la línea 53 el código fuente del ejemplo 6.8 es igual al código fuente del ejemplo 6.7, por tanto las explicaciones son las mismas que las del ejemplo 6.7. En la figura 6.9 se muestra la salida ejecutada en el ejemplo 6.8 al tomar como imagen de prueba la imagen cuyo nombre de archivo es: pexels-cottonbro.jpg, se debe entender aquí que la imagen de prueba debe ser una de las mismas imágenes conocidas, de tal manera que al realizar el proceso de comparación se logre una coincidencia con las imágenes conocidas.

6.3.5 Reconocimiento de rostros con OpenCV

OpenCV también proporciona varios métodos para el reconocimiento facial, para ello se requiere instalar la biblioteca opencv-contrib-python, esto se puede hacer a través del comando, (py -m pip install opencv-contrib-python), digitándolo en la línea de comandos de Windows y desde la carpeta de administración del sistema operativo. Para usar OpenCV en el reconocimiento facial, se realizan dos pasos: entrenar al reconocedor y usar el reconocedor entrenado para identificar caras. El ejemplo 6.9 es un programa de reconocimiento facial que utiliza la biblioteca OpenCV, luego usa el reconocedor entrenado para identificar una imagen de prueba.

Figura 6.9. Imagen del rostro identificado en la salida del ejemplo 6.8
(Fuente: https://www.pexels.com/search/face/)

```
"""EJEMPLO 6.9: RECONOCIMIENTO DE ROSTROS USANDO LA BIBLIOTECA OPENCV, EL DETECTOR
   HARRCASCADE Y UN RECONOCEDOR PREVIAMENTE ENTRENADO"""
#pip install opencv-contrib-python

import cv2
import numpy as np
import os

#Definición del reconocedor con ayuda de cv2
recognizer = cv2.face.LBPHFaceRecognizer_create()

#Creación de lista con las rutas de las imágenes de entrenamiento
imagePaths = ["/Users/Admin/PycharmProjects/pythonProject6/pexels-heitor.jpg",
          "/Users/Admin/PycharmProjects/pythonProject6/pexels-mateus.jpg",
          "/Users/Admin/PycharmProjects/pythonProject6/pexels-pixabay.jpg",
           "/Users/Admin/PycharmProjects/pythonProject6/pexels-daniela.jpg",
           "/Users/Admin/PycharmProjects/pythonProject6/wilmar22.jpg"]

#Declaración del detector de rostros haarcascade
faceCascade = cv2.CascadeClassifier('haarcascade_frontalface_default.xml')

```

```
 #Declaración de vectores y variables para ayudar en el reconocimiento
X = []
ids = []
ids22 = []
count = 0

#Declaración de ciclo para recorrer la lista de imágenes de entrenamiento
for imagePath in imagePaths:
     image = cv2.imread(imagePath)
     gray = cv2.cvtColor(image, cv2.COLOR_BGR2GRAY)
     img_numpy = np.array(gray, "uint8")
     #Identifica las coordenadas de los rostros de entrenamiento
     faces = faceCascade.detectMultiScale(img_numpy,
                       #scaleFactor=1.3,
                       minNeighbors=10,
                       minSize=(100, 100))
     #Almacena los nombres de los rostros de entrenamiento
     ids22.append(os.path.split(imagePath)[1].split('.')[0])
     print(ids22)
     #Recorre las coordenadas de los rostros de entrenamiento y los
     #guarda en el vector X
     for (x,y,w,h) in faces:
          X.append(img_numpy[y:y+h,x:x+w])
          ids.append(count)
          print(ids)
          break
      count = count + 1
#Realiza el entrenamiento y lo almacena en cvtraining.yml
recognizer.train(X,np.array(ids))
recognizer.save('cvtraining.yml')

#Lee el archivo con las imágenes entrenadas
recognizer.read('/Users/Admin/PycharmProjects/pythonProject6/cvtraining.yml')
#define la ruta a la imagen de prueba
testpath = "/Users/Admin/PycharmProjects/pythonProject6/pexels-daniela.jpg"
#Carga y lee la imagen de prueba
image = cv2.imread(testpath)
#Convierte la imagen de prueba a escala de grises
gray = cv2.cvtColor(image, cv2.COLOR_BGR2GRAY)

#Convierte la imagen de prueba en una matriz numpy
img_numpy = np.array(gray,'uint8')
#Identifica las coordenadas del rostro de la imagen de prueba
faces = faceCascade.detectMultiScale(img_numpy,
                  #scaleFactor=1.3,
                  minNeighbors=10,
                 minSize=(100, 100))
 name = "Unknown"

#Recorre las coordenadas del rostro de la imagen de prueba
#y realiza la predicción
for  (x,y,w,h) in faces:
           id, confidence = recognizer.predict(gray[y:y+h,x:x+w])
           print(id)
           print(confidence)

```

```
        #Recorre los índices de las imágenes entrenadas y
        #selecciona el nombre de la imagen de prueba predicho
        for i in range(5):
            if (i == id):
                name = ids22[id]

        #Adecua las condiciones de escritura en la imagen de prueba
        c = 100
        if h > 190:
            c = 0

        #Traza un rectángulo sobre el rostro de la imagen de prueba
        cv2.rectangle(image, (x, y), (x+w, y+h), (255, 255, 0), 2)
        #Define el tipo de letra a escribir sobre la imagen de prueba
        font = cv2.FONT_HERSHEY_DUPLEX
        #Escribe el nombre de la predicción asociado a la imagen de prueba
        cv2.putText(image, name, (x + 6, h-c), font, 0.8, (200,0, 255), 1)


#Muestra el resultado de la predicción sobre la imagen de prueba
cv2.imshow('Foto', image)
cv2.waitKey(0)
cv2.destroyAllWindows()
```

6.3.6 Explicación del ejemplo 6.9: reconocimiento de rostros usando la biblioteca Opencv, el detector harrcascade y un reconocedor previamente entrenado

El código fuente Python del ejemplo 6.9, llamado Ejemplo6_9.py, se puede descargar desde la página Web de la editorial Ra-Ma, este código lo ejecutamos desde la línea de comandos de Windows, porque primero se debe obtener el reconocedor de rostros entrenado. Para acceder a la línea de comandos de Windows puede seguir las siguientes recomendaciones: ir al buscador de Windows y en este digitar, cmd, esto significa símbolo del sistema o terminal del sistema operativo, luego seleccionar ejecutar como administrador, luego aceptar los cambios si la máquina pregunta, finalmente, estando en la línea de comandos, cambiar de directorio o carpeta hasta llegar a la que contiene el código fuente Python del ejemplo 6.9. Para ir cambiando de directorio o carpeta se digita: cd punto punto (cd..). Luego de estar ubicados en la línea de comandos, en el directorio que contiene el código fuente del ejemplo 6.9, entonces, para ejecutarlo se debe digitar en la línea de comandos, la palabra Python seguida del nombre del archivo del ejemplo 6.9 con la respectiva extensión de Python (Ejemplo6_9.py). Es muy importante, tener en cuenta que para este ejemplo 6.9, se deben instalar en el ordenador, desde la línea de comandos del sistema operativo, y preferiblemente desde la carpeta administradora del sistema operativo, las bibliotecas: opencv-contrib-python, opencv-python (cv2) y numpy, los comandos de instalación respectivamente serían: (py -m pip install opencv-contrib-python), (py -m pip install opencv-python) y (py -m pip install numpy). Antes de ejecutar estos comandos el lenguaje Python ya debe estar instalado en el ordenador.

En las líneas 1 y 2 se establece el título del ejemplo 6.9, en consecuencia al inicio y al final del título se escribe comillas dobles repetidas tres veces; en la línea 4 se importa la librería opencv, abreviada como cv2, esta es para el manejo de gráficos en la aplicación y en este caso también se usará para la identificación del rostro de prueba; en la línea 6 se importa la librería numpy, abreviada como np, esta es para el manejo de matrices y otros aspectos de matemáticas relacionados con las matrices; en la línea 7 se importa la librería OS, esta proporciona funciones para interactuar con el sistema operativo, además, viene bajo los módulos de utilidad estándar de Python; en la línea 10 se declara la variable recognizer, y a través de ella el reconocedor de Histogramas de Patrones Binarios Locales (LBPHFaceRecognizer), este se usa para la identificación de los rostros, complementariamente, guardará el resultado del entrenamiento en un archivo llamado cvtraining.yml, y en el mismo directorio o carpeta donde se encuentre el código fuente Python del ejemplo 6.9.

En las líneas 13, 14, 15, 16 y 17, se declara una lista con las rutas de las imágenes con rostros para realizar el entrenamiento, esto se hace por medio de la variable, imagePaths, estas rutas tienen que cambiar porque cada usuario o desarrollador tendrá las imágenes en directorios distintos, pero se recomienda que estas imágenes estén en el mismo directorio donde se encuentre el código fuente del ejemplo 6.9; en la línea 20, a través de la variable faceCascade, se carga el archivo de detección de rostros, haarcascade_frontalface_default.xml, este archivo debe estar descargado previamente en el ordenador como se explicó en el ítem 6.2 de este capítulo, además, dicho archivo debe estar en el mismo directorio donde se encuentre el código fuente Python del ejemplo 6.9, por tanto una vez descargado, si se cumplen las condiciones anteriores, en la línea 20 en el interior de los paréntesis, se puede copiar y pegar así: ('haarcascade_frontalface_default.xml'). En la línea 23 se declara el vector X[], para guardar posteriormente las matrices numpy de cada una de las imágenes de entrenamiento; en la línea 24 se declara el vector ids[] para guardar los índices de las imágenes de entrenamiento; en la línea 25 se declara el vector ids22[] para almacenar en este los nombres de las imágenes de entrenamiento.

En la línea 29 se declara un ciclo for para recorrer la lista de las imágenes de entrenamiento, almacenadas en la variable, imagePaths; ya en el interior del ciclo for, en la línea 30 se lee cada una de las imágenes de la lista de entrenamiento, esto se hace mediante la instrucción, image = cv2.imread(imagePath); en la línea 31 cada una de las imágenes de entrenamiento se pasa a escala de grises mediante el método, cv2.cvtColor(image, cv2.COLOR_BGR2GRAY), este método esencialmente lo que hace es convertir una imagen de un espacio de color a otro, hay más de 150 métodos de conversión de espacio de color disponibles en OpenCV, en este caso se usa, cv2.COLOR_BGR2GRAY, para aplicar una escala de grises a las imágenes de entrenamiento. En la línea 32 se convierte cada imagen en una matriz numpy, usando la instrucción, img_numpy = np.array(gray, "uint8"); en la línea 34 por medio de la variable faces, se aplica el detector de rostros haarcascade a cada una de las imágenes de entrenamiento, principalmente lo que hace el detector es devolver rectángulos limitantes de las caras detectadas (es decir, x, y, w, h), y luego aplica los parámetros: scaleFactor y minNeighbors. ScaleFactor determina el factor de aumento en el tamaño de la ventana que inicialmente es "minSize", y después de probar todas las ventanas de ese tamaño, la ventana se escala por el "scaleFactor", y el tamaño aumenta a "maxSize". Si el factor de escala es grande (por ejemplo, 2.0), habrá menos pasos, por lo que la detección será más rápida, pero es posible que se pase por alto objetos cuyo tamaño se encuentre entre dos escalas probadas. (El factor de escala predeterminado es 1,3). Cuanto más altos sean los valores de los "minNeighbors", menor será el número de falsos positivos, y menor será el error en términos de falsa detección de rostros, sin embargo, también existe la posibilidad de perder algunos rastros faciales poco claros.

En la línea 39, en el vector ids22[], se almacenan los nombres de las imágenes de cada uno de los rostros detectados, para esto se usan los nombres de los archivos sin la extensión, es decir son las etiquetas de los rostros, la instrucción, os.path.split(imagePath)[1], separa la ruta en dos partes, con el 1 entre corchetes se toma la parte de la ruta del nombre del archivo con la extensión, y al aplicar la instrucción completa, os.path.split(imagePath)[1].split('.')[0], se toma solo el nombre del archivo y se guarda en el vector ids22[]. En la línea 40 se imprimen los nombres o etiquetas de las imágenes de entrenamiento; en la línea 43 se crea un ciclo for para recorrer las coordenadas de las imágenes de entrenamiento; en la línea 44 se almacenan en el vector X[], las matrices numpy de cada una de las imágenes de entrenamiento con las respectivas coordenadas de los rectángulos delimitadores; en la línea 45, en el vector ids[], se almacenan los índices de los rostros de entrenamiento identificados; en la línea 48 se actualiza el valor de la variable count, incrementándola en 1; en la línea 50 se realiza el entrenamiento con las imágenes conocidas, por medio de la instrucción, recognizer.train(X,np.array(ids)); en la línea 51 se guarda el resultado del entrenamiento en el archivo, cvtraining.yml. Este archivo queda almacenado, automáticamente, en el mismo directorio donde se encuentre el código fuente Python del ejemplo 6.9 (Ejemplo6_9.py).

En la línea 54, se lee el archivo generado en el entrenamiento, por esta razón, en la línea 54 se debe especificar la ruta del archivo del entrenamiento, es la que se pone como argumento, entre paréntesis y comillas simples, en la instrucción: recognizer.read('/Users/Admin/PycharmProjects/pythonProject6/cvtraining.yml'), debe tenerse presente que en esta misma ruta estará almacenado el código fuente Python del ejemplo 6.9; en la línea 56 se especifica la ruta a la imagen de prueba, esta imagen debe ser una de las mismas imágenes de entrenamiento, para poder compararlas en tiempo real y definir un nombre para la imagen de prueba pero de acuerdo a todo el proceso de comparación, la ruta a esta imagen puede cambiar según el usuario del código fuente del ejemplo 6.9; en la línea 58, mediante cv2, se carga y se lee la imagen de prueba, esto se realiza mediante la instrucción, image = cv2. imread(testpath); en la línea 60 la imagen de prueba se convierte a escala de grises mediante la instrucción, gray = cv2.cvtColor(image, cv2.COLOR_BGR2GRAY); en la línea 63 la imagen de prueba se convierte en una matriz numpy, mediante la instrucción, img_numpy = np.array(gray,'uint8'); en la línea 65 se identifican las coordenadas del rostro de la imagen de prueba, al aplicar el detector haarcascade a la imagen de prueba, por tanto se hallan las coordenadas del cuadro delimitador del rostro.

En la línea 73 se crea un ciclo for, para recorrer las coordenadas del rostro de la imagen de prueba; en la línea 74, ya en el interior del ciclo for, se realiza la predicción sobre la imagen de prueba haciendo uso del archivo reconocedor (cvtraining.yml), todo esto mediante la instrucción, (id, confidence = recognizer. predict(gray[y:y+h,x:x+w])), a través de recognizer se aplica el archivo cvtraining. yml, el id se refiere al índice de la imagen de entrenamiento que coincide con la imagen de prueba y confidence es la confianza de la predicción, la confianza es más como un error aquí, cuanto menor sea el valor, mejor. Una confianza entre 0 y 50 normalmente significa una combinación perfecta; en las líneas 75 y 76 se imprimen el índice y la confianza asociados a la predicción sobre la imagen de prueba; en la línea 80 se crea un ciclo for para recorrer los índices de las imágenes de entrenamiento, se hace un recorrido por 5 índices, porque usamos 5 imágenes de entrenamiento; en la línea 81 se crea un condicional para preguntar si el índice recorrido, coincide con el índice de la predicción, si esto es cierto, entonces en la línea 82, se toma como nombre de la imagen de prueba el que esté dentro del vector ids22[] en la posición del índice de la predicción, (name = ids22[id]).

En la línea 89, se traza un rectángulo sobre la imagen de prueba de acuerdo a las coordenadas encontradas del rostro delimitador, esto se hace mediante la instrucción, cv2.rectangle(image, (x, y), (x+w, y+h), (255, 255, 0), 2); en la línea 91 se define el formato de letra a escribir sobre la imagen de prueba, esto con ayuda de la instrucción, font = cv2.FONT_HERSHEY_DUPLEX; en la línea 93 se escribe sobre la imagen de prueba el texto del nombre de la predicción realizada, esto por medio de la instrucción, cv2.putText(image, name, (x + 6, h-c), font, 0.8, (200,0, 255), 1); en la línea 97 se muestra la imagen de prueba y el texto de la predicción escrito sobre ella; en la línea 98, a través de la instrucción, cv2.waitKey(0), se le dice al código que muestre la imagen del rostro identificado mientras no se oprima una tecla del ordenador y en la línea 99 se le dice al código que destruya o cierre todas las ventanas, en cualquier momento, después de salir del código fuente del ejemplo 6.9. En la Figura 6.10 podemos observar la salida del ejemplo 6.9, allí se muestra la imagen de prueba con el nombre del texto de la predicción. Como se puede observar el nombre escrito si coincide con la imagen de prueba, esto es cierto al revisar la lista de las imágenes de entrenamiento.

Figura 6.10. Imagen del rostro identificado en la salida del ejemplo 6.9 (Fuente: https://www.pexels.com/search/face/)

Para obtener más información sobre el reconocimiento facial mediante OpenCV, consulte el enlace a continuación:

https://docs.opencv.org/2.4/modules/contrib/doc/facerec/facerec_tutorial.html

6.4 DETECCIÓN DE EDAD, GENERO Y EMOCIONES

En esta parte hablaremos sobre la edad, el género y la detección de emociones, el repositorio de DeepFace es una biblioteca eficaz que permite utilizar diferentes modelos de aprendizaje profundo para detectar caras, identificar caras, verificar y analizar caras, y obtener información sobre la edad, el género, la raza y las emociones. Para usarlo, simplemente instale la biblioteca de la siguiente manera: py -m pip install deepface, este comando se debe digitar en la línea de comandos de Windows, preferiblemente desde la carpeta o directorio administrador del Sistema Operativo, también, el Software Python ya debe estar instalado previamente.

6.4.1 DeepFace (verificación de rostros)

El ejemplo 6.10 es una aplicación de demostración de DeepFace simple para verificar que dos imágenes pueden contener la misma persona, esta detección la hacemos a través de los archivos de imagen: pexels-sebastian11.jpg y pexels-sebastian22.jpg, de nuevo estas imágenes son tomadas de https://www.pexels.com/search/face/.

```
1    """EJEMPLO 6.10: VERIFICACIÓN DE DOS IMÁGENES PARA COMPROBAR SI SON O NO LA
MISMA
2        PERSONA"""
3
4    !pip install deepface
5    from deepface import DeepFace
6    import matplotlib.pyplot as plt
7    import matplotlib.image as mpimg
8
9    #Listas que contienen los modelos de detección
10   models = ["VGG-Face", "Facenet", "Facenet512", "OpenFace", "DeepFace",
11                      "DeepID", "ArcFace", "Dlib", "SFace"]
12   metrics = ["cosine", "euclidean", "euclidean_l2"]
13
14   #Rutas a las imágenes de prueba que se van a comparar
15   img11 = mpimg.imread('/content/pexels-sebastian11.jpg')
16   img22 = mpimg.imread('/content/pexels-sebastian22.jpg')
17
18   #Muestra las imágenes de prueba a comparar
19   plt.subplot(1, 2, 1)
20   plt.imshow(img11, cmap=plt.cm.binary)
21   plt.subplot(1, 2, 2)
22   plt.imshow(img22, cmap=plt.cm.binary)
23   plt.show()
24
25   #Compara las imágenes de prueba
26   result = DeepFace.verify("/content/pexels-sebastian11.jpg",
27                            "/content/pexels-sebastian22.jpg",
28                             model_name = models[0], distance_metric =
metrics[1])
29
30    #Confirma si la comparación fue correcta o no
31    print("Is verified: ", result["verified"])
```

6.4.2 Explicación del ejemplo 6.10: verificación de dos imágenes para comprobar si son o no la misma persona

El ejemplo 6.10 llamado, Ejemplo6_10.py, lo ejecutamos desde Google Colaboratory, los números de la izquierda del código fuente de este texto no hacen parte de la lógica del programa, por tanto si se copia y pega el código de este texto, los números de la izquierda se deben eliminar, además, el código fuente original del ejemplo 6.10 se puede descargar de la página Web de la editorial Ra-Ma. En las líneas 1 y 2 se establece el título del ejemplo 6.10, en consecuencia, al inicio y al final del título se escribe comillas dobles repetidas tres veces; en la línea 4 se escribe la instrucción necesaria para instalar la biblioteca deepface, esta se caracteriza porque es un marco ligero de reconocimiento facial y análisis de atributos faciales (edad , género , emoción y raza) para Python. Es un marco híbrido de reconocimiento facial que envuelve modelos de última generaciónVGG-Face: Google FaceNet, OpenFace, Facebook DeepFace, DeepID, ArcFace y Dlib; en la línea 5 se importa la librería deepface; en la línea 6 se importa la librería Matplotlib, esta es una biblioteca de visualización en Python para gráficos 2D de matrices. Matplotlib es una biblioteca de visualización de datos multiplataforma basada en matrices NumPy y diseñada para funcionar con la pila SciPy más amplia. En la línea 7 se importa image de Matplotlib, esta es fundamental para lectura de imágenes en Python.

En la línea 10, se declara la variable models y a través de ella una lista con diferentes modelos para el reconocimiento de rostros en imágenes; en la línea 12 se declara la variable metrics y a través de ella una lista de modelos para verificar la semejanza o similitud de dos rostros; en las línea 15 y 16, mediante las variables img11 e img22, se cargan las imágenes de prueba a comparar (pexels-sebastian11.jpg y pexels-sebastian22.jpg), esto se hace mediante la biblioteca mpimg de Matplotlib, dichas imágenes deben estar previamente descargadas en el ordenador y la manera de subirlas a la plataforma de Colaboratory se explica en la Figura 6.1 de este capítulo, para el ejemplo 6.10 las rutas a las imágenes a comparar son: ("/content/pexels-sebastian11.jpg" y "/content/pexels-sebastian22.jpg"), además, tanto el código fuente del ejemplo 6.10 como las imágenes de prueba se encuentran en la Página Web de la editorial Ra-Ma. En la línea 19, mediante la instrucción, plt.subplot(1, 2, 1), se genera la orden para crear un gráfico de una fila y dos columnas, en esta primera declaración estará el gráfico de la primera columna; en la línea 20 se genera el gráfico de la primera columna, correspondiente a la imagen, pexels-sebastian11.jpg; en la línea 21, mediante la instrucción, plt.subplot(1, 2, 2), se genera la orden para crear un gráfico de una fila y dos columnas, en esta segunda declaración estará el gráfico de la segunda columna; en la línea 22 se genera el gráfico de la segunda columna, correspondiente a la imagen, pexels-sebastian22.jpg.

En la línea 23 se da la instrucción para mostrar las dos imágenes de prueba en pantalla; en la línea 26 se crea la variable result, y a través de ella se aplica el verificador de imágenes de Deepface, esta función verifica los pares de rostros como la misma persona o personas diferentes. Los argumentos son rutas de imagen exactas como entradas, aunque imágenes codificadas en numpy o base64 también son aceptadas, esta función devuelve un diccionario y se debe verificar en él un valor lógico de falso o verdadero. La función de verificación de imágenes, también, contiene dos parámetros destacados en el proceso de comparación, estos son, el modelo de reconocimiento facial (VGG-Face) y la métrica (euclidean), esta última se usa para calcular la similitud entre los rostros; en la línea 31 se imprime el resultado de la verificación. En la figura 6.11 se observa el resultado de la comparación y las imágenes con los rostros comparados.

Figura 6.11. Imágenes con rostros verificados mediante Deepface (Fuente: https://www.pexels.com/search/face/)

6.4.3 DeepFace (Análisis de rostros)

El ejemplo 6.11, es un código fuente de demostración de DeepFace para analizar en el rostro de una imagen: la edad, el género, la raza y las emociones, estas se hacen a través del archivo de imagen: pexels-casper22.jpg, de nuevo esta imagen es tomada de https://www.pexels.com/search/face/.

```
"""EJEMPLO 6.11: ANÁLISIS DEL ROSTRO EN UNA IMAGEN: PREDICCIÓN DE EDAD,
   GÉNERO, RAZA Y EMOCIONES"""

!pip install deepface
from deepface import DeepFace
import matplotlib.pyplot as plt
import matplotlib.image as mpimg

#Modelos de detección de rostros
backends = ['opencv', 'ssd', 'dlib', 'mtcnn', 'retinaface']

#Lee la imagen y la muestra en pantalla
img = mpimg.imread('/content/pexels-casper22.jpg')
plt.imshow(img, cmap=plt.cm.binary)
plt.show()

#Aplica el analizador de rostros de Deepface
demography1 = DeepFace.analyze(img, actions = ['age'],
                               detector_backend = backends[1])
demography2 = DeepFace.analyze(img, actions = ['gender'],
```

```
21                               detector_backend = backends[1])
22  demography3 = DeepFace.analyze(img, actions = ['race'],
23                               detector_backend = backends[1])
24  demography4 = DeepFace.analyze(img, actions = ['emotion'],
25                              detector_backend = backends[1])
26
27  #Imprime los resultados del análisis del rostro
28  print(demography1)
29  print(demography2)
30  print(demography3)
31  print(demography4)
```

6.4.4 Explicación del ejemplo 6.11: análisis del rostro en una imagen: Predicción de edad, género, raza y emociones

El ejemplo 6.11 llamado, Ejemplo6_11.py, lo ejecutamos desde Google Colaboratory, los números de la izquierda del código fuente de este texto no hacen parte de la lógica del programa, por tanto, si se copia y pega el código de este texto, los números de la izquierda se deben eliminar, además, el código fuente original del ejemplo 6.11 se puede descargar de la página Web de la editorial Ra-Ma. En las líneas 1 y 2 se establece el título del ejemplo 6.11, por tanto al inicio y al final del título se escribe comillas dobles repetidas tres veces; en la línea 4 se escribe la instrucción necesaria para instalar la biblioteca deepface, esta se caracteriza porque es un marco ligero de reconocimiento facial y análisis de atributos faciales (edad, género, emoción y raza) para Python. Es un marco híbrido de reconocimiento facial que envuelve modelos de última generaciónVGG-Face: Google FaceNet, OpenFace, Facebook DeepFace, DeepID, ArcFace y Dlib; en la línea 5 se importa la librería deepface; en la línea 6 se importa la librería Matplotlib, esta es una biblioteca de visualización en Python para gráficos 2D de matrices. Matplotlib es una biblioteca de visualización de datos multiplataforma basada en matrices NumPy y diseñada para funcionar con la pila SciPy más amplia. En la línea 7 se importa la biblioteca image de Matplotlib, ésta es para lectura y tratamiento de imágenes en Python.

En la línea 10, se declara la variable backends y a través de ella una lista con diferentes modelos para el reconocimiento de rostros en imágenes; en la línea 13 mediante la variable img, se carga la imagen de prueba para detectarle la edad, el género, la raza y las emociones (pexels-casper22.jpg), esto se hace mediante la biblioteca mpimg de Matplotlib, dicha imagen debe estar previamente descargada en el ordenador y la manera de subirlas a la plataforma de Colaboratory se explica en la Figura 6.1 de este capítulo, para el ejemplo 6.11 la ruta a la imagen a predecir las características demográficas es: ("/content/pexels-casper22.jpg"), además, tanto el código fuente del ejemplo 6.11 como la imagen de prueba se encuentran en la Página Web de la editorial Ra-Ma. En la línea 14 se genera la gráfica a mostrar; en la línea 15 se muestra la imagen de prueba en pantalla; en la línea 18 se aplica el analizador de características demográficas de Deepface para predecir la edad, en la línea 20 se aplica el mismo analizador para predecir el género, en la línea 22 se aplica el mismo analizador para predecir la raza, y en la línea 24 se aplica el mismo analizador para predecir las emociones, en todos los casos se usa el parámetro, detector_backend = backends[1], para indicar que se está haciendo uso de un modelo de reconocimiento facial específico ('ssd'). En las líneas 28, 29, 30 y 31 se imprimen en pantalla el resultado de las respectivas predicciones, así, en la Figura 6.12, observamos la imagen de prueba y las respectivas predicciones demográficas asociadas al rostro de esta imagen.

```
Action: age: 100%|██████████| 1/1 [00:00<00:00,  1.49it/s]
Action: gender: 100%|██████████| 1/1 [00:00<00:00,  1.54it/s]
Action: race: 100%|██████████| 1/1 [00:00<00:00,  1.57it/s]
Action: emotion: 100%|██████████| 1/1 [00:00<00:00, 15.60it/s][{'age': 28, 'region': {'x': 236, 'y': 217, 'w': 62, 'h': 98}}]
[{'gender': {'Woman': 99.99964237213135, 'Man': 0.0003551480403984897}, 'dominant_gender': 'Woman', 'region': {'x': 236, 'y': 217, 'w': 62, 'h': 98}}]
[{'race': {'asian': 73.98883986340044, 'indian': 2.5762063728220905, 'black': 0.5339601248008161, 'white': 9.804775244566827, 'middle eastern': 5.6257578731
[{'emotion': {'angry': 7.757091984575509, 'disgust': 2.038377126461531e-05, 'fear': 0.13322276857332996, 'happy': 0.009916098360792077, 'sad': 13.6679717104
```

Figura 6.12. Imagen de prueba y predicciones demográficas sobre esta
(Fuente: https://www.pexels.com/search/face/)

Para obtener más información acerca de la librería Deepface, consultar el siguiente enlace: https://github.com/serengil/deepface.

6.5 APLICACIONES WEB DE DETECCIÓN DE ROSTROS

Con la biblioteca Streamlit (https://docs.streamlit.io/en/stable/) puede desarrollar una aplicación basada en la web para la detección de rostros. El ejemplo 6.12 muestra cómo crear una aplicación web para realizar la detección de rostros, primero permite a los usuarios cargar un archivo de imagen y luego realiza la detección de rostros haciendo click en el botón Detectar Caras, para ejecutarlo, simplemente escriba el siguiente comando en una ventana del símbolo del sistema: (streamlit run Ejemplo6_12.py).

```
"""EJEMPLO 6.12: APLICACIÓN WEB PARA DETECCIÓN DE ROSTROS USANDO LA
   BIBLIOTECA STREAMLIT """

import streamlit as st
import cv2
from PIL import Image
import numpy as np

#Carga el detector de rostros haarcascade
face_cascade = cv2.CascadeClassifier('haarcascade_frontalface_default.xml')

#Definición de función para detectar el rostro en una imagen ingresada
#como argumento de esta función
def detect_faces(our_image):
    new_img = np.array(our_image.convert('RGB'))
    img = cv2.cvtColor(new_img,1)
    gray = cv2.cvtColor(new_img, cv2.COLOR_BGR2GRAY)
    #Detecta los rostros
    faces = face_cascade.detectMultiScale(gray, 1.1, 4)
    #Traza el rectángulo alrededor de los rostros
    for (x, y, w, h) in faces:
        cv2.rectangle(img, (x, y), (x+w, y+h), (255, 0, 0), 2)
    return img,faces

#Definición de función principal para crear la página Web de Streamlit
#y ejecutar la función detect_faces(our_image)
def main():
    st.title("Face Detection")
    st.text("Built with Streamlit and OpenCV")
    image_file = st.file_uploader("Upload Image",type=['jpg','jpeg',
'png','gif'])
    if image_file is not None:
        our_image = Image.open(image_file)
        st.text("Original Image")
        st.image(our_image)
    if st.button("Detect Faces"):
        result_img,result_faces = detect_faces(our_image)
        st.image(result_img)
        st.success("Found {} faces".format(len(result_faces)))

#Ejecución de la función principal de la aplicación
if __name__ == '__main__':
    main()
```

6.5.1 Explicación del ejemplo 6.12: aplicación Web para detección de rostros usando la biblioteca Streamlit

El código fuente del ejemplo 6.12 almacenado en el archivo llamado, streamlitface.py, debe ejecutarse desde la línea de comandos de Windows, usando el comando, (streamlit run streamlitface.py). El archivo del ejemplo 6.12 se encuentra en la página Web de la editorial Ra-Ma, también se puede copiar y pegar desde este texto, pero teniendo cuidado que los números de la izquierda no hacen parte de la lógica del programa, simplemente son facilitadores en términos didácticos, para explicar mejor la lógica del código fuente. Para acceder a la línea de comandos de Windows puede seguir las siguientes recomendaciones: ir al buscador de Windows y en este digitar, cmd, esto significa símbolo del sistema o terminal del sistema operativo, luego seleccionar ejecutar como administrador, luego aceptar los cambios si la máquina pregunta, finalmente estando en la línea de comando, cambiar de directorio o carpeta hasta llegar a la que contiene el código fuente Python del ejemplo 6.12, para ir cambiando de directorio o carpeta se digita: cd punto punto (cd..). Luego de estar ubicados en la línea de comandos, en el directorio que contiene el código fuente del ejemplo 6.12, entonces para ejecutarlo se debe digitar en la línea de comandos: (streamlit run Ejemplo6_12.py), una vez digitado todo el comando anterior que está entre paréntesis, en la línea de comandos de Windows aparece la ejecución de un servidor local por el puerto 8501 o por el que se active automáticamente al ejecutarse el servidor, luego de esto, casi inmediatamente, se abre el explorador predeterminado con los botones necesarios para cargar una imagen de prueba y detectar el rostro contenido en ella, por lo tanto al ejecutar el código fuente del ejemplo 6.12, el ordenador donde se realice la ejecución debe tener Internet y la página del explorador predeterminado debe estar abierta.

En las líneas 1 y 2 se establece el título del ejemplo 6.12, en consecuencia al inicio y al final del título se escribe comillas dobles repetidas tres veces; en la línea 8 se importa la librería de streamlit por medio del sinónimo, st, simplemente para facilitar el llamado de la biblioteca en otras partes del código, en general esta librería convierte los scripts de datos en aplicaciones web para compartir casi inmediatamente, la cuestión es que el archivo Python que contenga el código fuente debe ejecutarse desde la línea de comandos del sistema operativo con la instrucción: (streamlit run streamlitface.py), la última palabra es el nombre del archivo Python y con la respectiva extensión del lenguaje de programación Python , también cuando se esté en la línea de comandos, debemos estar ubicados en el directorio que contiene el archivo Python con el respectivo diseño en la librería de streamlit. Igualmente, la mayoría de las veces se requiere que la librería de streamlit y las demás librerías usadas en el código fuente a ejecutar, sean instaladas desde la línea de comandos del sistema operativo respectivo, el comando usado para esta instalación, debe ser de la siguiente forma: (py -m pip install streamlit) las demás librerías también se instalan así, solo es cambiar el nombre de la librería, se recomienda hacer esto desde la administración del sistema operativo, también es importante recordar que el lenguaje Python debe estar instalado en el ordenador, en la siguiente página Web se hallan recomendaciones para instalar paquetes Python: (https://pip.pypa.io/en/stable/getting-started/#).

En la línea 5 se importa la librería opencv-python, abreviada como cv2, esta es para el manejo de gráficos en la aplicación y en este caso también se usará para la identificación del rostro de prueba; en la línea 6, de la biblioteca PIL se importa, Image, en general la biblioteca PIL es para el tratamiento de imágenes, su significado es: Python Imaging Library, es el paquete de procesamiento de imágenes para el lenguaje Python, incluye herramientas ligeras de procesamiento de imágenes que ayudan a editar, crear y guardar imágenes (https://www.geeksforgeeks.org/python-pillow-a-fork-of-pil/). En la línea 7 se importa la librería numpy, abreviada como np, esta es para el manejo de matrices y otros aspectos de matemáticas relacionados con las matrices; en la línea 10 se declara la variable, face_cascade, para cargar a través de ella el archivo de detección de rostros, haarcascade_frontalface_default.xml, este archivo debe estar descargado previamente en el ordenador como se explicó en el ítem 6.2 de este capítulo, se recomienda que este archivo esté descargado en el mismo directorio donde se encuentre el código fuente del ejemplo 6.12 (Ejemplo6_12.py), si no es así, entonces en la línea 10, dentro de los paréntesis se debe especificar la ruta completa donde se encuentre el archivo, haarcascade_frontalface_default.xml, además se debe poner entre comillas simples o dobles.

En la línea 14 se declara la función, detect_faces(our_image), esta tiene un parámetro de entrada, our_image, correspondiente a una imagen, por tanto al ejecutar dicha función el parámetro se convierte en una argumento de entrada, en definitiva al ejecutar la función entre paréntesis también se debe ingresar una imagen; en la línea 15, la imagen ingresada por la función, detect_faces(our_image), se convierte en una matriz numpy, y también se cambia su formato a RGB; en la línea 16 se aplica el método, cv2.cvtColor(new_img,1), a la imagen numpy, el 1 significa que la imagen se va a tomar del mismo tamaño de entrada, mediante la variable img; en la línea 17 se aplica el mismo método que en la línea 16, pero para cambiar la imagen numpy a escala de grises, esto se hace mediante la variable gray, además, en general el método cv2.cvtColor(), se utiliza para convertir una imagen de un espacio de color a otro, hay más de 150 métodos de conversión de espacio de color disponibles en OpenCV. En la línea 19, a través de la variable face, se aplica el detector de rostros haarcascade a la imagen de prueba, principalmente lo que hace el detector es devolver rectángulos limitantes de las caras detectadas (es decir, x, y, w, h), y luego aplica los parámetros: scaleFactor y minNeighbors. ScaleFactor determina el factor de aumento en el tamaño de la ventana que inicialmente es "minSize", y después de probar todas las ventanas de ese tamaño, la ventana se escala por el "scaleFactor", y el tamaño aumenta a "maxSize". Si el factor de escala es grande (por ejemplo, 2.0), habrá menos pasos, por lo que la detección será más rápida, pero es posible que se pase por alto objetos cuyo tamaño se encuentre entre dos escalas probadas. (El factor de escala predeterminado es 1,3). Cuanto más altos sean los valores de los “minNeighbors”, menor será el número de falsos positivos, y menor será el error en términos de falsa detección de rostros, sin embargo, también existe la posibilidad de perder algunos rastros faciales poco claros.

En la línea 21 se crea un ciclo for para iterar a través de los rectángulos de las caras detectadas, por lo tanto, los rectángulos se dibujan alrededor de las caras detectadas mediante el método de rectángulo del módulo cv2, cv2.rectangle(img,(x,y),(x+w,y +h),(255,0,0),2), esto se aplica en la línea 22; en la línea 23 la función detect_face(), devuelve la imagen original y los rectángulos detectados en el rostro de la imagen de entrada o de prueba, la devolución se hace a través de las variables, img y faces, desde luego ellas serán devueltas cuando se ejecute la función detect_face(). En la línea 27 se crea la función principal a ejecutar del código fuente del ejemplo 6.12, ésta se llama main(), ahora, ya en el interior de esta función en la línea 28, a través de la biblioteca Streamlit, se pone el título de la página Web de salida; en la línea 29, también a través de la biblioteca Streamlit, se escribe un subtítulo en la página Web de salida; en la línea 30, a través de la variable image_file, y de Streamlit se crea un cargador de las imágenes de prueba, por tanto, con ayuda de este cargador se podrán seleccionar, en la página Web de salida, las imágenes de prueba a las que se les va a detectar el rostro. En la línea 31 se crea un condicional para indicar que, si la imagen de prueba existe, entonces, comenzará el proceso de detección, de esta manera ya en el interior del condicional, en la línea 32 a través de la variable our_image, y de la biblioteca PIL (Image), se lee y se abre la imagen cargada por la página Web de salida, diseñada con Streamlit; en la línea 33 se pone un título sobre la imagen original en la página Web.

En la línea 34, por medio de Streamlit, se indica que la imagen de prueba será la imagen original capturada por la variable our_image; en la línea 35 se crea un condicional para indicar que si el botón del cargador, en la página Web de salida, es oprimido, entonces se ejecutarán las siguientes instrucciones: se aplica la función detect_faces(our_image) en la línea 36, tomando como argumento de entrada la imagen de prueba de la variable our_image, la función entrega su retorno a través de las variables: result_img y result_faces, la primera es la imagen original y la segunda son las coordenadas del rectángulo del rostro o los rostros detectados; en la línea 37, a través de Streamlit se carga la imagen original con el rectángulo trazado; en la línea 38, si hubo éxito en la detección, en la parte de debajo de la imagen detectada, se imprime la cantidad de rostros detectados; en las líneas 41 y 42 se crea un condicional para ejecutar la función principal, main(), que correrá todo el código fuente del ejemplo 6.12. En la Figura 6.13 se observa el resultado de la página Web de salida con el respectivo rostro detectado.

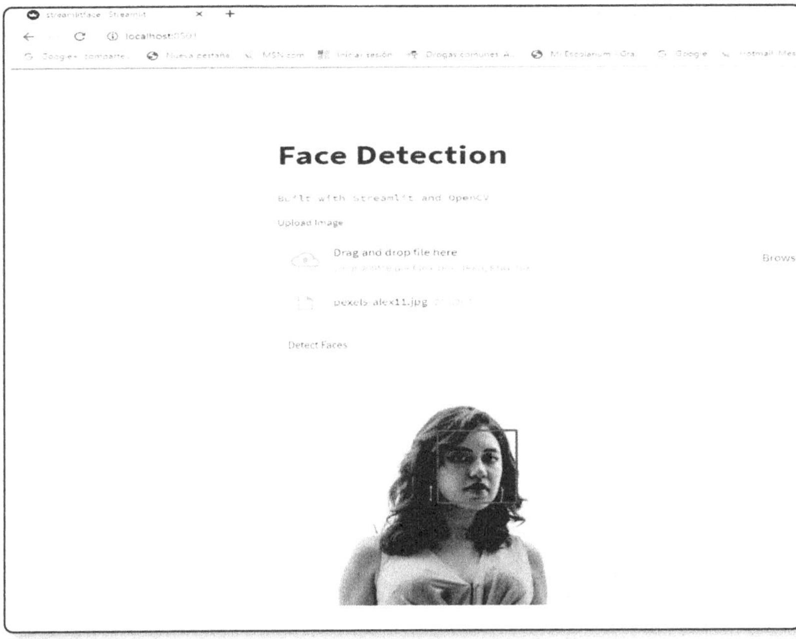

Figura 6.13. Página Web de salida, diseñada con Streamlit para la detección de rostros (Fuente imagen: https://www.pexels.com/search/face/)

6.6 RESUMEN

En este capítulo se estudió la detección de rostros y el reconocimiento de rostros. La detección facial significa detectar rostros en una imagen, mientras que el reconocimiento facial, uno de los temas de investigación más controvertidos en inteligencia artificial, significa identificar a la persona de cada rostro. El reconocimiento facial se puede dividir en cuatro pasos: detección facial, alineación facial, atracción de la característica y coincidencia faciales, algunos de estos pasos se realizan internamente en las aplicaciones. Una forma común de detectar rostros es utilizar el clasificador en cascada Haar, un método eficaz de detección de objetos propuesto por Paul Viola y Michael Jones en 2001. La detección facial también se puede lograr mediante el uso de diversas bibliotecas de modelos de redes neuronales de aprendizaje profundo, como la biblioteca DLib y la biblioteca de reconocimiento facial Face_Recognition.

El reconocimiento facial se puede lograr utilizando la biblioteca de reconocimiento facial u OpenCV con su Reconocimiento de Histogramas de Patrones Binarios Locales, LBPHFaceRecognizer. Con la biblioteca DeepFace, puedes realizar la detección de edad, género, raza y emociones. Con la biblioteca Streamlit, puede convertir fácilmente esos programas en aplicaciones basadas en la Web.

6.7 PREGUNTAS DE REVISIÓN DEL CAPÍTULO

- ✓ P6.1 ¿Qué es la detección facial?
- ✓ P6.2 ¿Qué es el reconocimiento facial?
- ✓ P6.3 ¿Cómo funciona la detección de edad?
- ✓ P6.4 ¿Cómo funciona la detección de género?
- ✓ P6.5 ¿Cómo funciona la detección de emociones?
- ✓ P6.6 ¿Qué es la biblioteca DeepFace?
- ✓ P7.7 ¿Cómo funciona la biblioteca Streamlit?

7

PROCESAMIENTO DE LENGUAJE NATURAL

7.1 INTRODUCCIÓN

El procesamiento del lenguaje natural (NLP), por sus siglas en inglés, es otro campo de investigación de la inteligencia artificial (IA). Se trata de desarrollar aplicaciones y servicios que sean eficientes procesando y comprendiendo el lenguaje humano, recuperando piezas significativas de información del lenguaje, incluso generando salida de texto o conversaciones. Algunos ejemplos prácticos de NLP son: el resumen de texto, el análisis de sentimientos de texto, la generación de texto, el reconocimiento de voz, la traducción, el reconocimiento de Chatbot, y otros. NLP ha sido ampliamente utilizado en negocios, finanzas, seguros y atención médica, el desarrollo de NLP se puede concebir en tres etapas: NLP simbólico, de 1950 hasta principios de 1990, se trata de NLP basado en reglas, donde la ordenador procesa el lenguaje aplicando una colección de reglas; NLP estadístico, de 1990 a 2010, es el proceso que utiliza grandes cantidades de datos y algoritmos de aprendizaje automático para entrenar modelos, una vez entrenado, el modelo podrá procesar el texto automáticamente; NLP neuronal, desde 2010 hasta la actualidad, es cuando se utilizan redes neuronales de aprendizaje profundo en el procesamiento del lenguaje natural.

NLP desarrolla las siguientes tareas normalmente: análisis léxico, divide una porción entera de texto en párrafos, oraciones y palabras, a través de la identificación y análisis de la estructura de las palabras; análisis sintáctico, implica el estudio de palabras en una oración para la gramática y la organización de las palabras de una manera que muestra la relación entre las mismas; análisis semántico, extrae el significado independiente del lenguaje del texto; análisis de divulgación, la integración de la divulgación tiene en cuenta el contexto del texto, considera el significado de la oración antes de que termine, por ejemplo: "Él trabaja en Google", en esta frase, "Él" debe ser referenciado en la oración anterior; análisis pragmático, el análisis pragmático se ocupa de la comunicación global y la interpretación del lenguaje, se trata de derivar el uso significativo del lenguaje en diversas situaciones. A continuación, presentamos algunas bibliotecas de NLP comunes y fáciles de usar.

7.1.1 Kit de herramientas de lenguaje natural (Toolkit)

NLTK es un conjunto de bibliotecas Python para el procesamiento simbólico y estadístico del lenguaje natural, utilizada generalmente como una herramienta de educación e investigación, no es común su uso en aplicaciones de producción. Sin embargo, se puede aplicar para construir programas interesantes debido a su facilidad en el desarrollo. NLTK admite las siguientes características: Tokenización, etiquetado de parte del habla (POS), reconocimiento de entidades nombradas (NER), clasificación, análisis de sentimiento y paquetes de chatbots. NLTK se puede utilizar en los siguientes ejemplos: sistemas de recomendación, análisis de sentimientos y creación de chatbots.

7.1.2 SpaCy

Spacy es una biblioteca NLP de código abierto, escrita en los lenguajes de programación Python y Cython, está diseñada para ser rápido y se centra en proporcionar software para uso de producción. Spacy soporta las siguientes características: Tokenización, etiquetado de parte del habla, reconocimiento de entidades con nombre, clasificación, análisis de sentimiento, análisis de dependencias y vectores de palabras. SpaCy se puede utilizar en los siguientes ejemplos: Autocompletar y autocorregir, análisis de revisiones y resúmenes.

7.1.3 Gensim

Es un marco de trabajo Python de NLP generalmente utilizado en el modelado de temas no supervisados y la detección de similitud. No es una biblioteca de propósito general, pero ahora admite una variedad de otras tareas de NLP, como convertir palabras a vectores (word2vec), documentos a vectores (doc2vec), encontrar similitud de texto y resumen de texto. Gensim soporta las siguientes características: análisis semántico, factorización de matriz no negativa y otros aspectos. Gensim se puede utilizar en los siguientes ejemplos: Conversión de documentos en vectores, búsqueda de similitud de texto y resumen de texto.

7.1.4 TextBlob

Es una librería simple de Python diseñada para procesar datos textuales. TextBlob soporta análisis complejos y operaciones en datos textuales, como el etiquetado de parte de voz, extracción de frase de sustantivo, análisis de sentimientos, clasificación, traducción, y mucho más. TextBlob desarrolla las siguientes características: etiquetado de parte del habla, extracción de frases nominales, análisis de sentimiento, clasificación, traducción de idiomas y análisis sintáctico. TextBlob se puede usar en los siguientes ejemplos: Análisis de sentimiento, corrección ortográfica, traducción y detección de idioma.

7.2 RESUMEN DE TEXTO

El resumen de textos es una de las tareas más importantes en NLP, es una técnica para generar un resumen conciso y preciso de textos largos sin perder el significado general. El Ejemplo 7.1 expone un código Python que usa la biblioteca Spacy para NLP. En este ejemplo, primero se lee un fragmento de texto y luego descubre todas las oraciones, tokens o palabras clave y lemas. En NLP, la lematización es el proceso de reducir las formas flexionadas de una palabra mientras asegura que la forma reducida pertenece al idioma. Esta forma reducida o palabra raíz se llama un lema, finalmente, descubre las palabras más utilizadas y las palabras únicas. A continuación, se presenta el código fuente del ejemplo 7.1.

```
"""EJEMPLO 7.1: IDENTIFICANDO ORACIONES, PALABRAS CLAVE (TOKENS) Y LEMAS
EN UN TEXTO
   A TRAVÉS DE LA BIBLIOTECA SPACY"""

#Instala la biblioteca Spacy y la importa para usarla en este algoritmo
!pip install spacy
import spacy
from collections import Counter

#Carga el diccionario de Inglés
nlp = spacy.load('en_core_web_sm')
#nlp = spacy.load(
#'/Users/Admin/PycharmProjects/pythonProject8/en_core_web_sm/en_core_web_
sm-3.5.0')

#Identifica el texto a usar en la aplicación
introduction_text = ('Las Vegas is the largest city in the state of Nevada,
in the United States.'
'It is one of the main tourist destinations in the country due to its ho-
tels and shopping,'
'According to the 2010 census the city had a population of 583,756.'
'Recent studies estimate the population of the metropolitan area at around
1,951,269 inhabitants.'
'Las Vegas is known as the City of Sin due to the popularity of legal gam-
bling and betting,'
```

```
'the availability of alcoholic beverages at any time of the day (as in all of Nevada),'
'the legality of prostitution in neighboring counties')

#Introduce el texto objeto de análisis
introduction_doc = nlp(introduction_text)
print("#Sentences ****************************************************")

#Identifica las oraciones en el texto de análisis e imprime la cantidad
sentences = list(introduction_doc.sents)
print(len(sentences))

#Declaración de ciclo para imprimir las oraciones identificadas
for sentence in sentences:
      print(sentence)

#Identifica las palabras claves en el texto de análisis y las imprime
print("#Tokens ********************************************************")
for token in introduction_doc:
      print (token, token.idx)

#Identifica las palabras no vacías en el texto de análisis y las imprime
print("#Tokens not in the stop list ***************************************")
for token in introduction_doc:
        if not token.is_stop:
                print (token)

#Identifica las palabras lema en el texto de análisis y las imprime
print("#Lemmatization *****************************************************")
for token in introduction_doc:
       print (token, token.lemma_)

#Elimina palabras vacías y símbolos de puntuación, además identifica
#la frecuencia de las palabras
print("#Word Frequency ******************************************************")
words = [token.text for token in introduction_doc if not token.is_stop and not token.is_punct]
word_freq = Counter(words)

#Identifica 5 palabras comunes con sus frecuencias y las imprime
common_words = word_freq.most_common(5)
print (common_words)

#Identifica palabras únicas y las imprime
print("#Unique words *******************************************************")
unique_words = [word for (word, freq) in word_freq.items() if freq == 1]
print (unique_words)
```

7.2.1 Explicación del ejemplo 7.1: identificando oraciones, palabras clave (Tokens) y lemas en un texto a través de la biblioteca Spacy

El código fuente del ejemplo 7.1 (Ejemplo7_1.py) lo ejecutamos desde Google Colaboratory, porque si se ejecuta desde la línea de comandos de Windows, o desde cualquier otra línea de comandos, se deben hacer varias modificaciones: el diccionario de inglés se debe descargar con ayuda del comando, (python –m spacy download en_core_web_sm), esta descarga se debe hacer desde el administrador del Sistema Operativo, y se debe tener en cuenta la ruta donde quede descargado, la biblioteca Spacy se debe instalar por medio del comando (py -m pip install spacy), esto también se debe hacer, preferiblemente desde la carpeta administradora del Sistema Operativo, las modificaciones mencionadas también incluyen que el lenguaje Python ya debe estar instalado en el ordenador, para los usuarios de Windows, Microsoft Visual C++ debe estar instalado, igualmente, si el código fuente del ejemplo 7.1 se ejecuta desde la línea de comandos de Windows, entonces, la biblioteca collections se debe instalar con el comando (py -m pip install collections), similarmente, otros cambios en el código serían, debido, a las bibliotecas ya instaladas desde la línea de comandos: la línea 5 y la línea 10 se deben bloquear con el carácter (#), en consecuencia, las líneas 11 y 12 se deben desbloquear quitándoles el carácter (#), además la ruta al diccionario, 'en_core_web_sm', se tiene que cambiar correctamente en la línea 12, de acuerdo a las condiciones de cada desarrollador. También, es importante recordar que para acceder a la línea de comandos de Windows se debe seguir las instrucciones del ítem 6.2.4 o 6.2.6, en el capítulo 6, al inicio, esto para acceder a la línea de comandos de Windows y ejecutar un archivo o código fuente Python desde la respectiva línea de comandos. Es recomendable, tener presente, que el código fuente del ejemplo 7.1 se puede descargar desde la página Web de la editorial Ra-Ma, además, los números de la izquierda en el código fuente de este texto no hacen parte de la lógica del programa.

En las líneas 1 y 2 se introduce un comentario para establecer el título de la aplicación, este comentario se debe poner entre comillas dobles y repitiéndolas tres veces al inicio y al final del respectivo título; en la línea 5 se instala la biblioteca Spacy, este formato es la manera de instalar bibliotecas en la plataforma de Google Colaboratory; en la línea 6 se importa la biblioteca Spacy, esto para poder usarla dentro del código fuente; en la línea 7, del módulo collections de Python se importa el contenedor, counter, el módulo collections en Python, proporciona diferentes tipos de contenedores, un contenedor es un objeto que se utiliza para almacenar diferentes objetos y proporcionar una forma de acceder a los objetos contenidos e iterar sobre ellos. Counter es una subclase de diccionario, se utiliza para mantener el recuento de los elementos en un iterable en forma de diccionario desordenado donde la clave representa el elemento en el iterable y el valor representa el recuento de ese elemento en el iterable; en la línea 10, a través de la variable, nlp, se carga el diccionario de inglés; las líneas 11 y 12 están bloqueadas, porque son la alternativa para ejecutar el código fuente desde la línea de comandos de Windows o desde cualquier otra línea de comandos de otro Sistema Operativo, si esto se presenta se deben desbloquear.

En las líneas 15 a 21, se identifica el texto objeto de análisis en este código fuente, dicho texto se declara a través de la variable, introduction_text; en la línea 24, por medio de la variable, introduction_doc, el texto de la línea 15 es sometido al análisis del diccionario de inglés; en la línea 25 se imprime la palabra Sentences, esta significa oraciones; en la línea 28, por medio de la variable, sentences, se crea una lista con todas las oraciones del texto objeto de análisis; en la línea 29 se imprime el tamaño o la longitud de la lista con las oraciones; en las líneas 32 y 33 se crea un ciclo for para imprimir las oraciones identificadas y que hacen parte del texto de análisis; en la línea 36 se imprime la palabra Tokens, esto para comenzar a referenciar las palabras claves del texto de análisis; en la línea 37 se crea un ciclo for para recorrer el texto objeto de análisis e identificar las palabras clave (Tokens); en la línea 38, en el interior del ciclo for, se imprimen las respectivas palabras clave y su identificador; en la línea 41 se imprime el texto: Tokens que no son vacíos (sin sentido); en la línea 42 se crea un ciclo for para recorrer, de nuevo, el texto objeto de análisis e identificar palabras clave; en la línea 43, en el interior del ciclo for, se crea un condicional para preguntar que si la palabra clave no es vacía, entonces, que la imprima en la línea 44.

En la línea 47 se imprime la palabra lemmatization (lemas); en la línea 48 se crea un ciclo for para recorrer, de nuevo, el texto objeto de análisis e identificar Tokens que son lemas, para posteriormente imprimirlos en la línea 49; en la línea 53 se imprime la frase, Word Frequency, (frecuencia de las palabras); en la línea 54 se crea una lista con los Tokens que no son palabras vacías ni signos de puntuación, esto se hace por medio de la variable, words; en la línea 55, por medio de la variable, word_freq, se cuentan las palabras de la lista words; en la línea 58 se identifican 5 palabras Tokens de las más comunes, esto se hace con ayuda de la variable, common_words; en la línea 59 se imprimen las 5 palabras clave más comunes; en la línea 62 se imprime la frase, Unique words, (palabras únicas); en la línea 63 crea una lista con las palabras clave de frecuencia única; en la línea 64 imprime las palabras de frecuencia única. A continuación, presentamos, en la Figura 7.1, algunas salidas del código fuente del ejemplo 7.1, allí se visualizan las oraciones, los tokens, y la frecuencia de las palabras.

Nota de ejecución del ejemplo 7.1: si el código fuente se ejecuta desde la plataforma de Google Colaboratory, y el código se descarga de la página Web de la editorial Ra-Ma, entonces, se recomienda abrir el código fuente con la aplicación Bloc de notas, luego, copiarlo desde allí y finalmente pegarlo en la plataforma de Google Colaboratory en un nuevo cuaderno de trabajo (https://colab.research.google.com). Si el código se copia y pega desde este texto, recordar que los números de la izquierda no hacen parte de la lógica del programa, son solo un instrumento didáctico para mejores explicaciones.

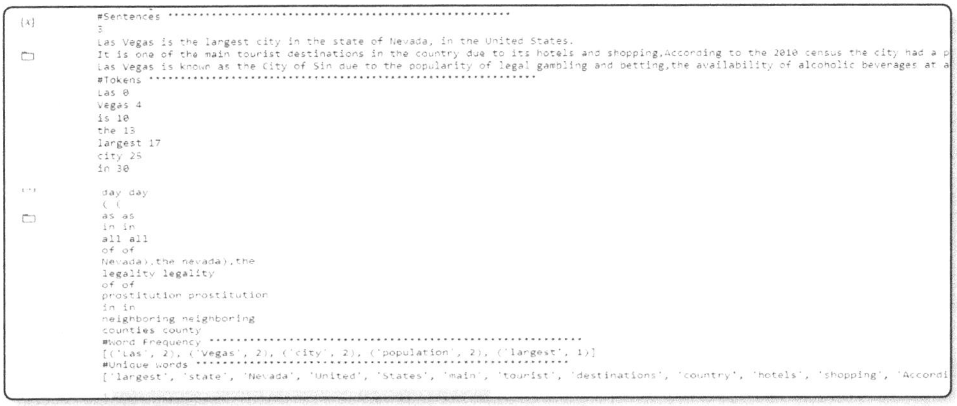

Figura 7.1. Salida del ejemplo 7.1, oraciones, Tokens y frecuencia de las palabras

7.2.2 Resumen de texto con base en la fuerza de las oraciones

El Ejemplo 7.2 muestra un código fuente Python, diseñado con la biblioteca Spacy, para el resumen de texto, funciona en varios pasos, el paso 1 es obtener todas las palabras clave, el paso 2 es calcular la fuerza de la oración de acuerdo con las palabras más comunes, el paso 3 es resumir el texto usando las tres oraciones principales identificadas como las oraciones con más fuerza. A continuación, presentamos el código fuente del ejemplo 7.2.

```
"""EJEMPLO 7.2: RESUMEN DE TEXTO CON BASE EN LA FUERZA DE LAS ORACIONES
  """

#Instala la biblioteca Spacy
!pip install spacy

#Declaración de librerías a usar en la aplicación
import spacy
from spacy.lang.en.stop_words import STOP_WORDS
from string import punctuation
from collections import Counter
from heapq import nlargest

#Carga el diccionario de inglés
nlp = spacy.load('en_core_web_sm')
#nlp = spacy.load(
#     '/Users/Admin/PycharmProjects/pythonProject8/en_core_web_sm/en_core_web_sm-3.5.0')

#Identifica el texto a resumir
introduction_text = ('Las Vegas is the largest city in the state of Nevada, in the United States.'
'It is one of the main tourist destinations in the country due to its hotels and shopping,'
'According to the 2010 census the city had a population of 583,756.'
'Recent studies estimate the population of the metropolitan area at around 1,951,269 inhabitants.'
```

```
'Las Vegas is known as the City of Sin due to the popularity of legal gambling and betting,'
'the availability of alcoholic beverages at any time of the day (as in all of Nevada),'
'the legality of prostitution in neighboring counties')

#Procesa el texto identificado con el diccionario de inglés
doc = nlp(introduction_text)

#Imprime la palabra Keywords
print("1. Keywords =============================================")

#Declara una lista para guardar las palabras clave
keyword = []
stopwords = list(STOP_WORDS)

#Declara una lista con los tipos de palabras
pos_tag = ['PROPN', 'ADJ', 'NOUN', 'VERB']

#Ciclo for para identificar las palabras clave
for token in doc:
        #Condicional para identificar palabras vacías
        if(token.text in stopwords or token.text in punctuation):
                continue
        #Codicional para identificar y guardar las palabras clave
        if(token.pos_ in pos_tag):
                 keyword.append(token.text)

#Imprime las palabras clave y las cuenta en una lista
print(keyword)
freq_word = Counter(keyword)

#Imprime las 5 primeras palabras clave más comunes
print(freq_word.most_common(5))
print(freq_word)

#Imprime la frase Sentence Strength
print("2. Sentence Strength =====================================")
#Declara el objeto oración fuerte
sent_strength = {}

#Ciclo for para identificar las oraciones de mayor fuerza
for sent in doc.sents:
        #Ciclo for para identificar palabras en cada oración
        for word in sent:
                  #Condicional para identificar palabras clave
                  if word.text in freq_word.keys():
                          #Condicional para identificar palabras clave en la oración
                          if sent in sent_strength.keys():
                                  #Guarda la oración con fuerza identificada
                                  sent_strength[sent]+=freq_word[word.text]
                          else:
                                  #No guarda ninguna oración con fuerza
                                  sent_strength[sent]=freq_word[word.text]

#Imprime las oraciones de mayor fuerza
print(sent_strength)

#Imprime la palabra Summary
```

```
81  print("3. Summary ===============================================")
82  #Construye el resumen según las oraciones de mayor fuerza
83  summerized_sentences = nlargest(3,sent_strength,key=sent_strength.get)
84  #Imprime el resumen
85  print(summerized_sentences)
```

7.2.3 Explicación del Ejemplo 7.2: resumen de texto con base en la fuerza de las oraciones

El código fuente del ejemplo 7.2 (Ejemplo7_2.py) lo ejecutamos desde Google Colaboratory, porque si se ejecuta desde la línea de comandos de Windows, o desde cualquier otra línea de comandos, se deben hacer varias modificaciones: el diccionario de inglés se debe descargar con ayuda del comando, (python –m spacy download en_core_web_sm), esta descarga se debe hacer desde el administrador del Sistema Operativo, y se debe tener en cuenta la ruta donde quede descargado, la biblioteca Spacy se debe instalar por medio del comando (py -m pip install spacy), esto también se hace, preferiblemente desde la carpeta administradora del Sistema Operativo, las modificaciones mencionadas también incluyen que el lenguaje Python ya debe estar instalado en el ordenador, para los usuarios de Windows, Microsoft Visual C++ debe estar instalado, igualmente, si el código fuente del ejemplo 7.2 se ejecuta desde la línea de comandos de Windows, entonces, la biblioteca collections se debe instalar con el comando (py -m pip install collections), similarmente, otros cambios en el código serían, debido, a las bibliotecas ya instaladas desde la línea de comandos: la línea 5 y la línea 15 se deben bloquear con el carácter (#), en consecuencia, las líneas 16 y 17 se deben desbloquear quitándoles el carácter (#), además la ruta al diccionario, 'en_core_web_sm', se tiene que cambiar correctamente en la línea 17, de acuerdo a las condiciones de cada desarrollador. También, es importante recordar que para acceder a la línea de comandos de Windows se debe seguir las instrucciones del ítem 6.2.4 o 6.2.6, en el capítulo 6, al inicio, esto para acceder a la línea de comandos de Windows y ejecutar un archivo o código fuente Python desde la respectiva línea de comandos. Es recomendable, tener presente, que el código fuente del ejemplo 7.2 se puede descargar desde la página Web de la editorial Ra-Ma, además, los números de la izquierda en el código fuente de este texto no hacen parte de la lógica del programa.

En las líneas 1 y 2 se introduce un comentario para establecer el título de la aplicación, este comentario se debe poner entre comillas dobles y repitiéndolas tres veces al inicio y al final del respectivo título; en la línea 5 se instala la biblioteca Spacy, este formato es la manera de instalar bibliotecas en la plataforma de Google Colaboratory; en la línea 8 se importa la biblioteca Spacy, esto para poder usarla dentro del código fuente; en la línea 9, de la biblioteca Spacy, se cargan el conjunto de palabras vacías reconocidas por la biblioteca, ejemplos de palabras vacías en inglés son: d, of, a, about, etc. En la línea 10, de la biblioteca string de Spacy, se reconocen todos los conjuntos de puntuación existentes, esto es para no tenerlos en cuenta al identificar palabras clave; en la línea 11, del módulo collections de Python se importa el contenedor, counter, el módulo collections en Python, proporciona diferentes tipos de contenedores, un contenedor es un objeto que se utiliza para almacenar diferentes objetos y proporcionar una forma de acceder a los objetos contenidos e iterar sobre ellos. Counter es una subclase de diccionario, se utiliza para mantener el recuento de los elementos en un iterable en forma de diccionario desordenado donde la clave representa el elemento en el iterable y el valor representa el recuento de ese elemento en el iterable; en la línea 12, se invoca la función nlargest() del módulo de Python heapq, esta función devuelve el número especificado de elementos más grandes de un iterable de Python como una lista , una tupla y otros, a la función nlargest() también se le puede pasar una función clave que devuelve una clave de comparación para usar en la clasificación.

En la línea 15 se crea una instancia del diccionario de inglés; las líneas 16 y 17 están bloqueadas, porque son la alternativa para ejecutar el código fuente desde la línea de comandos de Windows o desde cualquier otra línea de comandos de otro Sistema Operativo, si esto se presenta se deben desbloquear. En las líneas 20 a 26, se identifica el texto objeto de resumen en este código fuente, dicho texto se declara a través de la variable, introduction_text; en la línea 29 se introduce el texto que se va a resumir en la instancia del diccionario de inglés; esto se hace por medio de la variable, doc; en la línea 32 se imprime la palabra Keywords; en la línea 35 se declara una lista vacía con el nombre keyword; en la línea 36 se crea una lista con todas las palabras vacías, esto se hace mediante la variable, stopwords; en la línea 39 se crea una lista con nombres de tipos de palabras, en particular: Verbos, sustantivos, adjetivos y pronombres, esto mediante la variable, pos_tag, que significa etiqueta de posición; en la línea 42 se crea un ciclo for para recorrer el texto que se va a resumir e identificar palabras clave; en las líneas 44 y 45, ya dentro del ciclo for, se crea un condicional para descartar palabras clave identificadas como palabras vacías o signos de puntuación; en la línea 47, también dentro del ciclo for, se crea un condicional para identificar palabras clave etiquetadas como verbos, adjetivos, sustantivos o pronombres; en la línea 48, una vez identificada la palabra clave, se guarda en la lista keyword mediante la instrucción, keyword.append(token.text).

En la línea 51, se imprimen, en pantalla, las palabras clave identificadas; en la línea 52 se crea una nueva lista con las palabras clave, pero en este caso, dichas palabras son contadas e identificadas con el número de veces que se repiten en el texto que se va a resumir, la primer palabra será la que más se repite, esto se hace con ayuda de la variable, freq_word (frecuencia de las palabras), y la instrucción, Counter(keyword); en la línea 55 se imprimen las 5 primeras palabras clave que más se repiten; en la línea 56 se imprimen todas las palabras clave y el identificador que es el número de veces que se repite la palabra en el texto a resumir; en la línea 59 se imprime la frase, Sentence Strength, (oraciones con más fuerza); en la línea 61 se crea el diccionario vacío, sent_strength, para guardar en este las frases con más fuerza dentro del texto a resumir.

En la línea 64 se crea un ciclo for para recorrer las oraciones del texto a resumir; en la línea 66 se crea otro ciclo for, en el interior del for de la línea 64, para recorrer las palabras en el interior de cada oración; en la línea 68, en el interior del for de la línea 66, se crea un condicional para identificar si las palabras son claves; en la línea 70, en el interior del condicional de la línea 68, se crea otro condicional para identificar si la palabra clave pertenece a la oración en análisis; en la línea 72, si el condicional de la línea 70 es verdadero, entonces, la oración es agregada al diccionario, sent_strength, si la palabra clave no pertenece a la oración, entonces, la oración no es agregada al diccionario, esta última parte se realiza en las líneas 73 y 75; en la línea 78 se imprime el diccionario con las oraciones de mayor fuerza; en la línea 81 se imprime la palabra, Summary; en la línea 83 se resume el texto, a través de la función, nlargest(), dicha función toma los tres valores más grandes del diccionario sent_strength, el cual ya tiene seleccionadas las oraciones con las respectivas palabras claves; en la línea 85 se imprime el resumen definitivo. En la Figura 7.2 observamos la salida correspondiente al ejemplo 7.2.

Nota de ejecución del ejemplo 7.2: si el código fuente se ejecuta desde la plataforma de Google Colaboratory, y el código se descarga de la página Web de la editorial Ra-Ma, entonces, se recomienda abrir el código fuente con la aplicación Bloc de notas, luego, copiarlo desde allí y finalmente pegarlo en la plataforma de Google Colaboratory en un nuevo cuaderno de trabajo (https://colab.research.google.com). Si el código se copia y pega desde este texto, recordar que los números de la izquierda no hacen parte de la lógica del programa, son solo un instrumento didáctico para mejores explicaciones.

```
1. Keywords ==============================================
['Las', 'Vegas', 'largest', 'city', 'state', 'Nevada', 'United', 'States', 'main', 'tourist', 'destinations', 'country', 'hotels', 'shopping', 'According
[('Las', 2), ('Vegas', 2), ('city', 2), ('population', 2), ('largest', 1)]
Counter({'Las': 2, 'Vegas': 2, 'city': 2, 'population': 2, 'largest': 1, 'state': 1, 'Nevada': 1, 'United': 1, 'States': 1, 'main': 1, 'tourist': 1, 'des
2. Sentence Strength ==================================
{Las Vegas is the largest city in the state of Nevada, in the United States.: 11, It is one of the main tourist destinations in the country due to its ho
3. Summary ==============================================
[Las Vegas is known as the City of Sin due to the popularity of legal gambling and betting,the availability of alcoholic beverages at any time of the day
```

3. Summary ==
[Las Vegas is known as the City of Sin due to the popularity of legal gambling and betting, the availability of alcoholic beverages at any time of the day (as in all of Nevada),the legality of prostitution in neighboring counties, It is one of the main tourist destinations in the country due to its hotels and shopping, According to the 2010 census the city had a population of 583,756.Recent studies estimate the population of the metropolitan area at around 1,951,269 inhabitants., Las Vegas is the largest city in the state of Nevada, in the United States.]

Figura 7.2. Salida del ejemplo 7.2: resumen de texto usando la biblioteca Spacy

7.2.4 Resumen de texto usando la biblioteca Gensim

El Ejemplo 7.3 muestra un código fuente Python para resumir texto usando la biblioteca Gensim, la cual también se apoya en las palabras clave y resume el texto en un 50 por ciento (resumir (texto, ratio = 0,5)). Se debe instalar primero la biblioteca Gensim. A continuación, presentamos el código fuente del ejemplo 7.3.

```
1    """EJEMPLO 7.3: RESUMEN DE TEXTO USANDO LA BIBLIOTECA GENSIM
2      """
3
4    #Instalación de la biblioteca Gensim
5    !pip install gensim==3.8
6
7    #Importa las librerías necesarias para realizar el resumen
8    from gensim.summarization.summarizer import summarize
9    from gensim.summarization import keywords
10
11   #Identifica el texto a resumir
12   text = """
13   Artificial intelligence (AI), is intelligence demonstrated by
14   machines,
15   unlike the natural intelligence displayed by humans and animals.
16   Leading AI textbooks define the field as the study of "intelligent
17   agents":
18   any device that perceives its environment and takes actions that
19   maximize its
20   chance of successfully achieving its goals.[3] Colloquially, the
21   term
22   "artificial intelligence" is often used to describe machines (or
23   computers)
24   that mimic "cognitive" functions that humans associate with the
25   human mind,
26   such as "learning" and "problem solving".[4]
27   """
28
29   #Imprime la palabra Summary
30   print("Summary*********************************************************")
31   #Construye el resumen
32   print(summarize(text, ratio = 0.5))
33   #Imprime la palabra Keywords
34   print("Keywords*********************************************************")
35   #Imprime el resumen
36   print(keywords(text))
```

7.2.5 Explicación del Ejemplo 7.3: resumen de texto usando la biblioteca Gensim

El código fuente del ejemplo 7.3 (Ejemplo7_3.py) lo ejecutamos, exclusivamente, desde Google Colaboratory; reiteramos que los números de la izquierda no hacen parte de la lógica del programa, por tanto, si el código se copia y pega directamente desde este texto, los números de la izquierda se deben eliminar. En las líneas 1 y 2 se introduce un comentario para establecer el título de la aplicación, este comentario se debe poner entre comillas dobles y repitiéndolas tres veces al inicio y al final del respectivo título; en la línea 5 se instala la biblioteca Gensim, este formato es la manera de instalar bibliotecas en la plataforma de Google Colaboratory, la versión de la biblioteca debe ser 3.8, porque en versiones posteriores el módulo summarization ha sido eliminado, por consiguiente este no sería el camino para realizar el resumen de un texto; en la línea 8, de la biblioteca Gensim se importa el módulo summarize, este se usa para realizar el resumen del texto; en la línea 9, de la biblioteca Gensim se importa el módulo keywords, este se usa para identificar palabras clave en el texto a resumir; en las líneas 12 a 27, a través de la variable text, se identifica el texto a resumir.

En la línea 30 se imprime la palabra Summary; en la línea 32 se imprime el resumen del texto, usando el parámetro ratio, que especifica la fracción de oraciones del texto original que deben devolverse como salida, en el respectivo resumen, en este caso el 50%; en la línea 34 se imprime la palabra Keywords y en la línea 36 se imprimen las palabras clave usadas en el texto resumido. En la Figura 7.3 se observa la salida del código fuente del ejemplo 7.3 (gensimresume.py). Más información sobre la biblioteca Gensim se encuentra en el enlace: https://radimrehurek.com/gensim/. Es recomendable, tener presente, que el código fuente del ejemplo 7.3 se puede descargar desde la página Web de la editorial Ra-Ma, además, los números de la izquierda en el código fuente de este texto no hacen parte de la lógica del programa.

Nota de ejecución del ejemplo 7.3: si el código fuente se ejecuta desde la plataforma de Google Colaboratory, y el código se descarga de la página Web de la editorial Ra-Ma, entonces, se recomienda abrir el código fuente con la aplicación Bloc de notas, luego, copiarlo desde allí y finalmente pegarlo en la plataforma de Google Colaboratory en un nuevo cuaderno de trabajo (https://colab.research.google.com). Si el código se copia y pega desde este texto, recordar que los números de la izquierda no hacen parte de la lógica del programa, son solo un instrumento didáctico para mejores explicaciones.

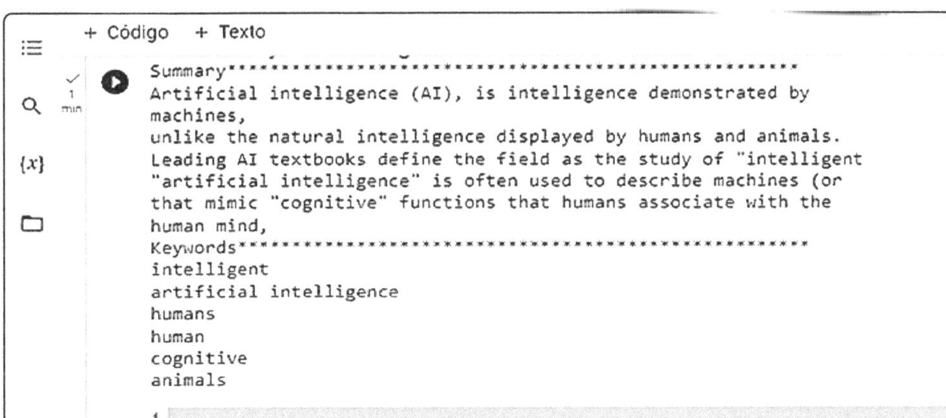

Figura 7.3. Salida del ejemplo 7.3: Resumen de texto usando la biblioteca Gensim

7.2.6 Resumen de texto de un artículo de una página Web de Wikipedia usando la biblioteca Gensim

El ejemplo 7.4 muestra el código fuente Python, para leer el contenido de una página Web de Wikipedia y realizar un resumen de texto utilizando la biblioteca Gensim. A continuación, se presenta el ejemplo 7.4.

```
1     """EJEMPLO 7.4: RESUMEN DE UN ARTÍCULO CONTENIDO EN UNA PÁGINA WEB DE
WIKIPEDIA
2     USANDO LA BIBLIOTECA GENSIM"""
3
4     #Instala las bibliotecas Gensim y Wikipedia
5     !pip install gensim==3.8
6     !pip install wikipedia
7
8     #Importa la biblioteca Wikipedia
9     import wikipedia
10    #Importa el módulo summarize
11    from gensim.summarization.summarizer import summarize
12
13    #Identifica el artículo en la página Web
14    wikisearch = wikipedia.page("Association football")
15
16    #Carga el contenido de la página Web
17    wikicontent = wikisearch.content
18
19    #Construye el resumen del texto al 50%
20    summ = summarize(wikicontent, ratio = 0.05)
21    print("Summary**********************************************")
22    #Imprime el resumen
23    print(summ)
```

7.2.7 Explicación del ejemplo 7.4: resumen de un artículo contenido en una página Web de Wikipedia usando la biblioteca Gensim

El código fuente del ejemplo 7.4 (Ejemplo7_4.py) lo ejecutamos, exclusivamente, desde Google Colaboratory; reiteramos que los números de la izquierda no hacen parte de la lógica del programa, por tanto, si el código se copia y pega directamente desde este texto, los números de la izquierda se deben eliminar. En las líneas 1 y 2 se introduce un comentario para establecer el título de la aplicación, este comentario se debe poner entre comillas dobles y repitiéndolas tres veces al inicio y al final del respectivo título; en la línea 5 se instala la biblioteca Gensim, este formato es la manera de instalar bibliotecas en la plataforma de Google Colaboratory, la versión de la biblioteca debe ser 3.8, porque en versiones posteriores el módulo summarization ha sido eliminado, por consiguiente este no sería el camino para realizar el resumen de un texto; en la línea 6 se instala la biblioteca Wikipedia de la misma manera que en la línea 5, Wikipedia, en Python, es una enciclopedia en línea multilingüe creada y mantenida como un proyecto de colaboración abierta por una comunidad de editores voluntarios que utilizan un sistema de edición basado en wiki.

En la línea 9 se importa la biblioteca Wikipedia para poder usarla en el código fuente; en la línea 11, de la biblioteca Gensim se importa el módulo summarize, este se usa para realizar el resumen del texto; en la línea 14 se usa la biblioteca Wikipedia con el método page(), este método se usa para obtener los contenidos, categorías, coordenadas, imágenes, enlaces y otros metadatos de una página de Wikipedia; en la línea 17 se carga el contenido de la página de Wikipedia en este caso es un artículo relacionado con el fútbol ("Association football"); en la línea 20 se resume el contenido del artículo, usando el parámetro ratio, que especifica la fracción de oraciones del texto original que deben devolverse como salida, en el respectivo resumen, en este caso el 5%; en la línea 23 se imprime el contenido del resumen. Más información sobre la biblioteca Wikipedia se encuentra en:

(https://www.geeksforgeeks.org/wikipedia-module-in-python/)
(https://pypi.org/project/wikipedia/).

En la Figura 7.4 se observa la salida del código fuente del ejemplo 7.4, este es el resumen del artículo relacionado con el fútbol. La página donde reside el artículo sobre las asociaciones de fútbol es: (https://en.wikipedia.org/wiki/Association_football). Es recomendable, tener presente, que el código fuente del ejemplo 7.4 se puede descargar desde la página Web de la editorial Ra-Ma, además, los números de la izquierda en el código fuente de este texto no hacen parte de la lógica del programa.

Nota de ejecución del ejemplo 7.4: si el código fuente se ejecuta desde la plataforma de Google Colaboratory, y el código se descarga de la página Web de la editorial Ra-Ma, entonces, se recomienda abrir el código fuente con la aplicación Bloc de notas, luego, copiarlo desde allí y finalmente pegarlo en la plataforma de Google Colaboratory en un nuevo cuaderno de trabajo (https://colab.research.google.com). Si el código se copia y pega desde este texto, recordar que los números de la izquierda no hacen parte de la lógica del programa, son solo un instrumento didáctico para mejores explicaciones.

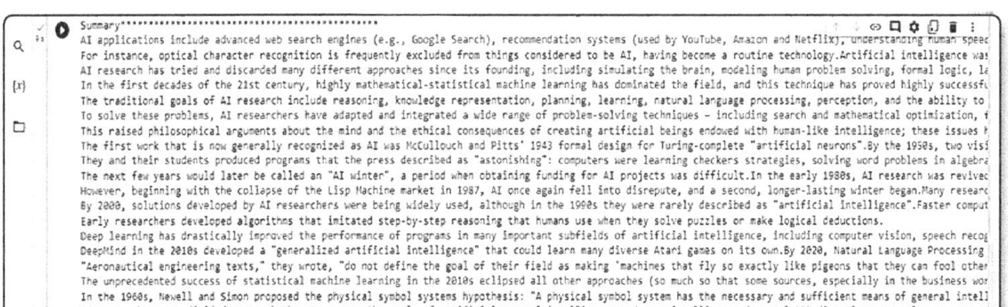

Figura 7.4. Salida del ejemplo 7.4: resumen de texto de una página Web de Wikipedia usando la biblioteca Gensim

7.3 USO DE LA BIBLIOTECA TEXTBLOB PARA ANÁLISIS DE TEXTOS Y DE SENTIMIENTOS

El ejemplo 7.5 muestra un código fuente Python para el uso de la biblioteca TextBlob en el análisis de textos, gestión de etiquetas, sustantivos, oraciones y para realizar análisis de sentimientos. A continuación, se muestra el código fuente del ejemplo 7.5.

```
"""EJEMPLO 7.5: USO DE LA BIBLIOTECA TEXTBLOB PARA ANÁLISIS DE TEXTOS
   Y DE SENTIMIENTOS"""

#Instalación de las bibliotecas necesarias para ejecutar el código fuente
!pip install textblob
!pip install nltk
!python -m textblob.download_corpora

#Importa la biblioteca TextBlob
from textblob import TextBlob

#Identifica el texto a analizar
#Fuente: https://www.apa.org/education-career/guide/subfields/brain-science
text = """
Brain science and cognitive psychology is one of the most versatile psycho-
logical specialty areas
today,
All professions have a compelling interest in how the brain works.
Educators, curriculum designers, engineers, scientists, judges, public
health and safety officials,
architects and graphic designers all want to know more about how the brain
processes
information.
Their research and its resulting applications have become an integral part
of how organizations,
schools and businesses function and succeed.
In clinical settings, cognitive psychologists seek to treat issues related
to human mental processes,
including Alzheimer's disease, speech issues, memory loss and sensory or
perception difficulties.
"""
#Crea una instancia del texto a analizar en la la biblioteca de TextBlob
blob = TextBlob(text)

#Imprime el etiquetado gramatical del texto
print(blob.tags)

#Imprime los sintagmas nominales de las oraciones
print(blob.noun_phrases)

#Imprime la división del texto en palabras o Tokens (Tokenización)
print(blob.words)

#Imprime las oraciones del texto
print(blob.sentences)

#Crea una instancia de otro texto en la biblioteca de TextBlob
```

```
42  blob = TextBlob("Where there is love there is life!")
43
44  #Imprime el análisis de sentimientos de la última instancia de texto
45  print(blob.sentiment)
46
47  #Crea una instancia de otro texto en la biblioteca de TextBlob
48  blob = TextBlob("Try it again. Fail again. Fail better.!")
49
50  #Imprime el análisis de sentimientos de la última instancia de texto
51  print(blob.sentiment)
```

7.3.1 Explicación del ejemplo 7.5: uso de la biblioteca TextBlob para análisis de textos y de sentimientos

El código fuente del ejemplo 7.5 (Ejemplo7_5.py) lo ejecutamos desde Google Colaboratory, porque si se ejecuta desde la línea de comandos de Windows, o desde cualquier otra línea de comandos, se deben hacer varias modificaciones: las bibliotecas TextBlob y nltk se debe instalar desde la línea de comandos con las instrucciones respectivas, sin los paréntesis: (py -m pip install textblob), (py -m pip install nltk), esto se debe realizar desde la carpeta administradora del Sistema Operativo, las modificaciones mencionadas también incluyen que el lenguaje Python ya debe estar instalado en el ordenador, igualmente, desde la misma carpeta administradora del sistema se debe digitar el comando, (python -m textblob.download_corpora), esto es para descargar los corpus NLTK necesarios, el Natural Language Toolkit (NLTK) es una plataforma usada para construir programas en el análisis de textos, fue liberada originalmente por Steven Bird y Edward Loper, en conjunto, con un curso de lingüística computacional en la Universidad de Pennsylvania en 2001. Una vez realizadas las instalaciones anteriores, entonces, las líneas 5, 6 y 7 se deben bloquear con el carácter (#), instalado al inicio de la línea, y deben permanecer así mientras el código se ejecute desde la línea de comandos de Windows. También, es importante recordar que, para acceder a la línea de comandos de Windows, y ejecutar un código Python desde allí, se deben seguir las instrucciones del ítem 6.2.4 o 6.2.6, en el capítulo 6, al inicio, esto para acceder a la línea de comandos de Windows y ejecutar un archivo o código fuente Python desde la respectiva línea de comandos.

En las líneas 1 y 2 se introduce un comentario para establecer el título de la aplicación, este comentario se debe poner entre comillas dobles y repitiéndolas tres veces al inicio y al final del respectivo título; en la línea 5 se instala la biblioteca TextBlob, este formato es la manera de instalar bibliotecas en la plataforma de Google Colaboratory; de la misma manera en la línea 6 se instala la biblioteca NLTK y en la línea 7 se descarga el corpus NLTK, información sobre este corpus se halla en: https://code.tutsplus.com/es/tutorials/introducing-the-natural-language-toolkit-nltk--cms-28620; en la línea 10 se importa la librería TextBlob para poder usarla en el código fuente; en las líneas 14 a 25, se identifica el texto a analizar, esto se hace con ayuda de la variable, text, además el texto debe estar encerrado entre comillas dobles, repetidas tres veces al inicio y al final del texto; en la línea 27 se crea una instancia del texto a analizar en la biblioteca TexBlob, a través de la variable, blob; en la línea 30 se imprime el etiquetado gramatical del texto, esto significa que a cada palabra o carácter del texto se le pone una etiqueta, que se refiere al tipo de palabra, por ejemplo la etiqueta, CD, significa digito cardinal, la etiqueta, JJ, significa adjetivo grande; en la línea 33 se imprimen los sintagmas nominales de las oraciones, es decir una lista de valores de sustantivos o una lista de palabras nominales; en la 36 se imprime la división del texto en palabras, esto se puede llamar tokenización y se ejecuta con la instrucción, blob.words.

En la línea 39 se imprimen las oraciones del texto; en la línea 42 se crea una instancia nueva de texto; en la línea 45 se imprime el análisis de sentimiento de la instancia de texto creada en la línea 42; en la línea 48 se crea una nueva instancia de texto y en la línea 51 se imprime el análisis de sentimiento creado en la línea 48. En la Figura 7.5, podemos observar la salida del ejemplo 7.5. Más información sobre la biblioteca TextBlob se encuentra en: (https://textblob.readthedocs.io/en/dev/). Es recomendable, tener presente, que el código fuente del ejemplo 7.5 se puede descargar desde la página Web de la editorial Ra-Ma, además, los números de la izquierda en el código fuente de este texto no hacen parte de la lógica del programa.

Nota de ejecución del ejemplo 7.5: Si el código fuente se ejecuta desde la plataforma de Google Colaboratory, y el código se descarga de la página Web de la editorial Ra-Ma, entonces, se recomienda abrir el código fuente con la aplicación Bloc de notas, luego, copiarlo desde allí y finalmente pegarlo en la plataforma de Google Colaboratory en un nuevo cuaderno de trabajo (https://colab.research.google.com). Si el código se copia y pega desde este texto, recordar que los números de la izquierda no hacen parte de la lógica del programa, son solo un instrumento didáctico para mejores explicaciones.

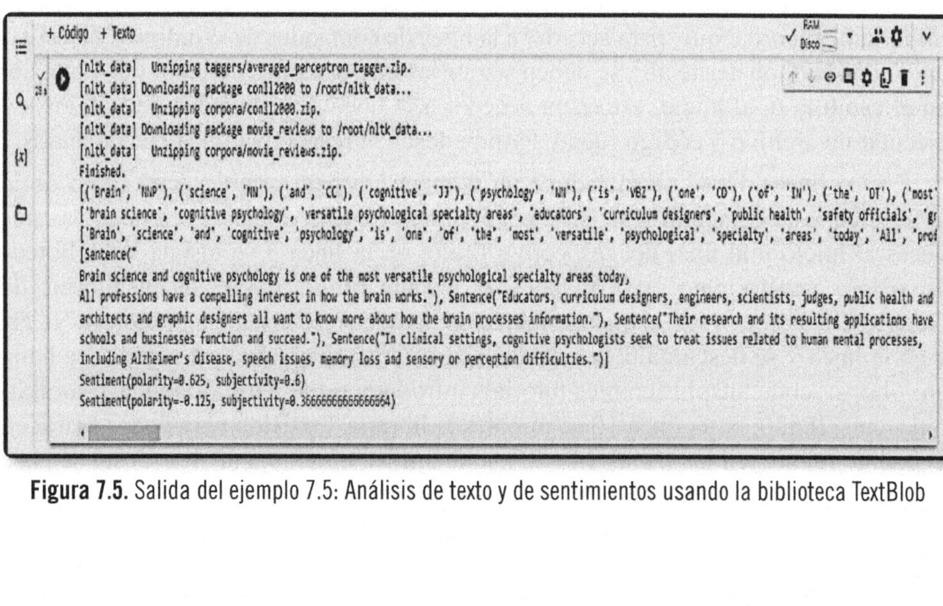

Figura 7.5. Salida del ejemplo 7.5: Análisis de texto y de sentimientos usando la biblioteca TextBlob

7.4 ANÁLISIS DE SENTIMIENTO DE TEXTO

El análisis de sentimiento del texto es otra tarea importante del procesamiento del lenguaje natural, con base en esto se pueden analizar: Reseñas de películas, mensajes de Twitter y de esta forma tratar de predecir la emoción positiva, negativa o neutral del texto en análisis. El Ejemplo 7.6 muestra un código fuente Python de análisis de sentimiento de texto mediante el uso de la biblioteca NLTK. Como se puede ver, la biblioteca NLTK facilita el análisis del sentimiento del texto en solo tres líneas de código.

```
1     """EJEMPLO 7.6: ANÁLISIS DE SENTIMIENTO DE TEXTO CON LA BIBLIOTECA NLTK
2        """
3
4     #Instala la biblioteca NLTK
5     !pip install nltk
6
7     #Importa la biblioteca NLTK
8     import nltk
9
10    #Descarga diccionario
11    nltk.download('vader_lexicon')
12
13    #Importa el módulo analizador de sentimientos
14    from nltk.sentiment import SentimentIntensityAnalyzer
15
16    #Asigna una variable al módulo analizador de sentimientos
17    sia = SentimentIntensityAnalyzer()
18
19    #Imprime la frase "Análisis de sentimiento"
20    print("Análisis de sentimiento*********************************")
21
22    #Crea una instancia de texto, analiza el sentimiento y lo imprime
23    print(sia.polarity_scores("If you want to be happy, set a goal that com-
mands your thoughts,
24    liberates your energy and inspires your hopes.!"))
```

7.4.1 Explicación del ejemplo 7.6: análisis de sentimiento de texto con la biblioteca NLTK

El código fuente del ejemplo 7.6 (Ejemplo7_6.py) lo ejecutamos desde Google Colaboratory, porque si se ejecuta desde la línea de comandos de Windows, o desde cualquier otra línea de comandos, se deben hacer varias modificaciones: La biblioteca nltk se debe instalar desde la línea de comandos con la instrucción, sin usar los paréntesis, (py -m pip install nltk), esto se debe realizar desde la carpeta administradora del Sistema Operativo, las modificaciones mencionadas también incluyen que el lenguaje Python ya debe estar instalado en el ordenador. Una vez realizada la instalación anterior, entonces, la línea 5 del código fuente debe bloquearse con el carácter (#), instalado al inicio de la línea, y debe permanecer así mientras el código se ejecute desde la línea de comandos de Windows. También, es importante recordar que, para acceder a la línea de comandos de Windows, y ejecutar un código Python desde allí, se deben seguir las instrucciones del ítem 6.2.4 o 6.2.6, en el capítulo 6, al inicio, esto para acceder a la línea de comandos de Windows y ejecutar un archivo o código fuente Python desde la respectiva línea de comandos.

En las líneas 1 y 2 se introduce un comentario para establecer el título de la aplicación, este comentario se debe poner entre comillas dobles y repitiéndolas tres veces al inicio y al final del respectivo título; en la línea 5 se instala la biblioteca nltk, este formato es la manera de instalar bibliotecas en la plataforma de Google Colaboratory; en la línea 8 se importa la biblioteca nltk para poderla usar en el código fuente; en la línea 11 se descarga la biblioteca 'vader_lexicon', VADER (Valence Aware Dictionary and Sentiment Reasoner) es una herramienta de análisis de sentimientos basada en reglas y léxico que está específicamente en sintonía con los sentimientos expresados en las redes sociales. VADER usa una combinación de un léxico de sentimientos, es una lista de características léxicas (por ejemplo, palabras) que generalmente se etiquetan según su orientación semántica como positivas o negativas. VADER no solo informa sobre el puntaje de positividad y negatividad, sino que también nos informa sobre qué tan positivo o negativo es un sentimiento.

En la línea 14 se importa el analizador de sentimientos; en la línea 17 se asigna una variable al analizador de sentimientos para usarlo en el código fuente; en la línea 20 se imprime la frase, Análisis de sentimiento, en la línea 23 se crea una instancia de texto, se realiza la predicción del sentimiento y se imprime dicha predicción. La Figura 7.6 muestra la salida del código fuente Python del ejemplo 7.6.

Nota de ejecución del ejemplo 7.6: Si el código fuente se ejecuta desde la plataforma de Google Colaboratory, y el código se descarga de la página Web de la editorial Ra-Ma, entonces, se recomienda abrir el código fuente con la aplicación Bloc de notas, luego, copiarlo desde allí y finalmente pegarlo en la plataforma de Google Colaboratory en un nuevo cuaderno de trabajo (https://colab.research.google.com). Si el código se copia y pega desde este texto, recordar que los números de la izquierda no hacen parte de la lógica del programa, son solo un instrumento didáctico para mejores explicaciones.

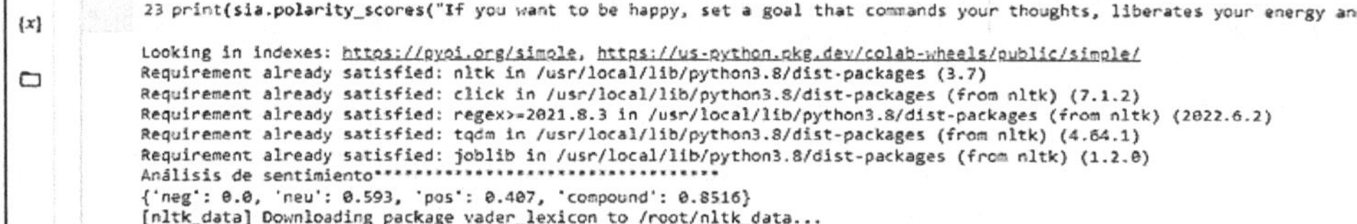

```
20 print("Análisis de sentimiento********************************")
21
22 #Crea un ainstancia de texto, analiza el sentimiento y lo imprime
23 print(sia.polarity_scores("If you want to be happy, set a goal that commands your thoughts, liberates your energy and

Looking in indexes: https://pypi.org/simple, https://us-python.pkg.dev/colab-wheels/public/simple/
Requirement already satisfied: nltk in /usr/local/lib/python3.8/dist-packages (3.7)
Requirement already satisfied: click in /usr/local/lib/python3.8/dist-packages (from nltk) (7.1.2)
Requirement already satisfied: regex>=2021.8.3 in /usr/local/lib/python3.8/dist-packages (from nltk) (2022.6.2)
Requirement already satisfied: tqdm in /usr/local/lib/python3.8/dist-packages (from nltk) (4.64.1)
Requirement already satisfied: joblib in /usr/local/lib/python3.8/dist-packages (from nltk) (1.2.0)
Análisis de sentimiento********************************
{'neg': 0.0, 'neu': 0.593, 'pos': 0.407, 'compound': 0.8516}
[nltk_data] Downloading package vader_lexicon to /root/nltk_data...
[nltk_data]   Package vader_lexicon is already up-to-date!
```

Figura 7.6. Salida del ejemplo 7.6: análisis de sentimiento de texto usando la biblioteca NLTK

7.5 CONVERSIÓN DE TEXTO A VOZ

El ejemplo 7.7 muestra un código fuente Python para convertir texto en voz, se requiere instalar la biblioteca Pyttsx3.

```
1    """EJEMPLO 7.7: CONVERSIÓN DE TEXTO A VOZ USANDO LA BIBLIOTECA PYTTSX3
2       """
3
4    #Instala la biblioteca pyttsx3
5    #!pip install pyttsx3
6
7    #Importa la biblioteca pyttsx3
8    import pyttsx3
9
10   #Identifica el texto a convertir a voz
11   text = "What do you like to do in your free time?"
12
13   #Crea una instancia de conversión a voz
14   engine = pyttsx3.init()
15
16   #Usa la instancia para convertir el texto a voz
17   engine.say(text)
18
19   #Ejecuta el texto convertido a voz
20   engine.runAndWait()
```

7.5.1 Explicación del ejemplo 7.7: conversión de texto a voz usando la biblioteca pyttsx3

El ejemplo 7.7 (Ejemplo7_7.py) debe ejecutarse desde la línea de comandos de Windows, para acceder a la línea de comandos de Windows puede seguir las siguientes recomendaciones: ir al buscador de Windows y en este digitar, cmd, esto significa símbolo del sistema o terminal del Sistema Operativo, luego, seleccionar ejecutar como administrador, luego, aceptar los cambios si la máquina pregunta, finalmente, estando en la línea de comando, cambiar de directorio o carpeta hasta llegar a la que contiene el código fuente Python del ejemplo 7.7. Para ir cambiando de directorio o carpeta se digita: cd punto punto (cd..). Luego de estar ubicados en la línea de comandos, en el directorio que contiene el código fuente del ejemplo 7.7, entonces para ejecutarlo se debe digitar en la línea de comandos, la palabra Python seguida del nombre del archivo del ejemplo 7.7 con la respectiva extensión de Python (Ejemplo7_7.py), seguidamente, se oprime la tecla Intro, y se espera que se escuche el sonido de una voz emitiendo las palabras escritas en la línea 11. Por supuesto el dispositivo de sonido debe estar en buen estado. Adicionalmente, para que el código fuente funcione exitosamente, la biblioteca, pyttsx3, debe instalarse desde la línea de comandos de Windows y preferiblemente desde la carpeta administradora del Sistema Operativo, el comando para instalar esta biblioteca es, sin los paréntesis:

(py -m pip install pyttsx3), también, para realizar este proceso el lenguaje Python ya debe estar instalado en el ordenador.

En las líneas 1 y 2 se introduce un comentario para establecer el título de la aplicación, este comentario se debe poner entre comillas dobles y repitiéndolas tres veces al inicio y al final del respectivo título; en la línea 8 se importa la librería pyttsx3 para poder usarla en el código fuente; en la línea 11 se identifica el texto escrito que va a ser convertido en voz, esto se hace por medio de la variable text; en la línea 14 se ejecuta la función, pyttsx3.init(), para obtener una instancia de motor para la síntesis de voz; en la línea 17, se transfiere al método say, el texto de la línea 11 para ser hablado, esto se hace con ayuda del método y el motor de voz, engine.say(text); en la línea 20, se espera un instante y se ejecutan los comandos de voz. La salida del código fuente del ejemplo 7.7 es un audio que convierte el texto de la línea 11 en voz.

7.5.2 Conversión de texto a voz usando un archivo de texto plano y la biblioteca pyttsx3

El ejemplo 7.8 muestra una versión similar a la del ejemplo 7.7, la diferencia radica en que el texto a convertir a voz se lee desde un archivo plano de texto. A continuación, presentamos el código fuente Python del ejemplo 7.8.

```
"""EJEMPLO 7.8: CONVERSIÓN DE TEXTO A VOZ USANDO UN ARCHIVO DE TEXTO PLANO Y LA
   BIBLIOTECA PYTTSX3"""

#pip install googletrans==3.1.0a0

#Importa la biblioteca pytts3
import pyttsx3

#Identifica la ruta al archivo de texto plano
file_name = '/Users/Admin/PycharmProjects/pythonProject9/Bolna.txt'

#Lee el archivo de texto plano
text = open(file_name).read()

#Crea una instancia de conversión a voz
engine = pyttsx3.init()

#Usa la instancia para convertir el texto a voz
engine.say(text)

#Ejecuta el texto convertido a voz
engine.runAndWait()
```

7.5.3 Explicación del ejemplo 7.8: conversión de texto a voz usando la biblioteca pyttsx3 y un archivo de texto plano

El ejemplo 7.8 (Ejemplo7_8.py) debe ejecutarse desde la línea de comandos de Windows, para acceder a la línea de comandos de Windows puede seguir las siguientes recomendaciones: ir al buscador de Windows y en este digitar, cmd, esto significa símbolo del sistema o terminal del Sistema Operativo, luego, seleccionar ejecutar como administrador, luego, aceptar los cambios si la máquina pregunta, finalmente, estando en la línea de comando, cambiar de directorio o carpeta hasta llegar a la que contiene el código fuente Python del ejemplo 7.8. Para ir cambiando de directorio o carpeta se digita: cd punto punto (cd..). Luego de estar ubicados en la línea de comandos, en el directorio que contiene el código fuente del ejemplo 7.8, entonces para ejecutarlo se debe digitar en la línea de comandos, la palabra Python seguida del nombre del archivo del ejemplo 7.8 con la respectiva extensión de Python (Ejemplo7_8.py), seguidamente, se oprime la tecla Intro, y se espera que se escuche el sonido de una voz emitiendo las palabras escritas en el archivo de texto plano llamado, Bolna.txt. Por supuesto el dispositivo de sonido debe estar en buen estado. Adicionalmente, para que el código fuente funcione exitosamente, la biblioteca, pyttsx3, debe instalarse desde la línea de comandos de Windows y preferiblemente desde la carpeta administradora del Sistema Operativo, el comando para instalar esta biblioteca es, sin los paréntesis: (py -m pip install pyttsx3), también, para realizar este proceso el lenguaje Python ya debe estar instalado en el ordenador.

Las diferencias más relevantes en las explicaciones, con respecto al ejemplo 7.7 son: en la línea 10 se debe especificar la ruta al archivo de texto plano, este archivo se puede descargar de la página Web de la editorial Ra-Ma, por lo tanto cada usuario o desarrollador de este código fuente debe tener precaución de especificar bien la ruta al archivo plano en la línea 10; en la línea 13 se lee el archivo de texto plano a convertir en voz, esto se hace mediante la instrucción, text = open(file_name).read(). La salida del código fuente del ejemplo 7.8 es un audio que convierte el archivo de texto plano, Bolna.txt, en voz.

7.6 CONVERSIÓN DE VOZ A TEXTO

El ejemplo 7.9 muestra un código fuente Python que puede reconocer el sonido de un audio tipo wav, para esto es necesario instalar la biblioteca PyAudio y la biblioteca SpeechRecognition. A continuación, presentamos el código fuente del ejemplo 7.9.

```
1    """EJEMPLO 7.9: CONVERSIÓN DE VOZ A TEXTO USANDO UN ARCHIVO DE AUDIO WAV
2       Y CON LA BIBLIOTECA SPEECHRECOGNITION"""
3
4    #Instala las bibliotecas SpeechRecognition y pyaudio
5    !pip install SpeechRecognition
6    !pip install pyaudio
7
8    #Importa la biblioteca SpeechRecognition
9   import speech_recognition as sr
10
11  #Imprime la versión de la biblioteca SpeechRecognition
12  print(sr.__version__)
13
14  #Declara una instancia de la biblioteca SpeechRecognition
15  r = sr.Recognizer()
16
17  #Carga el archivo de audio wav según la ruta especificada
18  harvard = sr.AudioFile('/Users/Admin/PycharmProjects/pythonProject9/fishing.
wav')
19
20  #Filtra el archivo de audio wav
21  with harvard as source:
22          #Lee el contenido del archivo de audio wav
23          audio = r.record(source, offset=2, duration=50)
24          #Almacena el contenido escrito del audio en la variable text
25          text = r.recognize_google(audio)
26          #Imprime el texto convertido
27          print('You said: {}'.format(text))
```

7.6.1 Explicación del ejemplo 7.9: conversión de voz a texto usando un archivo de audio wav y con la biblioteca SpeechRecognition

El código fuente del ejemplo 7.9 (Ejemplo7_9.py) lo ejecutamos desde Google Colaboratory, porque si se ejecuta desde la línea de comandos de Windows, o desde cualquier otra línea de comandos, se deben hacer varias modificaciones: La biblioteca SpeechRecognition se debe instalar desde la línea de comandos con la instrucción, sin usar los paréntesis, (py -m pip install SpeechRecognition), esto se debe realizar desde la carpeta administradora del Sistema Operativo, igualmente, se debe instalar la biblioteca pyaudio, el comando para ésta es: (py -m pip install pyaudio), las modificaciones mencionadas también incluyen que el lenguaje Python ya debe estar instalado en el ordenador. Una vez realizadas las instalaciones anteriores, entonces, las líneas 5 y 6 del código fuente deben bloquearse con el carácter (#), instalado al inicio de cada línea, y deben permanecer así mientras el código se ejecute desde la línea de comandos de Windows. También, es importante recordar que, para acceder a la línea de comandos de Windows, y ejecutar un código Python desde allí, se deben seguir las instrucciones del ítem 10.5.3, en este capítulo 10, al inicio, esto para acceder a la línea de comandos de Windows y ejecutar un archivo o código fuente Python desde la respectiva línea de comandos.

En las líneas 1 y 2 se introduce un comentario para establecer el título de la aplicación, este comentario se debe poner entre comillas dobles y repitiéndolas tres veces al inicio y al final del respectivo título; en la línea 5 se instala la biblioteca SpeechRecognition, este formato es la manera de instalar bibliotecas en la plataforma de Google Colaboratory; de la misma forma en la línea 6 se instala la biblioteca pyaudio; en la línea 9 se importa la biblioteca SpeechRecognition en forma abreviada, mediante las letras, sr, esto se hace para poder usarla con facilidad dentro del código fuente; en la línea 12 se imprime la versión en uso de la biblioteca SpeechRecognition; en la línea 15 se crea una instancia del paquete o la biblioteca SpeechRecognition, el propósito final de esta instancia es reconocer el habla de una fuente de audio; en la línea 18 se identifica la ruta y el archivo de audio, el cual será convertido en texto. Aquí debemos tener en cuenta varios aspectos, lo primero es que el archivo de audio debe estar en formato wav, por tanto si se tiene un archivo en formato mp3 o mp4, entonces debe convertirse a wav. Por facilidad para el código fuente del ejemplo 7.9, usamos un audio tipo wav, almacenado en el archivo, fishing. wav, este archivo se puede descargar desde la página Web de la editorial Ra-Ma, si no es posible hacer esto, entonces puede usar cualquier otro archivo de audio tipo wav.

La ruta al archivo de audio tipo wav, tiene que estar bien especificada en la línea 18, por lo tanto, dependiendo de cada usuario o desarrollador del código fuente del ejemplo 7.9, la ruta al archivo wav tiene que estar bien definida en la línea 18, principalmente, si el código fuente se ejecuta desde la línea de comandos de Windows. Originalmente, este código fuente lo ejecutamos desde la página de Google Colaboratory, en consecuencia, el archivo de audio tipo wav, ya debe estar descargado en el ordenador y además tiene que cargarse a la página de Google Colaboratory como se explicó en la Figura 6.1 del capítulo 6. La ruta al archivo de audio queda definida en la línea 18, a través de la variable, Harvard, pero tiene que cambiar para cualquier otro usuario o desarrollador, en Google Colaboratory la ruta es: ('/content/fishing.wav'); en la línea 21 se usa la expresión with para cargar el archivo de audio en formato wav, la declaración de la expresión with, se usa en el manejo de excepciones para hacer que el código sea más limpio y mucho más legible, simplifica la gestión de recursos comunes como flujos de archivos, en este caso el archivo de audio tipo wav. En la línea 23, el administrador de contexto abre el archivo y lee su contenido, almacenando los datos en una instancia AudioFile llamada source, luego, el método record() registra los datos de todo el archivo en una instancia AudioData, en definitiva se transcribe el contenido de audio en forma escrita, también, en el método record() se usan los parámetros offset y duration, el primero indica un punto de partida para iniciar la grabación de la voz que se va a transcribir, el segundo determina el tiempo de duración, en segundos, de la voz que se va a grabar y luego se va a transcribir; en la línea 25, se escribe el contenido del audio en la variable text, dependiendo de la velocidad de la conexión a Internet, es posible esperar varios segundos antes de ver el resultado; en la línea 27 se imprime el resultado del audio tipo wav, transcrito. En la figura 7.7 se observa la salida del código fuente del ejemplo 7.9.

Nota de ejecución del ejemplo 7.9: si el código fuente se ejecuta desde la plataforma de Google Colaboratory, y el código se descarga de la página Web de la editorial Ra-Ma, entonces, se recomienda abrir el código fuente con la aplicación Bloc de notas, luego, copiarlo desde allí y finalmente pegarlo en la plataforma de Google Colaboratory en un nuevo cuaderno de trabajo (https://colab.research.google.com). Si el código se copia y pega desde este texto, recordar que los números de la izquierda no hacen parte de la lógica del programa, son solo un instrumento didáctico para mejores explicaciones.

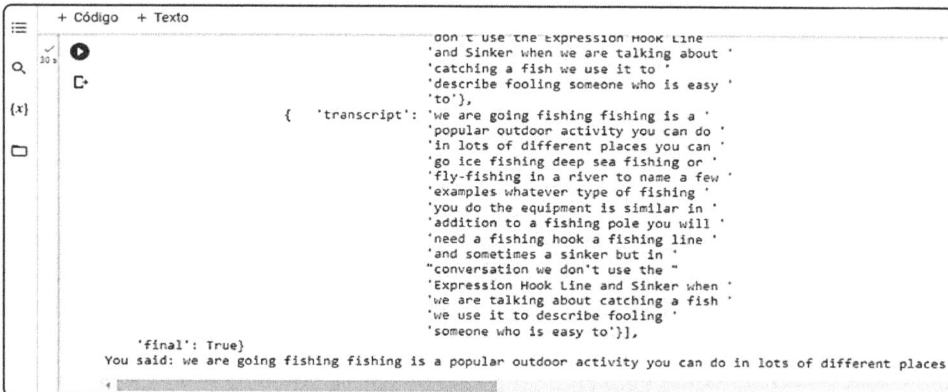

Figura 7.7. Salida del ejemplo 7.9: Conversión de voz a texto usando un archivo de audio wav y la biblioteca SpeechRecognition

7.7 TRADUCCIÓN AUTOMÁTICA

La traducción automática es una aplicación importante para el procesamiento del lenguaje natural. El Ejemplo 7.10 muestra un código fuente Python que utiliza Google Translate para traducir el texto a otro idioma, es necesario instalar la biblioteca googletrans. A continuación, presentamos el código fuente del ejemplo 7.10.

```
"""EJEMPLO 7.10: TRADUCCIÓN DE TEXTOS USANDO EL TRADUCTOR GOOGLE TRANSLATE
  """

#Instala el traductor de Google
!pip install googletrans==3.1.0a0

#Identifica el texto a traducir
text = """
 New York is composed of five boroughs - Brooklyn, the Bronx,
```

```
10    Manhattan, Queens and Staten Island - is home to 8.4 million
11    people who speak more than 200 languages, hail from every corner of the globe,
12    and, together, are the heart and soul of the most dynamic city in the world.
13    """
14
15   #Importa el traductor de Google
16   from googletrans import Translator
17
18   #Crea una instancia del traductor de Google
19   p = Translator()
20
21   #Traduce el texto al lenguaje español
22   k = p.translate(text, dest='es')
23
24   #Imprime el texto traducido
25   print(k)
```

7.7.1 Explicación del ejemplo 7.10: traducción de textos usando el traductor Google Translate

El código fuente del ejemplo 7.10 (Ejemplo7_10.py) lo ejecutamos desde Google Colaboratory, porque si se ejecuta desde la línea de comandos de Windows, o desde cualquier otra línea de comandos, se deben hacer varias modificaciones: la biblioteca googletrans==3.1.0a0 se debe instalar desde la línea de comandos con la instrucción, sin usar los paréntesis, (py -m pip install googletrans==3.1.0a0), esto se debe realizar desde la carpeta administradora del Sistema Operativo, la modificación mencionada implica que el lenguaje Python ya debe estar instalado en el ordenador. Una vez realizada la instalación anterior, entonces, la línea 5 del código fuente debe bloquearse con el carácter (#), instalado al inicio de la línea, y debe permanecer así mientras el código se ejecute desde la línea de comandos de Windows. También, es importante recordar que para acceder a la línea de comandos de Windows, y ejecutar un código Python desde allí, se deben seguir las instrucciones del **ítem 7.5.3,** en este capítulo 7, al inicio, esto para acceder a la línea de comandos de Windows y ejecutar un archivo o código fuente Python desde la respectiva línea de comandos.

En las líneas 1 y 2 se introduce un comentario para establecer el título de la aplicación, este comentario se debe poner entre comillas dobles y repitiéndolas tres veces al inicio y al final del respectivo título; en la línea 5 se instala la biblioteca googletrans==3.1.0a0, este formato es la manera de instalar bibliotecas en la plataforma de Google Colaboratory; en las líneas 8 a 13 se identifica el texto a traducir, dicho texto debe estar entre comillas dobles, y repitiéndolas tres veces al inicio y al final del respectivo texto, la variable donde se guarda este texto es, text; en la línea 16 se importa la librería googletrans para poder usarla en el código fuente; en la línea 19 se crea una instancia del traductor googletrans; en la línea 22 se usa el método translate() para realizar la traducción, los argumentos que usa este método son el texto a traducir, y el idioma al que se va a traducir el respectivo texto, en este caso español, pero se puede elegir cualquier otro idioma de la plataforma de googletrans; en la línea 25 se imprime el texto traducido. En la Figura 7.8 se observa la salida del código fuente del ejemplo 7.10.

Nota de ejecución del ejemplo 7.10: si el código fuente se ejecuta desde la plataforma de Google Colaboratory, y el código se descarga de la página Web de la editorial Ra-Ma, entonces, se recomienda abrir el código fuente con la aplicación Bloc de notas, luego, copiarlo desde allí y finalmente pegarlo en la plataforma de Google Colaboratory en un nuevo cuaderno de trabajo (https://colab.research.google.com). Si el código se copia y pega desde este texto, recordar que los números de la izquierda no hacen parte de la lógica del programa, son solo un instrumento didáctico para mejores explicaciones.

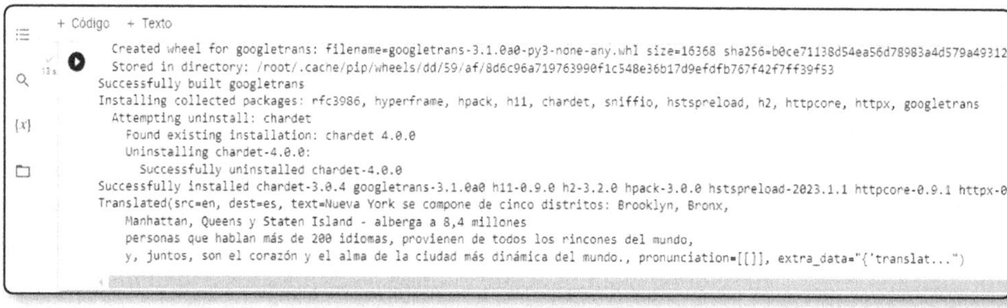

Figura 7.8. Salida del ejemplo 7.10: Traducción automática de texto usando la biblioteca Googletrans

7.8 CÓDIGO QR

Un código de respuesta rápida (QR) es una versión bidimensional del código de barras capaz de almacenar hasta 7.089 dígitos o 4.296 caracteres, incluidos signos de puntuación y caracteres especiales. El código puede codificar igualmente palabras y frases como las direcciones de Internet; a medida que se agregan más datos, la estructura de un código QR se vuelve más compleja, la estructura de un código QR también tiene redundancias que permiten que hasta el 30 por ciento de la estructura del código se dañe sin afectar su legibilidad en los escáneres. Los códigos QR fueron inventados por Masahiro Hara y su equipo de Denso Wave, una empresa manufacturera en Japón en 1994, los códigos QR ofrecen una tecnología mejor, más rápida y fuerte que la tecnología del código de barras porque procesan mayores cantidades de caracteres. El ejemplo 7.11 muestra un código fuente Python que puede generar una imagen de código QR vinculada a una URL, para esto se debe instalar la biblioteca qrcode. A continuación, se presenta el código fuente Python del ejemplo 7.11.

```
1  """EJEMPLO 7.11: GENERACIÓN DE CÓDIGO QR DADA UNA DIRECCIÓN ELECTRÓNICA
2  """
3
4  #Instala la biblioteca qrcode
5  !pip install qrcode
6
7  #Importa la biblioteca qrcode
8  import qrcode
9
10 #Crea una instancia de la clase QRcode y usa parámetros
11 qr = qrcode.QRCode(version=1, box_size=10, border=5)
12
13 #Adiciona la dirección electrónica al código QR
14 qr.add_data("https://en.wikipedia.org/wiki/QR_code")
15
16 #Construye el código QR completo
17 qr.make(fit=True)
18
19 #Hace adaptaciones gráficas al código QR
20 img = qr.make_image(fill='black', back_color='white')
21
22 #Guarda la imagen del código QR en el archivo con nombre qrcode0001.png
23 img.save('qrcode0001.png')
```

7.8.1 Explicación del ejemplo 7.11: generación de código QR dada una dirección electrónica

El código fuente del ejemplo 7.11 (Ejemplo7_11.py) lo ejecutamos desde Google Colaboratory, porque si se ejecuta desde la línea de comandos de Windows, o desde cualquier otra línea de comandos, se deben hacer varias modificaciones: la biblioteca qrcode se debe instalar desde la línea de comandos con la instrucción, sin usar los paréntesis, (py -m pip install qrcode), esto se debe realizar desde la carpeta administradora del Sistema Operativo, la modificación mencionada implica que el lenguaje Python ya debe estar instalado en el ordenador. Una vez realizada la instalación anterior, entonces, la línea 5 del código fuente debe bloquearse con el carácter (#), instalado al inicio de la línea, y debe permanecer así mientras el código se ejecute desde la línea de comandos de Windows. También, es importante recordar que, para acceder a la línea de comandos de Windows, y ejecutar un código Python desde allí, se deben seguir las instrucciones del ítem 7.5.3, en este capítulo 7, al inicio, esto para acceder a la línea de comandos de Windows y ejecutar un archivo o código fuente Python desde la respectiva línea de comandos.

En las líneas 1 y 2 se introduce un comentario para establecer el título de la aplicación, este comentario se debe poner entre comillas dobles y repitiéndolas tres veces al inicio y al final del respectivo título; en la línea 5 se instala la biblioteca qrcode, este formato es la manera de instalar bibliotecas en la plataforma de Google Colaboratory; en la línea 8 se importa la biblioteca qrcode para poder usarla en el código fuente; en la línea 11, se crea una instancia de la clase QRcode y se adicionan los parámetros del tamaño del cuadrado del código QR y el tipo de borde, respectivamente, (box_size=10, border=5); en la línea 14 se adiciona la dirección electrónica a la instancia de código QR creado, para luego codificarla; en la línea 17 se aplica el método make con (fit=True) a la instancia de QR creada para garantizar que se utilice la dimensión completa del código QR, incluso si nuestros datos de entrada caben en menos casillas. En la línea 20 se aplica el método make_image(fill='black', back_color='white') a la instancia de QR creada para convertir el objeto QRCode en un archivo de imagen, toma los parámetros opcionales fill_color y back_color para establecer el color frontal y de fondo; en la línea 23 se guarda la imagen del código QR, ya codificado, en el archivo 'qrcode0001.png', este archivo se debe buscar en la carpeta del lado izquierdo de la plataforma de Google Colaboratory, pero si el código fuente del ejemplo 7.11 se ejecuta desde la línea de comandos de Windows, entonces el archivo 'qrcode0001.png', debe quedar guardado en el mismo directorio donde se encuentre el código fuente del ejemplo 7.11 (Ejemplo7_11.py).

La Figura 7.9 muestra la imagen del código QR codificado para la dirección electrónica https://en.wikipedia.org/wiki/QR_code. Más información relacionada con los códigos QR se puede encontrar en: https://pypi.org/project/qrcode.

Nota de ejecución del ejemplo 7.11: si el código fuente se ejecuta desde la plataforma de Google Colaboratory, y el código se descarga de la página Web de la editorial Ra-Ma, entonces, se recomienda abrir el código fuente con la aplicación Bloc de notas, luego, copiarlo desde allí y finalmente pegarlo en la plataforma de Google Colaboratory en un nuevo cuaderno de trabajo (https://colab.research.google.com). Si el código se copia y pega desde este texto, recordar que los números de la izquierda no hacen parte de la lógica del programa, son solo un instrumento didáctico para mejores explicaciones.

Figura 7.9. Salida del ejemplo 7.11: código QR para codificar la dirección electrónica https://en.wikipedia.org/wiki/QR_code

7.9 ARCHIVOS PDF Y DOCX

El ejemplo 7.12 muestra un código fuente Python que puede convertir un archivo PDF en un directorio y guardarlo en un archivo DOCX mediante la biblioteca PDF2DOCX. A continuación, presentamos el código fuente del ejemplo 7.12.

```
1   """EJEMPLO 7.12: CONVERSIÓN DE ARCHIVOS PDF A DOCX MEDIANTE LA BIBLIOTECA
2         PDF2DOCX"""
3
4    #Instala la biblioteca pdf2docx
5    !pip install pdf2docx
6
7    #Importa el módulo converter de la biblioteca pdf2docx
8    from pdf2docx import Converter
9
10  #Identifica la ruta del documento a convertir
11  pdf_file = r'/content/26825-PDF publicado-98198-1-10-20221226.pdf'
12
13  #Nombre del archivo word donde quedará convertido el documento
14  docx_file = 'source10.docx'
15
16  #Crea una instancia de conversión con la biblioteca Converter
17  cv = Converter(pdf_file)
18
19  #Convierte el documento pdf a word
20  cv.convert(docx_file)
21
22  #Cierra la instancia de conversión
23  cv.close()
```

7.9.1 Explicación del ejemplo 7.12: conversión de archivos pdf a docx mediante la biblioteca pdf2docx

El código fuente del ejemplo 7.12 (Ejemplo7_12.py) lo ejecutamos desde Google Colaboratory, porque si se ejecuta desde la línea de comandos de Windows, o desde cualquier otra línea de comandos, se deben hacer varias modificaciones: la biblioteca pdf2docx se debe instalar desde la línea de comandos con la instrucción, sin usar los paréntesis, (py -m pip install pdf2docx), esto se debe realizar desde la carpeta administradora del Sistema Operativo, la modificación mencionada implica que el lenguaje Python ya debe estar instalado en el ordenador. Una vez realizada la instalación anterior, entonces, la línea 5 del código fuente debe bloquearse con el carácter (#), instalado al inicio de la línea, y debe permanecer así mientras el código se ejecute desde la línea de comandos de Windows. También, es importante recordar que, para acceder a la línea de comandos de Windows, y ejecutar un código Python desde allí, se deben seguir las instrucciones del ítem 7.5.3, en este capítulo 7, al inicio, esto para acceder a la línea de comandos de Windows y ejecutar un archivo o código fuente Python desde la respectiva línea de comandos.

En las líneas 1 y 2 se introduce un comentario para establecer el título de la aplicación, este comentario se debe poner entre comillas dobles y repitiéndolas tres veces al inicio y al final del respectivo título; en la línea 5 se instala la biblioteca pdf2docx, este formato es la manera de instalar bibliotecas en la plataforma de Google Colaboratory; en la línea 8, de la biblioteca pdf2docx se importa el módulo Converter para poder usarlo en el código fuente; en la línea 11, se identifica la ruta al archivo pdf a convertir, en este caso, como estamos ejecutando el código fuente desde Google Colaboratory, entonces, el documento pdf ya debe estar descargado en el ordenador, y luego lo debemos subir a la página de Google Colaboratory, como se explica en la Figura 6.1 del capítulo 6, en concreto la ruta al archivo es (r'/content/26825-PDF publicado-98198-1-10-20221226.pdf'), por tanto el directorio de Google Colaboratory que estamos usando es content. Sí, por el contrario, el código fuente del ejemplo 7.12 lo ejecutamos desde la línea de comandos de Windows, entonces la ruta especificada en la línea 11 tiene que cambiar, según donde se tenga descargado el documento pdf, este documento también se encontrará en la página Web de la editorial Ra-Ma, aunque podría ser otro documento pdf. Recuérdese que, si el código fuente se ejecuta desde la línea de comandos, también, se deben seguir las instrucciones del párrafo de arriba de este ítem 7.9.1.

En la línea 14, a través de la variable docx_file, se identifica el nombre del archivo Word en el que será convertido el documento pdf; en la línea 17 crea una instancia de conversión usando el módulo Converter; en la línea 20, aplicando el método convert() a la instancia de conversión ya creada, genera el documento Word, este documento se almacena en el mismo directorio donde estaba el documento tipo pdf, tanto si la aplicación se ejecuta en Google Colaboratory como en la línea de comandos de Windows; en la línea 23 se cierra la instancia creada y la ejecución de la aplicación. En conclusión, la salida de la ejecución del código fuente Python del ejemplo 7.12 es el archivo tipo Word, guardado donde ya explicamos, sin embargo, como evidencia se deja una copia de este archivo en la página Web de la editorial Ra-Ma, no obstante, los usuarios de este código, también deben ejecutarlo.

Nota de ejecución del ejemplo 7.12: si el código fuente se ejecuta desde la plataforma de Google Colaboratory, y el código se descarga de la página Web de la editorial Ra-Ma, entonces, se recomienda abrir el código fuente con la aplicación Bloc de notas, luego, copiarlo desde allí y finalmente pegarlo en la plataforma de Google Colaboratory en un nuevo cuaderno de trabajo (https://colab.research.google.com). Si el código se copia y pega desde este texto, recordar que los números de la izquierda no hacen parte de la lógica del programa, son solo un instrumento didáctico para mejores explicaciones.

7.10 CHATBOTS Y RESPUESTA A PREGUNTAS

Los chatbots y las respuestas a preguntas tienen muchas aplicaciones prácticas y se han implementado en diversos sectores: citas médicas, reservas de vuelos, hoteles, reservas en restaurantes etc. En esta sección, echaremos un vistazo a cómo crear aplicaciones de chatbot en Python.

7.10.1 ChatterBot

ChatterBot es una biblioteca sencilla y fácil de usar que le permite desarrollar su propio chatbot de aplicaciones de respuesta a preguntas. Es compatible con bases de datos SQL (Structured Query Language) como MongoDB y se puede utilizar para procesar y evaluar preguntas de matemáticas y de otros aspectos. Para usarlo, se debe instalar la biblioteca Spacy y otros paquetes. El ejemplo 7.13 muestra un código Python de una demostración básica de ChatterBot. A continuación, presentamos el código fuente Python del ejemplo 7.13.

```
 """EJEMPLO 7.13: DEMOSTRACIÓN BÁSICA DE CHATTERBOT USANDO LAS BIBLIOTECAS SPACY
     Y CHATTERBOT"""

 #Instala la biblioteca Spacy
 #!pip install spacy

 #Instala la biblioteca Chatterbot
 #!pip install chatterbot

#Importa la Biblioteca Spacy
import spacy

#Importa el módulo Chatbot
from chatterbot import ChatBot

#Importa el módulo entrenador de Chatbot
from chatterbot.trainers import ChatterBotCorpusTrainer

#Carga el diccionario de inglés
spacy.load(
     '/Users/Admin/PycharmProjects/pythonProject8/en_core_web_sm/en_core_web_sm-3.5.0')

#Crea una instancia de Chatbot
chatbot = ChatBot('Ron Obvious')

#Crea un entrenador para el Chatbot
trainer = ChatterBotCorpusTrainer(chatbot)

#Entrena el Chatbot con base en el corpus de inglés
trainer.train("chatterbot.corpus.english")

#Ciclo while para usar el Chatbot
```

```
33 while True:
34         #Mensaje de entrada para interactuar con el Chatbot
35         message = input('You:')
36         #Analiza el mensaje de entrada, continua si es diferente a Bye
37         if message.strip()!= 'Bye':
38                 #Procesa el mensaje de entrada
39                 reply = chatbot.get_response(message)
40                 #Responde al mensaje de entrada
41                 print('ChatBot:',reply)
42         #Analiza el mensaje de entrada, termina si es igual a Bye
43         if message.strip()=='Bye':
44                 #El Chatbot se despide
45                 print('ChatBot:Bye')
46                 break
```

7.10.2 Explicación del ejemplo 7.13: demostración básica de Chatterbot usando las bibliotecas Spacy y Chatterbot

El ejemplo 7.13 (Ejemplo7_13.py) debe ejecutarse desde la línea de comandos de Windows, para acceder a la línea de comandos de Windows puede seguir las siguientes recomendaciones: ir al buscador de Windows y en este digitar, cmd, esto significa símbolo del sistema o terminal del sistema operativo, luego, seleccionar ejecutar como administrador, luego, aceptar los cambios si la máquina pregunta, finalmente, estando en la línea de comando, cambiar de directorio o carpeta hasta llegar a la que contiene el código fuente Python del ejemplo 7.13. Para ir cambiando de directorio o carpeta se digita: cd punto punto (cd..). Luego de estar ubicados en la línea de comandos, en el directorio que contiene el código fuente del ejemplo 7.13, entonces para ejecutarlo se debe digitar en la línea de comandos, la palabra Python seguida del nombre del archivo del ejemplo 7.13 con la respectiva extensión de Python (Ejemplo7_13.py), seguidamente, se oprime la tecla Intro, y se espera que la aplicación desarrolle el entrenamiento y permita el inicio de un texto de entrada para chatear (conversar) con el Bot.

Previamente a lo anterior, estando ubicados en la línea de comandos de Windows, en la carpeta administradora del Sistema Operativo, también, las siguientes bibliotecas deben ser instaladas desde allí: la biblioteca Spacy se instala con el comando, sin usar los paréntesis, (py -m pip install spacy==3.5.0); la biblioteca Chatterbot se instala con el comando, (py -m pip install chatterbot==1.0.4); el diccionario de inglés se instala con el comando, (python –m spacy download en_core_web_sm-3.5.0), además, para realizar todas estas instalaciones el lenguaje Python ya debe estar instalado en el ordenador. Los números en cada biblioteca de instalación se refieren a la versión de la biblioteca.

En las líneas 1 y 2 se introduce un comentario para establecer el título de la aplicación, este comentario se debe poner entre comillas dobles y repitiéndolas tres veces al inicio y al final del respectivo título; la línea 5 y la línea 8 están bloqueadas, porque serían necesarias si ejecutáramos el código fuente desde Google Colaboratory, pero esto no es posible porque la versión Python de Colaboratory no es compatible con la biblioteca de Chatterbot más actualizada; en la línea 11 se importa la biblioteca Spacy para poder usarla dentro del código fuente; en la línea 14 se importa el módulo ChatBot de la biblioteca chatterbot; en la línea 17 se importa el módulo, ChatterBotCorpusTrainer, este facilita el entrenamiento del Bot porque contiene datos de corpus que ayudan al entrenamiento, es decir es una conversación que se ajusta a la comunicación del Bot en el proceso de entrenamiento; en las líneas 20 y 21 se carga el diccionario de inglés, esta ruta tiene que cambiar, según donde cada usuario o desarrollador descargue el diccionario de inglés en su respectivo ordenador; en la línea 24 se crea una instancia de ChatBot, por tanto se genera la posibilidad de comunicarse (chatear) con el Bot.

En la línea 27, se usa la instancia de ChaBot ya creada, para indicar que se va a realizar un entrenamiento con los datos de corpus de la biblioteca Chatterbot, esto significa que el Bot se va a entrenar con una lista donde hay una conversación, y por lo tanto, se establecerá cada elemento de la lista como una posible respuesta a su predecesor en la lista, esto se aplica a través de la variable trainer; en la línea 30 se desarrolla el proceso de entrenamiento; en la línea 33 se declara un ciclo while, indefinido, para realizar el procedimiento de comunicación (chatear) con el Bot; en la línea 35, a través del método input(), se genera la apertura a la comunicación con el Bot, es decir, es lo primero que escribe quien se comunica con el Bot, esta entrada se almacena en la variable message; en la línea 37 se declara un condicional para preguntar qué si el mensaje de entrada es diferente a Bye, sí esto es verdad, entonces se ingresará al ámbito del condicional. También, es necesario aclarar que en el condicional se usa la función strip(), ésta devuelve una copia de la cadena con los caracteres iniciales y finales eliminados, según el argumento de cadena pasado, en este caso el argumento de cadena es el mensaje de entrada; en la línea 39 se genera la respuesta del Bot al mensaje de entrada, por su puesto esto se obtiene, sí estamos en el interior del condicional; en la línea 41, todavía en el interior del condicional, se imprime la respuesta del Bot; en la línea 43, se declara otro condicional, diferente al primero, para preguntar que si el mensaje de entrada es igual a Bye, entonces, la conversación terminará en las líneas 45 y 46 imprimiendo el mensaje Bye y saliendo del ciclo while, respectivamente.

La salida del código fuente del ejemplo 7.13, no es un Bot perfecto, porque las respuestas no coinciden completamente con las preguntas, por lo tanto, este código fuente tendría que mejorarse adicionando otros recursos de programación al mismo, para esto se recomienda usar las páginas Web:

(https://chatterbot.readthedocs.io/en/stable/chatterbot.html),

(https://chatterbot.readthedocs.io/en/stable/quickstart.html),

(https://chatterbot.readthedocs.io/en/stable/examples.html).

Al ejecutar el código Python del ejemplo 7.13 por primera vez, desde la línea de comandos del Sistema Operativo Windows, es posible que se muestren errores debido a desactualizaciones del Software o archivos no vigentes en las bibliotecas, por ejemplo, un primer error que surgió es el que muestra la Figura 7.10.

```
  File "C:\Users\Admin\AppData\Local\Programs\Python\Python310\lib\site-packages\sqlalchemy\util\compat.py", line 264, in <module>
    time_func = time.clock
AttributeError: module 'time' has no attribute 'clock'
```

Figura 7.10. Error uno de salida al ejecutar el código fuente del ejemplo 7.13

El error de la Figura 7.10 se corrige siguiendo la ruta hasta el archivo compat.py, mostrado en la Figura 7.10, luego la línea que dice, (time_func = time.clock), debe bloquearse con el carácter (#) y debajo se escribe la palabra (pass), se guardan los cambios y se ejecuta de nuevo el código. La función que se bloquea no es necesaria en el código fuente del archivo compat.py, esta es una de las razones principales del surgimiento de este error. Otro error al ejecutar el código del ejemplo 7.13 es el que se muestra en la figura 7.11.

```
  File "C:\Users\Admin\AppData\Local\Programs\Python\Python310\lib\site-packages\yaml\constructor.py", line 126, in construct_mapping
    if not isinstance(key, collections.Hashable):
AttributeError: module 'collections' has no attribute 'Hashable'
```

Figura 7.11. Error dos de salida al ejecutar el código fuente del ejemplo 7.13

El error de la figura 7.11 se corrige, abriendo la línea de comandos del Sistema Operativo Windows, y ubicándonos en la carpeta administradora para digitar la instrucción (pip install --upgrade PyYaml), esto lo que hace es actualizar el Software PyYaml-6.0, la carpeta YAML contiene un lenguaje de declaración de datos que facilita la legibilidad y la capacidad de escritura del usuario. Este formato de serialización de datos se encarga de almacenar archivos de configuración y se puede usar junto con todos los lenguajes de programación. Otro error al ejecutar el código del ejemplo 7.13 es el que se observa en la figura 7.12.

```
  File "C:\Users\Admin\AppData\Local\Programs\Python\Python310\lib\site-packages\chatterbot\corpus.py", line 38, in read_corpus
    return yaml.load(data_file)
TypeError: load() missing 1 required positional argument: 'Loader'
```

Figura 7.12. Error tres de salida al ejecutar el código fuente del ejemplo 7.13

El error de la Figura 7.12 se corrige siguiendo la ruta hasta el archivo corpus.py, mostrado en la Figura 7.12, luego en la línea que dice, (return yaml.load(data_file)), debe cambiarse la palabra load, después del punto, por la palabra, full_load(), se guardan los cambios y se ejecuta de nuevo el código. Este error, también, se debe a una actualización de Software, pero se corrige de la forma como ya explicamos. Estos errores se mencionan, porque si no se corrigen, no sería posible la ejecución del código fuente del ejemplo 7.13 desde la línea de comandos de Windows, además, porque el desarrollo y ejecución de estas aplicaciones de Software, son susceptibles de cambios o errores debido a actualizaciones de software y otras cuestiones de programación, sin embargo, en el momento que surjan errores, es recomendable asumirlos con paciencia, investigar las soluciones, y tratar de tener éxito en la ejecución de los código fuentes. Luego de corregir los errores, en la Figura 7.13 se muestra la salida de la aplicación relacionada con el ChatterBot, se evidencia en esta Figura el entrenamiento y algunos ejemplos de conversación (chat).

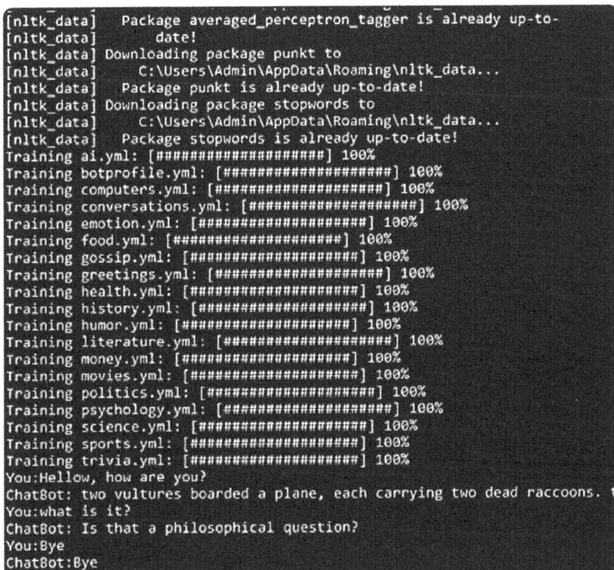

```
[nltk_data]   Package averaged_perceptron_tagger is already up-to-
[nltk_data]       date!
[nltk_data] Downloading package punkt to
[nltk_data]     C:\Users\Admin\AppData\Roaming\nltk_data...
[nltk_data]   Package punkt is already up-to-date!
[nltk_data] Downloading package stopwords to
[nltk_data]     C:\Users\Admin\AppData\Roaming\nltk_data...
[nltk_data]   Package stopwords is already up-to-date!
Training ai.yml: [####################] 100%
Training botprofile.yml: [####################] 100%
Training computers.yml: [####################] 100%
Training conversations.yml: [####################] 100%
Training emotion.yml: [####################] 100%
Training food.yml: [####################] 100%
Training gossip.yml: [####################] 100%
Training greetings.yml: [####################] 100%
Training health.yml: [####################] 100%
Training history.yml: [####################] 100%
Training humor.yml: [####################] 100%
Training literature.yml: [####################] 100%
Training money.yml: [####################] 100%
Training movies.yml: [####################] 100%
Training politics.yml: [####################] 100%
Training psychology.yml: [####################] 100%
Training science.yml: [####################] 100%
Training sports.yml: [####################] 100%
Training trivia.yml: [####################] 100%
You:Hellow, how are you?
ChatBot: two vultures boarded a plane, each carrying two dead raccoons. t
You:what is it?
ChatBot: Is that a philosophical question?
You:Bye
ChatBot:Bye
```

Figura 7.13. Salida del código fuente del ejemplo 7.13: Aplicación usando la biblioteca ChaterBot

7.10.3 Transformers

Los Transformers son nuevos tipos de redes neuronales recurrentes, principalmente adecuadas para el procesamiento del lenguaje natural (NLP), estos se han convertido en el enfoque de vanguardia en el procesamiento del lenguaje natural desde 2017. Con los Transformers es posible crear fácilmente aplicaciones de chatbot y respuesta a preguntas, el ejemplo 7.14 muestra un código fuente Python de análisis de sentimiento de texto mediante el uso de la biblioteca Transformers, la biblioteca es necesario instalarla. A continuación, presentamos el código fuente del ejemplo 7.14.

```
"""EJEMPLO 7.14: ANÁLISIS DE SENTIMIENTOS CON LA BIBLIOTECA TRANSFORMERS
   """

#Instala la biblioteca Transformers
!pip install transformers

#Importa la Biblioteca Transformers
```

```
8    from transformers import pipeline
9
10   #Asigna una canalización para el análisis de sentimiento
11   classifier = pipeline('sentiment-analysis')
12
13   #Imprime la frase: Análisis de sentimientos
14   print("Análisis de sentimientos**********************************")
15
16   #Aplica el análisis de sentimiento al texto dentro de los paréntesis
17   classifier('We are very happy to visit Francia.')
```

7.10.4 Explicación del ejemplo 7.14: análisis de sentimientos con la biblioteca Transformers

El código fuente del ejemplo 7.14 (Ejemplo7_14.py) lo ejecutamos, exclusivamente, desde Google Colaboratory; en las líneas 1 y 2 se introduce un comentario para establecer el título de la aplicación, este comentario se debe poner entre comillas dobles y repitiéndolas tres veces al inicio y al final del respectivo título; en la línea 5 se instala la biblioteca transformers, este formato es la manera de instalar bibliotecas en la plataforma de Google Colaboratory; en la línea 8, de la biblioteca transformers se importa el módulo pipeline, este es una manera adecuada para usar modelos de inferencia. Los pipeline son objetos que extraen el código complejo de la biblioteca (Transformers) y ofrecen una API simple dedicada a varias tareas: reconocimiento de nombres, modelado de lenguaje, análisis de sentimientos, extracción de funciones y respuesta a preguntas. En la línea 11 se crea una instancia del módulo pipeline para el análisis de sentimientos en un texto; en la línea 14 se imprime la frase "Análisis de sentimientos" y en la línea 17 se aplica la instancia de análisis de sentimientos a la frase que está dentro de los paréntesis de la instancia.

En la Figura 7.14 se observa la salida del código fuente del ejemplo 7.14 al ejecutarlo en Google Colaboratory, al final está el resultado del análisis de sentimientos. Información relacionada con la biblioteca Transformers se encuentra en:

(https://github.com/huggingface/transformers),

(https://huggingface.co/docs/transformers/main_classes/pipelines)

Nota de ejecución del ejemplo 7.14: si el código fuente se ejecuta desde la plataforma de Google Colaboratory, y el código se descarga de la página Web de la editorial Ra-Ma, entonces, se recomienda abrir el código fuente con la aplicación Bloc de notas, luego, copiarlo desde allí y finalmente pegarlo en la plataforma de Google Colaboratory en un nuevo cuaderno de trabajo (https://colab.research.google.com). Si el código se copia y pega desde este texto, recordar que los números de la izquierda no hacen parte de la lógica del programa, son solo un instrumento didáctico para mejores explicaciones.

```
Downloading (…)lve/main/config.json: 100%   629/629 [00:00<00:00, 17.1kB/s]
Downloading (…)"pytorch_model.bin";: 100%   268M/268M [00:01<00:00, 175MB/s]
Downloading (…)okenizer_config.json: 100%   48.0/48.0 [00:00<00:00, 1.54kB/s]
Downloading (…)solve/main/vocab.txt: 100%   232k/232k [00:00<00:00, 1.88MB/s]
Análisis de sentimientos*******************************
[{'label': 'POSITIVE', 'score': 0.9998675584793091}]
```

Figura 7.14. Salida del código fuente del ejemplo 7.14: análisis de sentimientos con la biblioteca Transformers

7.11 RESUMEN DEL CAPÍTULO

Este capítulo trató los temas del procesamiento del lenguaje natural (NLP), que es un campo de investigación común sobre el desarrollo de aplicaciones y servicios para comprender el lenguaje humano. NLP normalmente incluye análisis léxico, análisis sintáctico, análisis semántico, análisis de divulgación y análisis pragmático, las bibliotecas de NLP más utilizadas son Natural Language Toolkit (NLTK), SpaCy, Gensim y TextBlob. El resumen de texto resume el texto largo dado, en un texto más corto, el análisis de sentimientos de texto analiza el texto, como los comentarios de los clientes y los comentarios de las redes sociales, para determinar si el sentimiento del usuario es positivo, negativo o neutral.

Texto a voz es el proceso de convertir datos de texto en datos de voz; voz a texto convierte los datos de voz en datos de texto, esto incluye detección de voz, análisis de voz y reconocimiento de voz; la traducción traduce un idioma humano a otro idioma; un código QR es una versión 2D de un código de barras para almacenar información de manera rápida y conveniente; los archivos PDF y DOCX se pueden convertir fácilmente entre sí, con las bibliotecas de Python; Los chatbots y las aplicaciones de respuesta a preguntas se usan comúnmente en muchos sitios web comerciales en línea.

7.12 PREGUNTAS DE REVISIÓN DEL CAPÍTULO

- ✓ P7.1¿Qué es el procesamiento del lenguaje natural (NLP)?
- ✓ P7.2 Describir las diferencias entre la NLP basada en reglas y NLP estadístico.
- ✓ P7.3 Explicar los conceptos de análisis sintáctico, análisis semántico, análisis de divulgación y análisis pragmático en el contexto del procesamiento del lenguaje natural.
- ✓ P.7.4 ¿Qué es el resumen de texto en NLP?
- ✓ P7.5 ¿Qué es el análisis de sentimiento de texto?
- ✓ P7.6 ¿Qué es conversión de texto a voz y qué es conversión de voz a texto?
- ✓ P7.7 ¿Qué es la traducción automática en NLP?
- ✓ P.7.8 ¿Qué es un código QR?
- ✓ P7.9 ¿Qué es el chatbot?

8

ANÁLISIS DE DATOS

8.1 INTRODUCCIÓN

Como dijo Clive Robert Humby, los datos son el nuevo petróleo. Todos los días, las empresas generan enormes cantidades de datos, ya sean datos de las redes sociales, datos de ventas y marketing de los minoristas o datos de los fabricantes. Analizar y utilizar adecuadamente los datos puede beneficiar enormemente a la empresa. Es por eso por lo que los analistas de datos y los científicos de datos se encuentran entre las profesiones mejor pagadas. Pero no tiene que cambiar su trabajo para obtener este beneficio. Como Andrew Ng (científico informático estadounidense nacido en Gran Bretaña) recomendó una vez, no cambie su trabajo; simplemente agrégale, Inteligencia Artificial. Los datos están en todas partes, los datos están en todas las disciplinas, y agregar la capacidad de análisis de datos de IA a su experiencia sin duda mejorará la prosperidad de su carrera y lo beneficiará financieramente.

Entonces, ¿cómo empezar? El análisis de datos se puede dividir en tres pasos: recopilar datos, analizar datos y escribir un informe.

1. **Recopilación de datos**: lo primero es recopilar los datos, que pueden ser datos de medición científica o datos comerciales. Los datos recopilados se pueden guardar en archivos de texto sin formato, como el formato de valores separados por comas (CSV) o el formato de Microsoft Excel. Los grandes volúmenes de datos también se pueden guardar en bases de datos. Según la estructura de datos, las bases de datos se pueden dividir en bases de datos SQL o NoSQL. Las bases de datos tradicionales son las típicas bases de datos de lenguaje de consulta estructurado (SQL), como Oracle y MySQL, donde los datos se guardan en formato de tablas y existen relaciones entre las tablas. NoSQL es un tipo de base de datos relativamente nuevo, como MongoDB, que tiene estructuras de datos más flexibles, puede escalar horizontalmente, maneja

consultas increíblemente rápidas y es fácil para los desarrolladores trabajar con ella. Para más detalles, consulte la sección 8.6. La limpieza de datos también es una parte importante de la recopilación de datos, lo que implica corregir los datos incorrectos y eliminar o acondicionar datos incompletos, datos atípicos o datos nulos. Muchos algoritmos de aprendizaje automático también requieren la normalización de datos, lo que significa volver a escalar los valores entre 0 y 1.

2. **Análisis de datos**: después de tener los datos listos, lo siguiente es analizar los datos. Se puede emplear una variedad de técnicas, como regresión, predicción de series temporales, detección de anomalías y clasificación. Este es el enfoque principal del capítulo que estamos abordando.
3. **Escribir un informe**: después de analizar los datos, el paso final es escribir un informe. Un buen informe puede resumir los resultados, compartir sus hallazgos con otros y mejorar la reputación de su investigación.

En este capítulo, lo guiaremos a través de una serie de técnicas comúnmente utilizadas para el análisis de datos.

8.2 REGRESIÓN

La regresión es una de las técnicas de análisis de datos más utilizadas. Vimos algunos ejemplos de regresión simples en el capítulo 3. Aquí tenemos más ejemplos. Las técnicas de regresión tradicionales incluyen la regresión lineal, la regresión logística, la regresión polinomial, etc. Un enfoque mucho más moderno es utilizar el aprendizaje automático para la regresión, como la regresión de vectores de soporte, la regresión de vecinos más cercanos, la regresión de procesos gaussianos (Gaussian process regression-GPR) y la regresión de bosque aleatorio. También hay regresión de mínimos cuadrados parciales y regresión de componentes principales para analizar los datos espectrales.

La regresión lineal también se puede dividir en regresión lineal simple (o regresión lineal única), regresión lineal múltiple y regresión lineal multivariante. En la regresión lineal simple, solo hay una variable dependiente (Y) y una variable independiente (X), y X e Y siguen una relación lineal, como Y = A*X + B. En la regresión lineal múltiple, hay una variable dependiente variable (Y), pero hay más de una variable independiente (X1, X2, . . . Xn). En la regresión lineal multivariante, hay más de una variable dependiente (Y1, Y2, . . . Yn) y hay más de una variable independiente (X1, X2, . . . Xn).

En Python, puede usar las librerías Numpy, Scikit-Learn, Statsmodels y Scipy para implementar la regresión.

8.2.1 Regresión lineal

El ejemplo 8.1 muestra cómo leer los datos de un archivo CSV llamado data.csv y luego usar la función stats.linregress(x, y) de la biblioteca Scipy para realizar la regresión lineal.

#EJEMPLO 8.1. LA REGRESIÓN LINEAL 1

```
import matplotlib.pyplot as plt
from scipy import stats
import pandas

df = pandas.read_csv('data.csv')
print(df)
x = df['Time']
y = df['Voltage']

slope, intercept, r, p, std_err = stats.linregress(x, y)
print("slope: ", slope)
print("intercept: ", intercept)
print("std_err: ", std_err)
def myfunc(x):
return slope * x + intercept
mymodel = list(map(myfunc, x))

plt.scatter(x, y,label="data")
plt.plot(x, mymodel, "r",label="fitted line")
plt.xlabel("Time")
plt.ylabel("Voltage")
plt.legend()
plt.show()
```

El siguiente es el resultado del programa, que muestra el contenido del archivo data.csv y los resultados del ajuste de cuadrados lineales, la pendiente, la intersección y el error estándar:

```
      Time   Voltage
0     0      10
1     1      12
2     2      12
3     3      14
4     4      13
5     5      15
6     6      16
7     7      18
8     8      17
9     9      19
slope: 0.9333333333333333
intercept: 10.399999999999999
std_err: 0.08287754140107488
```

La figura 8.1 muestra los resultados gráficos.

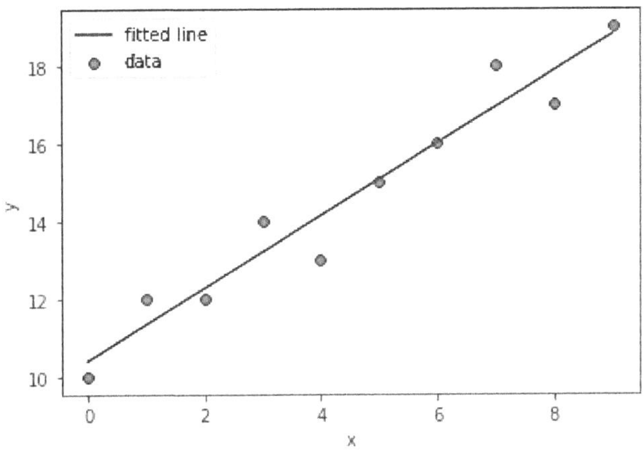

Figura 8.1. El resultado gráfico de la regresión lineal

8.2.2 Regresión de vectores de soporte

Los algoritmos de aprendizaje automático se pueden utilizar para la elaboración de regresiones, por ejemplo, la regresión de vectores de soporte. El ejemplo 8.2 muestra cómo leer los datos de un archivo CSV y luego realizar la regresión SVR. SVR admite diferentes tipos de núcleos, como la función de base lineal, poli y radial (RBF).

#EJEMPLO 8.2: LA REGRESIÓN SVR

```
import matplotlib.pyplot as plt
from scipy import stats
import pandas

df = pandas.read_csv('data.csv')
print(df)
x1 = df['Time'].values.reshape(-1,1)
y1 = df['Voltage'].values.reshape(-1,1)
print(x1)
print(y1)

from sklearn.svm import SVR
lr = SVR(kernel = 'linear', C =1000.0)
pr = SVR(kernel = 'poly', C =1000.0, degree = 2)
rr = SVR(kernel = 'rbf', C =1000.0, gamma = 0.85)
lr.fit(x1,y1)
pr.fit(x1,y1)
rr.fit(x1,y1)

plt.figure()
plt.scatter(x1, y1, color='r', label='Data')
```

```
plt.plot(x1, lr.predict(x1),label='linear SVR')
plt.plot(x1, pr.predict(x1),label='poly SVR')
plt.plot(x1, rr.predict(x1),label='rbf SVR')
plt.legend()
plt.show()
```

La Figura 8.2 muestra la salida del programa anterior.

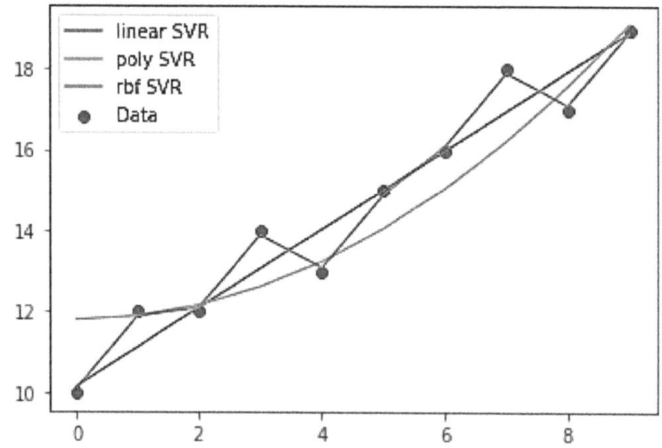

Figura 8.2. Las diferencias de los núcleos lineal, poli y RBF en la regresión SVR

Para obtener más detalles, consulte lo siguiente:

https://scikit-learn.org/stable/modules/generated/sklearn.svm.SVR.html

Además de los archivos CSV locales, también puede leer archivos CSV a través de Internet, siempre que conozca el localizador uniforme de recursos (URL) completo. El ejemplo 8.3 muestra cómo leer los datos CSV de una URL y luego realizar la regresión lineal.

#EJEMPLO 8.3: LA REGRESIÓN LINEAL 2

```
import matplotlib.pyplot as plt
from scipy import stats
import pandas as pd

df = pd.read_csv('https://archive.ics.uci.edu/ml/machine-learning-d
         databases/00291/airfoil_self_noise.dat', sep="\t",
         names = ['Frequency','Angle of attack','Chord length','Free-stream
        velocity','Suction/side','Scaled/sound'])

print(df)

x = df['Frequency']
y = df['Scaled/sound']
```

```
slope, intercept, r, p, std_err = stats.linregress(x, y)
print("slope: ", slope)
print("intercept: ", intercept)
print("std_err: ", std_err)

def myfunc(x):
return slope * x + intercept
mymodel = list(map(myfunc, x))

plt.scatter(x, y, label='original data')
plt.plot(x, mymodel, "r", label='fitted line')
plt.xlabel("Time")
plt.ylabel("Voltage")
plt.legend()
plt.show()
```

El siguiente es el resultado del programa, que muestra el contenido del archivo CSV remoto y los resultados del ajuste de cuadrados lineales, la pendiente, la intersección y el error estándar:

```
        Frequency   Angle of attack    Chord length   Free-stream velocity \
0             800               0.0          0.3048                  71.3
1            1000               0.0          0.3048                  71.3
2            1250               0.0          0.3048                  71.3
3            1600               0.0          0.3048                  71.3
4            2000               0.0          0.3048                  71.3
...           ...               ...             ...                   ...
1498      2500                 15.6          0.1016                  39.6
1499      3150                 15.6          0.1016                  39.6
1500      4000                 15.6          0.1016                  39.6
1501      5000                 15.6          0.1016                  39.6
1502      6300                 15.6          0.1016                  39.6
       Suction/side      Scaled/sound
0         0.002663           126.201
1         0.002663           125.201
2         0.002663           125.951
3         0.002663           127.591
4         0.002663           127.461
...            ...               ...
1498      0.052849           110.264
1499      0.052849           109.254
1500      0.052849           106.604
1501      0.052849           106.224
1502      0.052849           104.204
slope:  -0.0008549790125253032
intercept:  127.30373759248681
std_err:  5.199230158034172e-05
```

La Figura 8.3 muestra el resultado.

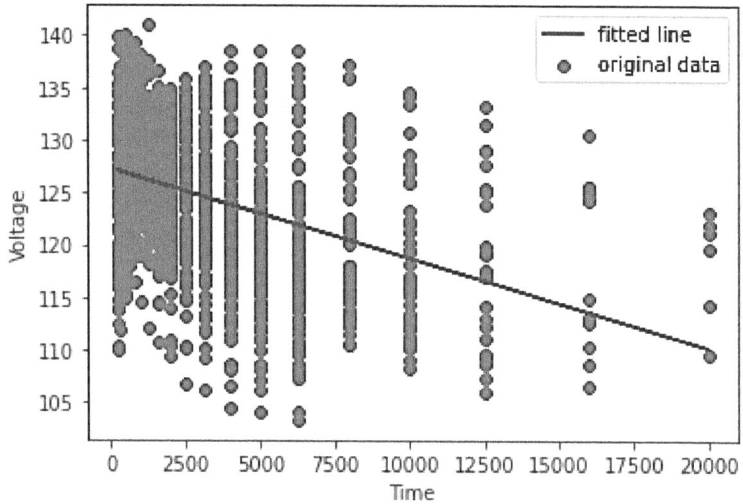

Figura 8.3. El resultado del gráfico del ejemplo 8.3

La librería de Pandas también le permite leer datos de tablas desde una página web. El ejemplo 8.4 muestra cómo leer los datos de la tabla de un sitio web. Necesitará instalar la librería html5lib escribiendo lo siguiente:

#EJEMPLO 8.4: LEYENDO DATOS DE UN SITIO WEB CON LA LIBRERÍA html5lib

```
!pip install html5lib
import matplotlib.pyplot as plt
from scipy import stats
import pandas as pd
import numpy as np

df = pd.read_html('https://en.wikipedia.org/wiki/World_population')
print(f'Total tables: {len(df)}')
df = pd.read_html('https://en.wikipedia.org/wiki/World_population',
match='Global annual population growth')
df =df[0]

x = df['Year'].astype('float')
y = df['Population'].astype('float')

plt.scatter(x, y)
plt.show()
```

La Figura 8.4 muestra el resultado.

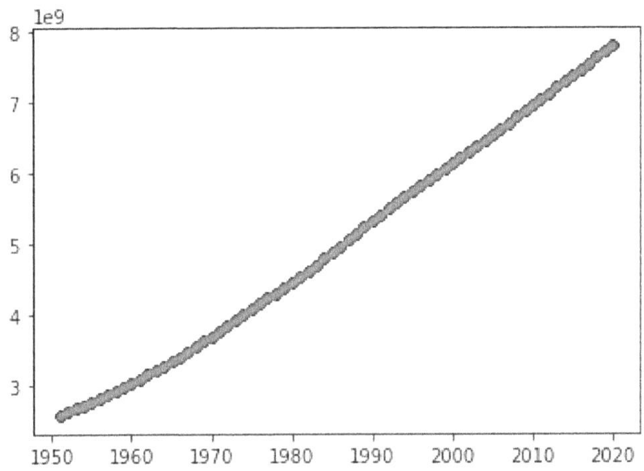

Figura 8.4. El resultado gráfico del ejemplo anterior

BeautifulSoup es otra librería que le permite leer datos de tablas de una página web. El ejemplo 8.5 muestra cómo leer los datos de la tabla de un sitio web de Wikipedia. Deberá instalar la librería beautifulsoup4 y la librería request escribiendo lo siguiente:

#EJEMPLO 8.5: LEYENDO DATOS DE UN SITIO WEB LIBRERÍA BEAUTIFULSOUP 1

```
!pip install requests beautifulsoup4
from bs4 import BeautifulSoup
import requests
import csv

url = "https://en.wikipedia.org/wiki/World_population"
soup = BeautifulSoup(requests.get(url).text, 'html.parser')

tables = soup.find_all('table', class_='sortable')
print(len(tables))

for table in tables:
   ths = table.find_all('th')
   headings = [th.text.strip() for th in ths]
   #print(headings)

table = tables[4]
population = []
for tr in table.find_all('tr'):
   tds = tr.find_all('td')
   #print(tds)
   if not tds:
      continue
```

```
    population.append(tds[0].text.replace('\n', ' ').strip())
print(population)
```

El ejemplo 8.6 muestra cómo obtener datos financieros de una lista de empresas del sitio web de Yahoo Finance.

#EJEMPLO 8.6. LEYENDO DATOS DE UN SITIO WEB LIBRERÍA BEAUTIFULSOUP 2

```
!pip install requests beautifulsoup4
import pandas as pd
from bs4 import BeautifulSoup
import requests

def get_stock(t):
  url = f'http://finance.yahoo.com/quote/{t}?p={t}'
  res = requests.get(url)
  soup = (BeautifulSoup(res.content, 'lxml'))
  table = soup.find_all('table')[0]
  labels, data = pd.read_html(str(table))[0].values.T
  return pd.Series(data, labels, name = t)

  stock_name = ["AAPL","AMZN","GOOG","TSLA"]
  df = pd.concat(map(get_stock, stock_name), axis=1)
  print(df.T)
```

8.2.3 Regresión de mínimos cuadrados parciales

La regresión de mínimos cuadrados parciales (Partial least squares - PLS) es una técnica que se usa ampliamente para analizar datos de espectroscopia. En lugar de realizar la regresión en los datos sin procesar originales, funciona en un conjunto más pequeño de componentes no correlacionados y realiza una regresión de mínimos cuadrados en estos componentes. PLS es útil especialmente en el caso de que el número de variables independientes sea significativamente mayor que el número de variables dependientes. La regresión PLS se utiliza principalmente en las industrias química, farmacéutica, alimentaria y plástica. Una aplicación común es estudiar la relación entre los datos de medición espectral (NIR, IR, UV) y la composición química de la muestra, lo que se denomina quimiometría.

Uno de los problemas más comunes que encontrará en el aprendizaje automático es la multicolinealidad. Esto ocurre cuando dos o más variables predictoras en un conjunto de datos están altamente correlacionadas.

Cuando esto ocurre, un modelo puede ajustarse bien a un conjunto de datos de entrenamiento, pero puede tener un desempeño deficiente en un nuevo conjunto de datos que nunca ha visto porque se ajusta demasiado al conjunto de entrenamiento.

Una forma de solucionar este problema es usar un método conocido como mínimos cuadrados parciales, que funciona de la siguiente manera:

- Estandarice las variables predictoras y de respuesta.
- Calcule M combinaciones lineales (llamadas "componentes PLS") de las p variables predictoras originales que explican una cantidad significativa de variación tanto en la variable de respuesta como en las variables predictoras.
- Utilice el método de mínimos cuadrados para ajustar un modelo de regresión lineal utilizando los componentes de PLS como predictores.
- Utilice la validación cruzada k-fold para encontrar el número óptimo de componentes de PLS para mantener en el modelo.

A continuación, se proporciona un ejemplo paso a paso de cómo realizar mínimos cuadrados parciales en Python (Ejemplo 8.7).

EJEMPLO 8.7. REGRESIÓN MÍNIMOS CUADRADOS PARCIALES

Paso 1: importar las librerías necesarias.

Paso 2: cargar los datos

Para este ejemplo, usaremos un conjunto de datos llamado mtcars, que contiene información sobre 33 autos diferentes. Usaremos hp como variable de respuesta y las siguientes variables como predictores:

- mpg
- disp
- drat
- wt
- qsec

Paso 3: ajustar el modelo de mínimos cuadrados parciales

Tenga en cuenta que cv = RepeatedKFold() le dice a Python que use la validación cruzada k-fold para evaluar el rendimiento del modelo. Para este ejemplo elegimos k = 10 pliegues, repetidos 3 veces.

El gráfico muestra el número de componentes PLS a lo largo del eje x y el MSE (error cuadrático medio) de la prueba a lo largo del eje y.

En la gráfica podemos ver que el MSE de prueba disminuye al agregar dos componentes PLS, pero comienza a aumentar a medida que agregamos más de dos componentes PLS.

Por lo tanto, el modelo óptimo incluye solo los dos primeros componentes de PLS.

Paso 4: usar el modelo final para hacer predicciones

Podemos usar el modelo PLS final con dos componentes PLS para hacer predicciones sobre nuevas observaciones.

El código muestra cómo dividir el conjunto de datos original en un conjunto de prueba y entrenamiento y usar el modelo PLS con dos componentes PLS para hacer predicciones en el conjunto de prueba.

El siguiente es el código de Python para el ejemplo 8.7:

#EJEMPLO 8.7: MÍNIMOS CUADRADOS PARCIALES EN PYTHON

```
#Paso 1. Importar librerías necesarias
import numpy as np
import pandas as pd
import matplotlib.pyplot as plt
from sklearn.preprocessing import scale
from sklearn import model_selection
from sklearn.model_selection import RepeatedKFold
from sklearn.model_selection import train_test_split
from sklearn.cross_decomposition import PLSRegression
from sklearn.metrics import mean_squared_error

#Paso 2. Cargar los datos, definer la URL donde están localizados los datos

url = "https://raw.githubusercontent.com/Statology/Python-Guides/main/mtcars.csv"

#Leer los datos
data_full = pd.read_csv(url)

#Seleccionar el subconjunto de datos
data = data_full[["mpg", "disp", "drat", "wt", "qsec", "hp"]]

# Ver las primeras seis filas de datos
data[0:6]

#Paso 3. Ajustar el modelo de mínimos cuadrados parciales
# definir predictor y variables de respuesta
X = data[["mpg", "disp", "drat", "wt", "qsec"]]
y = data[["hp"]]

# definir el método de validación cruzada
cv = RepeatedKFold(n_splits=10, n_repeats=3, random_state=1)
mse = []
n = len(X)

# Calcula MSE con solo la intersección
score = -1*model_selection.cross_val_score(PLSRegression(n_components=1),
       np.ones((n,1)), y, cv=cv, scoring='neg_mean_squared_error').mean()
mse.append(score)

# Calcule MSE usando validación cruzada, agregando un componente a la vez
for i in np.arange(1, 6):
   pls = PLSRegression(n_components=i)
   score = -1*model_selection.cross_val_score(pls, scale(X), y, cv=cv,
           scoring='neg_mean_squared_error').mean()
   mse.append(score)
```

```
# Prueba gráfica MSE vs. número de componentes
plt.plot(mse)
plt.xlabel('Number of PLS Components')
plt.ylabel('MSE')
plt.title('hp')

#Paso 4: use el modelo final para hacer predicciones

# Dividir el conjunto de datos en conjuntos de entrenamiento (70 %) y de prueba
(30 %)

X_train,X_test,y_train,y_test = train_test_split(X,y,test_size=0.3,random_sta-
te=0)

#Calcular RMSE
pls = PLSRegression(n_components=2)
pls.fit(scale(X_train), y_train)
np.sqrt(mean_squared_error(y_test, pls.predict(scale(X_test))))
```

Las siguientes son las salidas que se presentan en los respectivos pasos:

En el paso 2 se observan las primeras 6 filas de los datos:

	mpg	disp	drat	wt	qsec	hp
0	21.0	160.0	3.90	2.620	16.46	110
1	21.0	160.0	3.90	2.875	17.02	110
2	22.8	108.0	3.85	2.320	18.61	93
3	21.4	258.0	3.08	3.215	19.44	110
4	18.7	360.0	3.15	3.440	17.02	175
5	18.1	225.0	2.76	3.460	20.22	105

En el paso 3 se genera la figura 8.5 correspondiente al ajuste del modelo de mínimos cuadrados parciales.

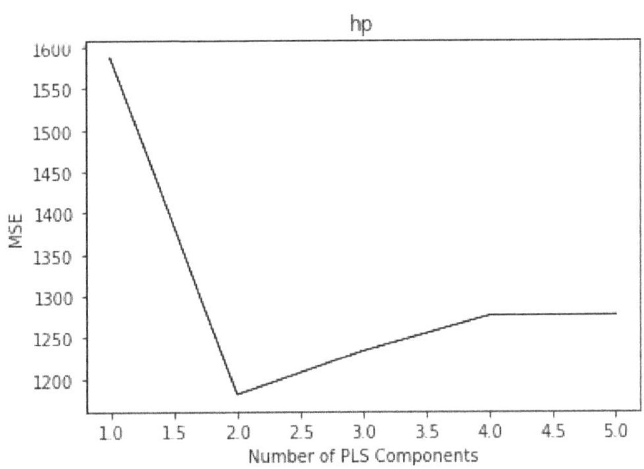

Figura 8.5. Muestra el número de componentes PLS a lo largo del eje x y el MSE (error cuadrático medio) de la prueba a lo largo del eje y.

En el paso 4 podemos ver que el RMSE de prueba resulta ser 29.9094. Esta es la desviación promedio entre el valor pronosticado para hp y el valor observado para hp para las observaciones en el conjunto de prueba.

```
29.9094319778442
```

8.3 ANÁLISIS DE SERIES TEMPORALES

Los datos de series temporales son una colección de valores de medición durante un período de tiempo. Es uno de los tipos de datos más comúnmente disponibles en nuestra vida diaria. Por ejemplo, los precios de las acciones del mercado de valores, los datos de medición de sensores dependientes del tiempo, la temperatura global y los cambios en el nivel de CO2, los números de clientes estacionales y los patrones de compra, etc., son todos datos de series temporales.

8.3.1 Datos de precios de acciones

Puede obtener los datos del precio de las acciones financieras del sitio web de Yahoo y, en la pestaña Datos históricos, puede elegir el período de los datos. Haga clic en el botón Aplicar para aplicar los cambios y haga clic en el botón Descargar para descargar los datos como un archivo CSV.

https://finance.yahoo.com/quote/AAPL/history?p=AAPL

El ejemplo 8.9 muestra cómo obtener los datos del precio de las acciones de la compañía Apple Inc y diseñar una estrategia de trading algorítmico con el indicador de análisis técnico MACD (Divergencia/Convergencia de la media móvil). En el ejemplo se utilizan las librerías: Pandas, Numpy, Datetime y Matplotlib. Los datos corresponden al período comprendido entre marzo 3 /2022 y marzo 3/2023. Veamos algunos conceptos básicos para comprender mejor el ejemplo.

Estrategia de negociación algorítmica con MACD

En esta sección, aprenderá una estrategia de trading simple que se utiliza para determinar cuándo comprar y vender acciones utilizando el lenguaje de programación Python. Más específicamente, aprenderá a realizar operaciones algorítmicas. Es extremadamente difícil intentar predecir la dirección del impulso del mercado de valores, pero vamos a intentarlo. Incluso las personas con un buen conocimiento de las estadísticas y las probabilidades tienen dificultades para hacer esto.

El trading algorítmico es un proceso para ejecutar órdenes utilizando instrucciones de trading automatizadas y preprogramadas para tener en cuenta variables como precio, tiempo y volumen.

Python es uno de los lenguajes de programación más populares para las finanzas junto con otros como C # y R. La estrategia de trading que se utilizará en este ejemplo se llama crossover MACD.

¿Qué es MACD Crossover?

El cruce de la divergencia/convergencia de la media móvil (MACD) es un indicador técnico que utiliza la diferencia entre las medias móviles exponenciales (EMA) para determinar el impulso y la dirección del mercado. El cruce de MACD ocurre cuando la línea MACD y la línea de señal se interceptan, lo que a menudo indica un cambio en el impulso / tendencia del mercado.

Componentes del MACD

El indicador / línea MACD: la línea MACD es la diferencia entre las dos medias móviles exponenciales (generalmente los últimos 12 y 26 días o semanas) y generalmente se la conoce como la línea más rápida.

Línea de señal: la línea de señal suele ser un promedio de 9 períodos suavizado exponencialmente de la línea MACD y se denominará línea más lenta.

Línea cero: las líneas MACD fluctúan por encima y por debajo de una línea cero, lo que le da al MACD las cualidades de un oscilador.

Histograma: el histograma consta de líneas verticales que muestran la extensión entre las dos líneas MACD.

Aquí nos vamos a centrar en la línea del indicador MACD y la línea de señal para determinar cuándo comprar y vender acciones; sin embargo, el uso de la línea de señal cero y el componente de histograma pueden ayudar y brindar más información sobre la compra o venta de un activo.

¿Cómo se calcula el MACD?

El indicador o línea MACD se puede calcular simplemente restando la media móvil exponencial a largo plazo (por ejemplo, EMA de 26 períodos) de la media móvil exponencial a corto plazo (por ejemplo, la EMA de 12 períodos).

MACD = EMA de 12 períodos - EMA de 26 períodos.

Un MACD positivo indica que la EMA de 12 períodos está por encima de la EMA de 26 períodos. Los valores positivos aumentan a medida que la EMA más corta se aleja más de la EMA más larga. Esto significa que el impulso alcista está aumentando. Los valores negativos de MACD indican que la EMA de 12 períodos está por debajo de la EMA de 26 períodos. Los valores negativos aumentan a medida que la EMA más corta diverge más por debajo de la EMA más larga. Esto significa que el impulso a la baja está aumentando.

Un MACD positivo está por encima de la línea cero y un MACD negativo está por debajo de la línea cero.

¿Cuándo comprar y vender acciones con MACD?

Cuando el indicador MACD cruza la línea de señal, esto indica un cambio de impulso en el precio de las acciones. Por ejemplo, si el indicador MACD es mayor que la línea de señal, esto se considera un cruce alcista e indica un buen momento para comprar, y cuando el indicador MACD es menor que la línea de señal, esto se considera un cruce bajista e indica un buen momento para vender.

EJEMPLO 8.8. IMPLEMENTACIÓN DEL MACD EN PYTHON

El siguiente algoritmo en Python muestra paso a paso la construcción de la estrategia, veamos:

Se importan las librerías requeridas:

```
# 1. Importar librerías

import pandas as pd
import numpy as np
from datetime import datetime
import matplotlib.pyplot as plt
plt.style.use('fivethirtyeight')
```

Se carga un archivo con extensión CSV llamado 'AAPL.csv' que contiene los siguientes datos de la acción de Apple Corporation entre el 03 de marzo de 2022 y el 03 de marzo de 2023: fecha, precio de apertura, precio más alto, precio más bajo, precio de cierre, precio de cierre ajustado y volumen.

A continuación, se almacenan los datos en una variable.

```
# 2. Almacene los datos en la variable df

df = pd.read_csv('AAPL.csv')
```

Ahora se muestran los datos:

```
# 3. Establecer la fecha como índice para los datos

df = df.set_index(pd.DatetimeIndex(df['Date'].values))

# 4. Mostrar el DataFrame
df
```

Salida.

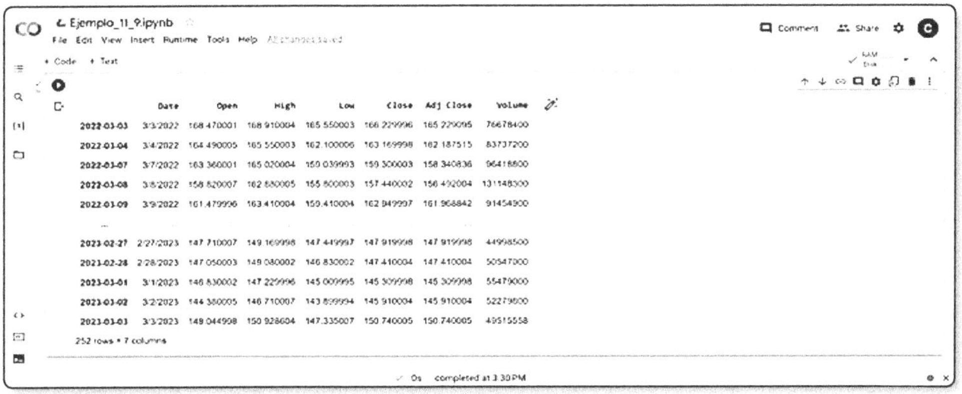

Ejemplo_11_9.ipynb
File Edit View Insert Runtime Tools Help

	Date	Open	High	Low	Close	Adj Close	Volume
2022-03-03	3/3/2022	168.470001	168.910004	165.550003	166.229996	165.229095	76678400
2022-03-04	3/4/2022	164.490005	165.550003	162.100006	163.169998	162.187515	83737200
2022-03-07	3/7/2022	163.360001	165.020004	159.039993	159.300003	158.340836	96418800
2022-03-08	3/8/2022	158.820007	162.880005	155.800003	157.440002	156.492004	131148300
2022-03-09	3/9/2022	161.479996	163.410004	159.410004	162.949997	161.968842	91454900
...	...	...	...	...	...	...	...
2023-02-27	2/27/2023	147.710007	149.169998	147.449997	147.919998	147.919998	44998500
2023-02-28	2/28/2023	147.050003	149.080002	146.830002	147.410004	147.410004	50547000
2023-03-01	3/1/2023	146.830002	147.229996	145.009995	145.309998	145.309998	55479000
2023-03-02	3/2/2023	144.380005	146.710007	143.899994	145.910004	145.910004	52279800
2023-03-03	3/3/2023	149.044998	150.928604	147.335007	150.740005	150.740005	49515558

252 rows × 7 columns

Figura 8.6. Datos del precio de la acción de Apple en el período marzo 3 de 2022 y marzo 3 de 2023.

El precio de la acción se representa gráficamente:

```
# 5. Mostrar visualmente el precio de las acciones, crear la fígura

title = 'Close Price History ' # Crear el título

my_stocks = df #Conseguir las acciones

plt.figure(figsize=(12.2,4.5)) #width = 12.2in, height = 4.5
plt.plot( my_stocks['Close'], label='Close')#plt.plot( X-Axis , Y-Axis, line_
width, alpha_for_blending, label)
plt.xticks(rotation=45)
plt.title(title)
plt.xlabel('Date',fontsize=18)
plt.ylabel('Price USD ($)',fontsize=18)
plt.show()
```

Salida.

Figura 8.7. Gráfico de línea que representa el precio de la acción de Apple en el período marzo 3 de 2022 y marzo 3 de 2023.

Se calculan los indicadores MACD y Línea de señal.

```
# 6. Calcular la media móvil exponencial a corto plazo

ShortEMA = df.Close.ewm(span=12, adjust=False).mean() #AKA Fast moving average

# 7. Calcular la media móvil exponencial a largo plazo

LongEMA = df.Close.ewm(span=26, adjust=False).mean() #AKA Slow moving average
# 8. Calcular la media móvil Convergence/Divergence (MACD)
MACD = ShortEMA - LongEMA

# 9. Calcular la línea de señal
signal = MACD.ewm(span=9, adjust=False).mean()
```

Graficar el MACD y la línea de señal. Nos interesa ver cuándo se cruzan las dos líneas, ya que es una indicación para comprar o vender el activo.

```
# 10. Graficar la figura del MACD

plt.figure(figsize=(12.2,4.5)) #width = 12.2in, height = 4.5
plt.plot(df.index, MACD, label='AAPL MACD', color = 'red')
plt.plot(df.index, signal, label='Signal Line', color='blue')
plt.xticks(rotation=45)
plt.legend(loc='upper left')
plt.show()
```

Salida.

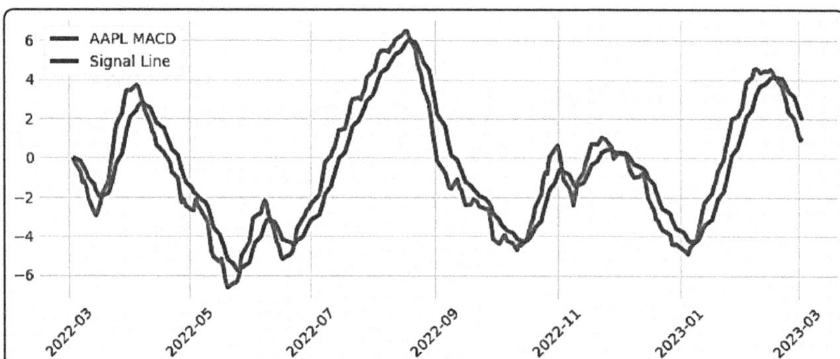

Figura 8.8. Cruce entre las líneas de señal y MACD, brindan información de compraventa

Se representa el conjunto de datos en columnas y se agregan nuevas columnas para el MACD y la línea de señal.

```
# 11. Crea nueva columnas para el DataFrame

df['MACD'] = MACD
df['Signal Line'] = signal

# 12. Mostrar el nuevo DataFrame
df
```

Salida.

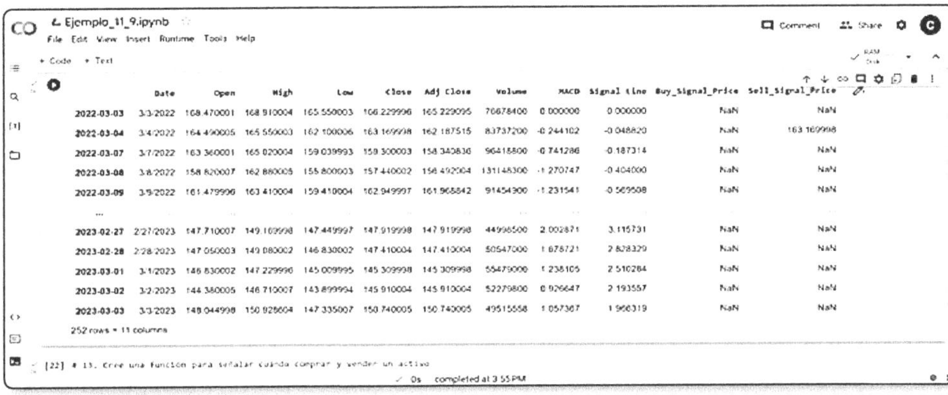

	Date	Open	High	Low	Close	Adj Close	Volume	MACD	Signal Line	Buy_Signal_Price	Sell_Signal_Price
2022-03-03	3/3/2022	168.470001	168.910004	165.550003	166.229996	165.229095	70678400	0.000000	0.000000	NaN	NaN
2022-03-04	3/4/2022	164.490005	165.550003	162.100006	163.169998	162.187515	83737200	-0.244102	-0.048820	NaN	163.169998
2022-03-07	3/7/2022	163.360001	165.020004	159.039993	159.300003	158.340836	96418800	-0.741286	-0.187314	NaN	NaN
2022-03-08	3/8/2022	158.820007	162.880005	155.800003	157.440002	156.492004	131148300	-1.270747	-0.404000	NaN	NaN
2022-03-09	3/9/2022	161.479996	163.410004	159.410004	162.949997	161.968842	91454900	-1.231541	-0.569508	NaN	NaN
...	...	...	...	...	...	...	...	...	...	...	...
2023-02-27	2/27/2023	147.710007	149.169998	147.449997	147.919998	147.919998	44998500	2.002871	3.115731	NaN	NaN
2023-02-28	2/28/2023	147.050003	149.080002	146.830002	147.410004	147.410004	50547000	1.678721	2.828329	NaN	NaN
2023-03-01	3/1/2023	146.830002	147.229996	145.009995	145.309998	145.309998	55479000	1.238105	2.510284	NaN	NaN
2023-03-02	3/2/2023	144.380005	146.710007	143.899994	145.910004	145.910004	52279800	0.926647	2.193557	NaN	NaN
2023-03-03	3/3/2023	148.044998	150.928604	147.335007	150.740005	150.740005	49515558	1.057367	1.966319	NaN	NaN

252 rows × 11 columns

Figura 8.9. Se agregan nuevas columnas de información al dataframe (MACD, Señal)

Se crea una función para señalar cuándo comprar y vender acciones.

```
# 13. Cree una función para señalar cuándo comprar y vender un activo
def buy_sell(signal):
  sigPriceBuy = []
  sigPriceSell = []
  flag = -1
  for i in range(0,len(signal)):

# si MACD> línea de señal entonces compra sino vende
    if signal['MACD'][i] > signal['Signal Line'][i]:
     if flag != 1:
       sigPriceBuy.append(signal['Close'][i])
       sigPriceSell.append(np.nan)
       flag = 1
     else:
      sigPriceBuy.append(np.nan)
      sigPriceSell.append(np.nan)
   elif signal['MACD'][i] < signal['Signal Line'][i]:
     if flag != 0:
       sigPriceSell.append(signal['Close'][i])
       sigPriceBuy.append(np.nan)
       flag = 0
    else:
     sigPriceBuy.append(np.nan)
     sigPriceSell.append(np.nan)
   else: #Handling nan values
     sigPriceBuy.append(np.nan)
     sigPriceSell.append(np.nan)

return (sigPriceBuy, sigPriceSell)
```

Se crean y muestran las columnas con información de compra y venta.

```
# 14. Crear columnas de compra y venta
x = buy_sell(df)
df['Buy_Signal_Price'] = x[0]
```

```
df['Sell_Signal_Price'] = x[1]
#Show the data frame
df
```

Se representan visualmente las señales de compra y venta de acciones.

```
# 15. Mostrar visualmente las señales de compra y venta de acciones

title = 'Close Price History Buy / Sell Signals ' # Crear el título

my_stocks = df #Conseguir las acciones
plt.figure(figsize=(12.2,4.5)) #width = 12.2in, height = 4.5
plt.scatter(my_stocks.index, my_stocks['Buy_Signal_Price'], color = 'green',
label='Buy Signal', marker = '^', alpha = 1)
plt.scatter(my_stocks.index, my_stocks['Sell_Signal_Price'], color = 'red',
label='Sell Signal', marker = 'v', alpha = 1)
plt.plot( my_stocks['Close'], label='Close Price', alpha = 0.35)#plt.plot( X-
Axis , Y-Axis, line_width, alpha_for_blending, label)
plt.xticks(rotation=45)
plt.title(title)
plt.xlabel('Date',fontsize=18)
plt.ylabel('Close Price USD ($)',fontsize=18)
plt.legend( loc='upper left')
plt.show()
```

Salida.

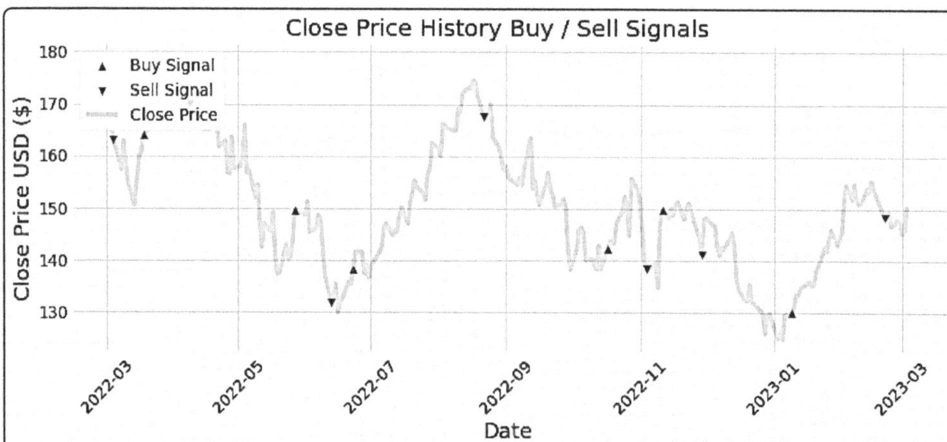

Figura 8.10. Visualización de los puntos de compra y venta

8.3.2 Predicción del precio de las acciones utilizando el modelo de memoria a corto plazo (LSTM) en Python

Long Short-Term Memory (LSTM) es un tipo de red neuronal recurrente que se utiliza para aprender la dependencia del orden en problemas de predicción de secuencias. Debido a su capacidad de almacenar información pasada, LSTM es muy útil para predecir los precios de las acciones. Esto se debe a que la predicción del precio futuro de una acción depende de los precios anteriores.

En el ejemplo 8.9, seguiremos los pasos para construir un modelo LSTM para predecir los precios de las acciones utilizando Python:

1. **Importar las librerías requeridas:**

   yFinance — https://pypi.org/project/yfinance/
   Numpy — https://numpy.org/
   Matplotlib — https://matplotlib.org/
   Pandas — https://pandas.pydata.org/
   Scikit-Learn — https://scikit-learn.org/stable/
   Tensorflow — https://www.tensorflow.org/

#EJEMPLO 8.9: PREDICCIÓN PRECIO ACCIONES

```
#1. Importamos las librerías requeridas
!pip install yfinance
import math
import yfinance as yf
import numpy as np
import pandas as pd
from sklearn.preprocessing import MinMaxScaler
import matplotlib.pyplot as plt
import tensorflow as tf
from tensorflow import keras
from tensorflow.keras import layers
```

2. **Adquisición de los precios de las acciones**

   En este caso, vamos a adquirir los precios de las acciones de la empresa Apple Inc (AAPL) durante un período de 5 años.

   En primer lugar, vamos a utilizar yFinance para obtener los datos bursátiles. yFinance es una librería Python de código abierto que nos permite adquirir datos bursátiles de Yahoo Finance sin costo alguno.

   Utilice el método de descarga de yFinance para adquirir los datos bursátiles desde el 1 de enero de 2016 hasta el 1 de octubre de 2021 y luego obtenga una vista previa de los datos.

#EJEMPLO 8.9: PREDICCIÓN PRECIO ACCIONES

```
#2. Adquisición de los precios de las acciones
stock_data = yf.download('AAPL', start='2016-01-01', end='2021-10-01')
stock_data.head()
```

Salida

```
[*********************100%***********************]  1 of 1 completed
```

	Open	High	Low	Close	Adj Close	Volume
Date						
2016-01-04	25.652500	26.342501	25.500000	26.337500	24.111502	270597600
2016-01-05	26.437500	26.462500	25.602501	25.677500	23.507280	223164000
2016-01-06	25.139999	25.592501	24.967501	25.174999	23.047249	273829600
2016-01-07	24.670000	25.032499	24.107500	24.112499	22.074553	324377600
2016-01-08	24.637501	24.777500	24.190001	24.240000	22.191277	283192000

3. **Visualización del historial del precio de las acciones**

   Antes de prepararnos para construir un modelo LSTM, echemos un vistazo al movimiento de precios histórico de AAPL trazando un gráfico de líneas.

#EJEMPLO 8.9: PREDICCIÓN PRECIO ACCIONES

```
#3. Trazar un gráfico de líneas con el precio de las acciones

plt.figure(figsize=(15, 8)) #Establezca el tamaño.

plt.title('Stock Prices History') # y el título de la figura de la trama

plt.plot(stock_data['Close']) #Utilice el método de trazado de Matplotlib para
crear un gráfico de líneas para los precios de cierre históricos de AAPL.

plt.xlabel('Date') # Establezca las etiquetas del eje x y del eje y.

plt.ylabel('Prices ($)')
```

Salida:

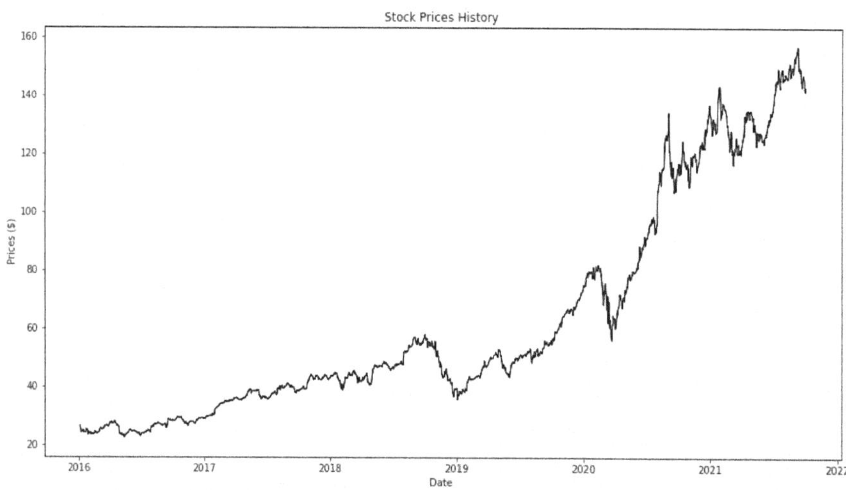

Figura 8.11. Evolución del precio de las acciones de Apple entre los años 2016 y 2021.

La AAPL muestra una tendencia alcista en los últimos cinco años. Este podría ser uno de los activos potenciales que vale la pena considerar para una posible inversión.

4. **Preprocesamiento de datos**

   Para construir un modelo LSTM, necesitamos separar nuestros datos de precios de acciones en un conjunto de entrenamiento y un conjunto de prueba. Además, también normalizaremos nuestros datos para que todos los valores oscilen entre 0 y 1.

Preparación del conjunto de entrenamiento

Aquí solo necesitaremos los precios de cierre de nuestro conjunto de datos para entrenar nuestro modelo LSTM. Vamos a extraer el 80% de los precios de cierre de nuestros datos de acciones adquiridos como nuestro conjunto de entrenamiento.

#EJEMPLO 8.9: PREDICCIÓN PRECIO ACCIONES

```
#4. Preprocesamiento de datos
close_prices = stock_data['Close'] #Linea 1
values = close_prices.values      #Linea 2
training_data_len = math.ceil(len(values)* 0.8) #Linea 3

scaler = MinMaxScaler(feature_range=(0,1)) #Linea 4
scaled_data = scaler.fit_transform(values.reshape(-1,1)) #Linea 5

train_data = scaled_data[0: training_data_len, :] #Linea 7

x_train = [] #Linea 9
y_train = [] #Linea 10

for i in range(60, len(train_data)): #Linea 12
  x_train.append(train_data[i-60:i, 0]) #Linea 13
  y_train.append(train_data[i, 0]) #Linea 14

x_train, y_train = np.array(x_train), np.array(y_train) #Linea 16

x_train = np.reshape(x_train, (x_train.shape[0], x_train.shape[1], 1)) #Linea 17
```

Líneas 1-2: extraiga los precios de cierre de los datos de acciones adquiridos y conviértalos en una serie numérica.

Línea 3: calcule el tamaño de los datos para el 80 % del conjunto de datos. El método math.ceil es para garantizar que el tamaño de los datos se redondee a un número entero.

Línea 5–6: use Scikit-Learn MinMaxScaler para normalizar todos nuestros datos bursátiles que van de 0 a 1. También remodelamos nuestros datos normalizados en una matriz bidimensional.

Línea 7: separe el primer 80 % de los datos de existencias como conjunto de entrenamiento.

Línea 9–10: cree una lista vacía para una secuencia de datos de entidades (x_train) y una secuencia de datos de etiquetas (y_train).

Línea 12–14: cree una ventana de 60 días de precios históricos (i-60) como nuestros datos de características (x_train) y la siguiente ventana de 60 días como datos de etiqueta (y_train).

Línea 16-17: convierta los datos de características (x_train) y los datos de etiquetas (y_train) en una matriz Numpy, ya que es el formato de datos aceptado por Tensorflow cuando entrena un modelo de red neuronal. Vuelva a dar forma a x_train e y_train en una matriz tridimensional como parte del requisito para entrenar un modelo LSTM.

Preparación del conjunto de prueba

A continuación, procederemos a preparar un conjunto de prueba.

#EJEMPLO 8.9: PREDICCIÓN PRECIO ACCIONES

```
#5. Preparación del conjunto de prueba
test_data = scaled_data[training_data_len-60: , : ] #Linea 1
x_test = [] #Linea 2
y_test = values[training_data_len:] #Linea 3

for i in range(60, len(test_data)): #Linea 5
 x_test.append(test_data[i-60:i, 0]) #Linea 6

x_test = np.array(x_test) #Linea 8
x_test = np.reshape(x_test, (x_test.shape[0], x_test.shape[1], 1)) #Linea 9
```

Línea 1: extraiga los precios de cierre de nuestro conjunto de datos normalizados (el último 20 % del conjunto de datos).

Línea 2–6: similar al conjunto de entrenamiento, tendremos que crear datos de características (x_test) y etiquetar datos (y_test) de nuestro conjunto de prueba.

Línea 8–9: convierta los datos de características (x_test) y los datos de etiquetas (y_test) en una matriz Numpy. Vuelva a dar forma a x_test e y_test en una matriz tridimensional.

Configuración de la arquitectura de red LSTM

Ahora, estamos listos para usar una biblioteca de aprendizaje automático de código abierto, Tensorflow, para configurar nuestra arquitectura de red LSTM.

#EJEMPLO 8.9: PREDICCIÓN PRECIO ACCIONES

```
#6. Configuración de la arquitectura de red LSTM

model = keras.Sequential() #Linea 1
model.add(layers.LSTM(100, return_sequences=True, input_shape=(x_train.shape[1],
1)))
model.add(layers.LSTM(100, return_sequences=False)) #Linea 3
model.add(layers.Dense(25)) #Linea 4
model.add(layers.Dense(1)) #Linea 5
model.summary() #Linea 6
```

Línea 1: defina un modelo secuencial que consta de una pila lineal de capas.

Línea 2: agregue una capa LSTM dándole 100 unidades de red. Establezca return_sequence en verdadero para que la salida de la capa sea otra secuencia de la misma longitud.

Línea 3: agregue otra capa LSTM con también 100 unidades de red. Pero configuramos return_sequence en falso por esta vez para devolver solo la última salida en la secuencia de salida.

Línea 4: agregue una capa de red neuronal densamente conectada con 25 unidades de red.

Línea 5: por último, agregue una capa densamente conectada que especifique la salida de 1 unidad de red.

Línea 6: muestre el resumen de nuestra arquitectura de red LSTM.

Salida:

```
Model: "sequential"
_________________________________________________________________
 Layer (type)                Output Shape              Param #
=================================================================
 lstm (LSTM)                 (None, 60, 100)           40800
 lstm_1 (LSTM)               (None, 100)               80400
 dense (Dense)               (None, 25)                2525
 dense_1 (Dense)             (None, 1)                 26
=================================================================
Total params: 123,751
Trainable params: 123,751
Non-trainable params: 0
```

Modelo LSTM de entrenamiento

En esta etapa, estamos casi listos para entrenar nuestro modelo LSTM ajustándolo con el conjunto de entrenamiento. Antes de eso, tenemos que configurar un optimizador y una función de pérdida para nuestro modelo.

#EJEMPLO 8.9: PREDICCIÓN PRECIO ACCIONES

```
#7. Modelo LSTM de entrenamiento

model.compile(optimizer='adam', loss='mean_squared_error') #Linea 1
model.fit(x_train, y_train, batch_size= 1, epochs=3) #Linea 2
```

Línea 1: adopte el optimizador "adam" y establezca el error cuadrático medio como función de pérdida.

Línea 2: entrene el modelo ajustándolo con el conjunto de entrenamiento. Podemos probar con batch_size de 1 y ejecutar el entrenamiento durante 3 épocas.

Salida:

```
Epoch 1/3
1098/1098 [==============================] - 47s 39ms/step - loss: 8.8187e-04
Epoch 2/3
1098/1098 [==============================] - 43s 39ms/step - loss: 5.7366e-04
Epoch 3/3
1098/1098 [==============================] - 47s 43ms/step - loss: 2.8306e-04
<keras.callbacks.History at 0x7f20bd157850>
```

Evaluación del modelo

Nuestra próxima tarea es evaluar nuestro modelo LSTM entrenado con el conjunto de prueba y luego aplicar la métrica del error cuadrático medio (RMSE) para examinar el rendimiento del modelo.

#EJEMPLO 8.9: PREDICCIÓN PRECIO ACCIONES

```
#8. Evaluación del modelo
predictions = model.predict(x_test) #Linea 1
predictions = scaler.inverse_transform(predictions) #Linea 2
rmse = np.sqrt(np.mean(predictions - y_test)**2) #Linea 3
rmse #Linea 4
```

Línea 1: aplique el modelo para predecir los precios de las acciones en función del conjunto de prueba.

Línea 2: use el método de transformación_inversa para desnormalizar los precios de las acciones pronosticados.

Línea 3–4: aplique la fórmula RMSE para calcular el grado de discrepancia entre los precios pronosticados y los precios reales (y_test) y muestre el resultado.

Salida:

```
10/10 [==============================] - 1s 29ms/step
4.723613620216871
```

El resultado muestra que el RMSE es tan bajo como 4,72. Aparentemente, el modelo funciona bien.

Visualización de los precios pronosticados

Siempre es útil visualizar los precios pronosticados de forma gráfica. Aquí vamos a trazar nuestro precio de acción previsto y el precio de acción real usando Python Matplolib nuevamente.

#EJEMPLO 8.9: PREDICCIÓN PRECIO ACCIONES

```
#9. Visualización de los precios pronosticados
data = stock_data.filter(['Close']) #Linea 1
train = data[:training_data_len] #Linea 2
validation = data[training_data_len:] #Linea 3
validation['Predictions'] = predictions #Linea 4
plt.figure(figsize=(16,8)) #Linea 5
plt.title('Model') #Linea 6
plt.xlabel('Date') #Linea 7
plt.ylabel('Close Price USD ($)') #Linea 8
plt.plot(train) #Linea 9
plt.plot(validation[['Close', 'Predictions']]) #Linea 10
plt.legend(['Train', 'Val', 'Predictions'], loc='lower right') #Linea 11
plt.show() #Linea 12
```

Línea 1: use el método de filtro para retener solo la columna de precio de cierre en el dataframe.

Línea 2–4: divida nuestros datos de existencias en tres regiones de trazado: entrenamiento, validación y predicción.

Línea 5–12: configure el tamaño de la figura del gráfico, el título, la etiqueta del eje x y el eje y las leyendas.

Figura 8.12. Pronóstico del precio de las acciones de Apple

En el gráfico resultante anterior, podemos ver que los precios de las acciones pronosticados siguen de cerca la tendencia de los precios reales de las acciones. Esto muestra la efectividad del LSTM para trabajar con series de tiempo o datos secuenciales como los precios de las acciones.

En síntesis, LSTM puede ser otra gran herramienta para la predicción del precio de las acciones. Sin embargo, es importante tener en cuenta que los precios de las acciones pronosticados no se utilizarán como una guía únicamente definitiva para tomar una decisión de inversión sin un análisis adicional. Esto se debe a que la predicción solo se basa en el movimiento de precios histórico que, por lo general, no será el único factor que afectará el movimiento de precios futuro.

La principal limitación de usar cualquier algoritmo de aprendizaje automático para predecir los precios de las acciones es que solo podemos realizar una prueba retrospectiva de los datos históricos, pero el movimiento del precio no sigue necesariamente la tendencia histórica en diversas circunstancias imprevistas. Esa es la razón por la que se requiere un análisis fundamental de mercado adicional aquí para respaldar nuestra toma de decisiones de inversión.

8.3.3 Análisis de tendencia estacional

La descomposición de tendencias estacionales mediante LOESS, o STL, es un algoritmo matemático robusto y versátil para descomponer series temporales. STL fue desarrollado por Cleveland, McRae y Terpenning en 1990. STL puede descomponer una serie temporal en tres componentes: tendencia, estacional y residual. STL utiliza suavizado de diagrama de dispersión estimado localmente (Locally estimated scatterplot smoothing - LOESS) para extraer estimaciones suaves de los tres componentes. Hay tres parámetros de entrada clave para STL:

- Temporada: la duración del alisado estacional. Debe ser impar.
- Tendencia: la longitud del suavizador de tendencia, generalmente alrededor del 150 por ciento de la temporada. Debe ser impar y mayor que la temporada.
- Low_pass: la longitud de la ventana de estimación de paso bajo, generalmente el número impar más pequeño mayor que la periodicidad de los datos.

La forma más fácil de usar STL es a través de la biblioteca Statsmodels. Primero deberá instalarse.

El ejemplo 8.11 muestra un ejemplo simple de cómo usar STL para descomponer los datos anuales de CO2 global en tendencias y temporadas. En este código, primero recupera los datos globales de CO2 del sitio web de los Laboratorios de Investigación del Sistema Terrestre (ESRL) de la NOAA como un formato de archivo CSV. Luego usa STL para descomponerlo en componentes de Tendencia, Temporada y Residual. Finalmente, también muestra cómo predecir los futuros 24 meses de datos utilizando el modelo ARIMA.

```
#EJEMPLO 8.10: DESCOMPOSICIÓN SERIE TEMPORAL CO2

!pip install statsmodels
import pandas as pd
#Datos globales de CO2
df = pd.read_csv('https://www.esrl.noaa.gov/gmd/webdata/ccgg/trends/co2/co2_mm_
gl.csv', comment='#')

print(df.head())
dl = df['average'].values.tolist()
df = pd.Series(dl, index=pd.date_range('1-1-1980', periods=len(df),
freq='M'), name = 'CO2')
print(df.head())
df.describe()

from statsmodels.tsa.seasonal import STL
stl = STL(df)
res = stl.fit()
fig = res.plot()
fig.show()

#Predicción ==========================================================
from statsmodels.tsa.forecasting.stl import STLForecast
from statsmodels.tsa.arima.model import ARIMA
import matplotlib.pyplot as plt

data = df
stlf = STLForecast(data , ARIMA, model_kwargs={"order": (2, 1, 0)})
res = stlf.fit()

forecast = res.forecast(24)
plt.figure()
plt.plot(data)
plt.plot(forecast)
plt.show()
```

La siguiente es la salida de texto del programa. Primero muestra las primeras cinco filas de los datos globales de CO2 desde enero de 1980. Luego muestra las primeras cinco filas de las series de datos para el análisis STL.

```
     year     month   decimal      average        average_unc    trend  trend_unc
0    1979         1  1979.042       336.56               0.10   335.92       0.09
1    1979         2  1979.125       337.296              0.09   336.25       0.09
2    1979         3  1979.208       337.88             0.10     336.51       0.09
3    1979         4  1979.292       338.32             0.11     336.72       0.09
4    1979         5  1979.375       338.26             0.04     336.71       0.10
1980-01-31    336.56
1980-02-29    337.29
1980-03-31    337.88
1980-04-30    338.32
1980-05-31    338.26
```

La Figura 8.13 muestra el resultado del programa, que muestra los datos originales de CO2 y los componentes Tendencia, Temporada y Residual. Los datos de tendencia muestran un aumento constante de CO2 y los datos de temporada muestran la oscilación hacia arriba y hacia abajo a lo largo del año. Tiende a tener un CO2 más alto durante el invierno y un CO2 más bajo durante el verano.

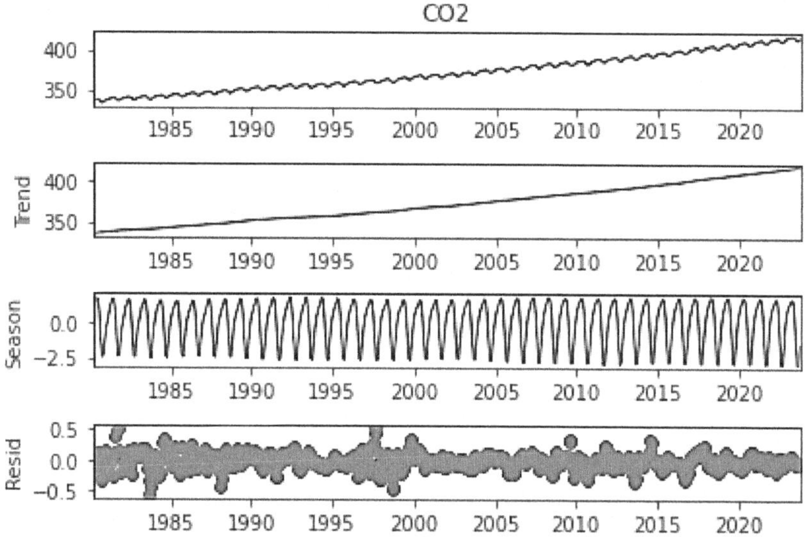

Figura 8.13. Los datos originales de CO2 y los componentes Tendencia, Temporada y Residual

La figura 8.14 muestra los datos originales de CO2 y la predicción. La predicción sigue claramente la tendencia y las oscilaciones estacionales.

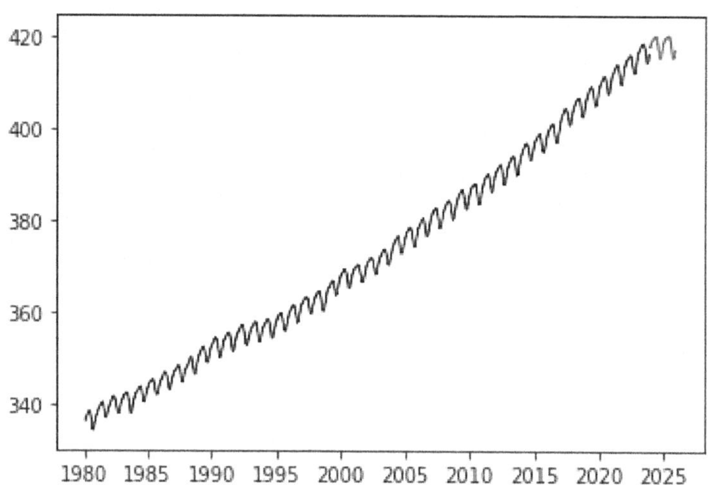

Figura 8.14. Los datos originales de CO2 y la predicción

8.4 VISUALIZACIÓN Y ANÁLISIS DE DATOS DE COVID-19

La pandemia de COVID-19 que comenzó en 2020 ha despertado mucho interés en desarrollar código Python para visualizar y analizar los datos de COVID-19.

El ejemplo 8.11 muestra un código Python simple que lee los datos de COVID-19 del sitio GitHub de la Universidad John Hopkins, descubre la suma de cada país y elige un país (Reino Unido) para mostrar el total de casos confirmados y los casos diarios. También puede establecer los números mínimos de casos, que se utilizan como umbral para un gráfico inicial.

#EJEMPLO 8.11: VISUALIZACIÓN Y ANÁLISIS DE DATOS DE COVID 19

```
import pandas as pd
import numpy as np
import matplotlib.pyplot as plt
import seaborn as sns
from matplotlib.ticker import MaxNLocator

# Número de casos confirmados de Covid

path = 'https://raw.githubusercontent.com/CSSEGISandData/COVID-19/master/csse_
covid_19_data/csse_covid_19_time_series/time_series_covid19_confirmed_global.csv'

df = pd.read_csv(path)

df.info()

df.head()

# El país para trazar los datos
country = 'United Kingdom'

# Agrupar por país y sumar los diferentes estados/regiones de cada país.
grouped = df.groupby('Country/Region')
df2 = grouped.sum()
print(df2)

# Inicie la trama el día en que el número de casos confirmados llegue a MIN_CA-
SES.
MIN_CASES = 1
def make_plot(country):
        """ Haga el gráfico de barras de números de casos."""
        # Extraiga la Serie correspondiente a los números de caso por país.
        confirmed = df2.loc[country, df2.columns[3:]]
        print(confirmed)
        # Descartar cualquier columna con menos de MIN_CASES.
        confirmed = confirmed[confirmed >= MIN_CASES].astype(int)
        #Convierta el índice en un objeto de fecha y hora adecuado
        confirmed.index = pd.to_datetime(confirmed.index)
        n = len(confirmed)
        if n == 0:
          print('Too few data to plot: minimum number of cases is {}'.
```

```
format(MIN_CASES))
            sys.exit(1)
        fig = plt.Figure()
        # Organizar las subgráficos en una cuadrícula
        ax2 = plt.subplot2grid((2,1), (0,0))
        ax1 = plt.subplot2grid((2,1), (1,0))
        ax1.bar(confirmed.index, confirmed.values)

        # Forzar que el eje x esté en números enteros (número entero de días)
       ax1.xaxis.set_major_locator(MaxNLocator(integer=True))
       confirmed_change = confirmed.diff()
     # Promedio móvil de casos diarios
     sevenday_rolling = confirmed_change.rolling(window=7).mean()
        ax2.plot(confirmed.index, confirmed_change.values, label = 'DailyCases')
        ax2.plot(confirmed.index, sevenday_rolling.values,'-r', label ='7 Day
Average')
        ax2.set_xticks([])
        ax2.legend()
        ax1.set_xlabel('Date ')
        ax1.set_ylabel('Total Confirmed cases, $N$')
        ax2.set_ylabel('Daily Cases $\Delta N$')
        # Agregue un título que informe el último número de casos disponibles.
        title = '{}\nTotal {} cases on {}'.format(country, confirmed[-
1],confirmed.index[-1].strftime('%d %B %Y'))
        plt.suptitle(title)
make_plot(country)
plt.show()
```

La Figura 8.15 muestra los gráficos del programa anterior, que muestra el total de casos confirmados (abajo), los casos diarios (arriba) y el promedio móvil de siete días correspondiente.

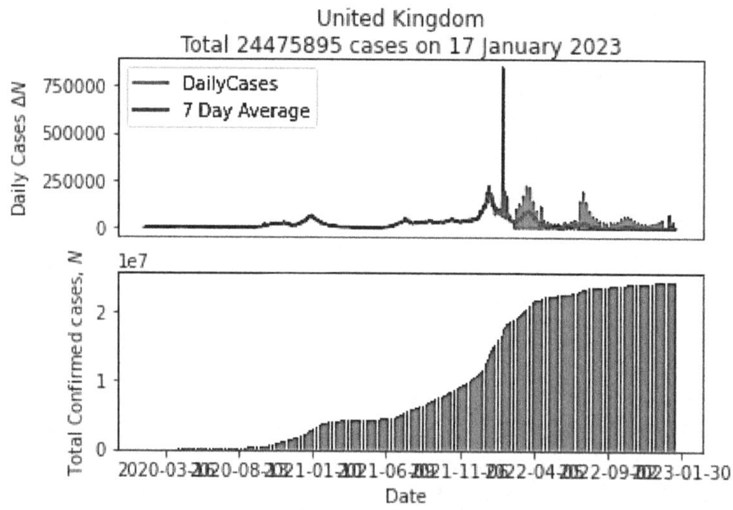

Figura 8.15. El total de casos confirmados (abajo), los casos diarios (arriba) y el promedio móvil de siete días correspondiente en el Reino Unido

El siguiente es el sitio web de GitHub para el proyecto PySimpleGUI-COVID19, que es un impresionante programa de Python basado en una interfaz gráfica de usuario (GUI) que puede mostrar y analizar los datos de COVID-19. Utiliza los datos de la serie temporal de Johns Hopkins.

https://github.com/PySimpleGUI/PySimpleGUI-COVID19

El siguiente es el sitio web de Kaggle para el desafío de conjunto de datos de investigación abierta COVID-19 (CORD-19). CORD-19 es la fuente de literatura de coronavirus de lectura mecánica más extensa con más de 500.000 artículos académicos sobre COVID-19, SARS-CoV-2 y coronavirus relacionados. Llama a la comunidad de investigación global para aplicar avances recientes en técnicas de IA para generar nuevos conocimientos en apoyo de la lucha continua contra esta enfermedad infecciosa.

https://www.kaggle.com/datasets/allen-institute-for-ai/CORD-19-research-challenge/code

8.5 KERASCLASSIFIER Y KERASREGRESSOR

KerasClassifier y KerasRegressor son clases contenedoras de Keras que tienen como objetivo facilitar la realización de tareas de clasificación y regresión.

8.5.1 Clasificador de Keras

Usemos un ejemplo para ilustrar cómo usar KerasClassifier para la clasificación. El siguiente es el sitio web de Kaggle para la base de datos de diabetes de los indios Pima.

https://www.kaggle.com/uciml/pima-indians-diabetes-database

A continuación, se presenta el ejemplo 8.12, el código se presentará sección por sección.

#EJEMPLO 8.12. CLASIFICACIÓN DIABETES INDIOS PIMA

```
#Importar librerías requeridas
from keras.models import Sequential
from keras.layers import Dense
from keras.layers import Dropout
from keras.wrappers.scikit_learn import KerasClassifier
from sklearn.model_selection import StratifiedKFold
from sklearn.model_selection import cross_val_score
from sklearn.metrics import accuracy_score
from sklearn.preprocessing import StandardScaler

import numpy
```

```
import pandas as pd
import matplotlib.pyplot as plt
from sklearn.model_selection import train_test_split
from pandas.plotting import scatter_matrix

from google.colab import files #Instrucción para cargar datos del archivo a Cola-
boratory
upload=files.upload()
```

Se define una función llamada get_data() y otra función llamada create_model(). La función get_data() cargará los datos CSV de diabetes, trazará el histograma y trazará el diagrama de dispersión.

#EJEMPLO 8.12. CLASIFICACIÓN DIABETES INDIOS PIMA (CONTINUACIÓN)

```
# Obtener los datos
def get_data():
    # load pima indians dataset
    dataset=pd.read_csv("diabetes.csv", delimiter=",")
    print(dataset.shape )
    print(dataset.head())

    # Graficar histograma
    dataset.hist(figsize=(10,8))
    plt.show()

    # Trazado de matriz de diagrama de dispersión
    plt.rcParams['figure.figsize'] = [20, 20]
    scatter_matrix(dataset)
    plt.show()

    X = dataset.drop(['Outcome'],axis=1).values
    y = dataset['Outcome'].values
    X_train, X_test, y_train, y_test = train_test_split(X, y,test_size=0.3)
    sc = StandardScaler()
    X_train = sc.fit_transform(X_train)

    X_test = sc.transform(X_test)
    return X_train, X_test, y_train, y_test
```

La función create_model() creará un modelo de aprendizaje profundo con el fin de clasificar mediante KerasClassifier.

#EJEMPLO 8.12. CLASIFICACIÓN DIABETES INDIOS PIMA (CONTINUACIÓN)

```
# Función para crear modelo, necesaria para KerasClassifier
def create_model():
    # Crear modelo
    model = Sequential()
    model.add(Dense(12, input_dim=8, activation='relu'))
    model.add(Dropout(rate = 0.1))
    model.add(Dense(8, activation='relu'))
    model.add(Dropout(rate = 0.1))
    model.add(Dense(1, activation='sigmoid'))
    # Compilar modelo
    model.compile(loss='binary_crossentropy', optimizer='adam',
    metrics=['accuracy'])
    return model
```

Se llama a la función get_data(), que carga los datos CSV de diabetes, traza el histograma y traza el diagrama de dispersión. También usa KerasClassifier para crear un modelo basado en la función create_model().

#EJEMPLO 8.12. CLASIFICACIÓN DIABETES INDIOS PIMA (CONTINUACIÓN)

```
# Obtener datos
X_train, X_test, y_train, y_test = get_data()
# Crear modelo
model = KerasClassifier(build_fn=create_model, epochs=150, batch_size=10, verbo-
se=0)
```

A continuación, se muestra la salida de texto de la información del conjunto de datos de diabetes, que muestra que tiene 768 muestras y nueve columnas de características. La columna "Outcome" indica si es diabético o no diabético. También muestra las primeras cinco filas de los datos.

```
(768, 9)
   Pregnancies  Glucose  BloodPressure  SkinThickness  Insulin   BMI  \
0            6      148             72             35        0  33.6
1            1       85             66             29        0  26.6
2            8      183             64              0        0  23.3
3            1       89             66             23       94  28.1
4            0      137             40             35      168  43.1
   DiabetesPedigreeFunction       Age           Outcome
0                     0.627        50                 1
1                     0.351        31                 0
2                     0.672        32                 1
3                     0.167        21                 0
4                     2.288        33                 1
```

La figura 8.16 muestra el diagrama de dispersión de las nueve características de los datos de diabetes de los indios Pima, en el que puede ver las correlaciones de las diferentes características entre sí.

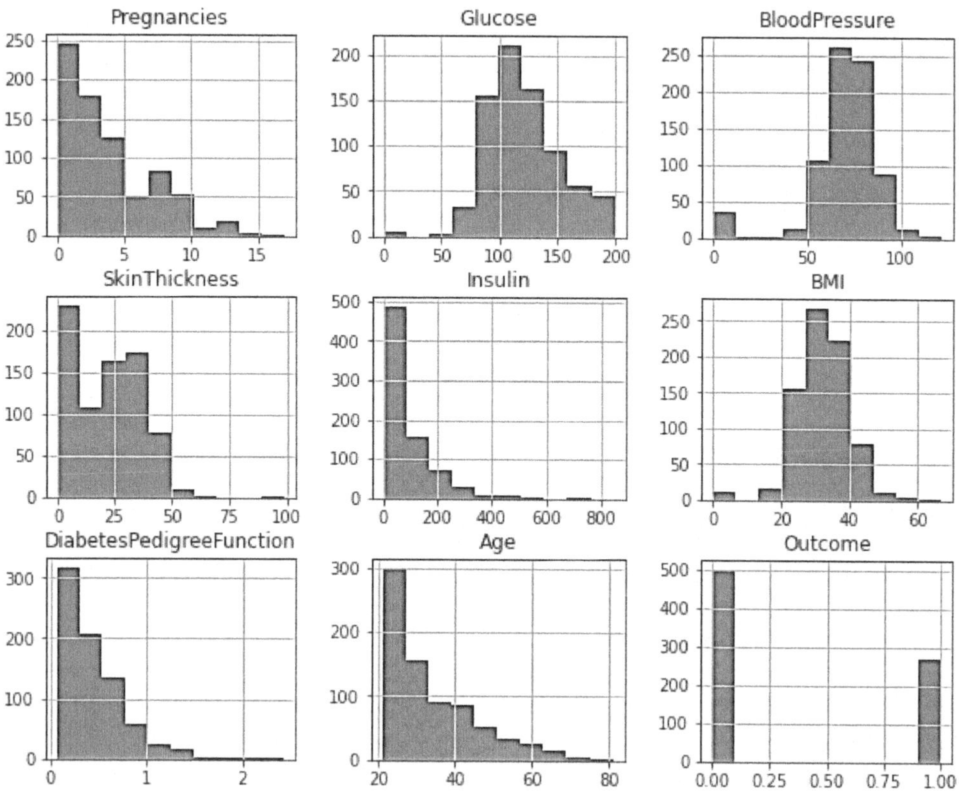

Figura 8.16a. El diagrama de dispersión de las nueve características de los datos de diabetes de los indios Pima.

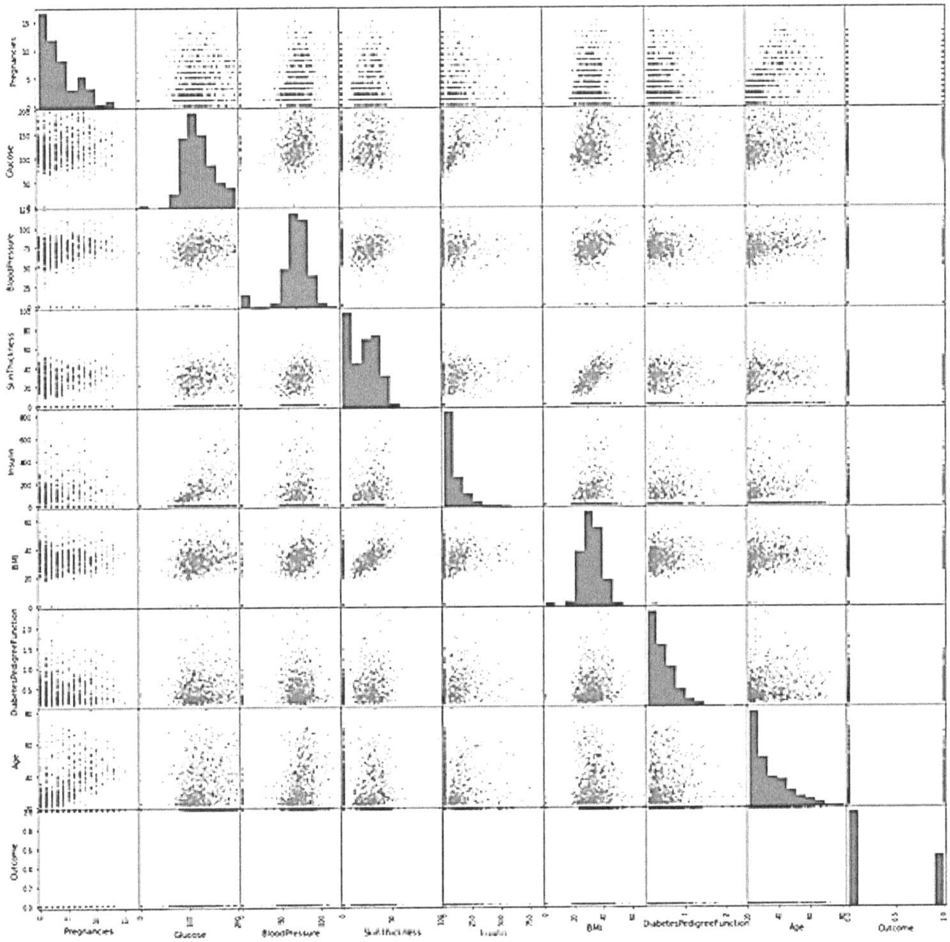

Figura 8.16b. El diagrama de dispersión de las nueve características de los datos de diabetes de los indios Pima.

En el siguiente bloque de código se realiza una validación cruzada del modelo KerasClassifier.

#EJEMPLO 8.12. CLASIFICACIÓN DIABETES INDIOS PIMA (CONTINUACIÓN)

```
seed = 7
numpy.random.seed(seed)
# evaluar usando validación cruzada de 10 veces
kfold = StratifiedKFold(n_splits=10, shuffle=True, random_state=seed)
results = cross_val_score(model, X_train, y_train, cv=kfold)
print("Mean: ", results.mean())
print("Variance: ", results.var())
```

El siguiente es el resultado, que muestra una precisión del 76 por ciento y una varianza de 0,003:

```
Mean:  0.7619147360324859
Variance:  0.0038078956823536106
```

El bloque de código que sigue a continuación, corresponde al código para el modelo KerasClassifier con datos de entrenamiento y realiza la predicción en los datos de prueba.

#EJEMPLO 8.12. CLASIFICACIÓN DIABETES INDIOS PIMA (CONTINUACIÓN)

```
model.fit(X_train, y_train)
prediction = model.predict(X_test)
print(accuracy_score(y_test, prediction))
```

La salida muestra que tiene alrededor del 79 por ciento de precisión.

```
8/8 [==============================] - 0s 2ms/step
0.7878787878787878
```

8.5.2 KerasRegresor

El ejemplo 8.13 muestra un ejemplo simple de cómo usar KerasRegressor para realizar una regresión en los datos del conjunto de datos de ejercicio físico de Linnerud. El conjunto de datos de Linnerud tiene 20 muestras de datos de ejercicio físico, con tres características (dominadas, abdominales, saltos) y tres objetivos (peso, cintura, pulso). El conjunto de datos de Linnerud suele ser adecuado para múltiples regresiones de salida.

En este ejemplo, primero crea un modelo de aprendizaje profundo de línea de base simple y luego usa KerasRegressor para crear un estimador basado en el modelo de línea de base.

#EJEMPLO 8.13: REGRESIÓN CON KERASREGRESSOR DATOS EJERCICIO FISICO

```
from sklearn import datasets, linear_model
from sklearn.model_selection import cross_val_score, KFold
```

```
from keras.models import Sequential
#from sklearn.metrics import accuracy_score
from keras.layers import Dense
from keras.wrappers.scikit_learn import KerasRegressor
from sklearn.preprocessing import StandardScaler
from sklearn.pipeline import Pipeline
import numpy as np

linnerud = datasets.load_linnerud()
print(linnerud.DESCR)
print(linnerud.data.shape)
print(linnerud.feature_names)
print(linnerud.target_names)
print(linnerud.target)

# Usar solo una característica
#linnerud_X = linnerud.data[:, np.newaxis, 0]
X = linnerud.data
# Elige un objetivo 0: 'Weight', 1: 'Waist', 2:'Pulse'
#y = linnerud.target[:,1]
y = linnerud.target

# Dividir los datos en conjuntos de entrenamiento/prueba
X_train = X[:-10]
X_test = X[-10:]
# Dividir los objetivos en conjuntos de entrenamiento/prueba
y_train = y[:-10]
y_test = y[-10:]

def baseline_model():
    model = Sequential()
    model.add(Dense(10, input_dim=3, activation='relu'))
    model.add(Dense(3))
    model.compile(loss='mean_squared_error', optimizer='adam')
    return model

seed = 1
estimator = KerasRegressor(build_fn=baseline_model, nb_epoch=100,
batch_size=100, verbose=False)
kfold = KFold(n_splits=10, random_state=seed, shuffle=True)
results = cross_val_score(estimator, X, y, cv=kfold)
print("Results: %.2f (%.2f) MSE" % (results.mean(), results.std()))

estimator.fit(X, y)
prediction = estimator.predict(X)

import numpy as np
train_error = np.abs(y - prediction)
print("Mean Prediction Error: ", np.mean(train_error))
```

El siguiente es el resultado de la consola, que muestra los detalles del conjunto de datos de Linnerud y las medias y las desviaciones estándar del regresor y el error de predicción medio. Debido a que aquí usamos solo un modelo simple, los errores son bastante grandes.

```
.. _linnerrud_dataset:
Linnerrud dataset
-----------------
**Data Set Characteristics:**
    :Number of Instances: 20
    :Number of Attributes: 3
    :Missing Attribute Values: None
The Linnerud dataset is a multi-output regression dataset. It consists of three
exercise (data) and three physiological (target) variables collected from
twenty middle-aged men in a fitness club:
- *physiological* - CSV containing 20 observations on 3 physiological variables:
   Weight, Waist and Pulse.
- *exercise* - CSV containing 20 observations on 3 exercise variables:
   Chins, Situps and Jumps.
.. topic:: References
  * Tenenhaus, M. (1998). La regression PLS: theorie et pratique. Paris:
    Editions Technic.
(20, 3)
['Chins', 'Situps', 'Jumps']
['Weight', 'Waist', 'Pulse']
[[191.  36.  50.]
 [189.  37.  52.]
 [193.  38.  58.]
 [162.  35.  62.]
 [189.  35.  46.]
 [182.  36.  56.]
 [211.  38.  56.]
 [167.  34.  60.]
 [176.  31.  74.]
 [154.  33.  56.]
 [169.  34.  50.]
 [166.  33.  52.]
 [154.  34.  64.]
 [247.  46.  50.]
 [193.  36.  46.]
 [202.  37.  62.]
 [176.  37.  54.]
 [157.  32.  52.]
 [156.  33.  54.]
 [138.  33.  68.]]
Results: -14269.68 (10444.04) MSE
Mean Prediction Error:  90.15573146144548
```

El ejemplo 8.14 muestra una versión mejorada del ejemplo anterior, que utiliza un modelo de aprendizaje profundo más grande; también utiliza Pipeline de Scikit-Learn para realizar la regresión. Pipeline se usa a menudo para ensamblar múltiples estimadores en uno y automatizar el proceso de aprendizaje automático.

#EJEMPLO 8.14: REGRESIÓN CON KERASREGRESSOR VERSIÓN MEJORADA

```
from sklearn import datasets, linear_model
from sklearn.model_selection import cross_val_score, KFold
from keras.models import Sequential
#from sklearn.metrics import accuracy_score
from keras.layers import Dense
from keras.wrappers.scikit_learn import KerasRegressor
```

```
from sklearn.preprocessing import StandardScaler
from sklearn.pipeline import Pipeline
import numpy as np
import matplotlib.cm as cm

linnerud = datasets.load_linnerud()
#print(linnerud.DESCR)
#print(linnerud.data.shape)
#print(linnerud.feature_names)
#print(linnerud.target_names)
#print(linnerud.target)

# Usa solo una característica
#linnerud_X = linnerud.data[:, np.newaxis, 0]
X = linnerud.data
# Elegir un objetivo 0: 'Weight', 1: 'Waist', 2:'Pulse'
#y = linnerud.target[:,1]
y = linnerud.target

# Dividir los datos en conjuntos de entrenamiento/prueba
X_train = X[:-10]
X_test = X[-10:]

# Dividir los objetivos en conjuntos de entrenamiento/prueba
y_train = y[:-10]
y_test = y[-10:]

# definir el modelo
def larger_model():
     # Crear el modelo
    model = Sequential()
    model.add(Dense(20, input_dim=3, activation='relu'))
    model.add(Dense(10, activation='relu'))
    model.add(Dense(6, activation='relu'))
    model.add(Dense(3))
    # Compilar el modelo
    model.compile(loss='mean_squared_error', optimizer='adam')
    return model

seed = 1
np.random.seed(seed)
estimators = []
estimators.append(('standardize', StandardScaler()))
estimators.append(('mlp', KerasRegressor(build_fn=larger_model,
epochs=50, batch_size=5, verbose=0)))
pipeline = Pipeline(estimators)
kfold = KFold(n_splits=10, random_state=seed, shuffle=True)
results = cross_val_score(pipeline, X, y, cv=kfold, n_jobs=1)
print("Larger: %.2f (%.2f) MSE" % (results.mean(), results.std()))

pipeline.fit(X, y)
prediction = pipeline.predict(X)

import numpy as np
train_error = np.abs(y - prediction)
print("Mean Prediction Error: ", np.mean(train_error))
#print(np.min(train_error))
#print(np.max(train_error))
#print(np.std(train_error))
```

```
import matplotlib.pyplot as plt
plt.figure()
plt.subplot(2,1,1)

ys = [i for i in range(3)]
colors = cm.rainbow(np.linspace(0, 1, len(ys)))
for i, c in zip(ys, colors):
   plt.scatter(y[:,i], prediction[:,i], color=c)
#plt.scatter(y,prediction)
plt.title('Prediction')

plt.subplot(2,1,2)
plt.scatter(y,train_error)
plt.title('Error')
plt.show()
```

La siguiente es la salida de la consola, que muestra un error de predicción reducido:

```
Larger: -10262.41 (2209.72) MSE
Mean Prediction Error:  78.54606687227884
```

La figura 8.17 muestra el gráfico de salida. La parte superior muestra los resultados de la predicción; el eje horizontal son los datos reales y el eje vertical son los datos previstos. Al usar la regresión de bosque aleatorio, como puede ver, diferentes resultados de destino tienen diferentes rendimientos. El fondo es el error de regresión. Los resultados muestran que los datos de "Cintura" dan los mejores resultados de regresión, con los datos pronosticados cerca de una línea recta con datos reales y con pequeños errores. Pero el error general sigue siendo grande debido al pequeño conjunto de datos.

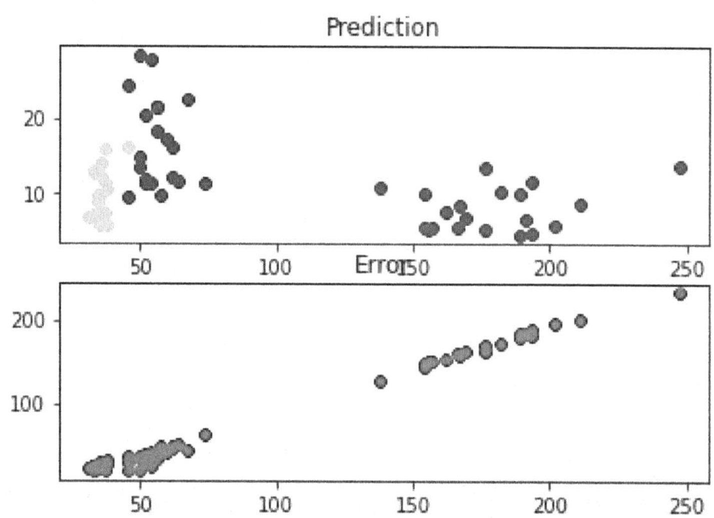

Figura 8.17. La predicción (arriba) y el error (abajo) de la regresión de bosque aleatorio

8.6 BASES DE DATOS SQL Y NOSQL

Cuando se tiene una gran cantidad de datos, a menudo es mejor guardarlos en una base de datos. Tradicionalmente, esto se hace mediante el uso de bases de datos relacionales, en las que los datos se guardan en formato de tabla y existen relaciones entre las tablas. Puede trabajar con las bases de datos relacionales tradicionales con el lenguaje de consulta en inglés estructurado (Structured English Query Language-SEQUEL), que ahora se conoce comúnmente como lenguaje de consulta estructurado (Structured Query Language- SQL). Las bases de datos relacionales también se denominan bases de datos SQL.

Las siguientes son las bases de datos SQL populares:

- MySQL
  https://www.mysql.com/
- PostgreSQL
  https://www.postgresql.org/
- Oracle
  https://www.oracle.com/uk/database/
- Microsoft SQL Server
  https://www.microsoft.com/en-us/sql-server

NoSQL es un tipo de base de datos relativamente nuevo. A diferencia de SQL, NoSQL no es relacional y puede manejar estructuras más complejas. Con NoSQL, puede crear documentos sin tener que definir primero su estructura, puede permitir que cada documento tenga su propia estructura única, puede hacer que la sintaxis varíe de una base de datos a otra y puede agregar campos a medida que avanza.

SQL es escalable verticalmente, lo que significa que puede aumentar la carga aumentando la CPU, la RAM y el espacio del disco duro en el servidor. NoSQL es escalable horizontalmente, lo que significa que puede manejar más tráfico ampliando su clúster de base de datos, como agregar más servidores. Esto se llama fragmentación. Esto puede ser más poderoso, lo que convierte a las bases de datos NoSQL en la opción preferida para conjuntos de datos grandes o en constante cambio.

La tabla 8.1 muestra una comparación rápida de SQL y NoSQL.

SQL	NOSQL
Relacional	No relacional
Usa el lenguaje SQL y tiene un esquema predefinido	Tiene esquemas dinámicos para datos no estructurados
Verticalmente escalable	Horizontalmente escalable
Basado en tablas	Almacenamiento basado en documentos, valores-clave, gráficos o columnas anchas
Mejor para transacciones de varias filas	Mejor para datos no estructurados como documentos o JSON

Tabla 8.1. SQL frente a NoSQL

La figura 8.18 muestra las diferencias de datos entre SQL y NoSQL.

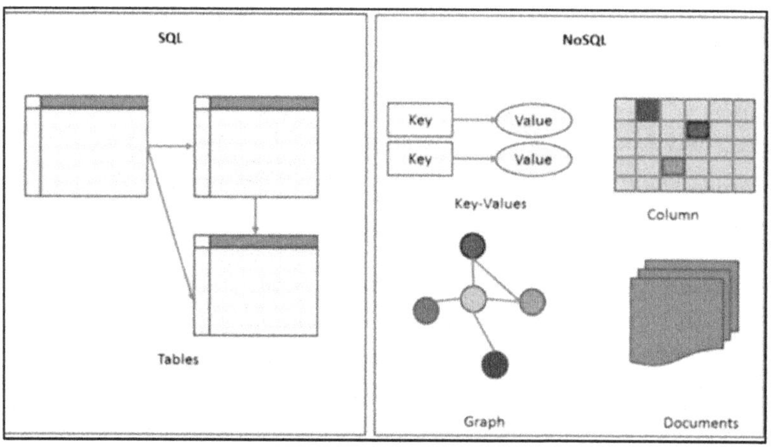

Figura 8.18. Las diferencias de datos de SQL y NoSQL.

Las siguientes son las bases de datos NoSQL populares:

- MongoDB
  https://www.mongodb.com/
- Apache Cassandra
  https://cassandra.apache.org/
- Google Cloud BigTable
  https://cloud.google.com/bigtable/
- XPlenty
  https://www.xplenty.com/

A continuación, veamos algunos ejemplos de bases de datos de Python.

SQLite3 es un módulo integrado de Python para crear y administrar bases de datos SQL pequeñas y livianas que pueden ejecutarse fácilmente en su ordenador local. Consulte el siguiente enlace de SQLite3 para obtener más detalles:

https://docs.python.org/3/library/sqlite3.html

El ejemplo 8.15 ilustra un caso simple de SQLite3 que muestra cómo crear y conectarse a un archivo de base de datos, en este caso llamado test.db, cómo crear una tabla llamada CURSO, cómo insertar un registro en la tabla y cómo buscar en la tabla y mostrar los resultados.

#EJEMPLO 8.15. DEMOSTRACIÓN SQLite3

```
import sqlite3
# Crear y conectarse a la base de datos SQLite3
conn = sqlite3.connect('test.db')
print ("Opened database successfully")

# Insertar una tabla ============================================
conn.execute('''CREATE TABLE IF NOT EXISTS COURSE
    (ID INT PRIMARY KEY NOT NULL,
    NAME TEXT NOT NULL,
    STUDENT_NO INT NOT NULL,
    ADDRESS CHAR(50),
    MARK REAL);''')
print ("Table created successfully")

# Insertar un registro ==========================================
conn.execute("INSERT INTO COURSE (ID,NAME,STUDENT_NO,ADDRESS,MARK)VALUES (1,
'Billy', 202119, '103 Borough Road, London', 75.00)");

#conn.commit()
print ("Records created successfully")

# Buscar en la tabla ==========================================
cursor = conn.execute("SELECT id, name, address, mark from COURSE")
for row in cursor:
   print ("ID = ", row[0])
   print ("NAME = ", row[1])
   print ("ADDRESS = ", row[2])
   print ("MARK = ", row[3], "\n")

print ("Operation done successfully")
conn.close()
```

La siguiente es la salida del ejemplo:

```
Opened database successfully
Table created successfully
Records created successfully

ID =  1
NAME =  Billy
ADDRESS =  103 Borough Road, London
MARK =  75.0
Operation done successfully
```

8.7 RESUMEN

Este capítulo cubre los temas del análisis de datos. La técnica de análisis de datos más comúnmente utilizada es la regresión, que investiga la relación entre los conjuntos de variables dependientes e independientes. Las técnicas de regresión tradicionales incluyen regresión lineal, regresión logística, regresión polinómica, etc. Los enfoques modernos usan aprendizaje automático para la regresión, como regresión de vectores de soporte, regresión de vecinos más cercanos, regresión por proceso gaussiano (GPR) y regresión de bosque aleatorio. También puede usar regresión de cuadrados parciales y regresión de componentes principales para analizar los datos espectrales.

Con los datos de series de tiempo, puede usar modelos de redes neuronales recurrentes de aprendizaje profundo para predecir datos futuros. También puede usar la descomposición de tendencia estacional usando LOESS o STL, para descomponer los datos de series de tiempo en tendencia, estacional y residual.

KerasClassifier y KerasRegressor son clases contenedoras convenientes en Keras para modelos de aprendizaje profundo para entrenar estimadores de clasificación o regresión en la biblioteca Scikit-Learn.

NoSQL es un tipo de base de datos relativamente nuevo, diferente de las bases de datos SQL tradicionales. NoSQL no es relacional y es más poderoso en el procesamiento de datos complejos y no estructurados.

8.8 PREGUNTAS DE REVISIÓN DEL CAPÍTULO

- ✓ P8.1. ¿Qué es el análisis de datos? Dé algunos ejemplos en su vida y trabajo.
- ✓ P8.2. ¿Qué es la regresión? ¿Qué es la regresión lineal múltiple?
- ✓ P.8.3. ¿Qué es la regresión de vectores de soporte (SVR)? Explique las diferencias entre SVR lineal, SVR poli y RBF SVR.
- ✓ P8.4. ¿Cuál es la diferencia entre regresión y clasificación?
- ✓ P8.5. ¿Qué son los datos de series de tiempo? Dé algunos ejemplos.
- ✓ P8.6. ¿Qué es KerasClassifier?
- ✓ P8.7. ¿Qué es Keras Regressor?
- ✓ P8.9. ¿Qué es una base de datos SQL?
- ✓ P8.10 ¿Qué es una base de datos NoSQL?

MATERIAL ADICIONAL

El material adicional de este libro puede descargarlo en nuestro portal web: *https://www.ra-ma.es*.

Debe dirigirse a la ficha correspondiente a esta obra, dentro de la ficha encontrará el enlace para poder realizar la descarga.

Cuando descomprima el fichero obtendrá los archivos que complementan al libro para que pueda continuar con su aprendizaje.

INFORMACIÓN ADICIONAL Y GARANTÍA

- RA-MA EDITORIAL garantiza que estos contenidos han sido sometidos a un riguroso control de calidad.
- Los archivos están libres de virus, para comprobarlo se han utilizado las últimas versiones de los antivirus líderes en el mercado.
- RA-MA EDITORIAL no se hace responsable de cualquier pérdida, daño o costes provocados por el uso incorrecto del contenido descargable.
- Este material es gratuito y se distribuye como contenido complementario al libro que ha adquirido, por lo que queda terminantemente prohibida su venta o distribución.